"十二五"国家重点图书出版规划项目
当代财经管理名著译库
国家出版基金资助项目

金融危机

成因、背景与后果

FINANCIAL
CRISIS

Context and Consequences

Adrian Buckley

（英）阿德利安·巴克莱 著

王年咏 译

东北财经大学出版社
Dongbei University of Finance & Economics Press

Authorized translation from the English language edition, entitled FINANCIAL CRISIS: Causes, Context and Consequences, 1E, 9780273735113 by Adrian Buckley, published by Pearson Education, Inc, Copyright©2011

Chinese language edition published by PEARSON EDUCATION ASIA LTD., and DONGBEI UNIVERSITY OF FINANCE & ECONOMICS PRESS Copyright©2013

辽宁省版权局著作权合同登记号：图字 06－2012－14 号

图书在版编目（CIP）数据

金融危机：成因、背景与后果／（英）巴克莱（Buckley, A.）著；王年咏译．—大连：东北财经大学出版社，2013.12
（金融瞭望译丛）
ISBN 978－7－5654－1380－3

Ⅰ．金…　Ⅱ．①巴…②王…　Ⅲ．金融危机－研究　Ⅳ．F830.99

中国版本图书馆 CIP 数据核字（2013）第 285263 号

东北财经大学出版社出版发行

大连市黑石礁尖山街 217 号　邮政编码　116025
教学支持：(0411) 84710309
营销部：(0411) 84710711
总编室：(0411) 84710523
网　　址：http://www.dufep.cn
读者信箱：dufep@dufe.edu.cn

大连图腾彩色印刷有限公司印刷

幅面尺寸：170mm×240mm　字数：421 千字　印张：28 1/2
2013 年 12 月第 1 版　2013 年 12 月第 1 次印刷
责任编辑：李　季　吉　扬　　　　　　责任校对：贝　鑫
封面设计：冀贵收　　　　　　　　　　版式设计：钟福建
定价：48.00 元

序　言

　　书如其名。本书主要讲述 2007—2008 年金融危机的真实故事——危机的肇始、演化及其截至 2010 年 6 月本书动笔之际的后果。首先，有必要做点术语辨析。本书使用的货币单位是美元，数额巨大，因此 1 million（1 百万）= 1 000×1 000，1 billion（10 亿）= 1 百万×1 000，1 trillion（1 万亿）= 10 亿×1 000。

　　政府、银行业和监管层的精英们一直在彼此推卸金融危机的责任，混淆本次巨灾的视听。这是因为，本轮大崩溃的推手主要是这些当权派，但他们必须力图表明，他们对于金融体系的失灵问心无愧。金融精英们不但不承担责任，而且设法逃避咎问，嫁祸于次级抵押贷款业。然而，事实的真相是，2007 年次级抵押贷款余额总计大约 1.3 万亿美元，但按银行和金融机构的损失来衡量，危机造成的损失合计高达 3 万亿美元。同时，对放贷银行而言，并不是每笔次级抵押贷款均无法收回。事实绝非如此。正如正文各章所述，被称为"传染性金融瘟疫"的信用违约互换在不断变异、频频放大，从而成为导致崩溃的关键。信用违约互换由金融行业开发，备受在盈利时期奖金不断膨胀的银行家们青睐，因此，它迟早会步入市场。而且，本书进入书店售卖之后，它仍将如此，除非法律禁用信用违约互换，或有效控制其使用。

　　2007 年，生效的信用违约互换合约总值达到了令人吃惊的 60 余万亿美元。其中，大约 70% 是对冲交易，剩余的 18 万亿美元为投机性交易。在正文中，我们估计，金融歼灭战可能耗资 2.4 万亿美元用于与信用违约互换合约有关的政府救助。除在此领域的研究外，我们无法确定有多大比例的信用违约互换合约被对冲，故上述数据仅为一种估算数。但它与国际货币基金组织（IMF）计算和发布的政府救助耗资所推算的结果极为接近。此外，部分其他损失并不需要政府救助，一些后继损失与信用违约互换无关。

我们已经掌握的 2007—2008 年大崩溃的有关证据表明，较之其他罪犯，银行家难辞其咎。60 万亿美元的庞然怪兽比吸血鬼更具毁灭性，且必将招致同样的厄运。期待有识之士就此发表宏论妙解。

为赢得选民欢心，各国政府刻意保持经济持续繁荣，从未考虑在狂欢演变为骚乱之前拿走香槟。这一处心积虑的谋略与宽松货币政策、荒谬的低利率所构成的怪异组合，最终将经济泡沫膨化为巨大的气球。此时，各国政府不仅没有着力解决问题，反倒浮夸"我们已经征服了经济周期"，并幻想实现永久的经济超高速增长，以迷惑选民，让他们保持沉醉的缄默。各国政府的这一图谋几乎得逞。

事实上，沉醉的缄默还扩散至各国政府，扩展至金融监管者，蔓延至被奖金撑破腰包的银行家们。自尼禄王时代和焚毁不朽之城（罗马）以来，恶意放纵体制失控达到了令人震惊的新程度。

我恪守的观点是：这些精英集团——银行家、政府、监管者——一直力图将它们自身懈怠失职的罪责转嫁给次级贷款业务。毕竟，金融市场和银行家被视为无可指责：它们构成了供给和需求的力量，形成了市场价格。这些观点和其他论调将在后续章节中详加考察。我希望，这些探究对你来说是个精彩绝伦的故事。就我而言，这一故事引人入胜。

本书无意谴责资本主义，而是力图通过兼具教益和思想启迪的详尽历史复述，为理解 2007—2008 年的大崩溃提供公正的认识视角。像所有历史一样，本书不可能完全客观。爱德华·吉本认为："历史是人类罪行、愚蠢和灾难的记载。"[①] 在撰写本书时，我一直铭记着吉本的教诲。

---

① 爱德华·吉本（Edward Gibbon，1737—1794）：英国历史学家，史学名著《罗马帝国衰亡史》的作者——译者注。

读者群

本书适用于感兴趣的读者，并供学生学习经济学、金融学、商业研究、历史学、政治学和伦理学等课程之用。他们或修学 MBA 课程，或从事本科阶段或硕士期间的研习。但本书的篇章安排也力图向非专业人士讲述通俗易懂的故事。唯愿本书主题鲜明，阐释精当，妙趣横生，让外行也能爱不释手，捧读始终。我撰写拙著的初衷相当务实，那就是，通过阅读本书，在令人着迷又常遭误解的领域，增进我们的理解，提高我们的警觉。

本书若用于课堂教学，还专门配有《教师手册》，内容包括教师讲义、案例研究设想及可能的使用方法，以及后续问题及解答指南。

致　谢

本人万分感谢莉兹·特瑞卜（Liz Tribe）。她成功辨识了我那潦草的手迹，提出了改进意见，整理了信息和剪报资料，并乐于将杂乱的注释转换成这份原稿。真心感激她能理解我古怪的幽默意识，包容我屡屡遗失关键文章、论文和著作的弱智。谢谢你，莉兹。当然，任何差错和不当解释均由本人承担文责。

我还要感谢克兰菲尔德（Cranfield）大学克兰菲尔德管理学院退休同事大卫·米德尔顿（David Myddelton），他垂赐了诸多建议和建设性批评。我还要感谢参加本书涉猎主题之可行性问卷调查的匿名受访者。本书部分章节和案例研究所使用的素材，曾用于课堂教学、师生研讨和专题指导，为此提出完善建议和中肯批评的学生无法一一列举，在此一并致谢。

感谢《金融时报》集团 Prentice Hall 出版社为本书付梓惠予倾注的五位编辑——凯特·布雷文（Kate Brewin）、罗宾·卢普腾（Robin Lupton）、艾伦·摩根（Ellen Morgan）、玛丽·琳斯（Mary Lince）和马修·史密斯（Matthew Smith），你们做得真棒。

阿德利安·巴克莱

出版商致谢

感谢下列著作权人授权本书使用如下版权资料：

插图

图 2－1：www. bea. gov；图 2－3：源自英国国家统计局 http：//www. statistics. gov. uk；图 3－1、图 3－5：源自经济合作与发展组织 http：//www. oecd. org；图 15－1 摘自普林斯顿大学出版社出版的《1929—1933 年大萧条》（米尔顿·弗里德曼和 A. J. 施瓦茨合著，1963）；附录图 1、附录图 2：来源于《金融时报》，2010 年 9 月 13 日；附录图 3、附录图 4：来源于《金融学人》，2010 年 9 月 23 日，第 2～3 页。

正文

剪报 10－1：源自"贝尔斯登倒闭的若干教训"，《金融时报》，2010 年 3 月 15 日（John Cassidy 文）；

剪报 11－1：源自"荷尔蒙与金融交易"，《金融时报》，2009 年 11 月 25 日（John Coates 文）；

剪报 15－1：源自"这是衰退吗？至少不是身处中世纪"，《金融时报》，2009 年 12 月 23 日（Bryan Ward－Perkins 文）。

《金融时报》

剪报 2－1：源自"一位国会议员，五个金融说客"，《金融时报》，2009 年 9 月 30 日；

剪报 6－1：源自"追尾者破坏了市场和高速公路"，《金融时报》，2009 年 1 月 20 日；

剪报 8－1：源自"金融服务管理局在繁荣时期的监管遭遇攻讦"，《金融时报》，2009 年 4 月 17 日；

剪报 8－2：源自"任凭投资银行家宰割"，《金融时报》，2009 年 4 月 17 日；

剪报 8－3：源自"金融服务管理局在奥斯本大改组中遭废黜"，《金融时报》，2010 年 6 月 17 日；

剪报 9－1：源自"麦道夫丑闻暴露了更多漏洞"，《金融时报》，2010 年 4 月 5 日；

剪报11－2：源自"有毒资产背后的根本文化问题"，《金融时报》，2009年11月26日；

剪报11－3：源自"亏损银行依然奖金丰厚"，《金融时报》，2009年7月30日；

剪报12－1：源自"瓦鲁卡斯报告发现英雄罕见"，《金融时报》，2010年3月12日；

剪报12－2：源自"雷曼怨怒下的全球合作前景迷茫"，《金融时报》，2010年3月16日；

剪报12－3：源自"CEO薪酬过高"，《金融时报》，2008年12月22日；

剪报13－1：源自"北岩银行缺乏应有的财务控制"，《金融时报》，2010年4月14日；

剪报13－2：源自"新的彼得原理导致银行倒闭"，《金融时报》，2009年8月26日；

剪报14－1：源自"爱尔兰的金融教训"，《金融时报》，2010年6月14日；

剪报16－2：源自"金融危机和财政余震启蒙课"，《金融时报》，2010年5月29日；

剪报17－1：源自"应该禁止无实体的信用违约互换交易"，《金融时报》，2010年3月1日。

书中部分素材无法找到版权所有人，若蒙知情者赐复，不胜感激。

目 录

第 1 章　2007—2008 年金融危机回顾

1.1　引言

回顾 2007—2008 年金融危机，似乎应从按时序描述这两个动荡年份发生的重大事件入手。我们考虑过这一方式，但又觉得如此开篇，则对在这两年之前上演的纷呈故事有失公允。因为，危机的伏笔早在危机爆发前数年即已埋下。为此，我们在本章末以年表方式附录了截至 2007 年发生的重大事件及其后继影响。

1.2　美好时光

截至 2007 年的 10 年间，危机的祸根便已埋下。在这 10 年期间，实际利率（它等于名义利率减去通货膨胀率）极低，公共支出增长迅猛。从表 2－1 可知，21 世纪头 7 年中，美国有 3 年的实际利率为负，另一年的实际利率为零。低利率并非美国经济独有的特征，它几乎是一种全球现象。全球各国政府似乎一直在为维持低利率而彼此磋商。这很可能也是 G6、G8 和 G20 等峰会的主要议程，舍此好像别无其他事项。这些结盟型会议旨在防止任何国家打破低利率联盟，这就延长了经济繁荣时间，助推了美英等国的房价泡沫。此外，银行等金融机构利用低利率提高了债务融资在全部融资中的占比。由于债务成本低廉，低利率负债是一种有效激励。但在破产清算时，债务利息支付先于股利分配，债务受偿优先于股本受偿，因而从股东的角度看，低利率负债也是风险增大的源泉之一。银行的债务－权益资本比率从战后的10：1上升为25：1，部分金融机构的这一比率甚至高于33：1。后一种情形意味着，银行的资产价值仅下降3％就可完全吞噬普通股东的账面权益净值。这表明，银行的风险承担水平令人咋舌。企业一般认为，合理的债务－权益资本比率应为1个单位的债务对应2个单位的权益资本，然而，部分银行的债务－权益比率高达33：1。诚然，企业存在类别差异，每一行业的债务－权益比率亦不相同，但我们的观点简单明了：银行承接的债务急剧膨胀，高负债意味着高财务风险。

低利率刺激了英美民众在闹市区消费、消费、再消费的意识。美国许多民众恣意消费的对象是中国制造的商品，并因此影响中国政府的决策。中国出口商通过对美国出口获得美元，中国的中央银行从出口商手中购买美元，通过购买美国政府债券将美元再次投入流通。如果中国卖出美元，买进人民币，则美元贬值，人民币升值，从而在某种程度上削弱中国的竞争力。由于中国只是将美元投资于美国政府债券，因此不会对出口商产生不利影响。

中国之所以甘愿持有价值数万亿美元的美元政府证券，是因为如果不这样做，美国能更廉价地获取资金，弥补财政赤字。因此，美国乐见如此，因为这将压低美国的利率；美国公民更乐见如此，因为他们能继续享受国内的低利率以及中国制造的廉价商品。

各种游说集团呼吁继续保持经济繁荣，欧美各国政府毫无疑问地受其影响，它们由此成为加速放松银行体系管制的主要力量。各国政府沉浸于经济蓬勃发展的荣耀之中：消费者喜笑颜开（从而乐于投下赞同票），大肆负债挥霍消费，大举购置原本无法承受的资产，充分享受似乎永无止境的消费主义浪潮。各国总统和财政部长拥有了新的赞歌："我们已经征服了经济周期"。

将目光转向图 3—1 就不难发现，家庭负债占可支配收入的百分比在上升。图 3—2 描绘了美国家庭的总负债，图 3—3 和图 3—4 分别刻画了英国和美国平均房价的飙升，图 3—5 则显示了年均房价的实际上涨率（即剔除各国平均通膨率之后的上涨率）。显然，泡沫在持续膨胀；事实上，最初的泡沫正在迅速膨胀为大气球。

1.3　新的贷款模式

1990 年代中期以来，美国一直鼓吹扩大住房自有率的好处，并成立各种机构以更便捷地实现这一目标。银行借贷属性的转变助推了这一进程，其中之一是由传统的"发起—持有"（originate-to-hold）模式转变为新的"发起—分销"（originate-to-distribute）模式。这意味着什么呢？在传统模式下，抵押银行以住房为抵押发放贷款，然后持有债权，收取贷款的利息和本金。"发起—分销"模式下的情形则完全不同。银行仍以房产为抵押发放贷款，但不再持有债权，而是将债权出售给另一家银行或专业金融机构，后者则将购自不同抵押银行的系列同类贷款打包，再以抵押贷款证券（mortgage backed security）包的形式出售其他金融机构。此外，金融机构购买抵押贷款后，还可将它与汽车贷款、信用卡欠款、公司贷款等其他债务一起，打包成债务担保证券（collateralized debt obligation）对外出售。这一过程被称为资产证券化。显然，在传统的"发起—持有"模式下，放贷银行会将按揭债权持有 20 或 25 年，关注借款客户的偿还能力，并为此进行认真评估。但在"发起—分销"模式下，银行不再谨小慎微地筛选借款人。事实的确如此。

并非只有抵押银行将债务重新打包出售。商业银行（吸收客户存款并向客户放贷的银行）以同样的方式处理公司贷款和信用卡欠款。所有这些行为的后果是银行摒弃了信贷分析中需要切实遵循的严格标准和程序，数代人长期积累的各种准则被弃若敝屣。

这样，抵押贷款通过证券化方式被出售给第三方，贷款模式转变为"发起—分销"模式。在这种情况下，抵押贷款的放贷人更加倾向于响应政府的诱骗——这类诱骗很多，在美国尤甚——向低信用等级的客户发放更多的贷款。毕竟，银行在其资产负债表上并不持有这些次级贷款，而是将它们转售他人。政府的极力倡导和资产证券化推动着次级贷款迅猛发展。

在"发起－分销"的新模式下，抵押银行宽松的贷款评审程序纵容了欺诈性交易。例如，在某些骗局中，抵押贷款经纪人、住房承建商有时还有律师彼此勾结，从放贷人手中获取了超过市场价值的款项。这通常涉及"买后出租"（buy-to-let）但尚未出租的房产，也时常涉及尚未售卖的预售房产（或楼花房产）。放贷人通常将住房视为已售出楼花而实无此类交易的房产，但它虚构了购房人，精心设计了骗局。另一类肮脏的骗局则是，借款人声称愿意拥有房产，但实际上将住房作为投资品，或买后出租，或更多地从事投机交易。抵押贷款经纪人还通过编造虚假文件，协助借款人粉饰就业履历和收入水平，制造"骗子贷款"，这就会隐瞒关键信息。此外，部分放贷人甚至采用自证的收入数据，亦即由借款人自己证明的收入数据。房产市场上绝大多数贷款人均提供此类便利。这真是无利不起早啊！

传统上，抵押贷款的额度应不超过借款人年收入的三倍，或不超过抵押资产价值的 $90\%\sim95\%$，但这一标准开始放宽。部分贷款人的放贷金额超过了房屋价值。英国的抵押银行北岩银行通过"大组合"品牌，提供房产资产价值 125％（即 95％ 的房产价值加上最高 30％ 的无担保贷款）的抵押贷款，以及借款人年收入六倍的贷款便利。

1.4　定时炸弹滴答作响

除此之外，信用违约互换（credit default swaps）加盟其中，助纣为虐。假设在一份合约中，一方（A）向对手方（B）进行系列支付（这很像缴纳保险费），作为交换，如果与信用违约互换相关的信用工具发生违约，B 向 A 偿付一笔资金。这种违约工具可以是 C 公司的债券或贷款。触发 B 向 A 进行支付的典型信用违约事件是，与信用违约互换相关的债券或贷款不能按期支付利息，或不能到期偿还本金。

如果 C 公司没有违约，那么 A 必须在信用违约互换的存续期内对 B 进行一系列支付。图 6—1 有助于理解这一点。信用违约互换可在二级市场交易。二级市场是买卖已发行股份或其他金融证券的场所，比如证券交易所。信用违约互换合约与保险极为类似，但又略有不同。目前需知的区别是：信用违约互换的买卖双方均无须拥有与信用违约互换相关的标的证券（如本例中 C 公司的债券或贷款），买卖双方都不会因违约事件而蒙受损失。这就有别于保险：在保险交易中，投保人必须持有可保利益，并在保险事故发生后，申报潜在损失，获得赔付。各位可以发现，保险合同能让一方对冲风险；而在信用违约互换合约中，一方能对冲风险（如本例中 A 持有 C 公司的债券或贷款），另一方则在赌博。

公司债务、主权国家债券、抵押贷款证券包或债务担保证券均可进行信用违约互换。此外，与保险不同的是，针对特定风险的信用违约互换合约规模没有法定上限。因此，C 公司的债务规模为 50 亿美元时，针对该公司债务的信用违约互换合约规模可能高达 1 000 亿美元，甚至 1 万亿美元。

我们的故事在这里进入高潮。抵押贷款证券和债务担保证券完全由次级贷款打包形成，其信用评级从垃圾级（即低等级债务，如次级贷款）猛然跃升为 AAA 级（最高等级的债务）。然而，更大的"变形"奇迹并不是因为公主之吻让青蛙变成王子之后（大多数人这样认为）才发生。实际上，在原版的格林童话《青蛙王子》中，国王的女儿使尽浑身力气把青蛙扔到墙上后，才实现了青蛙到王子的蜕变。因此，我们宁愿相信，这就是抵押贷款证券、债务担保证券和信用违约互换应有的命运。无论如何，青蛙变王子终归是童话，次级贷款演变为 AAA 证券却是事实。然而，这一变型到底是如何实现的呢？

答案是有两种方式。第一种方式是，如图 5—1 所示，将抵押贷款证券中的抵押贷款池进行分级（tranching），一旦抵押贷款证券发生亏损，最大的损失将划归最低档（评级为 B），较次的损失划归次低档（评级为 BB），依次类推，直到最小的损失划归抵押贷款证券的 AAA 档。对债券评级含义的回顾，参阅图 5—3。第二种炼金变形方式源自大卫·X. 李（David X. Li）撰写的一篇推理严密、颇具影响的论文，其具体内容将在第 6 章详述。这篇文章虽存瑕疵，却长期大行其道，是因为它迎合了华尔街的主流意识形态。

信用违约互换依托抵押贷款证券和债务担保证券而创设，甚至与债务包捆绑在一起。触发金融市场膨胀的导火索是次级债，但其主要推手则是信用违约互换。次级贷款市场的债务余额在巅峰时为 1.3 万亿美元，而信用违约互换市场在鼎盛时期未清偿的合约面值为 60 万亿美元。如果每笔次级贷款均违约，则总损失肯定可控，尽管承担损失多少有些痛苦；然而，信用违约互换造成的总损失要大得多。在 2010 年 4 月发布的《全球金融稳定报告》中，国际货币基金组织（IMF）估计，在信用违约互换领域进行救助的总损失约为 2.3 万亿美元，尽管确证这一数字目前为时尚早。与美国的收入总额相比，这一数字不可小视。2009 年美国的 GDP 为大约 14 万亿美元。

一旦发生违约，青蛙变王子的奇迹就会逆转为王子还原为青蛙①。这对许多信用违约互换头寸的持有者具有负面影响。如果没有违约或违约率较低，则保险式权益金提供的预期收益将大于发生违约时的预期支付额，信用违约互换的价值可能为正，比如 100。然而，一旦违约率上升且实际发生违约，由于向保护性买方（投保人）赔付的概率上升，信用违约互换的价值就会变动，甚至由正变负。本例中，价值 100 的资产可能变成−100 或−500 的债务。事实正是如此。因此，信用违约互换就像一颗被引爆的定时炸弹，炸毁了雷曼兄弟(Lehman Brothers) 公司，而且，要不是政府及时出手，苏格兰哈利法克斯银行（HBOS）和苏格兰皇家银行（RBS）也难于幸免。

1.5 定时炸弹引爆

在信用违约互换市场中，一些银行和金融机构是卖方，另一些银行和金融机构则是买主。由于大量的信用违约互换是依托包含抵押贷款债务的抵押贷款证券和债务担保证券而创设的，因此住房市场低迷对这些证券和金融产品的市

---

① 原文用比喻手法说明，证券化将低等级的次级贷款变形为 AAA 级的证券，但一旦出现违约，AAA 级证券将被打回原形，变为低等级证券——译者注。

场价值产生了巨大的负面放大效应。切记，100 亿美元的证券化抵押贷款可以创设 5 000 亿美元甚至更多的信用违约互换，放大效应由此而生。这一负面效应难以从证券价值上进行感知，但它对市场流动性有重大影响——它会轻而易举地完全耗竭流动性。

事实就是这样演进的。2005 年，美国联邦储备基金利率为 1％，2007 年上升到 5％。随着住房市场走软，房产止赎现象开始出现①，但按揭利率和还本额没有立即变动，这就成为抵押贷款证券的收益，也是债务担保证券以及资产池中包含住房债务的其他类似工具的部分收益。随后，它们的市场价格开始下降，最初像溪流缓缓下跌，继而像瀑布猛烈下跌，最后像暴雨般狂跌不止——就像大坝决口②。这绝非夸大其词，没人喜欢拼凑混搭的词汇。市场流动陷于僵滞。

整个 2007 年，现有房屋的销量降至 1989 年以来的新低。2007 年第一季度，标准普尔∕Case-Shiller 房价指数表明，全国房价出现了 1991 年以来的首个年度同比下跌。随着利率逐步达到峰值（见图 16-1），次贷业务开始崩溃，住房止赎率加速上升。

经济学教科书中的各种模型几乎均假定市场存在流动性：资产∕证券价格下降后，买家先会试探性购买（轻咬鱼饵），然后大胆购买（猛咬鱼饵），这一交易行为将打开（原谅我使用了混合的暗喻）上升轨道③。然而，2007 年下半年的事实有悖于教科书的论述。

由于流动性面临压力，市场参与者开始相互怀疑对方在信用违约互换交易中要清偿大量债务（请牢记图 6-1），市场流动性吃紧。银行之间终止交易这些金融工具；更糟糕的是，它们还终止了同业拆借，导致银行间市场冻结。银

----

① 止赎（foreclosures）是指贷款银行取消借款人对抵押房产的赎回权，或借款人因未能按期足额偿付贷款本息而丧失对抵押品的赎回权——译者注。

② 原文用溪流（trickle）、瀑布（cascade）、暴雨（storm）和倾泻（gush）分别暗喻 CDS 等信用衍生工具市场价格下降的阶段性变化——译者注。

③ 原文用 nibble（轻咬鱼饵）、bite（猛咬鱼饵）比喻投资者在资产价格下降后的初始试买、大量买入；原文中的 kickstart 意即"用脚踩杠杆以启动摩托车"，正文中意译为"打开"。两个钓鱼用语和一个机动车用语构成了正文中致歉所涉及的混合暗喻——译者注。

行间同业拆借通常是银行业务的重要构成，它使金融机构得以轧平每日现金流入、流出之间的头寸。2008 年夏末，华尔街、伦敦城和其他各地弥漫着恐惧和恐慌；当然，股市也遭受了重挫。

1.6　为何无人预见？

既然美国的利率上扬持续了一段时间，为何银行业没有预见到危机将至？问题的答案在于银行采用的风险管理体系。人们主要依据正态分布曲线或钟形曲线的各类变动，形成对金融市场波动的各种预期。这在绝大多数时间里几乎屡试不爽，但它过于简单。因为，市场行为似乎遵循的是肥尾模型（见图10－1），这意味着较之钟形曲线模型，正面和负面的极端事件发生的频度更高。因此，银行风险管理模型应该囊括风险模拟和场景分析。从图16－1中不难发现，随着利率逐步攀升，问题的前兆昭然若揭。

市场最为显著的特征之一是，它偏离钟形曲线的幅度太大了。正如本书第10 章所述，一位业界领军人物曾报告，如果道·琼斯工业股票指数的变动属于正态分布，那么在 1996—2003 年间它仅有六天的波动幅度会超过 4.5%。但实际情况是，它在同期有 366 次的波动幅度超过 4.5%。

银行和金融体系的监管不尽如人意，但这是一种轻描淡写的托词。例如，后续章节有大量例证表明，对伯纳德·麦道夫（Bernard Madoff）的冒险行为和大肆欺诈，金融分析师们提出了质疑，监管者却未发现任何端倪。银行的风险经理多次向监管者表达他们的担忧，监管者却无动于衷。会计部门痴迷于恪守盯市会计准则，但它们行动迟缓且纰漏百出，反而加剧了困境。监管者普遍犯有群体思维（或群体迷思）之罪①。他们一致认为，利率仍将维持较低水平，房地产市场必将持续繁荣。银行家、各国政府和消费者也被这种天真的群

---

① 群体思维（或群体迷思、团体盲思）是指在决策过程中，各成员迫于从众压力而放弃自己的观点，或群起压制"异端"的、个体的、不受欢迎或质疑者的观点或论证视角，导致个体的观点思辨及道德判断力下降，由此形成不合理的甚至是失败的群体决策——译者注。

体思维心绪所左右。

与此同时，银行巨额奖金的胡萝卜诱使金融机构的交易员们即便在市场岌岌可危之时，仍竞相追逐信用违约互换和相关衍生工具，参见图16-1和图6-1。信用违约互换图（图6-1）表明，作为信用违约互换的卖方，银行将年复一年地持续收进资金，但最终只要发生一次违约，就必须进行偿付。交易员们因兜售信用违约互换捞取了大笔奖金，却为银行招致了巨大风险。如今，许多此类前交易员已经跳槽，并在美国拥有豪宅和地产。银行的奖金是逐年分别计发的，且在"最后审判日"①来临时不做任何扣减。事实上，对大多数赚得盆满钵满的银行家而言，"最后审判日"不会来临。

1.7　夺命狂奔

经济学家们采用老套路解决银行危机，"先投放货币解决问题，事后再回收货币"。从本质上看，这恰好正是各国政府在银行体系弥漫着对手方可能倒闭出局（部分对手方的确如此）的恐惧情绪时，为恢复银行体系活力而采取的救助举措。部分银行被国有化，其他银行接受了政府的巨额注资，并为此在某些情形下让渡了多数股权，而在其他情形下让渡了少数股权。一些银行获得政府担保，少数银行获准破产。政府向经济体系注入资金，有时还通过向银行提供廉价贷款的方式，鼓励银行发放贷款，或至少不再袖手旁观。向经济体系注资的部分影响途径是削减增值税。这些举措有效避免了又一次大萧条。然而，回收投放的资金让某些银行雪上加霜，让其他银行形势严峻。

本章截至目前的探究主要聚焦于2007—2008年金融危机的关键议题，后续各章将详析这些问题。阿齐亚（Acharya）和理查森（Richardson）[1]主编的《恢复金融稳定》对其中的许多议题进行了学术考察。在阐述不同主题时，我们还援引了大量著述。保罗·马森（Paul Mason）[2]和文斯·凯布尔（Vince

---

① "最后审判日"源自《圣经》，这里是指银行因信用违约互换（CDS）导致的巨大风险而或将倒闭等灾难——译者注。

Cable)[3] 的著述提供了以一般读者为受众的阅读书目。

在表 1—1 中，我们用 16 个项目编号句式概括了金融危机的关键特征。在表 1—2 中，我们列出了 2007—2008 年危机期间以及危机之后深受其害的西方国家的在任政要，标注了他们的职位和任期。由于部分政要经常跃入眼帘，如此标列能方便后续阅读中的名字翻检。

表 1—1 　　　　　　　　　2007—2008 **年金融危机的关键特征及征兆**

截至 2007 年

- 信贷可得性膨胀，家庭债务达到极高水平
- 危险的债务产品涌现——包括信用违约互换、债务担保证券及抵押贷款证券等，在这些产品上的投资决策失误均将增大银行面临的风险
- 信用违约互换出现泡沫
- 银行资产负债表上的债务比率上升，风险加剧
- 利率极低，有时实际利率为负
- 闹市区的疯狂消费
- 公共部门支出迅速增加
- 实际收入水平上升
- 受当局为赢得选民支持和大选胜利之举措的推动和怂恿，次级住房抵押贷款增长迅猛
- 住房市场持续繁荣，泡沫一触即破
- 金融体系受到冲击——房价由高走低

从 2007 年起

- 次级房贷市场崩溃
- 信用违约互换、债务担保证券、抵押贷款证券市场相继崩溃，银行资产负债表上的财务压力骤增并不断恶化
- 一些银行倒闭；其他银行由政府救助
- 各国政府向实体经济注资以防止萧条
- 货币供应转向宽松以阻遏通缩、衰退和萧条
- 失业率上升但规模不大

表 1-2   危机爆发前后西方国家的部分任职政要

国家元首

国别	总统/元首	任期
美国	比尔·克林顿（Bill Clinton）	1993.1.20—2001.1.20
	乔治·W.布什（George W. Bush）	2001.1.20—2009.1.20
	巴拉克·奥巴马（Barack Obama）	2009.1.20—
英国	托尼·布莱尔（Tony Blair）	1997.5.2—2007.6.27
	戈登·布朗（Gordon Brown）	2007.6.27—2010.5.11
	戴维·卡梅伦（David Cameron）	2010.5.11—
德国	格哈德·施罗德（Gerhard Schroder）	1998.10.22—2005.11.22
	安格拉·默克尔（Angela Merkel）	2005.11.22—
法国	雅克·希拉克（Jacques Chirac）	1995.5.17—2007.5.16
	尼古拉·萨科齐（Nicolas Sarkozy）	2007.5.16—

财政部长

国别	财政部长	任期
美国	约翰·W.斯诺（John W Snow）	2003.2.3—2006.6.30
	亨利·保尔森（Henry (Hank) Paulson）	2006.7.10—2009.1.20
	蒂姆·盖特纳（Tim Geithner）	2009.1.26—
英国	戈登·布朗（Gordon Brown）	1997.5.2—2007.6.27
	阿利斯泰尔·达林（Alistair Darling）	2007.6.27—2010.5.11
	乔治·奥斯本（George Osborne）	2010.5.11—
德国	汉斯·艾歇尔（Hans Eichel）	1995—2005
	佩尔·施泰因布吕克（Peer Steinbruck）	2005—2009
	沃尔夫冈·朔伊布勒（Wolfgang Schauble）	2009—
法国	多人担任	2007 年前
	克里斯蒂娜·拉加德（Christine Lagarde）	2007.6.19—*

* 2011 年 6 月 28 日，克里斯蒂娜·拉加德当选为国际货币基金组织执行董事和新总裁，任期从 7 月 5 日开始。因此，拉加德担任法国财长的任期为 2007 年 6 月 19 日至 2011 年 7 月 4 日——译者注。

中央银行行长

国别	行长/主席	任期
美国	艾伦·格林斯潘（Alan Greenspan）	1987.8.11—2006.1.31
	本·伯南克（Ben Bernanke）	2006.2.1—
英国	爱德华·乔治爵士（Sir Edward George）	1993.6.30—2003.6.30
	默文·金（Mervyn King）	2003.7—
欧洲中央银行	维姆·杜伊森贝格（Wim Duisenberg）	1998.7.1—2003.10.30
	让－克洛德·特里谢（Jean-Claude Trichet）	2003.11.1—*

　　*特里谢于2011年10月31日卸任，11月1日马里奥·德拉吉（Mario Draghi）接任欧洲中央银行第三任行长——译者注。

　　下文中的《大事年表》摘录了诸多里程碑事件，以反映金融危机演化过程中的若干主要事件。其中，最紧要的事件用加粗体表示。

1.8　2007—2008年金融危机大事年表

开端

- **各国利率水平较低，住房市场繁荣，这在美国和英国尤甚。**
- **各种金融机构借入了大量债务，债务－权益比率上升至极其危险的高水平。**
- 美国多家政府机构促成了为穷人建造住房的动议。
- 美国住房自有率上升。
- **金融创新产品不断涌现，包括抵押贷款证券、债务担保证券和信用违约互换**
- 美国知名学者就房价泡沫、信用违约互换及其对金融体系的潜在影响发出警告。这些学者包括罗伯特·希勒（Robert Shiller）、拉古拉姆·拉詹（Raghuram Rajan）和鲁里埃尔·鲁比尼（Nouriel Roubini）等。在英国，经济学家罗杰·布特尔（Roger Bootle）多次警告房地产泡沫。然而，这些警告也未引起政府的足够重视。

- 2006 年秋，美国的住房建造量较上年锐减。

2007 年

- 2007 年全年，美国房屋销量下滑；住房价格出现 1991 年以来的首个年度同比下降；次级贷款市场业务崩溃；住房止赎率是 2006 年的 2 倍，利率上升。

- 2 月—3 月：多家次级贷款公司宣告亏损，包括住宅贷款控股公司（Accredited Home Lenders Holding）、新世纪金融公司（New Century Financial）以及全国金融公司（Countrywide Financial）。

- 3 月 5 日：汇丰银行公告声称，该行购买的部分次贷的违约率高于这些产品的定价模型内含的违约率。

- 3 月 6 日：美联储主席伯南克（Ben Bernanke）警告说，政府发起企业——房利美（Fannie Mae）和房地美（Freddie Mac）是系统性风险的源泉，他建议通过立法预防潜在危机。

- 4 月 2 日：美国第二大次贷公司新世纪金融公司申请破产保护。

- 4 月 3 日：CNN 报道称，次级贷款的拖欠违约率大约为 13%，这一比例为顶级信用债务人借用的住房贷款拖欠违约率的五倍有余[1]。

- 6 月 7 日：贝尔斯登公司（Bear Stearns）宣布旗下的两只基金停止赎回。

- 7 月 19 日：美国道·琼斯股票指数首次报收 14 000 点之上。

- 8 月 9 日：法国巴黎银行暂停计算次贷敞口中三只货币市场基金的资产价值，并暂停赎回。

- 8 月 9 日：欧洲中央银行向隔夜拆借市场注入 950 亿欧元以提高市场流动性，其他中央银行也相继注入资金。

- 8 月 15 日：美国最大的住房抵押贷款公司——全国金融公司宣布，房贷的拖欠违约率上升至 2002 年初以来的最高水平，其股价大跌 13%。

---

[1] 顶级信用债务人所借用的住房贷款是优先级贷款（Prime Loan）——译者注。

- 8月16日：受110亿美元的银团紧急贷款之助，全国金融公司躲过了破产之劫。

- 8月17日：美联储将贴现率从6.25%下降50个基点至5.75%，以力图稳定金融市场。

- **8月31日：曾经的美国次贷公司老大美利奎斯特抵押公司（Ameriquest Mortgage）停业①。**

- 9月4日：英镑的伦敦银行同业拆借利率（LIBOR）升至6.7975%，为1998年12月以来的新高，超过了英格兰银行5.75%的基准利率。

- 9月10日：英国的抵押贷款公司维多利亚抵押贷款融资公司（Victoria Mortgage Funding）倒闭。

- 9月14日：英格兰银行宣布它已向北岩银行提供流动性支持。

- **9月17日：零售存款挤兑风波发生后，英国财政大臣宣布向北岩银行的现有存款提供政府担保。**

- 9月18日：美联储将联邦基金利率下调50个基点至4.75%。

- 9月19日：英格兰银行宣布将对包括抵押担保品在内的各大类担保品进行为期三个月的拍卖。

- 10月：花旗银行、美林证券（Merrill Lynch）和瑞银集团披露了大幅资产价值减记。

- 10月15日—17日：受美国政府指使的一批银行宣布动用1 000亿美元的资金，购买抵押贷款证券，后者的市值随次贷市场崩溃而一落千丈。美联储主席伯南克和美国财政部长保尔森警醒人们关注房地产泡沫破裂的危险。

- 10月31日：美联储将联邦基金利率下调25个基点至4.5%。

- **11月1日：美联储向银行体系注入资金410亿美元，便于银行低息借入资金，这是2001年以来美联储最大的一次单笔注资。**

- 11月20日：房地美公告2007年第三季度亏损，将削减股利分配，筹

---

① 2005年，美利奎斯特抵押公司（Ameriquest Mortgage）以756亿美元的放贷额，成为当年全美次贷发放之最。2006年全美最大的两家次贷放款公司则是新世纪金融（586亿美元）和全国金融（528亿美元）——译者注。

集新资本。

- 12 月 6 日：布什总统决定冻结数量有限的可调整利率抵押贷款债务人的抵押贷款。

- **12 月 12 日：美联储、英格兰银行、欧洲中央银行、瑞士国家银行、加拿大银行等多地中央银行采取系列措施，缓解短期融资市场的压力。**

2008 年

- 2008 年 1 月：花旗银行和美林证券公布 2007 年第四季度重大亏损。

- 1 月 11 日：美国银行（Bank of America）确认收购已倒闭的次级贷款公司——全国金融公司。

- 1 月 15 日：花期集团宣布将筹集 145 亿美元的新资本。

- **2 月 11 日：美国国际集团（AIG）公告称，其审计人员发现该公司对信用违约互换资产组合进行估价的内部控制存在重大缺陷。**

- **2 月 17 日：英国政府宣布北岩银行暂时收归国有。**

- 2 月 19 日：瑞士信贷集团公告称少数交易员存在定价失误。

- 3 月 10 日：道·琼斯工业平均指数创下 2006 年 10 月以来的新低，较 5 个月前的峰值下跌了 20% 多。

- 3 月 11 日：美联储引进定期证券融资便利（Term Securities Lending Facility），英格兰银行继续使用优质担保品的扩张便利（expanded facility）。

- **3 月 14 日：摩根大通宣布与纽约联邦储备银行联手为贝尔斯登提供为期 28 天的担保融资。**

- **3 月 16 日：摩根大通同意收购贝尔斯登；美联储提供 300 亿美元的融资支持。**

- 4 月 21 日：英格兰推出"特别流动性计划"（SLS），允许银行将其优质抵押贷款证券和其他证券调换为英国国库券。

- 4 月 22 日：苏格兰皇家银行宣布将配售新股 120 亿英镑。

- 4 月 29 日：苏格兰哈利法克斯银行将配售新股 40 亿英镑。

- 5 月 2 日：美联储、欧洲中央银行和瑞士中央银行决定再次向市场注入流动性。

- **6 月 16 日：雷曼兄弟公司证实 2008 年第二季度净亏 28 亿美元。**

- 6 月 18 日：摩根士丹利（Morgan Stanley）公布抵押贷款交易和不良贷款导致的损失。

- 6 月 25 日：巴克莱银行计划募股集资 45 亿英镑。

- **7 月 11 日：美国抵押放贷人独立国民抵押公司（IndyMac, Independent National Mortgage）进入破产托管程序①。**

- **7 月 13 日：美国财政部推出救助房利美和房地美的方案。**

- **9 月 7 日：房利美、房地美被美国政府接管（而不是破产托管）。**

- **9 月 14 日：美国银行收购美林证券，雷曼兄弟濒临破产。**

- **9 月 15 日：雷曼兄弟申请破产保护。**

- 9 月 16 日：美国政府向美国国际集团提供 850 亿美元的紧急援助，得到该公司 79.9％的股权，以及股利分配的否决权。

- 9 月 18 日：美国财政部长亨利·保尔森和美联储主席本·伯南克提出斥资 7 000 亿美元收购有毒资产的紧急救市方案。

- **9 月 18 日：劳埃德 TSB 集团与苏格兰哈利法克斯银行合并②。**

- 9 月 18 日：英国金融服务管理局（Financial Services Authority）决定暂禁卖空金融股票。

- 9 月 19 日：美国救助方案推出，股市大幅波动。

- 9 月 19 日：证券交易委员会（SEC）禁止卖空金融公司的股票。

- **9 月 20 日：美国财政部发布购买上限为 7 000 亿美元的问题资产救助草案，此即"问题资产救助计划（Troubled Asset Relief Program）"。**

- **9 月 25 日：摩根大通收购华盛顿互惠银行（Washington Mutual Bank 全美最大的储蓄及贷款银行，总部位于西雅图）的存款、资产和部分负债。**

---

① IndyMac 是美国第十大抵押贷款放款行，由全国金融公司（Countrywide）创建于 1985 年，专营房利美和房地美原则上不接受的大宗房贷，1997 年与全国金融公司脱钩，独立经营。2008 年 6 月 26 日，纽约民主党参议员查尔斯·舒默与 OTS（美国储贷机构监理局）和 FDIC 讨论 IndyMac 生存问题的信函公开后，该行在 11 个营业日内遭存款挤兑 13 亿美元，故而在 7 月 11 日被 FDIC 接管，并更名为 IndyMac 联邦银行重新开业，但开业即遭挤兑——译者注。

② 劳埃德 TSB 集团系 1996 年由英国劳埃德银行与英国信托储蓄银行（TSB）合并而成，故名——译者注。

- 9月29日：英国抵押贷款银行——布拉德福德宾利（Bradford and Bingley）银行被英国政府收归国有；西班牙桑坦德（Santander）抵押贷款银行收购其分支机构，并接管其零售存款业务。

- 9月29日：冰岛政府收购格里特尔尔银行（Glitnir Bank）的股份，此举是救助该行的举措之一。

- 9月29日：比利时、荷兰和卢森堡政府向富通银行集团注资112亿欧元。

- 9月29日：花旗集团宣布有意收购美联银行（Wachovia）的银行业务；为促成这一交易，美国联邦存款保险公司（FDIC）向所有存款人提供存款保险。

- 9月30日：爱尔兰政府为银行存款提供100％的担保，其他各国政府也放宽了存款担保。

- 10月3日：美国众议院否决了2008年9月29日提出的救助草案，通过了7 000亿美元的"问题资产救助计划"。

- 10月3日：荷兰政府接管富通银行在荷兰的业务。

- 10月6日—10日：股市迎来75年来最惨烈的一周。道·琼斯工业平均指数下跌22.1％，为指数编制以来的最大周跌幅；从2007年10月9日的最高点14 164.53点算起，道指暴跌40.3％。

- 10月6日：德国政府宣布拯救裕宝（Hypo）不动产银行（德国第二大房贷机构）的一揽子计划。

- 10月6日：法国巴黎银行宣布接管富通银行在比利时、卢森堡的业务及富通国际银行部。

- 10月6日：美联储宣布将向银行体系提供9 000亿美元的短期贷款。

- 10月7日：冰岛政府接管格里特尔尔银行和"冰岛储蓄"（Icesave）品牌的拥有者冰岛国民银行（Landsbanki）[①]。

- 10月7日：美联储向金融部门之外的公司紧急注资1.3万亿美元。

---

① 冰岛储蓄（Icesave）是冰岛国民银行（Landsbanki）在冰岛、英国、荷兰三国提供在线储蓄账户服务的品牌。

- 10 月 8 日：为协同防止市场崩溃，美国、英国、中国、加拿大、瑞典、瑞士的中央银行及欧洲中央银行联手降息 0.5%。

各大央行同时行动，对金融市场的动荡做出明确的回应，接连宣布降息。美联储宣布降息 50 个基点至 1.5%，欧洲央行、英国央行、中国央行、加拿大央行、瑞典央行和瑞士央行也纷纷降息 50 个基点。

- 10 月 11 日：道·琼斯工业平均指数经历了其 112 年历史上最动荡的一天。

- 10 月 13 日：欧元区公告向银行体系的注资措施。

- 10 月 14 日：美国政府公布 2 500 亿美元的"资本收购计划"（CPP），用于购买美国各大银行的股份。

- 10 月 19 日：荷兰政府向荷兰国际集团（ING）注资 100 亿欧元。

- 10 月 21 日：美联储宣布将斥资 5 400 亿美元购买货币市场共同基金的短期债务，以缓解信贷市场困境。

- 10 月 31 日：巴克莱银行拟筹集 73 亿英镑的额外资本，其中的 58 亿英镑面向阿布扎比和卡塔尔的投资者发行。

- 11 月 3 日：英国财政部宣布，它所持有的银行股份将由"英国金融投资有限公司"这一英国政府全资新设的独立公司进行商业化管理。

- 11 月 6 日：英格兰银行将贴现率下调 1.5 个百分点至 3%。

- 11 月 6 日：国际货币基金组织批准向匈牙利提供 157 亿美元紧急贷款（stand-by loan）。

- 11 月 6 日：美国财政部长保尔森终止了 7 000 亿美元问题资产救助计划下的有毒资产收购行动，该计划中剩余的 4 100 亿美元将用于补充金融公司的资本金。

- 11 月 23 日：花旗集团向美国财政部和联邦存款保险公司发行优先股，以防范其 3 060 亿美元的贷款和证券资产池可能出现的超巨额损失。为此，美国财政部将从问题资产救助计划中额外动用 200 亿美元，将其对花旗集团的注资总额提高至 450 亿美元。

- 11 月 24 日：英国政府将增值税税率从 17.5% 暂时调降至 15%。

- 11 月 25 日：美联储承诺将斥资至少 8 000 亿美元为金融系统纾困，斥资 6 000 亿美元购买由房利美、房地美及联邦住房贷款银行发行或担保的住房按揭债券。

- 11 月 26 日：美联储批复美国银行收购美林证券。

- 12 月 4 日：英格兰银行将贴现率下调 1 个百分点至 2%。

- 12 月 16 日：美联储宣布将联邦基金利率的目标范围定在 0～0.25% 的区间。

- 12 月 23 日：国际货币基金组织同意向拉脱维亚贷款 23.5 亿美元。

2009 年

- 1 月 8 日：英格兰银行将贴现率下调 50 个基点至 1.5%。

- 1 月 15 日：爱尔兰政府宣布将盎格鲁爱尔兰银行收归国有。

- 1 月 19 日：英国政府出台"资产保护计划"（Asset Protection Scheme），以帮助金融机构防范某类资产组合的未来意外信用损失。

- 1 月 19 日：英国金融服务管理局发表声明称，商业银行必须确保最低 4% 的一级核心资本充足率，该局还将采取逆周期调节措施。

- 2 月 5 日：英格兰银行将贴现率下调 50 个基点至 1.0%。

- 2 月 10 日：美国财政部出台"金融稳定计划"，将对银行进行压力测试，创建公私合营投资基金（Public-Private Investment Fund）购买金融机构的问题贷款和其他资产，将部分基金和其他新措施的应用范围拓展至降低住房止赎率和助力小企业信贷投放。

- 2 月 26 日：苏格兰皇家银行披露亏损 241 亿英镑。英国政府公布"资产保护计划"细则，原则上同意将苏格兰皇家银行纳入这一计划。

- 2 月 27 日：劳埃德银行集团（由劳埃德 TSB 集团收购苏格兰哈利法克斯银行而成）公告并购结果，包括苏格兰哈利法克斯银行 108 亿英镑的税前亏损。

- 3 月 2 日：美国当局公布对美国国际集团的援助重组方案，据此方案美国国际集团将获最高 300 亿美元的额外注资。

- 3 月 2 日：汇丰银行公告将配售新股 125 亿英镑。

- 3 月 5 日：英格兰银行将贴现率下调 50 基点至 0.5%，并宣布 750 亿英镑的资产购买计划。

- 3 月 7 日：英国政府原则上同意劳埃德银行集团加入"资产保护计划"。
- **3 月 18 日：美联储维持 0～0.25％的联邦基金利率目标区间，并将年内拟购买资产的额度提高至 1 万亿美元以上。**
- 3 月 30 日：英格兰银行宣布，苏格兰最大的抵押贷款银行邓弗姆林住房互助协会（Dunfermline Building Society）的核心业务已转交全英房屋抵押贷款协会（Nationwide Building Society），英格兰银行承接该行 10 亿英镑的商业贷款和劣质抵押贷款。
- 4 月 7 日：爱尔兰政府决定由国家资产管理局管理爱尔兰各银行的不良资产和开发贷款。
- 4 月 9 日：德国政府开始接管裕宝不动产银行。
- 4 月 22 日：英国政府启动"资产支持证券担保计划"，据此计划，皇家财政部将为英国各家银行发行的抵押贷款证券提供信用担保和流动性担保。
- 5 月 6 日：国际货币基金组织同意向波兰贷款 206 亿美元。
- **5 月 7 日：美联储发布了对美国最大 19 家银行持股公司的压力测试结果。结果表明，2009—2010 年间，这 19 家公司将亏损 6 000 亿美元，其中 10 家公司必须补充合计 1 850 亿美元的资本金，形成足够的资本缓冲，以抵御经济局势的继续恶化。**
- 5 月 7 日：欧洲央行宣布，继 3 月下调 0.5％、4 月下调 0.25％之后，主导利率还将调至 1.0％。

最近

- 各国政府纷纷向银行注资（部分政府注资已偿还）后，欧元区成为重灾区。由于欧元区实行单一汇率制度，因此那些通胀率高于欧元区平均水平的成员国不能让本币贬值。希腊、西班牙和葡萄牙的问题最严重。尽管欧洲央行已建立一项基金援助这些国家，但在本书脱稿之际，欧元区能否顶住重重压力、长期维持单一货币制仍不明朗，这毫无疑问是个重大经济难题，这一难题当然可以通过解算欧元、复归各国货币来求解。但在短期内，欧盟必须投入更多资金，帮助相关国家政府救助欧元区各银行。

第2章 政府与金融危机

2.1 引言

我们在本章力图揭示，各国政府是 2007—2008 年金融危机的主要责任方；各国政府在应对危机导致的繁杂难题、解救本国经济中的接续作用则是第 16 章的重点。我们首先探讨政府的合法性问题，然后简要阐述经济运行的外部性、管制以及政府干预，再扼要回顾各国的财政赤字和需求管理政策，并用数个小节解析政府经济政策的两大工具——财政政策和货币政策。事实上，这些论题可占用一整部书的篇幅，对有兴趣的读者而言，这些论题的文献汗牛充栋。当然，我们这里的主题更凝练，本章最后用一小节专论游说。

政府是政治团体赖以行使权力、管理公共政策、指导或控制其成员或公民行为的组织或机构。一般来说，"政府"是指文职政府或国家，但政府有地方性、全国性和国际性之分。政体的性质存在广泛的类型光谱，从威权制、君主制、立宪共和制、寡头制和民主制，到极权主义，甚至还有无政府状态。

合法性是研究政府问题的核心。为使政府控制或国家控制常规化、合理化而作的尝试不可胜数。例如，哲学家托马斯·霍布斯（Thomas Hobbes）[1] 认为，民众是个理性群体，他们认为归顺政府优于无政府状态。他指出，社区民众创建政府并服从于政府，是为了建立符合自身利益的公共安全或社会秩序。一些社会契约理论家，如霍布斯（Hobbes）[2]和让·雅各·卢梭（Jean-Jacques Rousseau）[3]认为，政府限制人们的自由和权利，就是为了保护民众、维持秩序。很多人怀疑，这是否为人们甘愿放弃自由而达成的真实交易，或人们自动屈从统治集团的潜在威力。其他人则认为，这类协议与国家、个人之间的关系无涉，从而反对社会契约论，进而提出了基于实用主义和功利性的合法性论证视角。但这不是我们的中心论题；对于那些乐于探究这一领域者而言，大量的现有政治哲学文献足以遂愿。

可以说，全球越来越多的国家推行市场经济运行模式，市场经济以劳动分工为基础，供求体系决定着商品和服务的价格。实际上，完全纯粹的市场经济体并不存在，各国政府在不同程度地调控市场经济，没有放任毫无拘束的市场力量主宰一切。

在引导市场经济运行、解决市场可能产生的不平等难题中，政府应发挥多大作用，人们见仁见智；对于国家福利或市场管制，也没有广泛共识。

市场经济的支持者可能是经济自由主义者，也可能不是。但总体而言，经济自由主义是古典自由主义在经济中的对应物，是倡导和推动自由放任经济学的经济哲学。自由主义思想强调，政治自由和社会自由与经济自由不可分离。人们用哲学论辩来增进自由，论证经济自由主义和自由市场的合理性。这一立场反对政府干预自由市场，主张最大限度的自由贸易和自由竞争。经济自由主义者尽管主张政府放任市场发展，但仍坚称国家在提供公共物品上的合法作用。那么，什么是公共物品呢？有人举例认为，在私营实体不能有效提供的道路建设、学校教育、桥梁建造中，国家应发挥积极作用。然而，即便是这些商品，也可依据使用频率来收费，比如对道路和桥梁等部分商品征收路桥费等，但这肯定不包括学校。如果教育不能免费，穷人的孩子就得不到应有的教育，就被剥夺了上进的机会，从而无法用其所能，扬其所长，最终成为社会隐患。简言之，纯市场导向型的教育体制将褫夺社会最底层民众的生存机会。

在资本主义制度下，政府在日常生活经济学中的作用举足轻重。政府行使着众多经济职能，如发行货币、行业监管、执行私人契约、确保鼓励竞争的法律能有效打破市场垄断、防止卡特尔组织出现。许多国家允许公用部门实行政府监管下的垄断经营模式，其原因在于，这一模式有利于公用部门实现原本无法企及的规模经济效应，因为自由竞争型企业可能无法把足够的资本投入到此类行业。政府机构对许多行业实行监管，包括航空业、传媒业和金融业。

2.2 外部性

"外部性"是指商品价格不能反映全部成本所导致的福利效果；"福利"是指个人或社会的康乐（well-being）状态。外部性不太容易理解，现举例说明。假设一家制造企业造成了交通拥堵，或制造了污染，这就导致工厂附近居民的福利下降，同时，也会增加周边工厂的成本，因为它们需要净化这家工厂附近的河水。这些第三方没有从此类外部性中得到任何补偿，因此，价格体系中并未包含这些成本。此类外部性被称为负外部性或外部不经济。像上述例证一样，（除生产过程外）消费领域也会产生负外部性。例如，人们吃完外带食品后，将包装物扔在人行道上，或吸烟者污染空气。

然而，外部性也有可能为正，它们被称为"外部经济"或"正外部性"。外部经济型消费的例子是，一栋房子前有一个精心打理的花园，这不仅对房主、行人是一种愉悦，而且提升了周边房产的价值。此外，国防和其他用于研发的公共开支有利于推动新技术的发展，并使大众从中受益，此即"外溢效应"，它是"外部性"的代名词。

外部性有两种解决办法。第一，设计结构性的税收或补贴政策，来消除外部性，并让价格体系反映全部生产成本或收益。例如，若一家工厂造成了环境污染，只要它能对其引致的社会危害进行适当补偿，就仍可继续生产。第二，限制某些危害社会的经营行为，以及/或者强制推行其他公益行为。但这一方法的效果不及征税或补贴，原因在于，限制某类具有负外部效应的行为，虽有利于社会，但其经营者受益更多。对于第二种外部性成本的补偿方式，可以考虑这一例证：房地产开发商必须向护士、教师、消防员等群体提供一定数量的廉租房后，才能获得在首府城市的大片公寓开发权。

总而言之，负外部性就是一种对第三方产生负面效应亦即社会成本的行为。许多负外部性（亦称外部成本，或外部不经济）与生产行为和使用行为对环境造成的影响息息相关。常见的例子有：

（1）工业排放物造成水污染，危及人类及动植物。

（2）车主使用公共道路时，对其他人造成的交通拥堵成本。

（3）金融运行的系统性风险，即银行体系因承担风险而危害整体经济的风险。银行倒闭的私人成本（对储户来说）可能小于它施加给全体民众的社会成本（如金融服务收缩、工商贷款缩减、其他银行和整个经济的崩溃）。

正外部性（亦称外部效益，或外部经济）的例子有：

（4）养蜂人为获得蜂蜜而养蜂，但这一行为却有利于通过蜜蜂为附近的庄稼授粉。蜜蜂授粉产生的经济价值可能比养蜂人采集的蜂蜜价值更大。

（5）某人若拥有漂亮的前花园，则其所在社区的其他住户由此受益，该前花园所在干道的所有房产所有者的房产价值上升，从而财务收益大大提高。

（6）发明或信息的知识外溢效应。若能方便地获取一项新发明或信息，则使用新发明或利用新信息的其他好处就能广泛传播。版权、专利和其他知识产权法提供的机制是：允许发明人或创造者在一定时期内享受国家保护的垄断收益，然后将发明应用于商业生产，或通过出版物或其他方式共享信息。

显然，如果正外部性是有效的，那么外部性的定价和监管就是政府的职能之一。

2.3   政府监管

政府监管是指政府为保证经济效率、公平、公共健康和安全，而对私人企业的经济活动进行监督和控制。政府监管历史悠久，形式多样。噪音和污染之类的外部性（以及其他理由）彰显了公路交通和航空运输管制的必要性，生产者密谋或利用垄断（或寡头垄断）势力的行为也需要政府施加干预。其他监管形式包括：保障雇员权益、规范工会行为、管制金融系统、保护个人隐私（通过《数据保护法案》）、维护劳动健康和安全、实行街头贩卖及出租车运营的牌照制等。此外，金融服务也受到了广泛地监管。

政府监管可采取多种方式：制定法律并通过正常法律程序进行监督、设立专门的监管机构执行监管、鼓励行业自律、授权自愿团体或机构进行监管。为防止滥用垄断势力，矫正外部性或其他市场失灵行为，政府监管确有必要，但也存在守法成本和相关监管支出超过社会收益的风险。这些监管支出包括政府部门或监管机构的管理费用，并被称为超额负担。强化监管引发了对监管总成本的担忧，导致了推行监管改革甚至废除监管要求（被称为"放松监管"）的各种呼吁。这类呼吁来自于游说集团还是其他中立团体，目前尚无定论，但它是政府必须时刻辨识的重大问题。

2.4 经济干预

经济干预是政府为影响本国经济，而在反欺诈和保证契约履行等基本监管之外，对经济（无论市场经济还是混合经济）运行采取的调节行动。经济干预是为了实现各种政治和经济目标，例如促进经济增长、增加就业、提高工资水平、控制价格、增进公平等，管理货币供应量和利率水平，提升利润水平，矫正市场失灵。自由市场和放任自由经济学的倡导者由于担心强化监管的潜在危害、监管立法的非预期后果，加之厌恶意识形态，故而倾向于政府干预经济有害论。

2.5 财政赤字

政府的观察家们提醒我们，政府干预存在扩大的趋向，这主要表现为政府赤字融资不断增长。各国政府每年的借款似乎越来越多。自第二次世界大战（以下简称"二战"）以来，美国政府几乎连年出现财政赤字，这意味着其税收收入小于财政支出，从而被迫负债以弥补差额。这绝非特例，英国同样财政赤字连年，这是一个相对全新的现象。在大部分历史年份，英美政府都维持财政平衡，财政赤字仅出现于战争时期和经济衰退时期。

很多国家实现了持续的财政盈余，例如挪威（石油储备充足）和澳大利亚（金属资源丰富）。持续的财政赤字时代肇始于政府开始提供广泛的社会保障体系之时，其中包括政府在医疗保险、失业保险和教育领域的巨额投入；而在很久以前，这些领域通常是由私人部门或者慈善组织和信托机构担负相应职责。

查阅 2008 年美国的联邦预算可知：21％用于社会保障（主要是养老金），21％用于国防预算（工作人员的薪水、航空母舰及枪支等设备支出），低收入保障支出占 13％（对贫困家庭的转移支付），医疗保障及其他医疗保险占 22％（政府为老人和穷人提供的医疗支出）[①]，政府既往债务利息支出占 9％。其余预算支出包括法院体系等联邦机构支出，对农民、退伍军人等群体的补贴等。推而广之，英国和其他大多数西方国家广泛仿效了这种支出模式。

美国政府 2008 年的支出超过了税收，因此必须借贷 4 100 亿美元来实现收支平衡。除此之外，由于美国政府实行联邦制，每州实行独立预算（拥有征税权），其大部分预算支出用于教育及公路等地方基础设施建设。各州的国会代表纷纷在联邦法案中附加条款，争取联邦预算支持耗资甚巨的本州项目建设，此即所谓的"猪肉桶"政治（亦称政治分赃）。乔治·W. 布什总统极不愿意动用其总统权力否决这些法案。

财政赤字频仍将为一国家带来许多经济难题。当外界认为，债务国很可能借助通货膨胀（发行更多的货币）摆脱债务过度困境时，更是如此。在其他条件不变时，一国通货膨胀率若高于贸易伙伴，本国货币将面临贬值压力，为补偿贬值风险，投资者将索要更高的回报率。这将导致该国政府被迫支付更高的债务利息，致使其未来负债的成本更加昂贵。当然，如果债务是以本币计值，则债务偿还负担将因本币贬值而大大减轻。

更重要的是，债务负担过重的长期后果不容忽视。实际上，政府举债是对未来数年的递延征税，因为额外借入的债务必须在未来某一时间偿还。如果这笔钱用于促进未来经济增长，提高数代人的福利，例如投资于设施良好的新学校，那就不是大问题。如果这笔钱仅被用于满足公共部门对现金的贪婪胃口，

---

① 美国的医疗保障主要针对老年人而设——译者注。

那就真的让人担忧了。换言之，若政府举债提高了未来收益，则其问题是可控的。图2—1描绘了美国近年来的经常账户差额情况，它表明，美国的进口远远大于出口，贸易失衡日趋加剧。这种失衡何以持续如此之久？因为，中国的反向失衡部分抵消了美国的逆差型失衡。

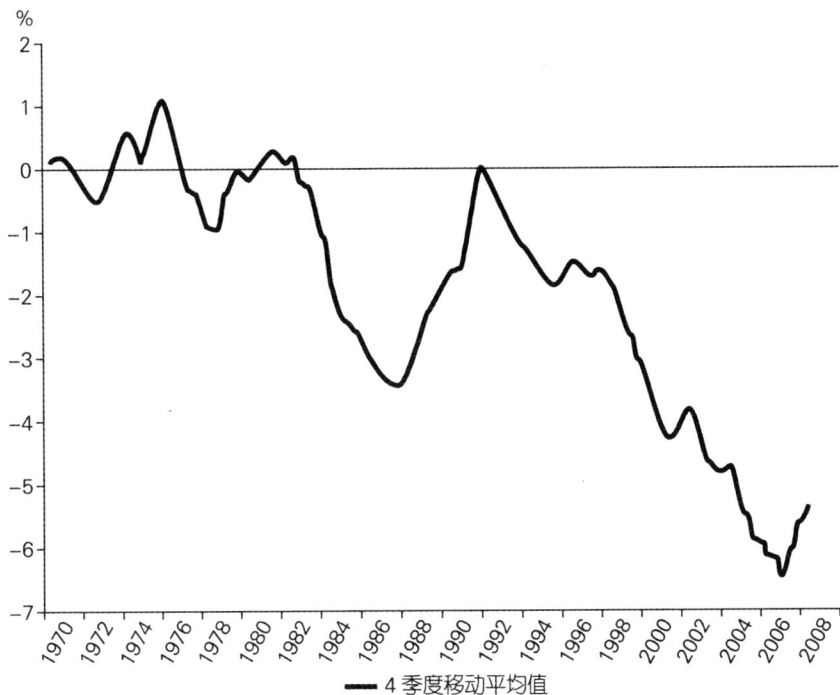

图 2—1　美国经常账户占 GDP 的百分比

资料来源：经济分析局。

　　正如下一章所述，美国经历了低利率、住房市场繁荣、消费支出强劲的时期，这在 2002—2005 年间尤为突出。大多数美国消费者的支出用于购买中国制造的产品。2000 年到 2005 年，中国对美出口额占美国非汽车零售总额的比例从 4％上升至 11％，这就影响了中国政府的决策。中国的中央银行从中国出口商手中买进美元，再通过购买美国国债让美元回流。结果，美元兑人民币的汇率几乎很少变动。由此，中国在相当短的时间内累积了上万亿美元的美国国债。正是由于中国乐于购买美国债券，美国利率呈现下降的趋势。这种趋向反作用于美国国内利率，导致美国抵押贷款利率保持较低水平。

需要重申的是，所有这一切的结果是美元兑人民币的汇率相对稳定，美国的利率保持较低水平。反之，毫不足奇的是：如果中国的中央银行卖出美元，买进人民币，而不是让美元回流、转换为美国国债，其结果必定是美元走弱、人民币升值。这在理论上将削弱中国的出口竞争力；它同时还意味着，为弥补逆差，美国的借贷利率会上升，因为中国不愿购买美国国债。

除了公共支出是否可行外，经济学家们还一直关注公共支出的合理性原则、分配机制及承担责任机构。大多数西方国家的公共支出占国内生产总值（GDP）的比重为 40%～50%，英国和大多数欧盟国家的公共支出接近 50% 的上限，美国的公共支出则处在下限区域，其中大约半数的公共支出以补贴和社会保障福利的形式转移到了私人部门。

金融危机的后果加剧了政府的债务问题。金德尔伯格（Charles Kindleberger）[4] 告诉我们，经济学家自认为知道"如何应对经济危机：在危机发生时猛投货币，待危机结束再回收货币"。莱因哈特（Carmen Reinhart）和罗格夫（Kenneth Rogoff）[5] 则警告道："根据既往国际银行业危机的经验，银行危机之后，主权债务危机必然接踵而至。"正如第 16 章所作的论述，本轮危机也不例外。

2.6 需求管理

经济学的需求管理涉及控制经济需求、促进增长、避免衰退等政府意图。其核心思想是政府通过利率、税制、公共支出和税收政策等工具，改变消费、投资、贸易差额和公共部门借款等关键的经济决策。如此行事的目的是熨平经济周期，第 9 章将重点解析经济周期。

常规经验告诫政府应实现预算平衡，但无须追求每年的收支平衡，只要在商业周期内保持财政收支总体平衡即可。根据这一策略，政府应在经济繁荣时追求财政盈余，以防止经济过热；而在经济衰退时，安排财政赤字以抑制衰退。

这种熨平经济周期的财政预算方式，虽为常规策略，但很快屈从于美国追求永久财政赤字的政治图谋——见图 2-1。一些观察家认为，政府管理需求的诸多努力未能发挥应有作用。这一观点到底是在意识形态上厌恶政府的反映，还是立足于严密论证，目前不得而知。在调节经济运行的总需求上，政府拥有两大政策工具——财政政策和货币政策。我们首先解析货币政策。

2.7 货币政策

货币政策涵盖了政府调节经济运行中的货币数量、利率和汇率的战略和战术。货币政策会对经济产生扩张和收缩两种效应。在其他条件不变时，增加货币供给总量会导致经济扩张，减少货币供给总量则会导致经济紧缩。降低和提高利率分别导致经济扩张和紧缩。扩张性货币政策可用以缓解经济衰退时的失业问题，紧缩性货币政策则可用来抑制通货，或避免经济过热。货币政策与财政政策对照鲜明，后者是指税制、政府支出和借贷。

货币政策通常有宽松型、中性或紧缩型之分。宽松型货币政策是指货币当局设定利率水平，促进经济增长。若货币政策的意图既非促进经济增长，又非阻遏通货膨胀，则其是中性的货币政策；旨在抑制通货膨胀或缩减货币供应的货币政策，则是紧缩型货币政策。

在大多数现代国家中，美国的联邦储备银行、英格兰银行、欧洲中央银行和日本银行之类的机构负责执行政府的货币政策。一般而言，这些机构被称为中央银行，同时肩负着确保各国金融体系平稳运行的职责。中央银行通常是独立的，但据此放言，各国政府对中央银行毫无任何影响则是完全错误的。

货币政策的主要工具是公开市场操作，它通过买卖国库券、国债和外国货币等不同的金融工具，调节流通中的货币数量。这些买卖行为导致进入或退出流通中的货币数量增加或减少。

公开市场操作的短期目标通常是实现短期利率目标。在其他情形下，货币政策可能需要钉住本币与某一外币之间的特定汇率。在美国，美联储的目标是联邦基金利率，即会员银行间的隔夜拆借利率；中国的货币政策目标是人民币与一篮子外国货币之间的汇率。显然，货币政策取决于经济体系中的利率水平和货币供给总量之间的关系。

货币政策还可施行通货膨胀目标制或货币总量目标制。在通胀目标制下，货币政策的目标是将消费物价指数（CPI）之类的特定通胀率水平，控制在预设的范围之类。通胀目标经由定期调整中央银行利率而实现，而中央银行利率又通常采用银行同业隔夜拆借利率。利率目标则可通过公开市场操作来维持，并由货币政策委员会按月或按季度进行评估。利率水平根据各种市场指标进行调整。

再看货币总量目标制，这一策略的基石是货币供应增长率稳定（或为既定）。截至目前，我们仍未界定"货币供给"，这是为什么呢？答案是，很不幸，"货币供给"有多重定义，如 M0，MB，M1，M2，M3，M4 以及其他界定。所有这些界定均有其特定含义，且都可用以定义货币供给。在本书中，我们将其简单地定义为 M0 和 M4。如果读者想穷究这一问题，众多经济学书籍可以满足你的求知欲。以英国为例，M0 是指流通中的纸币和硬币，再加上在英格兰银行的存款。M4 的含义更为宽泛，它包括纸币和硬币，还包括公民个人和私人公司持有的所有英镑账户上的资产和住房建筑协会的资产。

再回到货币政策工具上。货币政策工具包括调节基础货币、存款准备金率和贴现窗口贷款。可以通过改变基础货币量来执行货币政策，它直接改变经济中的货币流通量。中央银行可以利用公开市场操作改变基础货币量，通过买卖债券来吞吐货币。中央银行购买债券，就将货币投入经济；反之，中央银行卖出债券，就从经济中回收货币。

各国政府对银行施加管制。货币政策的执行方式之一是，改变商业银行必须向中央银行缴存的资产比率（即调节存款准备金率）。通过调整银行部门必须以现金方式持有的资产总额，中央银行可调节银行部门的可贷资金量，从而改变货币供应量。通常情况下，中央银行很少频繁调整存款准备金率。

很多中央银行有权向本土金融机构提供融资支持。货币当局收回现有贷款，或发放新的贷款，就会直接减少或增加货币供给量。这一货币政策工具被称为贴现窗口贷款。

下面我们简要回顾一下货币数量论。货币数量论的基本观点是，货币供应量与价格水平之间具有直接的正相关关系。货币数量论可以简化表示为：

$$MV = PT$$

其中，

（1）M 指在特定时期内经济中的平均货币流通量。

（2）V 是货币的交易流通速度，也就是一定时期内单位货币完成所有交易的平均次数。换句话说，V 衡量了人们收付货币的速度。

（3）P 是一定时期内经济中的价格水平。

（4）T 是衡量全部交易的实际价值（剔除了通货膨胀）的指数。

这一公式的含义显而易见。如果 V 和 T 为常数，那么，通货膨胀率就恰好等于货币供应增长率。然而，在繁荣时期和萧条时期，货币流通速度和交易总价值（国民收入）的确发生了变化，这意味着货币供应量变化并非永恒不变地影响价格水平。事实上，这是一个引人入胜的研究领域，我们这里不过触及皮毛而已。同样地，读者若有心深入探究这一论题，相关文献亦不可胜数。

如上所述，货币政策可以包括通胀目标制和货币总量目标制。然而，既往 10 年令人惊讶的事实之一是，无风险市场利率（美国的联邦基金利率和英格兰银行的基准利率）减去事后的实际通胀率所得的实际利率极低，在某些情况下甚至为负——如表 2-1 所示。当然，这只是实际利率的决定方式之一。另一种方式是参考指数化的政府证券①，它能确保某一实际收益率。后一方式的统计数据表明，既往 10 年的实际利率在 2% 左右，它高于表 2-1 中几乎所有的数据。顺便说一句，由于通货膨胀有不同的认定，因此，我们所得的数据与其他数据略有不同，这一点敬请辨析。

所有这些分析的结论是，与 2%～3% 的基准利率相比，实际利率极低，因此，人们在繁华商业区恣意消费，美英和其他国家的民众还在房产市场大肆购置，就不足为奇了。实际上，由于实际利率水平长期持续过低，且信贷极为宽松，众多事件必将很快发生，包括：

① 指数化的政府证券是指证券的票面利率依据通货膨胀率进行调整，从而让投资者享受某一实际收益率的证券，如美国的通胀保值公债，中国 1989—1991 年、1993—1996 年推出的保值储蓄、保值国债等——译者注。

表 2—1　　　　　　　　　　　　　**美国和英国的实际利率**

年份	美国（%）	英国（%）
2000	1.5	3.2
2001	3.0	3.2
2002	1.5	2.3
2003	−0.5	0.7
2004	−0.75	1.5
2005	−1.0	1.7
2006	0	1.5
2007	1.0	1.2
2008	1.0	0.5
2009	0.5	0.5

（1）再抵押——偿还利率较高的抵押贷款，可能会借助附加抵押贷款①，或为了购买面积更大的房子而接受利率更高的抵押贷款；

（2）房价随即迅速上涨；

（3）消费者决定使用价廉易得之信用卡享受消费盛宴；

（4）消费者债务上升；

（5）公司债务增加；

（6）信贷普遍宽松埋下了金融狂欢的祸根。

所有这些序号标示的或有事件最终变成了现实。所有这些事件部分导因于将实际利率长期压在低位的全球协同政策。不解决任何问题的 G6、G10、G20 峰会，实为各方合唱"同一首赞歌"的盛会；赞歌的主题是保持低实际利率，将其压在极低的水平。

为保持完整性，图 2—2 和图 2—3 给出了 1993—2007 年美国和英国的年均收益增长率。这些数据都是名义量，未剔除通胀因素。

---

① 附加抵押贷款是指借入低利率抵押贷款，偿还高利率抵押贷款——译者注。

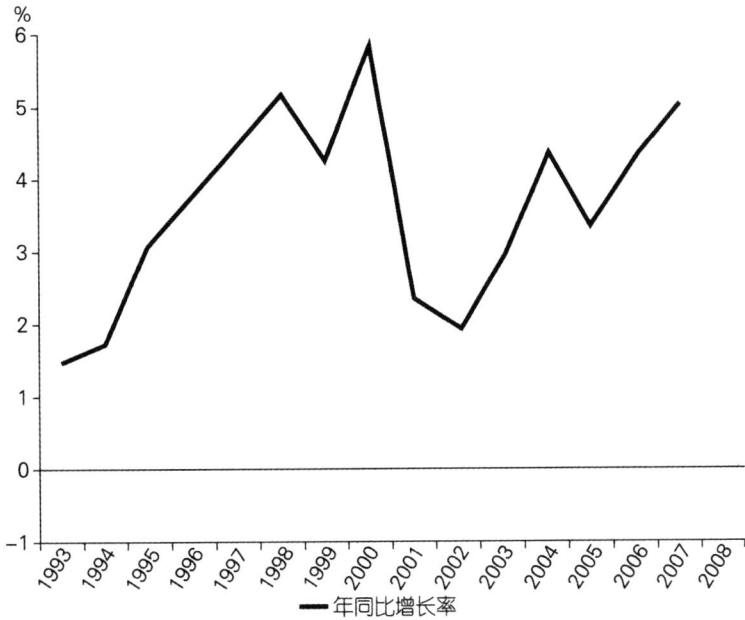

图 2-2 美国的平均收益（年度变化的百分比）

数据来源：美国劳工统计局（Bureau of Labour Statistics）。

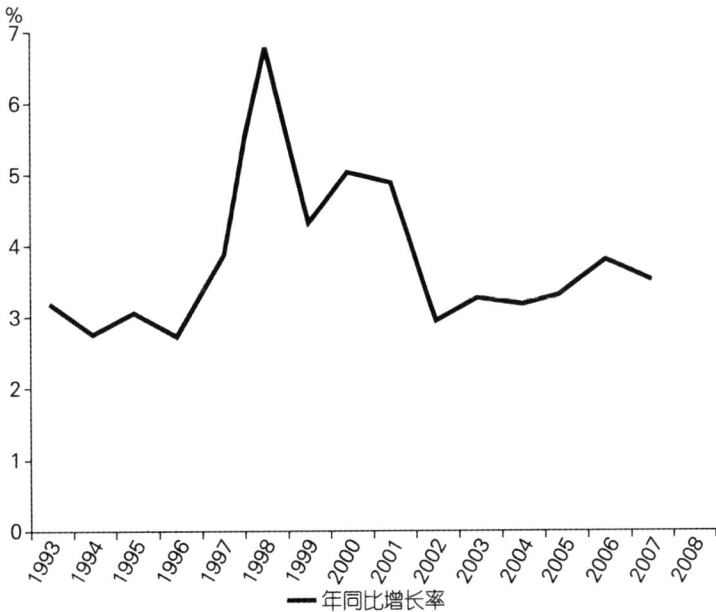

图 2-3 英国的平均收益（年度变化的百分比）

数据来源：国家统计局（Office of National Statistics）。

下面介绍第二种政府主要的经济政策工具——财政政策。

2.8 财政政策

财政政策的两大工具是政府支出和税收。财政政策可能是中性的，也可能是扩张性的，还可能导致经济收缩。中性的财政政策意味着财政预算平衡，亦即财政支出与税收收入相等，或 G＝T。

其中，G 代表政府支出，T 代表税收总额。此时，政府支出全部由税收收入来满足；财政政策的总体结果是对经济活动产生中性效应。相反，扩张性财政政策是指政府开支超过了税收收入，即：G＞T。

扩张的财政政策通常伴随着财政赤字。此外，政府支出小于税收收入将对经济产生紧缩效应；在此类情形下，财政政策导致财政盈余。

各国政府运用财政政策，调节经济中的总需求水平，以实现价格稳定、充分就业和经济增长的政策目标。归纳起来，财政政策包括为刺激总需求而降低税收或增加公共支出等决策，这些决策被称为宽松的财政政策。2007—2008年金融危机酝酿期间最显著的特点之一是公共支出占 GDP 的比重大幅上升。官方统计数据表明，2000—2009 年间，美国和英国的公共支出几乎直线上升，前者从 32％升至 43％，后者从 35％升至 45％。如果财政赤字逐步消除，而最终结果却是经济过热，那就真令我们大跌眼镜了。

2.9 院外游说

游说的对象是各级政府和地方当局。在美国，游说旨在影响美国众议院和各州立法机构。在英国，游说的目的是影响下议院议员和上议院议员，以及层级稍低的地方当局。游说团体代表各种委托组织同中央及地方政府进行"交易"。据报道，2007 年有 17 000 名联邦游说成员驻扎在华盛顿，金融、保险和房地产行业的游说总支出为前三甲。1998—2006 年间，它们的总支出（竞选捐款除外）总额超过了 25 亿美元。剪报 2.1 更新了此类数字，提供了一些有趣的相关数据。

剪报 2－1　　　　　　　　　　　　　　　《金融时报》2009 年 9 月 30 日

一位国会议员，五个金融说客

各国政府和监管部门通过管束大银行和类似金融机构的某些行为，增进投资者保护的诸多举措，常常会招致游说势力强大的金融部门的抵制。

尤其是在美国，这种游说权势主要来自于雄厚的财力。

1998—2008 年间，华尔街投资银行、商业银行、对冲基金、房地产公司和保险集团提供了大约 17 亿美元的政治献金，还向游说者支付了 34 亿美元。这一数据来源于两家非营利性组织，即基本信息基金会和消费者教育基金会发布的报告。他们的研究表明，2007 年，为影响相关决策，金融机构雇用了近 3 000 名游说者，或为每位国会议员配备了 5 名游说者。

人们普遍认为，这种"购买"政治影响力的行为助推华尔街如愿以偿地废除了禁止商业银行和投资银行混业的《格拉斯－斯蒂格尔法案》，扼杀了比尔·克林顿政府时期商品期货交易委员会提出的对金融衍生品进行监管的动议。

"过去 30 年间，金融部门从'文化俘获'进程中获益良多；由于文化俘获的作用，监管者、政治家及独立分析师逐步坚信，金融部门拥有奇妙的、稳定化的技术专长"，国际货币基金组织前任首席经济学家西蒙·约翰逊（Simon Johnson）说道："令人惊讶的是，官方至今仍先验地认为，大银行拥有必备的专长去管理它们自身的风险，防止系统性失灵，并指导公共政策。"

美国的银行很可能是世界上最擅长在此领域施加影响的企业。约翰逊[6]证明："美国金融业通过积聚一种文化资本——一种信仰体系，而获得了政治权势。曾经一段时期，人们或许认为，凡有利于通用汽车之事，必然有益于全国。既往十年，人们的认同趋向转变为，凡是有利于华尔街之举，势必有益于全国。银行业－证券业已经成为政治运动的鼎力捐赠者之一，但在其影响力达到巅峰时，它无须谄媚邀宠……相反，它从这一事实中获益甚多。华盛顿的内幕人士已意识到，大型金融机构和自由流动的资本市场对于确保美国在世界上的地位至关重要。"约翰逊所言乃华尔街－华盛顿走廊，其例证是他注意到"施加影响的渠道之一理所当然地是华尔街和华盛顿之间的人员流动：罗伯特·鲁宾（Robert Rubin）曾是高盛集团董事局的联合主席，后在华盛顿担任克林顿政府的财政部长，随后，又在花旗集团任执行委员会主席。亨利·保尔森是高盛长期兴旺时期的首席执行官，后出任乔治·W.布什政府的财政部长。保尔森的前任约翰·斯诺离开高盛后，担任大型私募股权企业赛伯乐资产管理公司的董事局主席，丹·奎尔也曾是这家公司的高管。艾伦·格林斯潘离开美联储后，出任太平洋投资管理公司（Pimco）的顾问，该公司是国际债券市场最大的赢家。过去三届总统任期内，低层次的此类人员互动数倍于上层人员流动，华盛顿和华尔街之间的关系因此不断加强。"

约翰逊和夸克（James Kwak）[7]认为："华尔街的政治势力表现为，它能将它的人选安排在华盛顿的关键位置。大银行越富有，其高管就越有可能成为谋求政坛职位的顶级资金筹措者。更重要的是，由于金融业日趋复杂，日益成为经济的核心，联邦政府愈加依赖拥有现代金融技能者——也就是来自大银行或其最尖端业务的人才。华尔街和华盛顿之间的人员频繁交流，确保了诸多重大决策者是这样一批官员：他们接受金融圈的世界观及其秉持的政府政策立场；他们卸任后将在华尔街发展，而非固守华盛顿。"

约翰逊和夸克[8]对此有进一步阐述。他们将华尔街视为一个寡头，一个由少数人亦即银行精英们控制的集团；银行精英们凭借经济实力而攫取了政权，继而运用政治权势为自身牟利。与新兴经济体中的寡头不同，华尔街的权势集团不行贿，也不敲诈，他们的工具十分精巧：捐赠政治大选，政府职位与华尔街董事席位的轮换，营造了"华尔街利益即美国利益"的新文化。对金融寡头的疑虑在美国历史上并不鲜见。约翰逊[9]认为，银行游说团体在"竞选筹款、人脉联系和意识形态"上取得了巨大成功，"因此，最近十年涌动着现在看来是令人震惊的放松监管潮流，这主要包括：

（1）一再坚持国际间的资本应自由流动；

（2）废除大萧条时期分离商业银行与投资银行的监管规定；

（3）国会禁止对信用违约互换进行监管；

（4）投资银行获准使用的杠杆规模大幅增加；

（5）插手（或染指）证券交易委员会的监管执法；

（6）国际协定允许银行测度自身风险；

（7）拒不更新监管规制，致使监管规定严重滞后于金融创新的迅猛发展。

华盛顿推出这些举措时的心结似乎是在无动于衷和大肆庆祝之间摇摆：它一度认为，放松金融监管将把经济发展推到新的高度。"

约翰逊和夸克认为，通过极力鼓噪和全面灌输片面的古典经济学，着力宣扬亚当·斯密青睐的国家干预最小化的主张——也就是银行精英们断章取义并极力传播的观念，华尔街成功劝诱各国政府将金融监管降至最低限度。他们还指出，在全面鼓吹金融市场会形成以公平价格为内核的有效市场假说上，这一方式同样奏效；有效市场假说由此成为监管者不应施加干预的命题依据。因此，既然市场能形成公平价格，自然就毫无必要施行旨在刺破泡沫的监管举措；因为，市场价格是公平的，也是大致合理的——至少有效市场假说认为如此。有效市场假说的更多阐述详见第 10 章。

约翰逊援引美联储主席本·伯南克的演讲指出，2006 年，"市场风险和信用风险的管理已变得越来越复杂……过去二十年里，各类规模的银行机构衡量和管理风险的能力取得了长足的进步。当然，这主要是一种错觉。监管者、立法者和学者几乎都认为，各类银行经理们知道他们在做什么。但事后看来，他们并不知道。"

为避免得出游说是十恶不赦的艺术的误导结论，我们必须明确，如果政客们不如此偏爱游说者供奉的大礼包，则有意放松监管的情形会少得多。华尔街－华盛顿的旋转之门洞开，因为银行家们和政治家们乐见此门旋转不息，它让银行家和政治家们跳起了探戈舞。

2.10　小结

各国政府将某些权力下放给监管部门，第 8 章将解析监管机构。利率政策通常授权中央银行制定、实施——美国、英国和欧盟均如此。中央银行一般通过调整利率，实现政府设定的通胀目标。金融市场监管同样授权不同监管机构执行，但监管机构因国而异。

毫无疑问，中央政府能对所有监管事项施加影响，即便中央银行通常具有独立性。然而，通货膨胀率、利率、金融市场运行等重大事项的最终责任由政府承担。如果金融监管失灵、通货膨胀失控、利率水平过低、市场存在泡沫、公共支出过高、经济增长率过热或过于疲软，那么，最终政府必须承担咎责。这一点无可争辩。政府责无旁贷。

本章论及的两个主要因素是：金融危机爆发前的十年间，无论依据何种标准来衡量，实际利率水平的确很低；同时，公共支出以惊人的速率增加。这些特征助推了美国、英国以及其他各地的住房价格泡沫。在某种程度上，这两个特征导致各国家财政赤字占 GDP 的比重急剧上升。住房价格泡沫和财政赤字对金融危机产生了重大影响——正如本书后续章节所述。游说集团放松管制、保持经济持续繁荣的呼吁，毫无疑问地影响着美、英和其他各国政府的决策。各国政府陶醉于经济良好运行的光耀之中：消费者通过负债尽享购物狂欢，大肆购买原本无力承担的资产，享受似乎永不终结的繁荣盛景。执行政府财经决策的高端人士一直告诫消费者："我们已经征服了经济周期。"政府履行了应尽职责吗？答曰，否！

第3章 个人理财、住房与金融危机

3.1 引言

家庭通常将收入分为消费、储蓄两个部分，储蓄是一种延迟消费。这意味着，问题的本质实为时间偏好的选择，也就是即期消费与未来消费的选择。

"储蓄率"是储蓄在家庭收入中的比例，它通常用储蓄占家庭可支配收入的百分比来表示。在计算可支配收入时，应从总收入中扣除家庭缴纳的社会保险费和收入所得税。

美国和英国的储蓄率低于其他绝大多数发达国家。美国的储蓄率从20世纪70年代的10％，下降为20世纪90年代的7％，2007年为零。英国的储蓄率则从1997年的10％，降至2007年的3％、2008年的1.7％。

"未雨绸缪"的箴言表明，在经济糟糕、信心低迷之时——换言之，在预计即将下雨之前，人们通常会多储蓄、少花钱。这就意味着，适逢整个经济需要人们维持原有消费水平甚至增加消费之时，个人消费却呈下降趋势。

各国政府似乎更愿意人们多消费，而非多储蓄。若经济景气、消费旺盛，政府的事务要轻松得多。此外，政府经常刻意将利率保持在较低的水平。低利率有利于那些更愿意即期消费的借款者，但对储蓄者却是一种惩罚。因此，储蓄率迅速下滑，金融危机酝酿期间出现了消费狂潮，也就不足为奇了。

二战之后直到 20 世纪六七十年代，人们要想购买某物，就得先储蓄，再购买。当今时势则全然不同，"我要买，而且现在就买"的观念已经浸入人心。结果，人们通过举债来购买他们实际无力担负，而且短期内没有必要购买的商品（读者据此可知，我们是老一辈人）。银行和其他贷款者乐于随时放贷，也怂恿了这一观念。有些人——可能正如作者本人——确是出于将账单打包并按月一次结清的便捷考虑，而使用信用卡。另一批人只要发卡机构同意，则甘愿增加每月的信用卡总负债，而罔顾相对较高的应付利息。一旦信用卡债务接近授信额度，他们就设法提高额度，或申请新的信用卡。考察信用卡透支必须支付的利率就不难发现，信用卡债务膨胀实非明智之举。

英国和美国许多家庭的负债额超过了其担负能力。他们利用信用卡透支购买房屋或汽车，或仅为享受入不敷出的奢侈生活。1989—2000 年间，英国的家庭债务占可支配年收入的比例稳定在 100％的水平，但到 2007 年，这一比例急剧上升至 170％。与此同时，美国家庭的债务占比从 1997 年的 100％上升至 2007 年的 140％。2007 年，英、美家庭的抵押贷款债务均约为家庭总债务的 3／4。显然，在如此短暂的期间内，家庭的债务增幅极大；家庭负债膨胀的情况见图 3－1。该图标列了 2001—2007 年间，日本、德国、意大利、加拿大、美国、法国和英国的住房抵押贷款和其他家庭债务的详细数据。各国的左侧柱体代表 2001 年家庭负债占名义可支配收入的比例，右侧柱体则代表 2007 年的比例。北美、法国、英国的累积债务规模高于日本和德国，同时，英国的抵押贷款债务明显高于其他国家。图 3－2 为 1975—2008 年间美国家庭的债务余额（单位为 10 亿美元）。该图表明，如此高的债务水平实难持续。这一切要归咎于政府的唯唯诺诺、银行家们的娇纵溺爱，但个人也难逃罪责。现在该讨论住房问题了。

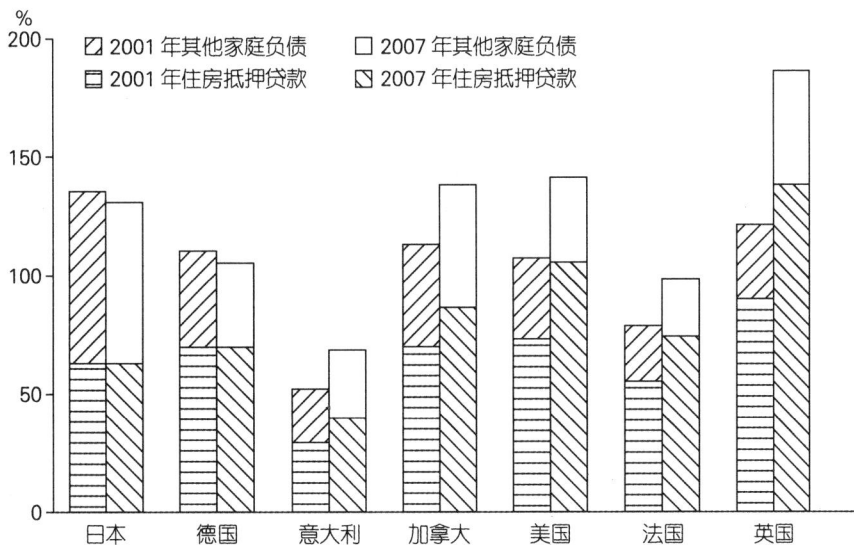

图 3-1 家庭负债（占名义可支配收入的百分比）

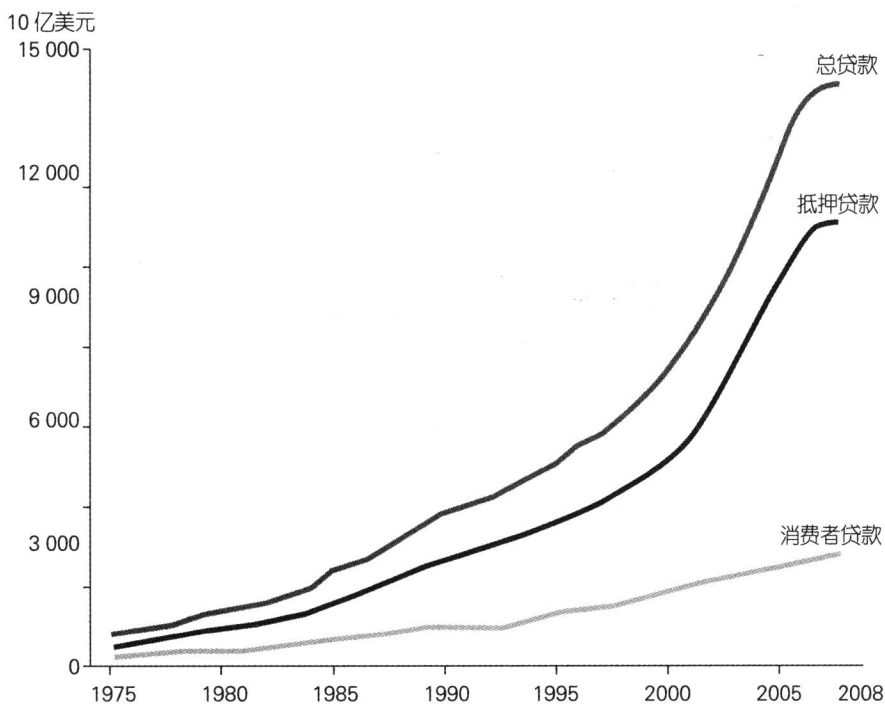

图 3-2 美国住房贷款

3.2　住房

住房问题历史悠久。英国大约10％的房屋是百余年老房。较之既有的住房存量，每年新供应住房的占比目前相对较低，不足1％——人们购买的大多是旧房。新建的住房约为15万套，老住房超过2 000万套。影响住房需求的因素很多，例如：

(1) 利率水平；

(2) 借款人的贷款－价值比及未来收入倍数的情况①；

(3) 人口总量的变化：它决定于出生率与死亡率之差，也取决于移民入境和移居国外人口的对比；

(4) 人口的地区迁移，这主要由于收入或财富的变化、工作变动、子女成人离家或退休；

(5) 每套住房共居人数下降的趋势，这部分源于离婚率上升或生活方式变化；

(6) 社会富裕程度不断提高诱发拥有第二套住房的愿望。

由于买卖旧房的行为彼此抵消，因此，在考察总需求时，仅需关注净增新需求。

在购买首套住房时，很少有人能全额支付而不借用抵押贷款。影响住房需求的重要因素包括房价水平、税后净成本和抵押贷款融资的可得性。英国绝大多数抵押贷款采用浮动利率，这意味着利率变动直接影响着每期的抵押贷款偿付额。利率变化将直接导致住房需求的急剧改变。因此，与其他国家相比，英国住房市场的波动可能更大。后危机时期的利率下调大大降低了借款人每月的抵押贷款月供。

---

① 贷款－价值比是贷款额占抵押物价值的比例（也简称"贷抵比"），未来收入倍数是贷款额除以个人未来收入所得的倍数。两者都是借款人、放贷人决定借贷与否及借贷规模的主要指标——译者注。

20 世纪 50 年代初，英国每年新建住房为 30 万套。当时，绝大多数新建住房由地方当局的公共部门使用。如今，所有新建住房均为私人部门所有。英国一直通过计划控制，限制新房开建量。城市绿化带和邻避情结造成的诸多压力，限制了新建住房的选址，这在住房需求最旺的东南部尤为明显。限制新房供应量对现有住房的价格产生了上行压力，还导致住房供给对房价变动或需求变化反应迟缓。

其他国家同样如此。英国和澳大利亚的住房计划控制极为严格，因而当前实际房价比 1970 年高出 2～3 倍。但是，德国和瑞士一直主动增加土地供应，满足新住户的建房需求，因此，两国经通货膨胀调整后的实际房价与 1970 年持平。同样地，美国对部分地区实施严格管控，尤其是在沿海城市。但美国的内陆城市仍能随时向外扩张，因此，住房供给增加有利于抑制房价。

房价上升时，人们预期需求将下降。但若住房市场存在泡沫，则房价上扬可能导致需求上升。因此，在住房泡沫时期，人们预期历史会重演，房价将持续上升。

1997—2007 年间，英国房屋的平均价值占年平均收入的比率从 3.5 倍升至 7 倍有余，十年间的平均房价涨了两倍，由此导致抵押贷款的借款人和贷款人逐步过于乐观。同期的美国房价翻了一番多。英国和美国的房价数据见图 3－3 和图 3－4。许多新购住房者，尤其是首套住房的购置者，根本没有经历过房价下跌时期。

截至 2007 年的十年间，英国的房价上涨了 200％，爱尔兰的房价上涨了 250％，西班牙的房价上涨了 180％。美国的房价平均上涨了 125％，但各地的涨幅不一，加利福尼亚州的房价涨幅超过 200％，但芝加哥和底特律的涨幅不足 100％。所有这些数据都是名义变量（亦即未扣减一般通胀因素），剔除通货膨胀因素后，这些名义变量就可转换为实际变量。图 3－5 比较了部分国家的实际平均房价，比对内容是 1996 年末到 2006 年末这十年期间房价的年均实际增长率。令人吃惊的是，英国的数据表明，英国的实际房价每年涨幅不到 10％。同期美国的可比数据表明，房价的实际上涨率约为 5％。德国和日本的实际年均房价则在下降。

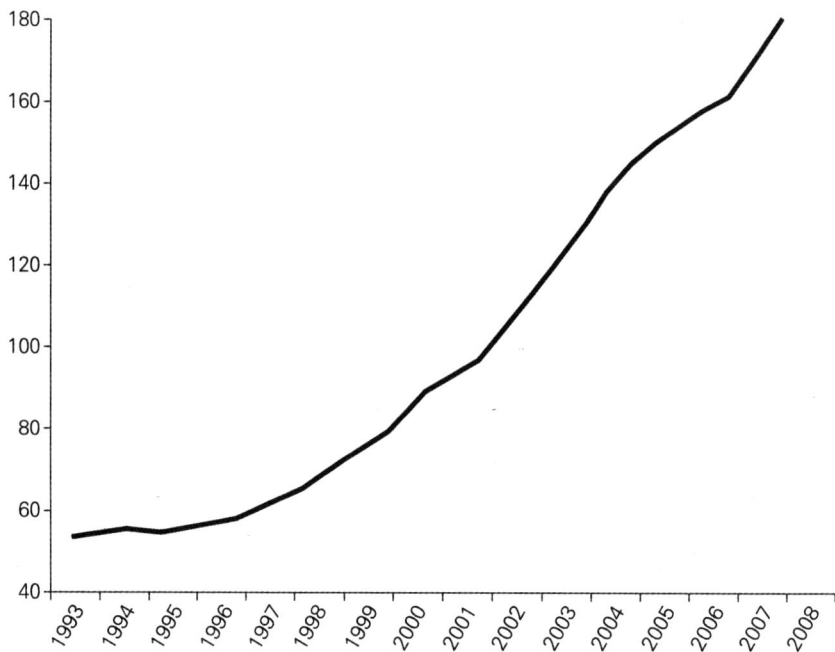

图 3—3 英国房价指数

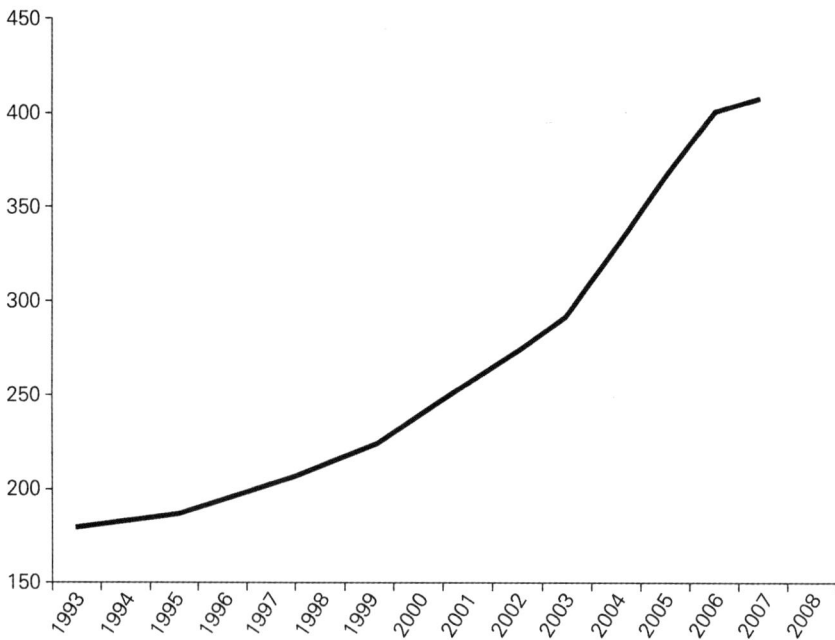

图 3—4 美国房价指数

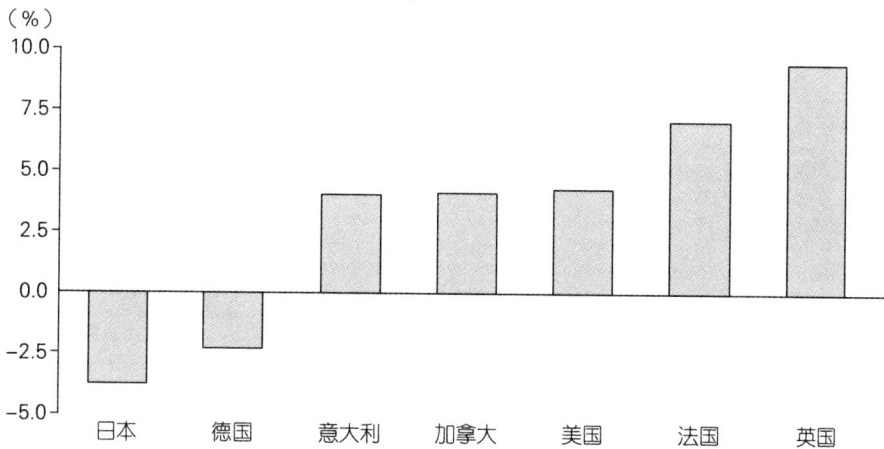

图 3-5 实际房价上涨率（1996—2006 年年均增长率）

资料来源：经济合作与发展组织（OECD）。

许多国家的自住业主以现易贵①，由此导致他们的抵押借款额上升；同时，拥有第二套住房比以前更为普遍。美国鼓励中等收入群体借钱购买住房，美国政府通过创设各种方案，鼓励银行向他们提供贷款。图 3-6 表明，美国家庭的住房自有率大幅攀升——直推升至 69% 以上。大多数人似乎认为，房价必定持续上扬。此外，急剧膨胀的买后出租（而非自住）行为进一步推高了房价。买后出租的住房贷款占美国抵押债务余额的比重，2000 年仅为 2%，2008 年升至 11%。

导致拥有住房热潮的部分因素，同样驱动了商业地产的繁荣。其中尤为重要的是，低利率和高经济增长率的刺激，使得负债购买或建造商业地产极具吸引力。实际上，金融危机爆发后，英美两国商业地产价格的跌幅远远超过了住房价格。

2007 年 10 月，英国房价开始下跌，比美国的房价下跌晚了大约 15 个月。截至 2009 年 4 月，英国的平均房价下跌了近 20%，2009 年 4 月的商业地产价格比 2007 年 6 月的峰值下降了 40%。回顾图 3-1 可知，家庭负债的主要构成

---

① 原文为 trade up，韦氏在线英文字典的解释是 to sell something you own and buy a similar thing that is more expensive。根据上下文，本处译为"以现易贵"，意即"卖出现有住房，购买面积更大或价格更贵的住房"。

图 3—6　美国家庭的住房自有率

资料来源：商务部。

是抵押借款，抵押借款是下文的主题。

3.3　抵押借贷

贷款人评估债务人申请抵押贷款的主要标准是：

（1）贷款与资产当前价值的比例：贷款—价值比或贷抵比（LTV），它用于衡量首期付款额占房屋价值的比例；

（2）贷款额与借款人年收入之比，也即债务—收入比率；

（3）偿还期限：美国的偿还期一般为 30 年，英国的偿还期一般为 25 年；

（4）还款期内的本金偿还方式；

（5）贷款本息占收入的比重，亦即债务负担—收入比（PTI）；

（6）利率水平，以及采用固定利率还是浮动利率；

（7）借款者的信用评级。

部分国家的税制规定，抵押贷款利息免税（可在税前支付）——这通常也是鼓励人们拥有住房的诱因。另一相关因素是，抵押贷款是否以外币计值。某人的收入若以货币 X 计值，则他借用的抵押贷款最好也用货币 X 计值。这样做，能将抵押贷款的汇率风险降至最低。因此，我们坚决反对大多数个人借用外币抵押贷款，从而额外承担汇率风险。

相信每位读者都熟悉 3R，即读（reading）、写（writing）、算（arithmetic）。母语非英语的读者可能不太了解，这是典型的英式调侃。对抵押放贷者而言，至关重要的是 4C 原则，即：担保品（collateral），能力（capacity），品德（character）和信用（credit）。担保品是用做贷款抵押品的资产的价值；能力是指借款人偿还贷款的能力，或广义上的收入；品德是借款人的诚信和态度——他们是否决心继续遵守贷款合约；最后，信用指借款人的偿还记录，以信用评分为揭示方式。美国的信用评分的取值范围为 300 分（糟糕）到 850 分（优秀）。信用评分介于 500 分至 620 分之间者为次优级，低于 500 分者为劣质级，高于 620 分者为优先级。

抵押贷款额一般远高于房产价值——两者之比高达 100%，甚至更多。有耐心的读者读到这里就会发现，在北岩银行的案例中，抵押贷款额是房产价值的 125%。北岩银行通过"大组合"品牌推销贷款产品。其实，更为合适的名字是"疯狂贷款"。从北岩银行股东的角度来看，这一切太疯狂了。无论如何，贷款－房产价值比应回落至 100% 才较合理，但即便 100% 的比例也是极高的负债度（负债度是债务占交易额的比重，也称"杠杆率"），甚至 90% 的抵押贷款－房产价值比——也就是保证金为 10%，对借贷双方而言显然都是极其冒险的。因为，只要房产的原始价值下降仅 10%，房主的房产权益就侵蚀殆尽。

杠杆率可从两个方向发生作用。先看这种情形。假设某人买了价值为 100 000 美元的住房，按揭贷款比例为 80%，从而购房保证金为 20%。如果房价在次年上涨 15%，则购房者的盈亏头寸如表 3－1 所示。为简便起见，表 3－1 假定按揭贷款的借入比例在年末仍为 80%。这样，借款方的盈亏头寸是：由于房价上升 15%，其所有者权益从 20 上升为 35，权益收益率为 75%。诚然，有人会认为，若房主在市场房价总体上涨大约15%之时打算搬家，那么这种收益就是一种假象。事实可能如此，但我们试图解释的是：在房价上升时，杠杆率"看起来很美"，但在房价下跌时，杠杆率将反向影响权益收益率。因此，在本例中，15%的房价升值收益将为承押人（Mortgagee）带来75%的收益[①]。

表3—1 　　　　　　　住房抵押贷款案例：房价上涨 15%

	起始值	终值	增长（%）
房屋价值	100	115	15
按揭贷款	80	80	
房主权益	20	35	75

再看在其他条件不变时，房价在一年内下跌15%时的情形。表3—2表明，房价下跌15%后，房主的资产权益下降了75%，所有者权益从20降至5。

表3—2 　　　　　　　住房抵押贷款案例：房价下跌 15%

	起始值	终值	增长（%）
房屋价值	100	85	—15
按揭贷款	80	80	
房主权益	20	5	—75

很明显，房价上涨时，杠杆率将对借款人具有巨大的正向效应；房价下跌时，杠杆率将对借款人产生巨大的负面效应。杠杆率的正向、负面效应同样适用于各类公司和银行。而且，正如本书后文所述，银行的杠杆率水平高得离谱：雷曼兄弟公司的债务—权益资本比为97：3。这样的风险难道不高吗？资产价值仅下跌3%就将顷刻吞噬股东的全部权益。

回顾统计数据便知，1997—2007年间英国的房价平均上涨了两倍。因此，乐观主义者听从建议、踊跃购房，部分投资者大举利用杠杆、购房出租，也就

---

① 原文如此。但根据上下文及表3—1，15%的房价上涨将给抵押人带来75%的收益。Mortgagee是承押人，即抵押贷款的放贷人，也就是为确保抵押贷款偿还而持有抵押资产者；与之对应的Mortgagor则是抵押人，即抵押贷款的借款人，也就是为确保抵押贷款偿还而提供资产抵押者——译者注。

不难理解了。但这些举动极其危险，1997 年参与这一"游戏"者，此类投机胜算极高。但在 2007 年加盟这一阵营者，时运就完全不同了。尽管如此，许多 1997 年入市的"买后出租"一族却在与时俱进地增购房产。这样，截至 2007 年，他们的大部分资产很可能都是新近添置的。因此，1997 年入市的族群，若受收益率驱使而不断增购房产，并在 2007 年仍持有房产，则他们早被淘汰出局了。成功一时，绝不等于成功一世。成功者时刻伺机而动，同时也随时准备抽身，静候下一个时机。对成功者而言，这场游戏的名字是"把准时机，随时进退"。

言归正传。回到国内市场，考察家庭仅拥有一套抵押房产时的财务状况。在房价持续上升时，大家都认为住房的售卖所得会大于其支付额。但若房价一跌再跌，则借款人或将无法偿付抵押贷款的月供。但即便在此情形下，放贷人通常仍指望用做抵押的房产价值仍足以抵付债务余额。

由此引发的重要问题是，（若抵押资产价值小于贷款余额）贷款人是否可以追索借款人的汽车、股票和股份等其他资产。如果不能追索，一如美国通常发生的情形，则在房价下跌、净权益头寸为负时，借款人极有可能转身而过。但欧洲国家不会发生这种情形，因为它们的押贷款大多附带追索条款。

仅有净权益头寸为负，亦即住房的当前价值小于住房抵押的债务余额，并不必然意味着房主会失去房产。只要他们继续偿还贷款，房产仍归其所有。只要房主不打算近期出售房产，他们就能继续居住，直到房价开始回升。

20 世纪 90 年代，银行发放抵押贷款后，通常愿意持有到期，贷款期限在英国通常为 25 年，在美国为 30 年。银行每年会收到利息，通常还能收回部分本金。一旦承押人违约[①]，银行本身也会亏损，因此银行有足够的理由仔细筛选借款人。潜在的次级贷款债务人因收入极低、信用记录极差，最初几乎毫无机会获取银行贷款。银行发放抵押贷款并持有到期的贷款被称为"发起－持有模式"的贷款。

如果银行发起抵押贷款并旨在将其出售，也就是发起－分销贷款，这将严

---

① 原文如此。根据上下文，此处的"承押人"（即抵押贷款的放贷人）应为抵押人（mortgagor，即抵押贷款的借款人）——译者注。

重削弱银行对借款人进行仔细筛选和尽职调查的动机。在发起-分销模式下，银行不再关注抵押贷款借用人是否违约，它只关心将贷款转售给第三方后的实际收益。借贷模式的改变是金融危机爆发前数年的重要特征之一：银行信贷从发起-持有模式转变为发起-分销模式。同时，发起-分销模式并非仅限于抵押贷款，信用卡借贷、汽车贷款、私募股权债务及公众公司借用的其他贷款，均采用发起-分销模式。这既意味着银行的贷款标准降低，也昭示着银行信贷分析流程的质量在不断下降——而且是急速下降。银行创设贷款并将其打包出售的过程是证券化的例证之一。第 5 章和第 6 章将重点阐述证券化。

在经济繁荣时期，苦求信贷的部分群体是"忍者"①，也就是无收入、无工作、无资产的"三无"族。有些贷款，如骗子贷款，申请人提供的收入证明通常缺乏必要证据。一旦借款人不能偿还贷款，贷款人将终止抵押房产的赎回权——也就是接管房屋的所有权，将其出售，以部分地补偿贷款。当然，这种强制售卖行为会加大房价下调的压力。

在英国，大多数抵押贷款采用浮动利率——抵押贷款利率随市场利率而变动。2008 年下半年的利率急剧下降，对浮动利率抵押贷款的借用人是个重大利好。然而，一旦经济复苏，利率回升，浮动利率又会产生相反的效果。

本轮危机爆发前，美国当局实际上是在怂恿次级信贷。1977 年，卡特 (Jimmy Carter) 总统颁布了《社区再投资法案》(Community Reinvestment Act)，1995 年，克林顿总统强化了这一法案。1992 年起，美国政府敦促两家政府发起机构房利美和房地美（参见本书案例 12-4 的研究），加大力度收购中低收入者借用的抵押贷款。1996 年，住房和城市发展部门为房利美和房地美制定的指引目标是：用于支撑收入水平低于本地区中位数之借款人的抵押贷款资金占比为 42%。2000 年，这一比例升至 50%，2005 年为 52%。1996 年，12% 的房利美和房地美的抵押贷款，以特殊的廉价贷款方式，专门贷放给收入水平低于本地区中位数收入 60% 的借款者。2000 年，这一比例升至 20%，2005 年为 22%。

---

① "忍者"(NINJAs) 是 no income, no job, no assets 的英文首字母缩略词。

2007 年第一季度，美国约 1/3 的证券化抵押贷款为仅付息贷款，另有 7.5％的贷款为负摊还贷款（negative amortization），亦即 NegAm 贷款。只要任一时期的还款总额（本金加利息）低于当期应付利息，就会产生负摊还贷款。结果，未偿贷款余额上升。

这在美国尤甚。21 世纪初期的低利率意味着，按揭贷款利息支出占家庭收入的比例极低。由于利率低、信贷环境宽松，骗子贷款、负摊还贷款和名目繁杂的其他贷款似乎都能负担得起——即使对信用最差者也是如此。许多美国公民开始搭乘通往"美国梦"的电梯，开始了此前不敢奢望的征途。拉詹（Raghuram Rajan）[1] 认为，美国技能欠缺的劳动力日益认为他们是全球化世界的弃儿，因此，向信用等级低下者大肆提供宽松信贷，对他们而言是个莫大的安慰。此外，宽松信贷也是赢得选票的有效方式。

3.4 信用卡和其他个人债务

现在转向信用卡债务。很多消费者因信用卡而背负了大量债务，他们每个月只偿付最低还款额，致使债务负担与时俱增。购买和支付行为的逻辑联系越来越模糊。英国 10％的信用卡用户每个月仅支付最低还款额——约为欠款总额的 2％～2.5％。实际上，英国人均信用卡债务从 1999 年的 900 英镑上升到 2004 年的 1 250 英镑，截至 2009 年，上升为 2 300 英镑，实际增长 150％，或者说，这十年的年增长率是 10％。总的来说，2009 年英国信用卡债务总额为 530 亿英镑。同一时期美国信用卡债务的实际增长率要低得多——约为 50％，但是 2007 年欠款总额非常大，达 9 150 亿美元。

3.5 养老金

另一个值得关注的个人理财主题是养老金融资。养老金在过去十余年间深受人们关注。1997 年英国很可能是世界上养老福利最好的国家，它的大多数债务（即对退休者的养老金支付）都能筹得资金偿付。这意味着在债务到期时，它有足够的资金和多种投资方案来满足债务清偿。然而，问题亦随即逼近。1997年，新工党政府在当选后的首次预算中提出了不利于养老金计划的税收方案。另外，当养老金计划有足够的资金偿付债务时——换言之，如果所有债务都有资金偿付，企业就开始推行养老金休假，并不再缴纳养老保险费。这提高了财务报表中的每股收益和高管奖金。不过，当股票市场走弱、养老基金的资产价值下降时，养老金计划面临着资金不足——它们的负债超过了资产。而且，公司通常不会补缴养老金、做实养老金计划，只会在它们发布的财务报表中披露养老金不足。其结果是，时下大多数收益固定型养老金计划不再接纳新的参保者，很多此类计划甚至就此终止。1990—2009年间，收益固定型养老计划的参保人数从550万降至220万。在收益固定型养老计划下，养老金领取者有权按照退休时最终工资的一定比例领取养老金，或以退休前养老保险费的投资收益为基础，根据类似公式计发养老金。这与缴费固定型计划不同，后者每期实际缴纳的养老保险费固定，参保者的收益取决于他退休时的市场状况。

人口统计规律的变化也给退休金带来了新的问题。50年前，人们计划65岁退休，平均寿命为72岁。因此，退休后七年的养老金能够通过50年（从15岁至65岁）的累计工作贡献来融资。现在，人们平均工作年限仅为40年（从18岁至58岁），平均寿命也有望达到80岁。这样一来，22年的退休金必须通过40年的工作来提供。由此可知，工作年限与退休年限之比从7下降至不足2。如果退休年龄从58岁变成65岁，那么这一比例将增加3倍以上。但这是一个平均退休年龄。平均说来，目前人们的退休年龄仅为58岁。这还只是一个保守估计。

3.6　住房市场反击

2005年，美国住房市场达到顶峰。每十套住房中有四套由非永久自住业主购买，它们要么用来出租，要么用于度假居住。这一热潮催生了过剩的住房，其中一些建筑标准很低。2005 年人们津津乐道于"巨无霸豪宅"。20％的抵押贷款为次级贷款，房价不再可能持续高攀。美国二十年来的平均房价已涨至平均工资的 3 倍，现在更高达 4.6 倍。

债务是美国经济平衡的支柱，其中一些是通过住房抵押贷款，还有一些是信用卡债务、汽车贷款和助学贷款。1998 年至 2000 年，美国消费债务（包括抵押贷款）占可支配收入的比例从 80％提高到 96％，到 2005 年高达 127％。平均每个美国公民有九张信用卡，每张卡的平均债务额为 5 000 美元。不过好消息是利率低使得偿债成本只是极为缓慢地上升。此外，由于来自中国的廉价产品，其他家庭成本实际上是下降的。

2004 年从中国廉价进口带来的通货紧缩影响开始显现，而且石油价格也开始上涨。2003 年到 2005 年，油价从 30 美元/桶涨至 60 美元/桶，其主要原因是中国经济的增长，这反过来是受西方政府宽松的经济政策的影响。通货膨胀开始抬头，英国、美国和欧盟各国利率上升。2006—2007 年，美国利率从 2.5％上升至 4.5％。同时，随着利率上升，美国住房市场慢慢降温。2007 年初，美国次级贷款市场违约水平不断攀升，这也是金融危机发酵的关键时刻。

第 4 章　银行的业务

4.1　引言

本书的目标受众包括普通读者和专业人士。唯愿本书的读者群，除政府官员、金融从业者及在大学或商学院研习的学子外，还包括在家中静享阅读乐趣者。基于读者面广泛的考虑，本章解释了对许多读者而言可能十分肤浅的基本定义和概念。尽管如此，我们仍认为，应该用基本概念来安排本章架构，专业背景不同的读者可以根据次级标题跳过熟知的内容。

本章首先介绍银行（包括商业银行和投资银行）业务的基本常识，然后简要论及美国的《格拉斯－斯蒂格尔法案》（Glass-Steagall Act）及各国的中央银行，考察银行的资产负债匹配和错配，概述银行津贴文化，最后简要探讨影子银行体系。

4.2　银行业概述

银行是以货币借贷为主要业务的政府特许金融机构。各国政府对银行的监管尺度存在很大差异。在英国和美国，政府对银行的监管较为宽松；而在中国，政府对银行业实施的监管十分严厉（反映存款额、资本金、贷款额之间关系的各类储备水平的要求极其严格）。

"银行"一词源于意大利语中的 banco，意为"桌子"或"长凳"。该词可以上溯到古罗马帝国时期，当时的放贷人在被称作 marcella 的庭院搭起铺亭，坐在被称为 bancu 的长凳上静候生意上门——banco 一词由此而来。

然而，货币兑换业务在黑海沿岸的特拉佩苏斯市（Trapezus），即今天的特拉布松（Trabzon）市，自公元前四世纪开始铸造的各种硬币上得到了反映。早期银行家的桌子被称为 trapeze，这显然取之于该市的名字。而且，在近代希腊，trapeze 一词既指"桌子"，也指"银行"。

根据英国法律，银行家是从事银行业务者，银行业务又专指：

(1) 为客户开立活期存款账户；

(2) 兑付依据活期存款签发的支票；

(3) 为客户收兑支票。

需要重申的是，在大多数管辖体系中，银行由政府实施监管，并需取得银行特许证方可开业。银行通过吸收活期账户和定期账户中的资金借入货币。这些存款包括活期存款（可随时提取）和定期存款（在未来某一特定时间提取）。银行通过向客户提供短期或长期贷款而贷放货币。

如果银行家根据历史经验估计，随时支取的存款仅占存款总额的 10%，则银行会审慎地将贷款占存款的比例控制在不超过 90%。银行吸收的存款越多，则根据同一贷存比发放的贷款也越多。银行家们最初吸收的存款多为短期存款，因此，银行家们只有发放恰好匹配的短期贷款，才能把风险最小化，并通过贷存利差获取利润。通常而言，活期账户的存款利率为零。

假定个人储户的活期账户存款可随时支取，再假定，银行向企业发放长期贷款以满足企业的长期融资需求，如弥补流动资金缺口。在此情形下，由于存款、贷款的期限错配，银行面临风险。实际上，银行的本质特征正是此类期限错配。银行长期贷款的收益一般大于短期存款的成本。这一战略显然取决于储户不会对这种错配心存不悦。换言之，储户对银行的信心、存贷款期限错配、银行贷款质量是至关重要的。如果储户对银行缺乏信心，他们就会对存贷款期限错配和贷款组合的质量忧心忡忡，进而导致他们提取存款——主要是活期存款，这一点必须切记。因此，信心是银行业务的根本基石。

传统上，银行的利润来源于它们向存款及其他负债支付的利率水平与它们对贷款收取的利率水平之间的差额。这一差额也被称为融资成本与贷款利率之间的利差。借贷业务的盈利性变化不定，且取决于经济周期对贷款客户的影响程度。认识到这一点后，银行开始寻求收益更稳定的业务，并日益关注贷款费、辅助业务（如国际银行业务、外汇、保险、投资和金融咨询等）服务费以及贷款安排费等。然而，贷款仍是商业银行的收入支柱。

银行经常面临各种风险，主要包括：（1）流动性风险，即储户要求提取的存款超过银行的储备金；（2）信用风险，即借款人无力偿还贷款的可能性；（3）利率风险，即利率变动导致无利可图的可能性，例如，利率上升时，银行的存款利息支付额超过贷款利息。各类风险一旦发生，极易触发系统性危机，其原因在于，众多银行均对某一特定风险极为敏感，因而"一险俱险"，大部分银行体系均面临风险。

银行的业务可划分为：

（1）零售银行业务，它直接为个人和小型企业提供服务；

（2）工商银行业务，它为中型企业提供服务；

（3）公司银行业务，服务对象为大型工商实体；

（4）私人银行业务，为高净值的个人和家庭提供财富管理服务；

（5）投资银行业务，与金融市场相关的业务。

大多数银行是以盈利为目的的私营企业。部分国家的银行归政府所有，也可能是非营利组织。中央银行通常为政府所有，担负监管责任，如监督商业银行和/或管控利率。中央银行通常集中保管本国的黄金和外汇储备，并根据中央政府的指令，通过买卖本国货币或外国货币，干预外汇市场，实现本币升值或贬值的目标。

现将银行分为商业银行、投资银行和中央银行，进行详尽介绍。

4.3　商业银行

从前述银行业务的许多构成可知，商业银行业务包括零售银行业务、工商银行业务和公司银行业务，后两种业务有时合并称为批发银行业务。

大萧条之后，美国法律规定，银行要么只能从事商业银行业务，要么只能从事仅限于资本市场的投资银行业务——下文将介绍投资银行，这一规定写进了《格拉斯－斯蒂格尔法案》。1999 年最终废除《格拉斯－斯蒂格尔法案》至今，美国的法律不再设有此类分离商业银行、投资银行业务的限制性条款。其他发达国家并不施行《格拉斯－斯蒂格尔法案》式的法律规定，也不分离商业银行业务和投资银行业务。不过，"商业银行"和"投资银行"以及"批发银行"和"零售银行"等术语仍广被使用。

4.4　投资银行

一流的银行家通常处于精英阶层的顶端。在《唐璜》一诗中，拜伦指出，罗斯柴尔德和巴林才是"真正的欧洲之王"。菲利普·奥格（Philip Auger）[1]在对投资银行进行精彩评述时，回顾了一位投资银行家的退休纪念聚会，这位退休者认为作为投资银行家是"世界上最美好的事情"。约翰·凯（John Kay）[2]指出，"要想理解伦敦城在英国经济和政治生活中扮演的核心角色，就必须了解投资银行对现代政治和政策的影响。"那么，投资银行到底有哪些业务？

投资银行是为客户筹集资金、以自己的名义或代表客户从事证券经纪和交易业务、为公司并购提供咨询服务的金融机构。投资银行从企业和政府获利的方式有：在股票市场和债券市场通过发行和销售证券帮助企业筹集资金，买卖金融工具，并为公司并购、在资本市场回购股票及公募发行股票等公司金融交易提供咨询服务，赚取佣金。此外，大多数投资银行也提供资产剥离、公司重组的咨询服务，以及与外汇、商品和衍生产品相关的其他公司金融服务。在大部分国家，经营此类业务必须取得执业牌照，并接受监管。

1999 年，《格拉斯－斯蒂格尔法案》的最终废除推动了投资银行业的发展，本章后文将扼要介绍该法案。这里仅需说明的是，大萧条时期制定的这一法案禁止商业银行在从事投资银行业务时使用杠杆工具。

然而，20 世纪 90 年代投资银行业的发展还有其他驱动因素。信息技术是主要推动力之一。银行部门研发了数量庞大的专用计算机系统，每家银行都是一个全球信息网络。与此同时，体系内的信息流和资金流日益加速，结果，有利于投资银行的短期信息不对称日渐加剧。随着 IT 业向纵深发展，各类银行和交易所日趋计算机化，因此，现场交易不再盛行——当然，实际情形绝非完全如此。金融市场的各种决策越来越依赖于模型——但同样地，实际情形也绝非完全如此。

投资银行新近崛起的另一驱动力量是全球各地风起云涌的私有化浪潮。每一次私有化背后均有投资银行团队的身影。全球私有化的交易宗数从 1980 年的 0 增长到 675，涉及的标的价值为 7 000 亿美元。规模最大的 18 次首次公开发行（IPO）均导因于国有企业通过 IPO 实现私有化。结果，许多准休眠股市重获生机，规模变得更大，流动性更强，投资银行家和他们的股东也从中受益。

此外，外汇市场的膨胀也是重要推力。随着外汇管制的放松和计算机技术的崛起，外汇市场的规模也逐渐扩大，其日均交易额从 1980 年的 700 亿美元，升至 1988 年的 5 000 亿美元，2007 年已达 3 万余亿美元。外汇市场膨胀部分受驱于各类公司的对冲交易，但世界贸易和服务的交易额仅占外汇市场总额的 2％，银行间外汇交易占据了剩余 98％中的最大份额。银行家们常常讨论做盘交易（taking position），却很少谈及投机（他们的内部交流例外）。事实上，二者之间没有任何区别。

最后，规模庞大的衍生品市场的崛起是投资银行业膨胀的另一推力。衍生品市场起源于 1 个世纪前农民利用期货市场提前确定未来产品售价的交易行为。当然，当今的衍生品市场复杂得多，交易标的达 596 万亿美元，相当于全球 GDP 的 8 倍，这些数据是令人震惊的。金融经济的价值不断增大，远远高于它所依托的实体经济的价值。这是过去 20 年间让人瞩目的新现象。

金融衍生品可用以消除风险，即在衍生品市场持有与拟对冲风险相反的头寸，即可缓释风险。也可通过持有衍生品头寸进行投机，而无须持有标的风险敞口。因此，衍生品既可用于对冲风险，也会催生风险。那么，衍生品到底是使金融体系更安全，还是加剧了金融体系的风险？就后者而言，沃伦·巴菲特（Warren Buffet）认为，金融衍生品是"具有潜在致命危险的大规模摧毁性金融武器"。

投资银行的主要业务之一是自营买卖或代客买卖投资产品。如果投资银行真的利用自身账户进行自营交易，则此类资产运营通常被贬称为"赌场业务"。

投资银行的业务活动涉及前台、中台和后台，三者之间的区别如下。

前台的职责是：

（1）在资本市场上为公司客户和政府客户筹集资金，提供并购咨询服务；

（2）为客户提供证券（如股票、债券和不动产）投资管理服务，客户群体包括机构投资者（保险公司、养老基金等）和私人投资者；

（3）公司金融业务；

（4）外汇、权益和固定利息证券、大宗商品和衍生品的交易和经纪活动；

（5）商人银行业务，这既是"投资银行"的原用术语，但也包括为客户提供国际贸易服务；

（6）权益证券的估值及其他公司投资等方面的研究。

最后一项职责中，投资银行内部存在明显的利益冲突，因为开展公司金融业务必然涉及公司的内幕信息。因此，必须对投资银行的研究机构和其他部门之间的关系进行严格监管，并通过设立防火墙来区隔这些职能。

中台的职责是：

（1）风险管理，包括分析和控制投资银行的交易员在日常交易中面临的市场风险和信用风险；主要措施是设定交易员的交易额度，并对其实施监控；

（2）金融服务，这里指的是投资银行的资本管理和风险监控，包括监测投资银行的全球风险投资总敞口及其盈利性。这一作用职能极为重要，兼具复杂性和挑战性；

（3）合规业务，它涉及投资银行的日常运营及其职员的个人投资活动，以确保他们遵守政府监管、市场规则和内部规章。

后台的职责包括：

（1）审查已发生的交易，确保其准确性，并保存必需的纸质文件。所有交易必须恪守银行的成文规则及其限额规定，并仅限与符合资质规定的交易对手进行交易。在行情火爆时期，投资银行会积压巨量的待决事务。

（2）内部运行审计，包括对上述业务进行审计。

（3）技术支持。所有投资银行均有大量的内部软件和技术支持，其作用不可低估。

不难想象，由于前台、中台业务不断增长，后台管理不堪重负。此外，在投资银行的层级体系中，前台被视为明星表演家们（即投资银行的精英阶层）的大好舞台。有人曾转述这段对话，后台人员就交易事项质疑前台职员，前台职员通常搪塞，如此作答："没错，一切正常。没有问题。交易记录就在那，自己看。无须担心。纸质文书齐备，且与已发生的交易一致。"谈话至此结束。这里仅作扼要介绍，第7章将重点阐述投资银行的风险管理。

4.5　银行持股公司

"银行持股公司"是指那些同时从事商业银行和投资银行业务的银行。仅从事投资银行业务的银行是影子银行体系的一部分——影子银行体系见本章后半部分。

4.6　《格拉斯－斯蒂格尔法案》

美国两个独立的法案被合称为《格拉斯－斯蒂格尔法案》：第一个法案（即《格拉斯法案》）于1932年通过，第二个法案（即《斯蒂格尔法案》）于1933年通过。大萧条时期，美国国会考察了1920年代商业银行和投资银行的混业经营问题，国会听证会揭示了混业经营暗含的诸多利益冲突——部分银行类机构的证券业务甚至存在欺诈行为。《格拉斯－斯蒂格尔法案》设置了禁止混业经营的若干壁垒，其影响扩散至全球各地。例如，中国目前依然实行银行业、证券业的分业经营体制。更早时期颁布的《1927年麦克法登法案》（McFadden Act of 1927）禁止商业银行跨州拓展业务，以划定美国各银行的地域范围。

银行业成功说服国会废除《麦克法登法案》，颁布《1994年雷格尔－尼尔州际银行及分行效率法》后[①]，一直力图逐步废除《格拉斯－斯蒂格尔法案》。1987年，国会收到了一份报告，全面剖析废除这一法案的利弊。事实上，1987年，美联储修订了《格拉斯－斯蒂格尔法案》的条款，允许商业银行从事投资银行业务，但交易额不超过其营业额的5%。这一针对该《法案》的"稀释"行为一直持续到1996年，该比例上升至25%。

就在《格拉斯－斯蒂格尔法案》最终废除之前，1998年，旅行者集团——旗下设有投资银行所罗门兄弟公司的一家保险公司——与花旗公司价值850亿美元的公司合并申请获批。世界上最大的金融公司花旗集团由此诞生。美国财政部长罗伯特·鲁宾在《格拉斯－斯蒂格尔法案》废除之前即已废止了相关条款，并在1999年10月出任花旗集团联席首席执行官。最终，由于银行业不断游说，《1999年格雷姆－里奇－比利雷法案》[②] 废除了《格拉斯－斯蒂格尔法案》，商业银行可以承销和交易各种金融工具和衍生品。

重新导入《格拉斯－斯蒂格尔法案》式的限制条款，是各国政府为避免2007—2008年金融崩溃重演而拟采取的应对举措之一。这种变革招致了银行家们激烈而坚决的抵制。当然，如果投资银行和商业银行的混业经营的确危及银行体系的稳健性和生命力，那我们理当限制混业经营。但问题的关键在于，应在多大程度上限制混业经营，银行业的混业经营又在多大程度上导致了金融

---

① 该法案的简称是《雷格尔－尼尔法案》，它允许银行跨州经营，成为实业控股公司的子公司，消除了美国银行业在地理、业务、所有权方面的全部障碍——译者注。

② 该法案的全称为 Gramm-Leach-Bliley Financial Modernization Act，即1999年通过的《金融现代化法案》。它准许商业银行从事投资银行业务和保险业务，结束了美国长达66年的银行、证券、保险分业经营格局——译者注。

崩溃，进而诱发新一轮金融危机。

4.7 中央银行

中央银行（有时又称为储备银行或货币当局）是负责制定一国或一组国家货币政策的机构，其职责虽有所不同，但一般包括：

(1) 执行货币政策；

(2) 控制一国货币供应量；

(3) 履行政府的银行和银行的银行（即最后贷款人，见本章后文）之职责；

(4) 管理国家的外汇储备、黄金储备，以及政府公债登记商；

(5) 监督、管理银行业；

(6) 设定官方利率（以借此调控通货膨胀率和汇率）。

如今，许多国家均拥有独立的中央银行，以限制政治干预，如欧洲中央银行和英格兰银行，这些国家的中央银行（尽管号称独立）是国有的。其他国家的中央银行则归私人所有。事实的确如此，1694 年成立的英格兰银行是第一家特许股份制银行，但它直到 1946 年才收归国有。实际上，国有化不过是确认了存续多年的格局状态，并不改变中央银行的运作方式。

所有银行必须依据资产的某一比例保有一定的资本，这一资本比率由中央银行或其他银行监管机构设定。对国际银行而言，这一比例是其风险调整后总资产的 8%（在计算资本充足率时，政府债券等部分资产的风险权重低于其他资产——此即风险调整过程）。

在监管银行方面，各国中央银行通常建立了存款准备金制。例如，中央银行可以要求商业银行以现金形式持有一定比例的负债，或将其缴存给中央银行。19 世纪导入的存款准备金要求，旨在控制银行信贷过度膨胀的风险，降低银行遭遇存款挤提，从而对其他银行造成连锁反应的风险。

英国银行业的监管实体是财政部、英格兰银行和英国金融服务管理局，管制和监控的主要手段是审查银行的资产负债表，检查它们在金融市场的行为和政策。这种三方监管机制未能识别 2007 年的诸多难题及其复杂性，因此，重组监管机构的必要性不言自明。因为，1997 年以前，监管银行的职责是由英格兰银行独家承担的。

4.8 资产－负债错配

资产和负债的财务条件不匹配，就会导致资产负债错配。资产负债错配有多种表现形式。银行持有大量长期资产，如公司客户的长期贷款，但支撑长期贷款的却是短期负债，如活期存款，这就造成了期限错配。此外，银行所有存款均采用浮动利率，但其资产却采用固定利率。另一个例子是，银行借入资金全部用美元计值，而贷出资金全部用欧元计值，由此形成了货币错配：若欧元的价值急剧下跌，银行就会损失惨重。但此类资产负债错配可用对冲业务进行控制。

在短期平均存款额小于长期平均贷款额，且更高的平均利率上升有利于银行时，缓解期限错配是商业银行业务模式的关键所在。

保险业和养老金管理也会发生资产负债错配，例如，它们的长期负债（赔付投保人或向参保人支付养老金的各种承诺）与资产的价值和期限可能并不完全一致。对这些企业来说，金融资产和负债的适当匹配至关重要。

厂房、土地及设备等商业投资一般需费时数年才能产生现金流，这些现金流通常不足以偿还一年内应该偿还的贷款。因此，企业若需融资满足投资之用，就倾向于借用长期贷款。与此相反，个体储蓄者主要是家庭和小型企业，因不可预见的支出而总会产生难以逆料的现金需求。因而，他们更青睐那些随时可提取存款的流动性账户（liquid accounts），也就是短期存款账户。在此情形下，银行通过将资金从个体储蓄者导向公司借款人，提供了极有价值的服务。银行通过为双方提供服务，即向企业提供长期贷款，为储户提供流动性账户，而从这些业务中赚取了利润。

在一般情况下，所有储蓄者不可能同时产生不可预知的现金需求。在从不同渠道吸收活期存款时，银行通常认为，储户在短期内只提取一小部分存款，尽管他们有权随时提取全部存款。这样，银行就可发放长期贷款，仅保留少量现金满足储户的存款支取。鉴于个人的支出需求通常互不相关，银行预测，任何一天发生大宗存款提取的概率相对极低。接下来，我们转向金融危机爆发后广泛讨论的话题：银行的奖金文化。

4.9　银行的奖金文化

以商业银行为样例，谈及银行家的传统形象，人们会做如此联想：友善、睿智、保守、低调、注重客户的最大利益、有点孤傲、相当刻板。然而，由于美国、欧洲投资银行业的发展，尤其是 1980 年代以来的快速发展，银行家的传统形象已大为改观。如今，银行家的形象是：鲜有保守，不再低调，关注银行（和他们自身）的利润底线，将客户的利益置于银行和银行家的利益之后。与刻板的往昔形象不同，我们看到，银行的高管精英们拿着高薪，大肆报销，在体育比赛、歌剧和首演夜场等活动中，总是坐在最佳观赏席。银行家的形象日渐异化为放浪与炫富（以及"我才不在乎谁知道"）的代表；众多电影和各种爆料——可参阅弗兰克·帕特诺伊（Frank Partnoy）[3] 和杰瑞特·安德森（Geraint Anderson）[4] 撰写的大作——渲染并强化了这一形象。与此相伴，银行业的利润分配也发生了变化，从让公众满意，转向先提高奖金支付额，再让公众满意。数百万英镑的奖金在银行业屡见不鲜。这种薪酬制度的主要问题之一是巨额奖金据以发放的许多交易发生于当前，但它们的最终后果可能要在未来五年才会显现。众所周知，金融危机爆发前银行签订了很多有毒合约，它们最初看似极具盈利性，但旋即便知，这些契约不过是些只会给银行造成亏损、冲动无知的交易。然而，依据这些交易，银行发放了巨额奖金。此后，相关参与者极有可能已经离职——在 35 岁时退休，腰缠万贯，衣食无忧，此生无须劳作。

显然，从股东的角度来看，只有契约已经履行且毫无争议，方可发放奖金——最好是后拖 4～5 年。与此相反，从银行家的立场来看，现行的薪酬制度能极大地满足他们的利益。我们认为，数量适度的奖金以股份为支付形式更为合适，并在基本契约业已履行时才会奖励股份。即便如此，若后继时期暴露了业务不佳问题，仍应设有一些奖金追缴机制。第11章将深入探讨这一话题，并举例说明不利于股东却有利于银行家的奖金分配。

瑞士联合银行集团（以下简称"瑞银"）试行的奖惩方案是令人玩味的奖金变体。成功时，自有奖金封赏；失败时，必有惩罚伺候，但会延长考察期，以判定各类交易的最终结果。仔细研究瑞银的方案不难发现，这一制度仍相当慷慨。为什么呢？考察其运作体系便知。在瑞银的奖惩制度下，银行家的报酬包括固定薪资和浮动补偿两个构成，后者与经风险调整的长期价值创造相关，且能反映可持续的盈利能力。银行家的报酬包括：

（1）固定的底薪（或基薪）；

（2）浮动现金补偿。其中，即期支付的上限为 $1/3$，余额存进第三方托管的奖金账户。倘若业绩较差，或违反监管规定，或承担了高风险，瑞银将降低和取消浮动现金补偿。此类削减被称为"惩罚"；

（3）浮动股权补偿，其中，奖励的股份三年后给予，股份额取决于长期价值创造。许多高管的锁股期甚至超过三年。

上述方案适用于核心管理人员和承担风险的职员，其他雇员仍采用此前的薪酬方案。

抵制在经营艰难时期要求提高固定底薪的诱惑，需要瑞银高管们的共同努力。是否还存在将底薪转变为奖金，并随时境变化再将奖金转变为底薪这种蛊惑呢？意外后果法则表明，这一制度为交易员在繁荣时期掩盖损失和/及降低风险厌恶度提供了激励。

诚然，大规模发放奖金并非银行业的独有属性，它在总体上已成为企业高层收入的常规构成。有人认为，未能阻止此类"奖金纵容"是公司股东的失职——毕竟，是他们投票选举了公司的薪酬委员会。然而，由于公司在册股东的宰执权掌握在养老基金公司和金融机构手中，他们自然不大可能热心于遏制管理层的奖金。究其根本，则是由于这些机构的管理层是根据银行高管和企业高管的薪酬来确定他们自己的薪酬。通常情况下，他们乐于赞同薪酬委员会的提案；而且，毋庸置疑，一旦想到此类提案会在他们的银行账户中得到回馈，他们就有一种成就感。

非金融企业的奖金文化也有不对称效应。这是因为，一旦发生亏损，原来

（已支付）的奖金不可能被退还。反观 2008 年银行系统的大崩溃，回顾一下英国电子公司马可尼（Marconi）遭遇的大灾难：该公司尽管破产，但公司董事的银行账户余额和养老储备金却增长显著。所有这些高管的自我膨胀举动，难道就是"自我的一代"①的行为表征吗？

辨析了银行和其他企业的奖金文化的危害性后，我们不禁想起罗宾·迈瑞斯（Robin Marris）的管理资本主义理论[5]。他指出[6]，"公司高管若持股极少甚至没有股份，一般追求三大动机：（1）公司增长。这是因为，公司增长可以提高职业满足度，增加工作职位，提供高工资、高奖金，提升个人威望。（2）职位的连续性。这意味着，公司的整个管理团队应力避非自愿性收购。（3）理性地善待股东，并与金融界保持良好关系。"由此引发的问题是，我们是否需要一种新的管理资本主义的行为理论，来解释为何持股极少甚至没有股份的公司高管恪守新的三大动机：（1）薪资诱人，退休金、补贴丰厚，奖金和福利优裕，权势夺人，职业满足度高，拥有威望和自动续签合约。（2）职位的连续性。一旦终止续聘，无论出于何种理由，高管们都能获得丰裕的"黄金告别"② 补偿和养老金"礼包"。（3）与金融界关系良好，适当地善待股东（对股东的待遇多少应优于其他群体）。你可能会说，这不是有点愤世嫉俗吗？当然，理由很充分。我们认为，决策者和读者都应严肃思考管理资本主义的新行为理论。对任何观察者而言，此类行为显而易见，而且必须遏制。

在结束奖金文化这一话题之前，仍有必要简要讨论交易员们买卖金融工具的交易室文化。交易室不是"免费的丛林"。有市场参与者均深刻揭露了交易室的卑鄙、贪婪、欺诈和奢靡，如弗兰克·帕特诺伊的《诚信的背后——摩根斯坦利圈钱游戏黑幕》[7]，迈克尔·刘易斯（Michael Lewis）[8] 的《老千骗局：华尔街的投资游戏》，杰兰特·安德森[9] 的《城市男孩》，塞思·弗里曼（Seth Freeman）[10] 的《过度交易》和石川哲也（Tetsuya Ishikawa）[11] 的《我是如何造成信贷紧缩的》等。阅读这些市场人士的描述时，人们会反复追问，就像我们

---

① Me Generation 是美国《时代》周刊对"80 后"的称谓，亦即"以自我为中心的一代"，其基本特性是："只要不妨碍我享受我的物质生活，政治与我无干"——译者注。

② 黄金告别（Golden goodbye）指高级雇员退休时，公司支付丰厚退休金的现象——译者注。

会频频自问，售卖这些剧毒证券的交易员何以能如此肆无忌惮地兜售高风险、具有潜在毁灭性的金融工具？答案的第一选项是"贪婪"，奖金与销售业绩挂钩的答案也会蹦进脑海。然而，这些证券的购买人也面临同样的问题：他们怎么会如此短视地购买高风险证券？答案同样是贪婪和追求高奖金，因为他们通常认为，这些产品可以再次售卖给金融食物链的下一吮吸者。

当然，部分原因还在于，人们的行为是适应性的，民众会遵奉他们自身所处的文化习俗。交易室也好，威廉·戈尔丁（William Golding）[12]所著《蝇王》中的小男孩也罢，抑或德国第三帝国时期纳粹主义的兴起，莫不如是。

4.10　银行的奖金文化与标准下降

传统投资银行的业务重心已由公司业务和投资咨询转向证券交易，由此导致权力的执掌者从传统的投资银行家更迭为交易商。截至 20 世纪末，交易收益仍是许多银行最主要的传统收入。这既适用于雷曼兄弟之类的投资银行，也适用于像花旗和 J. P. 摩根大通（J. P. Morgan Chase）一样的部分商业银行。结果，银行的经营重心从建立长期业务关系，转向赚取下一季度的奖金。与基薪相比，奖金要高得多，它们可能是基薪的 20 倍，甚至高达 100 倍，这就不可避免地扭曲了激励机制。为实现奖金的最大化，华尔街和伦敦城的银行家异常在乎年末的业绩考评，这就必然导致道德标准沦丧和会计欺诈上升。就个人而言，蜂拥跟随银行自属必要。你肯定会说，这毫无新意可言。

昔日银行获得的"绅士资本主义"的美誉正日益被普遍的标准下降所取代。正如第 7 章所述，信贷分析的作用日渐式微。粗浅的上市公司投资分析报告到处散布，它所造成的误导性"买入"或"持有"或"卖出"的投资建议，与欺诈没什么区别。正如达斯（Satyajit Das）[13]所述："某项业务在内部邮件中被称为狗屎一堆，但向客户发布的研究报告中，同样的业务却是明星一位。"他还指出："在大多数情况下，投资银行向客户发布的研究报告逐步演化为旨在引诱客户进行交易的幌子。证券分析师希望为公司、也为自己树立业绩声誉或品牌形象。"

类似地，道得（Kevin Dowd）和哈钦森（Hutchinson Martin）[14]发现，"银行家和公司类客户会威胁分析师不做负面推荐，或发表有争议的言论。因此，'买入'推荐占据主导——互联网泡沫时期 90% 的投资建议是'买入'——'卖出'的建议极其珍稀。他们的口头禅是"拉高出货"①：投资银行的分析师用措辞过分乐观的分析报告推高股价，尤其是那些刚刚完成 IPO 的股票；一旦锁股期结束，内部人便竭尽所能地狂抛股票，最终让普通投资者持有价值被严重高估的股票。"

所有这一切均昭示着各种标准的沦落。考特里科夫（Kotlikoff）[15]标列了具体例证，他指出，"所有案例……都已公开披露，接受了政府调查，吃了巨额罚单：

（1）贝尔斯登化解非法催收贷款的联邦诉讼的代价是数百万美元。

（2）美国银行将高风险的拍卖利率证券作为绝对安全资产出售，而欺骗了投资者。

（3）瑞士银行、美林证券、摩根士丹利和美联银行进行了同上的欺骗。

（4）通用汽车金融服务公司（GMAC Bank）旗下的银行与其他助学贷款公司从事广告欺诈。

（5）印地麦克银行（IndyMac Bank）定期发放骗子贷款，直到其破产为止。

（6）全国金融公司（Countrywide）从事欺诈性放贷，其前任 CEO 被起诉。

（7）摩根大通、花旗集团和加拿大帝国商业银行（Canadian Imperial Bank of Commerce）为解决证券欺诈指控耗资数十亿美元。

（8）标准普尔（S&P）、穆迪（Moody's）、惠誉（Fitch）收取数十亿美元给予有毒证券 AAA 评级。

---

① "拉高出货"（pump and dump）也称 hype and dump，是一种股票骗局。串谋者事先买进特定股票，然后通过互联网等途径连续发布虚假的乐观资讯，吹捧这些股票，借此推高股价，然后在高位出货（卖出事先买进的股票），赚取暴利。串谋者出货后，股价会急跌。这种骗局通常发生在股价容易操纵的小盘股上——译者注。

（9）汇丰银行（HSBC）和花旗集团利用结构性投资机构隐瞒高风险的抵押贷款资产。

（10）房地美未能完全披露投资损失。

（11）美国国际集团隐瞒信用违约互换导致的巨额亏损。

（12）雷曼兄弟、花旗集团和美林证券竞相推出违禁滥用的避税计划。

（13）美国银行因向股东隐瞒了美林证券将给银行巨额奖金的消息，而与美国证监会达成处罚协议。"

所有这些银行标准的沦丧，都是奖金文化造成的吗？

4.11　银行奖金的风险与收益含义

显然，在奖金文化极其泛滥、涉及范围极广且奖惩极不对称之处，必然滋生诸多难题，标准下降和冒险行为亦接踵而至。然而，还有其他难题。如果在长期内，高回报与高风险如影随形，而奖金制度的运行基础又是绝对的货币绩效，那么，追求自身利益最大化的高管联盟必将从事更大的风险承担。

此外，既然交易员可能从事不透明、极其复杂甚至连财务董事都不明就里的金融工具交易，那么，此类金融工具很可能估值过高——从而让最初的买家获得更多奖金。危机时期部分银行的实践为此提供了佐证。一旦制造骗局的高管意识到阴谋终将揭穿，那么最通常的做法就是从一家银行跳槽至另一家银行。

因此，可以认为，银行体系的奖金文化是在激励更多的风险承担，怂恿不透明的金融工具交易，纵容对此类金融工具的估值偏差，偏宠那些从事更高杠杆（见下节）交易的短期主义者，竭力满足尽快揣进货币（奖赏现金）的一己私利，而将银行潜在收益何时最终实现或基本明朗置若罔顾。由于所有银行高管都赞赏这种文化，因此，组织内的任何人都极不可能对此喊停。以养老基金和金融机构为代表的各类股东也不可能叫停这种行为，原因在于，他们的薪酬往往以同类企业即银行为参照基准。

4.12　银行的资产负债表

银行和其他企业承担更高风险的途径之一是使用杠杆率，杠杆率是债务在公司资本结构中的占比。企业资本的主要来源是债务和权益资本（即股东认购的股本加上留存收益）。正如本章前文所述，银行的最大负债是它吸收的客户存款，存款是银行资产负债表中的债务项。表4—1说明，权益资本占负债加权益资本之和（两者之和等于总资产）的比率呈长期下降趋势。根据此表，蒂姆·康登（Tim Congdon）[16] 强调指出，虽然权益资本占总资产的比率"平均约为5%，但数量惊人的著名金融机构的有效权益—资产比率仅仅略高于3%"。

表4—1　　**英美银行权益资本占总资产的比率（%）（1880—1985年）**

	英国的银行 *	美国的银行 †
1880	16.8	n／a
1900	12.0	n／a
1914	8.7	18.3
1930	7.2	14.2
1940	5.2	9.1
1950	2.7	6.7
1966	5.3	7.8
1980	5.9	6.8
1985	4.6	6.9

＊ 包括1880—1966年英国的存款类银行，1980年、1985年的英国清算银行集团。

†联邦储备体系的所有会员银行。

1950年英国较低的比率值系二战后英国银行业持有大量低风险的政府票据所致。

资料来源：M. K. Lewis and K. T. Davis, *Domestic and International Banking*, Philip Allen, Oxford, 1987。

此外，银行业风险上升的趋势可从另外两个极具说服力的插图中管窥一斑。首先，图4—1表明，英国银行业的现金准备—存款比率（切记存款是银行的负债），从1960年代的11%降至新近的不足1%。图4—2显示，美国的银行业存在类似趋向。

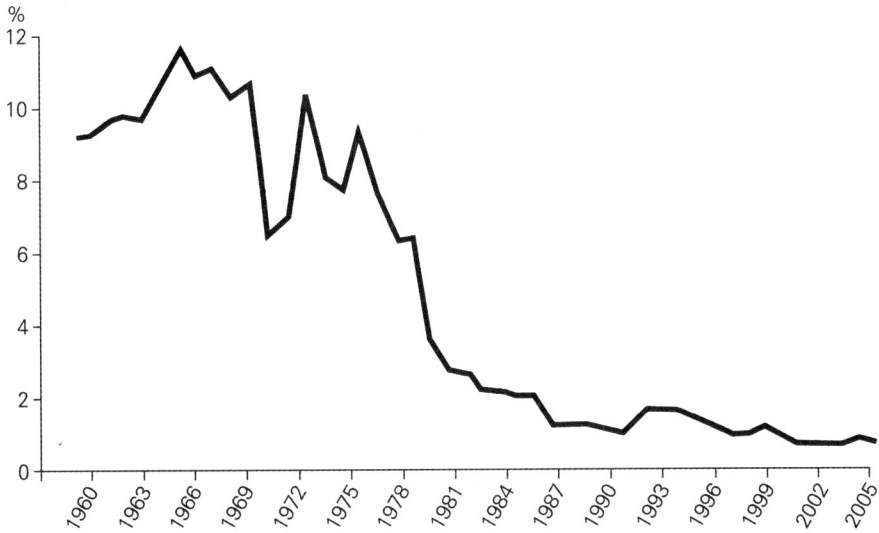

图 4—1　1960—2005 年英国银行的现金－存款比率

（英国银行业的现金准备占活期存款、定期存款、储蓄存款、外币存款之和的比率）

注：根据 IMP 数据整理（该数据的优势是具有 45 年的连续性），英国银行的现金－存款比率从 1960 年的超过 9％降至 2005 年的不足 1％。

资料来源：IMF。

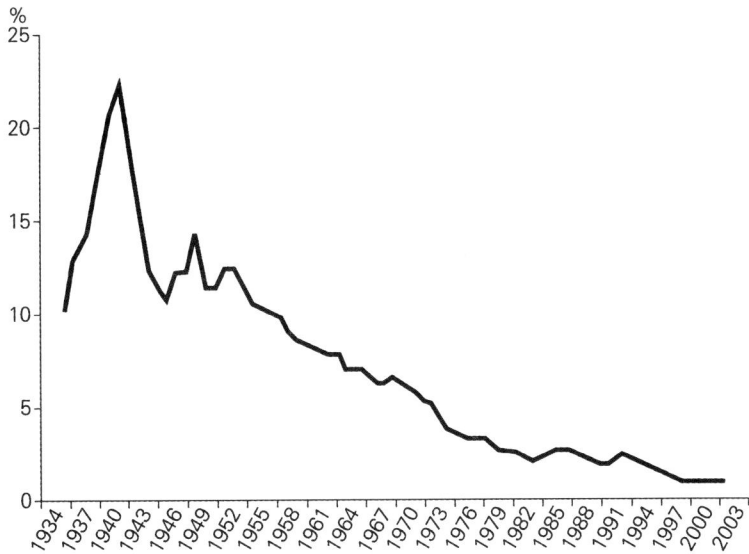

图 4—2　1934—2004 年美国银行业的现金－存款比例（占存款负债的％）

资料来源：Federal Deposit Insurance Corporation website。

风险通常可以分为经营风险和财务风险。经营风险是指企业在经济周期不同阶段经营利润的波动性；财务风险则与公司资本结构中的债务占比水平有关。高财务风险通常伴随着低经营风险，反之亦然。表4-1和图4-1、图4-2都表明，财务风险水平急剧升高，这一骤升恰好与银行承担的风险不断升高——即经营风险不断上升相契合。这意味着率性而为的财务管理无能？还是不对称的银行奖金文化的必然结果？它是银行一旦倒闭便可获得救助（道德风险）的潜规则推动的吗？抑或，还是所有这些原因共同造成的？

4.13　道德风险

道德风险通常产生于当事方为免遭风险，而采取与它自身面临完全风险暴露时相背离的行动。道德风险的产生是因为个人或机构无须承担其行为的全部后果和责任，并由此形成了不再像自担全责时那样审慎行事的倾向，从而让另一方承担行动后果的部分责任。如果风险承担方相信它们无须承担全部损失的责任，那么各国政府和中央银行对贷款机构的隐性金融救助行为，实际上是在鼓励发放高风险贷款。在救护安全网的保护下从事充满风险的金融工具交易，显然应该归为这种情况。

银行在发放贷款时承担了风险。通常情况下，风险越大，投资回报越高。那些被视为"大而不倒"的银行或将发放高风险贷款，此类投资一旦成功（到期收回贷款），回报自然丰厚。倘若投资惨败（到期无法收回贷款），政府便会动用纳税人的钱对它们进行救助。可以说，在这种情况下，利润被私有化，而风险被社会化。

这不仅仅适用于大银行，它同样适用于那些无法偿还抵押贷款的借款人和拼命扩张的小型企业。这类借款人，无论是企业还是个人一旦意识到，如果发生最坏的情况，他们只需求诸破产保护，那么在进行投资或使用贷款时就不会审慎行事了。当然，《破产法》提供了道德风险的例证。其根据是，企业家可以为自己和社会创造财富，阻止他们继续努力创造财富的规定可能会对社会产生不良后果，因此应制定鼓励他们继续尝试的规则。在商业活动中，我们可能一再面临道德风险，上文提及的银行奖金方案便是如此，下文述及的"最后贷款人"概念也是如此。

4.14　最后贷款人

在银行业的术语中，最后贷款人履行保护存款人的责任，防止资金挤提的恐慌，避免金融机构的崩溃危殆经济。在美国，联邦储备银行为最后贷款人；在英国，则由英格兰银行扮演这种角色。向最后贷款人告贷仅限存款类银行，且仅限危机时期告贷。同时，这表明告贷的银行承担了过多风险，或这家机构正面临财务困境。一般来说，银行濒临破产时，最后贷款人才会发挥作用。

那些最后贷款人职责的批评者认为，中央银行的这一职责诱使金融机构承担额外的风险，银行类机构无须为自己的风险承担行为负责。这一职责存在的基本理由是，它可防止广泛的——甚至是偶发的——银行破产，从而保护普通公民在那些经营有欠审慎的银行的存款。

4.15　影子银行系统与非银行金融机构

影子银行系统（shadow banking system）由非银行金融机构构成。非银行金融机构是不能从事全部银行业务，或不受一国或国际银行业监管机构监管的金融机构。影子银行系统是投资者和筹资者之间的中介机构。例如，一家养老基金希望贷出资金，一家公司正在寻求融资，此时，影子银行机构可居间将投资者的资金导向这家公司，并从中抽取佣金，或从它在该笔交易的收付利率中赚得利差。影子银行机构一般不接受存款，也不接受银行业的监管。

那些与银行持股公司型商业银行没有关联的投资银行是影子银行体系的组成部分。贝尔斯登和雷曼兄弟都是影子银行机构。这一系统包括对冲基金、投资银行（与商业银行分业经营的投资银行）和其他众多非银行金融机构。影子银行一直活跃在世界上大多数金融中心的舞台上。在金融危机爆发之前，影子银行系统发放的贷款额略高于传统银行系统发放的贷款总额。

影子机构不接受商业银行必须遵循的安全性和稳健性监管，因此，它们不必像商业银行一样保有与贷款水平相匹配的资本金。简言之，与商业银行相比，非银行金融机构的财务杠杆水平通常较高，债务占流动资产的比例较高。影子机构通常向投资者借入短期资金，发放长期贷款或进行长期投资，持有流动性较低的资产。金融危机爆发前，这些机构持有的长期资产多为抵押贷款证券和类似的金融工具；2007 年后，这些资产的价值随房价下跌而直线下降。对短期资金的依赖性迫使非银行金融机构重返资本市场，为其业务进行再融资。由于房地产市场恶化，抵押贷款证券的价值下降，非银行金融机构无法筹集资金。在短期融资市场枯竭的背景下，资产价值的下降致使贷款人高度怀疑对手方的偿还能力。这便是 2008 年贝尔斯登和雷曼兄弟破产的主要原因。

如前所述，非银行金融机构不是普通的存款类机构，不能享受中央银行作为最后贷款人的融资支持。在市场流动性不足时，这些机构如果不能实现短期债务的再融资，就很容易破产。切记，非银行金融机构的杠杆比例很高，它们贷款的期限比负债期限长。影子银行系统高度依赖的短期融资市场在 2007 年中期开始停摆，到 2008 年 9 月便完全枯竭。

影子银行系统为场外衍生品市场提供了巨大的交易量。在 2008 年金融危机前的火爆年份中，衍生品市场发展迅猛，合约面值近 700 万亿美元。信用衍生品、债务担保证券、抵押贷款证券（对冲支持证券）组合和信用违约互换经历了最快的增长时期。世界上最大的保险公司——美国国际集团卖出了标的价值数千亿美元的信用违约互换合约，对金融危机起到了推波助澜的作用（参阅第 12 章美国国际集团的案例分析），这些业务大多是相关银行的表外业务。人们指责影子银行系统加重了次贷危机，并助推次贷危机演化为全球性的信贷危机。本章的后续两章将详细地探讨这些问题。我们借用金融危机时期耳熟能详的一句话来结束本章，即"如果它看起来更像银行，那就像监管银行一样监管它"。这句话对影子银行的含义和启示是显而易见的。

第 5 章 次级贷款的贷放人与借款人

5.1 引言

人们都自认为了解次级贷款，但除了是指金融机构发放的不符合优先级标准的贷款外，次级贷款并无广被接受的定义。次级贷款可能包括抵押贷款、汽车贷款和信用卡债务。次级贷款通常是指那些借款人的费埃哲（FICO）评分低于 620 或低于 640 的贷款，至少在美国如此。FICO 是费奥－伊萨克公司的缩略词，它是一家上市的美国公司，开发了广被使用的信用评分模型。费埃哲评分的依据是消费者的信用档案信息。

信用评分是反映个人信用等级的一个数值，其经济含义是个人偿还债务的可能性。它可用于预测不良债务，方便人们广泛获取信贷，并据以确定利息成本和担保要求。信用评分的程序是根据信用机构提供的个人信用报告信息，并进行统计分析，得出个人的信用评分。银行和信用卡公司使用信用评分来评估向消费者提供贷款的风险。总之，信用评分决定了借款人的申请资格、借贷利率和信用条件。对于费埃哲信用评分较低的客户，银行可以拒绝发放贷款，收取较高利率，要求提供担保，或要求提交全部收入和资产的证明文件。

费埃哲评分模型广泛应用于北美、中美和南美、英国、爱尔兰、欧洲大陆和亚洲。其确切具体的计分方法是专属产权，不对外公开，但是费埃哲的高管透露了他们采用的广泛标准，其中：

(1) 35％是基于既往账单、抵押贷款和信用卡的偿付记录；

(2) 30％是基于信用的借用记录；

(3) 15％是基于信贷的借用类型；

(4) 10％是基于新近的信用需求和/或已获得的信用额度。

费埃哲评分阈值为300～850（高评分意味着信用良好）。60％的评分为650～799。因而，次级贷款的信用评分为620及以下，或640及以下。

次级贷款的最大构成是抵押贷款。据估计，2007年3月，美国次级抵押贷款已达1.3万亿美元的峰值。当时，美国全部住宅抵押贷款的总余额约为10万亿美元。2004—2006年，新增次级抵押贷款占全部新增抵押贷款的比重从10年前的9％上升至大约20％，这些次级抵押贷款还具有许多创新性特征，包括：

(1) 限期仅付息的抵押贷款，即借款人在一定期限内，比如，5年或10年，仅需支付利息，此后，再支付利息和本金；

(2) 自主选择偿付额的抵押贷款，即在利率可调整的情形下，借款人可自主选择每月偿付额，包括全额偿付、仅偿付利息，或仅偿还特定的最低还款额；

(3) 混合利率的抵押贷款，即初始贷款利率为固定的低利率，然后采用可调整利率。

20世纪90年代和21世纪的头5年，最后一种抵押贷款十分盛行。

混合利率的次级贷款之一是2-28贷款，即最初的低利率在两年内固定不变，但在后续28年的剩余偿还期内，贷款利率改为更高的可调整利率。新的利率水平依据某些标准而确定，例如，12个月期的LIBOR（伦敦银行同业拆借利率）＋5％。上述混合贷款的变种还包括3-27和5-25方案，它们重新确定了利率的调整时点。显然，这就为巧舌如簧的抵押贷款经纪人通过着力宣扬短期的低利率而非后来调整的高利率，极力劝说潜在的借款人借用此类抵押贷款提供了空间。它也为不惜代价地跻身有产者阶层，并因此蒙受房产价值损失的借款人提供了口实，他们会向相关部门投诉说，他们是无辜的受害者，对他们借用的抵押贷款的实际条款一无所知。

那么，美国的次级抵押贷款何以在20世纪90年代中期之后的十年里急剧增长？这有许多诱因，低利率是其中最具影响力的因素之一。尤为重要的是，低利率水平和大量外国资金流入美国，为美国在20世纪90年代和21世纪头五年的宽松货币创造了条件，这就促成了住房市场的繁荣，推动了负债型消费。美国的住房自有率从1994年的64%（1980年以来一直保持这一水平），提高到2004年的69.2%。1997—2006年间，美国住房的平均价格上升了124%。在20世纪最后20年里，美国一套住房价值的中位数是家庭收入中位数的3倍左右。这一比率在2004年上升到4倍，2006年升至4.6倍。1990年，美国家庭债务占年度个人可支配收入的比例为77%，2007年则上升为127%，并于2008年年中达134%。美国家庭债务总额从1974年的705亿美元，即60%的个人可支配收入，上升为2000年的7.4万亿美元，并于2008年年中提高至14.5万亿美元，占个人可支配收入的比例高达134%。20世纪90年代，美国住房抵押贷款债务占GDP的平均比例为46%，2008年则为73%（2008年的住房抵押贷款债务是10.5万亿美元）。

住房价格的不断膨胀导致美国家庭的储蓄日益减少，但借贷和支出日益增多。消费主义文化是即时满足型经济的表征，亦即"我要消费而且现在就消费"的综合征。驱动债务水平急剧上升这类明显趋势的因素之一是《社区再投资法案》的影响。鉴于许多读者对于这一美国法案知之不详，下文将就此详述。

5.2 《社区再投资法案》

在《社区再投资法案》通过之前，一些中低收入街区的居民无法获取信贷。美国民权委员会1961年年度报告的结论是，非裔美国借款人在借用贷款时，首付比例要求通常更高，偿还进度安排也更快，这大致反映的事实是他们的违约风险更大，而非公然的种族歧视。民权委员会还划定了可以拒绝放贷的特定地理区域，也就是"红线区域"。它包括拒绝向部分被视为不安全的社区提供抵押贷款资金——在住房所有者贷款委员会（Home Owner's Loan Committee）绘制的住宅安全地图上，这些不安全社区是用红线标示的。

《社区再投资法案》是一部美国联邦法律，旨在鼓励商业银行和贷款协会满足社区所有各类借款人包括中低等收入居民的需要。该法案要求各家联邦监管机构鼓励接受它们监管的金融机构主动满足在受权监管所在地社区的信贷需要。它还要求各家联邦监管机构检查银行类机构对《社区再投资法案》的执行情况，并在审批银行设立新的分支机构、进行并购等申请时，将执法检查信息纳入考察内容。

到 1993 年，比尔·克林顿执掌的新民主政府推出了住房战略，其组成之一是着力提高穷人特别是黑人和拉美裔人的住房自有率。当时认为，提高住房自有率有助于减少犯罪，改善学校教育，提高社区意识。但银行的贷款业务依然保守，克林顿政府敦促银行发挥创造性。为此，美国政府授权住房及城市发展部强压抵押贷款银行采取行动。

各家银行积极响应。1995 年起，它们开始放松严格的贷款标准，推出了首付比例仅为 3％ 的抵押贷款，随后的首付比例不断降低。同时，各家银行间为向低收入家庭和少数族裔提供贷款而展开激烈竞争。在五年的时间里，非裔和拉美裔房主的数量增加了 200 万户。此外，以 1997 年商业银行与贝尔斯登公司协同进行的首创为肇始，次级抵押贷款开始证券化。这样，贷款的发起－持有模式异化为发起－分销模式，难道不是美国政府施压的直接结果吗？

在传统的发起－持有模式中，抵押贷款银行以房屋为抵押发放贷款，并持有债务（资产），定期收回利息和本金。但发起－分销模式全然不同。银行仍以房屋作为抵押发放贷款，但不再持有债务，而是将债务卖给一家专业金融机构，这家专业金融机构将它与从各类抵押贷款银行买进的类似贷款打包为抵押贷款证券，或与其他债务混合、捆绑为债务担保证券，卖给其他金融机构。这个过程就是证券化。

在传统的发起－持有模式下，银行持有抵押贷款债务的期限也许长达 20

年，它会密切关注客户的偿还能力，并就此进行严格评估。但在发起－分销模式下，鉴于抵押贷款可以转售，银行不再谨小慎微地筛选借款人。更多论述详见第 7 章。

由于 21 世纪初的房价上升，也由于廉价货币、低利率和不断推高信用卡债务的消费者支出狂潮，和善有加的抵押贷款经纪人乐于安排新的次级贷款，并极力说服消费者相信，对已有的抵押贷款债务进行再融资是个不错的主意——只要利率水平维持低位、房价持续上扬，这的确是个好主意。但所有的牛市终将偃旗息鼓，并在反弹至牛市之前演变为熊市。这种趋势过去常常重演，将来也会一直如此。而且，这恰好是 2007 年发生的情形。《社区再投资法案》影响的极其简要概述就此打住，现在专述次级抵押贷款的运作方式。

5.3 次贷放款业务

如前所述，次贷借款人的费埃哲评分通常低于 620 或 640。信用评分超过 620 或其左右者被划归合规借款人，也就是，他们符合房利美和房地美贷款指引中的借款人标准。合规借款人若能在贷款申请中提交收入证明、资产证明等完备的文件，就是优先级借款人。准优先级（Alt-A）借款人通常也是优先级借款人，除非他们的贷款申请文件不甚合规，或是申请贷款购买度假房或第二套住房。一般而言，次级抵押贷款之借款人的信用评分为 500 到 620。评分低于 500 的信用等级甚至低于次级。然而，由于许多抵押经纪人背弃原则，怂恿潜在借款人谎报工作职位和收入水平（这些贷款更恰当的名称是"骗子贷款"），许多信用等级低于次级水平者侥幸地爬上了"美国梦"阶梯的第一级。另一类值得一提的住房贷款是超额贷款（Jumbo Mortgage），这类贷款的额度超过了合规贷款的上限额度①。

上文提到的两家公司即房利美（联邦国民抵押贷款协会）和房地美（联邦

---

① 合规贷款的上限额度（以单亲家庭为例），自 1980 年的 9.375 万美元逐步提高至 1990 年的 18.745 万美元，2001 年为 27.50 万美元，2006 年至今为 41.70 万美元——译者注。

住房贷款抵押公司），都是政府发起企业，其主要职责是购买抵押贷款、为抵押贷款提供担保、实施抵押贷款证券化，以确保那些向购房者提供贷款的金融机构能源源不断地获得资金。

证券化问世前抵押放贷的理念被称为"发起－持有"模式。换言之，贷款是计入初始放款人资产负债表中的一项资产。但在证券化后，发起－分销模式逐步兴起。在此模式下，抵押贷款银行将该类资产（抵押贷款债务）出售给第三方。第 6 章将具体阐述抵押贷款证券化，这里仅作扼要介绍。

抵押贷款证券化是将数以千计的抵押贷款打包为被称作抵押贷款证券的金融产品的过程。这些金融产品的安全性以抵押的房屋及借款人支付的利息、偿还的本金为保障。证券化在合规抵押贷款和准优级抵押贷款中早已推行，20世纪 90 年代中期拓展至准优级贷款领域，这主要源于克林顿政府、《社区再投资法案》和美国住房与城市发展部的威胁与敦促。通过这种方式将抵押贷款打包为各类证券，实际上是将银行自身不能变现的资产转换为流动性资产。由于存在二级市场，加之低利率和房价持续上涨的推动，抵押贷款证券的价格不断上升，投资者逐步养成了购买这些高收益、高风险证券的嗜好。在住房价格逆转前，像打包并出售抵押贷款的银行一样，抵押贷款证券的投资者几乎一直在赚钱。

5.4   次贷放款的暧昧经济学

人们投资证券化次级贷款的偏好不断增强，同时，证券化抵押贷款的数量不断增长。1990 年代中期，此类投资的回报率约为贷款面额的 7％。这意味着，对于小额次级抵押贷款的参与者而言，潜在利润极为丰厚。每月交易 1 000 万美元，就会产生每月 70 万美元或每年 840 万美元的毛利润。而降低抵押贷款的评估标准，对不断扩张的需求无异于火上浇油。此时的驱动力量不再是关注借款人的风险，而是尽可能多做几单交易。推销员因其报酬是按交易额的一定比例提成，也不关注借款人的质量。因此，贷款人招徕的借款人信用越来越差也就毫不足奇了。

抵押贷款的证券化是批量进行的。小额贷款人将抵押贷款出售给更大的贷款人，后者从各种渠道购买抵押贷款，将它们打包并证券化。在美国，若贷款是合规贷款或优先级贷款，还可卖给两家在纽约证券交易所挂牌交易的政府发起企业房利美或房地美。出售给"两房"的抵押贷款约占美国全部抵押贷款的一半，"两房"还可将所购贷款打包为抵押贷款证券。

如果抵押贷款达不到政府发起企业的标准，贷款人将假手投资银行将它们打包成非机构型抵押贷款债券。从投资银行手中购买抵押贷款证券的机构包括对冲基金、养老基金、其他银行（包括商业银行和抵押贷款银行）和其他投资者。这些证券的销售有赖于评级机构对最终债务人按期付息、到期还本的能力判断，评级的目的是为了揭示投资此类证券的风险——本章后文将对此详加论述。

向信用不佳者提供贷款通常是一桩冒险的买卖；若借款人是无收入、无工作、无资产的"忍者"，贷款人的风险就更大。但毋庸讳言，"忍者"是抵押贷款市场的"常客"。显然，持有这样资产的次级抵押贷款界迟早会出大事。次级贷款的商业模式（一般）适用于利率较低、房子持续上涨之时。像任何贷款一样，它也会产生坏账。但当利率升幅超过工资V或当房价开始下跌时，这种商业模式即便不是十足的愚蠢，也是极其令人堪忧的。该模式还存在固有的冲突，它涉及三类主要参与者，即经纪人、放贷人和投资者，他们的目标各不相同。放贷人通过经纪人获得贷款业务。经纪人的目标是促成借贷、赚取佣金，他们对贷款的营运绩效漠不关心，即便贷款有问题，他们也不承担责任。故而，放贷人必须经常质疑经纪人的动机。投资者关心的是贷款的营运绩效与按期偿还。如果放贷人的贷款组合表现不佳，投资者则在二级市场卖出证券，终止投资－委托关系。放贷人则希望贷款的使用绩效符合投资者的预期。显然，放贷人夹在投资者与经纪人的中间。因此，如果次级贷款可在二级市场上售卖并将风险转移给另一方，而且还可据此取得利润，那自然就更好了。

金融危机爆发前，经纪人成为次级贷款快速增长的推动力量。2003 年，他们发起了 25% 的优先级贷款、超过 50% 的次级抵押贷款。理查德·彼特纳

（Richard Bitner）[1] 在他的精彩著作《一个次贷放款人的自白》（他以放贷人身份提供了第一手故事）中指出，"任何行业的推销者如果可以自作主张，他们就会利用这一体制为自己牟利……在规则极不健全、消费者保护极其微弱的情形下，滥用职权之举就会大肆盛行。次级抵押贷款中介过程中存在的乱象是，许多次级抵押贷款审查官（经纪人）关心自己的薪水远甚于借款人的最佳利益。"

千禧年之际，美国有25万余家抵押贷款经纪公司开业，且仅有数州规定必须申领经营牌照，这意味着准入门槛极低。在必须申领牌照的几个州中，申请程序也十分简单——通过一项多选测试，且没有犯罪记录。这样，次级抵押贷款业诱发了毫无原则的行为也就在所难免了。这类行为大致包括如下情形之一：

（1）诈骗。经纪人、评估人、建筑商（有时也包括律师）合谋从放贷人手中获取的钱财超过应有的市场价值，这通常涉及买后出租的房产和预售楼花的房产。

（2）借款人声称想要拥有一套房产，但实际上，他们购买房产是作为投资品，用于出租或投机炒作。

（3）通过虚构文件为借款人伪造工作履历和/或收入水平——骗子贷款。

（4）隐瞒关键的信息。

（5）收入数据的自我证明（由借款人自我证明）。市场中相当比例的放贷人（你可能不信）均提供这一便利。各家银行即使没有完全取消，也大幅简化了贷款的筛选程序。而且，贷款将来会实施证券化，因此，严格的审查业已成为久远时代的遗物。第7章将具体解读银行的贷款标准和筛选程序。

彼特纳辨析了三种不良经纪人——怂恿者、截留者、操纵者。怂恿者的唯一职责是使潜在的抵押贷款开始运营和反复运营，他们不断"调整"数据，提出贷款要求，直到达成一笔贷款交易。截留者截留放贷人和/或借款人传递的相关信息，最大限度地居间牟利。操纵者的表现形式各异，规模各不相同，他们采用伪造或更改收入证明等战术。操纵者可将毫无戒备的借款人拖入可调整利率抵押贷款的债务人阵营，但无须解释可调整抵押贷款的含义及其具体运作。或者，操纵者先向借款人提供低利率、低佣金的报价结构，但在贷款交易达成前又突然提高利率、佣金。

彼特纳告诉我们："为借款人量身修订贷款条款是次级抵押贷款界的普遍做法，但这是盘活艰难生意的必然构成。"他记得他们的销售经理曾将这个过程称为"用鸡屎做鸡肉沙拉"，他补充道："这听起来不雅，但精辟地反映了这项业务的内在本质。"

5.5　结构化投资机构与特殊目的公司

各位应该记得，我们曾提到，抵押贷款从传统的发起－持有模式演变为发起－分销模式，其基本思想是从贷款人的资产负债表中剔除应收抵押贷款额，并在证券化后用现金取代它。结构化投资机构（Structured Instrument Vehicles）与特殊目的公司具有多种用途，但在贷款人将应收抵押贷款从其资产负债表移出并随即进行证券化的过程中，它们是中介性的连接环节。放贷人和证券化的贷款处在该笔交易的两端，结构化投资机构作为中介。

结构化投资机构与特殊目的公司大多为介于商业银行与对冲基金之间的合资公司，且通常设在离岸的避税天堂。但更为重要的是，它们由于自身的中介性质而不具备会计意义上的重要性，它们的报表也就无须合并到银行的资产负债表中。

结构化投资机构与特殊目的公司极为相似。两者的主要区别是，结构化投资机构独立于其发起银行。然而，一旦结构化投资机构最终破产（一如它们面临重大难关时实际发生的情形），发起银行必须承担结构化投资机构引起的债务，但特殊目的公司则在技术上必须依赖发起机构。因此，结构化投资机构与特殊目的公司背后的理念实则相当简单，但从我们翻检的这一主题的其他文献来看，许多置评者喜欢将问题复杂化，他们阐释的原理在难度上仅次于核物理学。

5.6 抵押贷款再打包

抵押贷款证券化过程必须将抵押贷款打包，以便将数千笔抵押贷款与其他类型的债务（包括为使打包贷款更易获得评级机构的高评级而购置的部分优质贷款）捆绑成被称为"抵押贷款证券"的金融产品或债券。证券化产品的投资者从标的抵押贷款和其他贷款之中获得本金和利息。这些投资者通常是银行和对冲基金。

假设华尔街的 X 公司持有 10 亿美元的次级抵押贷款池。这一资产池可与极少数优质贷款打包为债券，打包过程需要评级机构提供服务。评级机构如标准普尔公司重点评估整个抵押贷款池的质量和表现。它们的评级为潜在购买者提供了抵押贷款证券相关风险的基本参照。图 5-1 用图形描述了这一评级体系，说明了抵押贷款证券的信用等级如何从抵押贷款池中价值最高的 AAA 级下降为风险更高的信用等级。请注意，正如人们的预期，债券的风险水平越高，回报率也越高，但一旦发生违约，也是最先受损者。债券实际上是按风险与收益的组合特征进行明确分类的。

评级机构对贷款池进行评估，并对 80% 的潜在证券给予 AAA 的评级（等级最高的投资级），其他 20% 的证券给予等级略低的评级——详见本章后文。购买贷款池中的 AAA 级证券意味着，在 AAA 级证券蒙受损失前，20% 的资产池将首先受损。这是因为，档级较低的资产通过最先承担损失，保护档级较高的资产。读者肯定会问，次级抵押贷款包是怎样获评 AAA 级的，这真是切中要害。其程序可简单地概述如下。虽然单笔债务本身具有某种违约风险，但由两笔、三笔甚至多笔债务组成的债务包却不大可能违约——在 AAA 级资产受到较低层级资产保护，且债务偿还义务互不相关时，更是如此。因此，一般认为，若债务包由超额抵押贷款、准优级抵押贷款、次级抵押贷款与私募股权债务、信用卡债务等其他债务捆绑而成，则其风险低于每类单个债务的风险。对众多债券而言，一张债券可能违约，但互不相关的债券所组成的债券包不可能违约，因为众多互不相关的债券不可能同时违约。次级抵押贷款债务包的核

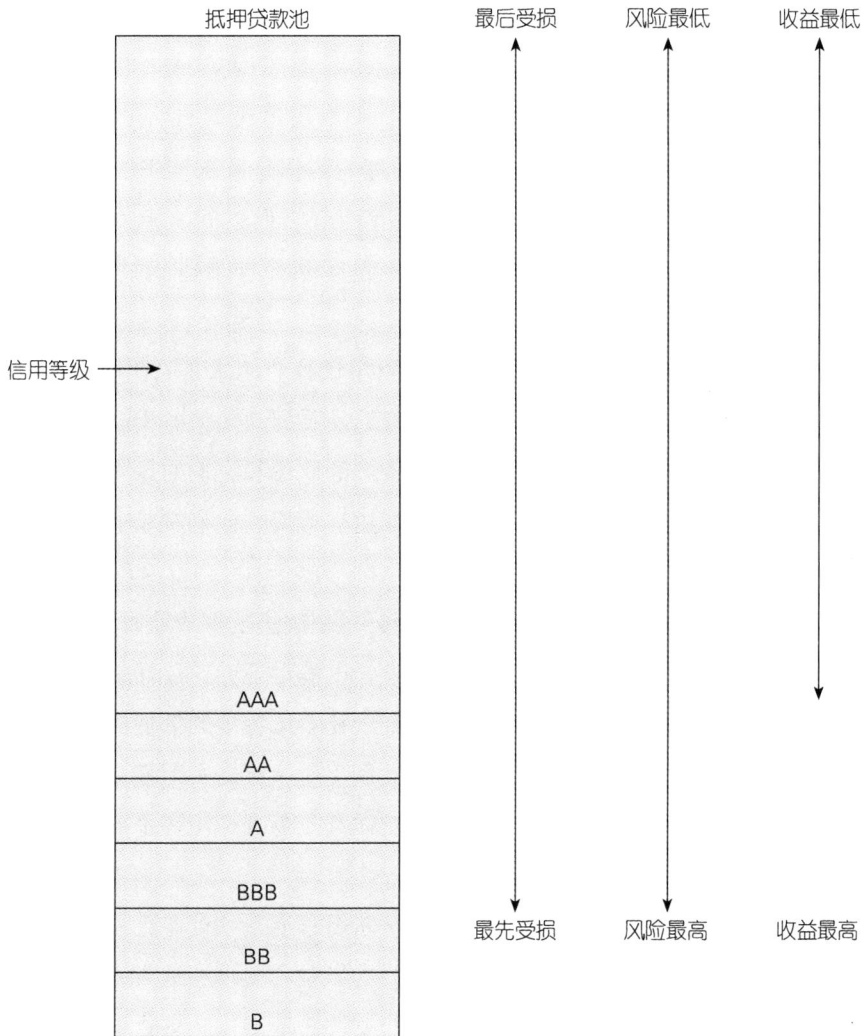

图 5－1　信用等级、风险与回报

心问题是：每一构成（即每笔次级抵押贷款）之间是否真的互不相关。另一问题则是，是否加入少量优质债务就能创设一个互不相关的债务包。更多论述详见第 6 章。

抵押贷款债务和信用卡债务、汽车贷款债务、私募股权债务等其他债务经过证券化后的混合物，被称为债务担保证券。债务担保证券在技术上有别于抵押贷款证券，因为后者仅为抵押贷款债务的打包与证券化，但两个术语常常可以通用。正如弗兰克·帕特诺伊[2]在名为《F. I. A. S. C. O.》的回忆录中指出："在摩根斯坦利，我们已经创设了许多债务担保，或CDO，而且我们非常擅长说服评级机构和投资者，应将债务担保证券的信用等级评为AAA的投资级，即便标的资产存在较大风险。"这一基本推理的依据是底部层级的证券保护高等级的证券免受损失——见图5-1——而且两者它们之间的相关度较低。尤其特别的是，债务担保证券只是一个债务包，但常与某些相关证券捆绑在一起。

一个抵押贷款池被划片、切块（这是引用该行业的术语），并与其他债务证券、信用卡债务、信用违约互换（见下章）及系列其他债务相混合时，初始的抵押贷款显然不再清晰可辨了。要判定资产的质量和它们的风险状况，更是举步维艰。购买这些证券的投资者必须应对这一挑战。他们实际上并不理解所购买的证券，只能依靠评级机构的报告。

截至2000年，雷曼兄弟和其他华尔街公司是次级抵押贷款领域的大玩家。美林集团和贝尔斯登大力收购次级抵押贷款，以满足证券化过程的需要。它们购买抵押贷款，将后者再打包，并通过它们设在全球各地的抵押贷款证券化分支机构出售打包后的证券。这一业务领域利润丰厚，价格不断攀升的美国住房市场推动这一领域的膨胀。的确，其他各国尤其是英国也出现了抵押贷款证券化，但美国一直是全球证券化的最大引擎。

许多利润丰厚的业务的风险也很高。华尔街过度关注证券化过程及其对于明显加码的保底盈利业务量（以及对奖金）的影响，而没有适当关注正在积聚的风险动态。而且，由于抵押贷款和其他贷款终将证券化，银行正在摒弃多年审慎实践所确立的贷款筛选过程（见第7章）。因为，在发起－分销模式下，银行可能有办法将自己的贷款资产"塞进"他人的资产负债表。

让我们用图5-2来简要说明这个过程。图5-2揭示了从原始借款人到证券化后的抵押贷款证券的抵押贷款行业食物链。这是一个充满利益冲突、暧昧的商业实践、毫无节制的风险创造的有趣过程——这一过程迟早会出大祸，但最大的祸根是由评级机构埋下的。我们现在专述评级机构和它们的业务。

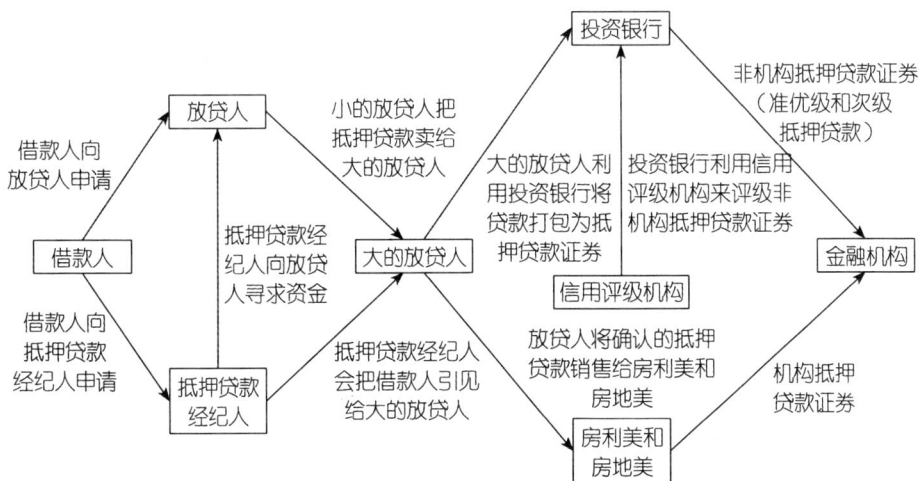

图 5-2　抵押贷款证券化

5.7　信用评级机构

截至 20 世纪 70 年代，信用评级机构一直采用由希望获得评级结果的投资者订购评级服务的商业模式。美国证券交易委员会自作聪明地决定，信用评级系为公众利益服务，故而应改变这种由投资者付费订购的模式。取而代之的则是由希望评级的公司向评级机构支付其债务的评级费用。这就导致了明显的利益冲突：因为，没有信用评级，评级机构就没有评级收入——这就是导致金融危机的关键问题之一。

除了由房利美和房地美担保（进而由美国政府担保）的抵押贷款外，获准交易的抵押贷款证券都必须由三大信贷信用评级机构——标准普尔公司、穆迪公司和惠誉公司——中的某一家进行评级。这些公司会评估贷款抵押池的潜在损失，它们会分析在贷款包的特性为既定时的违约频率和严重程度，它们抽取贷款样本并据此考察发行人的属性。很明显，这项工作极具技巧，必须训练有素。它对于那些专事融资的工商管理硕士和具有资质的会计师很有吸引力。

评级结果取决于利息支付情况和/或是否偿还本金（即是否违约），以及发生违约时放贷人获得的保护程度（即债务人倒闭或破产时追偿资金的可能性）。显然，大多数西方国家的政府债券违约风险较低，公司贷款的违约风险较高。一家公司若是稳定行业中的优势企业，且制定了风险规避政策，则其信用风险较低。因此，在其他条件相同的情况下，这类公司就能获得高等级的信用评级。反之，那些债务水平高企、行业地位疲弱而且收益极不稳定的公司，信用风险较大，从而信用评级较低。

三家主要的信用评级机构是标准普尔公司、穆迪公司和惠誉公司。为便于理解，我们首先考察标准普尔的评级方法。它的长期评级体系分为两部分：投资级和投机级。投资级评级的定义是可以按期还本付息。它们包括四类最高的等级，即 AAA 级、AA 级、A 级和 BBB 级。等级越高，按期偿付的概率就越大。AA 级债券比 BBB 级债券更有可能按期还本付息，尽管两者均应按期还本付息。AA 级到 B 级的投资级债券还可通过添补加号或减号来进一步分等，以标示它们在所属层级中的具体级别。标准普尔长期评级体系的另一类构成涉及某些债券在按期偿还本金、支付利息的不确定性。这些债券被评定为投机级，并以 BB、CCC、CC、C 来标示。违约债券的评级为 D。显然，这一体系意味着，债券的评级越低，则越有可能违约。标准普尔的债券评级体系对投资级评级的描述如下：

AAA：标准普尔公司的最高评级，利息支付和本金偿还的能力极强。

AA：AA 级债券的付息、还本能力很强，它与最高评级的债券仅有程度之别。

A：A 级债券有强大的付息、还本能力，但较之更高等级的 AAA 级、AA 级债券，这一偿付能力易受环境和经济条件变化所导致的负面效果的影响。

BBB：BBB 级债券有足够的付息、还本能力，尽管它通常具有足够的自我保护能力，不利的经济条件或环境变化更有可能削弱债券的付息、还本能力。

从付息、还本能力看，BB 级、B 级、CCC 级、CC 级和 C 级债券具有极为明显的投机特征。其中，BB 级代表投机程度最低，C 级代表投机程度最高。这些债券肯定有其内在质量和保护特性，但它们的不确定性更大，更易遭受负面因素的影响。评级 D 是指违约。标准普尔公司、穆迪公司、惠誉公司的评级体系见表 5－1。

表 5－1　　　　　　标准普尔公司、穆迪公司、惠誉公司的评级体系

标准普尔公司	穆迪公司	惠誉公司	评定	
AAA	Aaa	AAA	最高评级，最安全，质量最高	
AA＋	Aa1	AA＋		
AA	Aa2	AA		
AA－	Aa3	AA－		投资级债券
A＋	A1	A＋	中等评级	
A1	A2	A		
A－	A3	A－		
BBB＋	Baa1	BBB＋	低等评级	
BBB	Baa2	BBB		
BBB－	Baa3	BBB－		
BB＋	Ba1	BB＋	投机	
BB	Ba2	BB		
BB－	Ba3	BB－		
B＋	B1	B＋	高度投机	
B	B2	B		投机级债券
B－	B3	B－		
CCC＋	Caa1	CCC＋	持续风险	
CCC	Caa2	CCC	处于较差财务状况	
CCC－	Caa3	CCC－		
CC	Ca	CC	非常投机	
C	C	C	很有可能违约	
D		D	违约	

　　众所周知，抵押贷款证券达不到 AAA 的评级标准，两者相差甚远。到底是哪里出错了？很可能出资方（被评方）和评级方之间的关系存在扭曲。可能是出资方向评级机构提供的信息不全面或不准确，从而无法正确评估证券的信用等级。也可能是评级机构用以评估抵押贷款池的统计模型存在重大缺陷。后

文将对此做重点探究。但在此之前，必须考察这场危机中的另一危险产品，它比次级抵押贷款的破坏力更强。这就是信贷违约互换，它是第 6 章的主题，该章还将更详细解析次级债务是如何获得 3A 评级的。

第6章 信用违约互换与有毒资产

6.1 引言

信用违约互换在金融危机中为祸极大。如果由次级债引发的问题计值为10，那么，由信用违约互换和相关有毒资产引发的问题理当计值为100甚至更多。在金融崩溃时，大多数报纸文章、电台专题和电视纪录片都将金融危机的主要原因归结为次级抵押贷款市场，鲜有论及信用违约互换者，似乎信用违约互换的影响不大，就像罗森格兰兹与吉尔登斯顿在莎士比亚名剧《哈姆雷特》中仅为两个小角色一样。这种认识误区是如何形成的？其原因又是什么？这或许是因为当时的评论家们觉得信用违约互换难以理解。即便他们理解了，又无法提供阐释。他们可能会认为公众终将发现信用违约互换过于复杂。这也许正如加尔布雷斯（John Galbraith）[1]对金融崩溃的论断，即银行精英们乐于固化"金融危机的成因与他们无关"的观念。加尔布雷斯指出，"可以把失误、盲从和毫无节制归咎于某个人甚至某一特定的公司，但不宜把它们归咎于整个行业，尤其不能归咎于整个金融界。"他进而认为，"金融界必须给人以智慧超群、不会出现如此低级失误的印象。"加尔布雷斯进一步解释，"投机和狂热可以免遭责罚的理由仅存在于神学意义上。在人们熟知的自由企业精神与教义中，市场是中立的，并能准确反映外部影响，它不会遭受自身固有的失误动力的影响，这是古典主义的信条。因而，有必要在市场之外去寻找危机的其他成因，无论这些成因如何牵强。很可能是滥用市场的行为妨碍了市场的正常运行。"由于以上一个或多个原因，信用违约互换未能在舞台的中央担当应有的角色。自然而然地，我们将信用违约互换公正地定位为 2007—2008 年金融危机中的头号主角。

那么，什么是信用违约互换？它是一方当事人（A）向交易对手方（B）进行系列支付，一旦与信用违约互换相关的信用工具（融资工具可以是 C 公司的一张债券或一笔贷款）发生违约，B 向 A 一次性偿付资金的互换协议。导致 B 向 A 进行支付的信用违约事件一般是债务人没有支付利息，或无法偿还贷款本金。在上例中，如果 C 公司破产，结果也相同，B 必须对 A 进行支付。必须指出的是，即便没有出现违约，由于信用违约相关方（上例中的 C 公司）的违约概率增大，订立新的信用违约互换协议的费用仍将上升。这种情况出现时，则在二级市场上，B 的头寸价值下降，A 的头寸价值上升。出售信用违约互换在特征上类似于承约期权（即卖出期权），当交易一方面临买卖的双重风险时，就更是如此。但信用违约互换不是期权，在信用违约互换合约中，权利和义务是对等的。而在期权交易中，期权的买方只有权利没有义务。因此，信用违约互换更接近于保险合约。

图 6—1 或许有助于减少理解障碍，值得认真研读。当然，信用违约互换具有特定的保护期，不会永久有效。

如果仍觉得费解，现举例说明。我们援引的例证来源于拉里·麦克唐纳（Larry McDonald）[2]，他披露了雷曼兄弟公司倒闭的内幕。他论及雷曼公司作为信用违约互换业务的承保人（上例中的交易对手方 B）时指出，"……到目前为止，就银行方（雷曼）而言，这是一笔很好的交易。如果万事大吉，他们（雷曼）每年将坐收 900 万美元的权益金。这非常划算——但若债务公司破产，银行方（雷曼）将背负 10 亿美元的债务。银行方大多会将信用违约互换出售给更愿意承担这一风险的对冲基金。由此，银行方将立即赚得 20 万美元的费用，并免除一切麻烦。"各位是否明白了？希望如此。

如果仍觉得模糊，我们提供约翰·赫尔（John Hull）[3] 所作的略显专业的

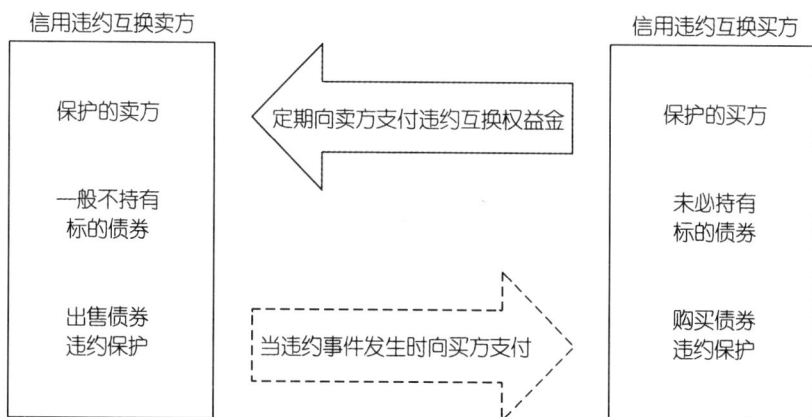

图 6—1 信用违约互换交易

解释。"信用违约互换是为抵御特定公司违约风险而提供的保险工具。这家公司被称为参照实体,这家公司的违约行为被称为信用事件。保险的购买者有权在信用事件发生时按面值出售这家公司发行的债券,保险的出售者同意在信用事件发生时按面值购买这些债券。可供出售的债券总面值就是信用违约互换的名义本金。信用违约互换的购买者对卖方进行定期支付,直到信用违约互换协议到期或信用事件发生。这些支付一般在每季度、每半年或每年的后端进行。违约事件发生时,采用债券实物交割或现金支付的方式进行结算。"

请注意,信用违约互换工具存在可供交易的二级市场。因此,在上例中,A 和 B 都能在二级市场上出售它们的信用违约互换头寸。假设 B 以 100 美元的价格购买了信用违约互换,而且这一信用违约互换的标的是 C 公司的债券。如果 C 公司因经营不善或其他不可知事件导致债券的信用评级调降,那么 B 所拥有的信用违约互换的价值将下降,比如降至 85 美元,这是因为 C 公司现在更有可能违约,B 就更有可能必须向对手方进行支付。

信用违约互换与保险极为相似,但也略有不同,例如:

(1)信用违约互换的参与方均无须持有相关的标的证券(债券、贷款或债务)。信用违约互换的买方和卖方都不会因违约事件而蒙受损失(假设任何一方都不持有信用违约互换)。而在保险合约中,投保人必须具备可保利益,并据以在被保险事故发生时就潜在损失向保险人索赔。

(2)信用违约互换的任何一方均无须接受监管。

（3）在保险合约中，被保险方必须接受最大诚信规则约束，必须披露所有重要事项，否则，保险合约无效。信用违约互换无此规则，它依循"买方尽职"的圭臬[1]。

（4）承担违约支付义务的一方无须预留特定数量的款项，以便违约发生时向对手方进行支付。

（5）保险人依据大数定律，设定损失储备金来进行风险管理；信用违约互换的交易者管理风险的方式是与另一对手方进行反向交易，以对冲信用违约互换下的债务。

（6）信用违约互换合约执行盯市会计准则（mark-to-market accounting），并影响损益表和资产负债表。保险业不遵循这样的会计准则。盯市会计准则需要从财务报表的角度重新评估金融工具的价值，并将收益计入收入，或从利润中扣减相应损失。显然，由于金融工具价格的波动性，盯市会计准则会导致账面利润的大幅波动，并影响未分配公积金。

6.2 信用违约互换的运作

很明显，信用违约互换是两个对手方之间的信用衍生合约。买方向卖方进行定期支付，并在标的金融事件（违约）发生时获得补偿。例如，假定投资者X从Y银行购买以Z公司为标的参照实体的信用违约互换，信用违约互换的有效期为五年。投资者X每年对Y银行进行支付。如果Z公司发生债务违约，也就是未按期支付利息或偿还本金，投资者X将获得Y银行支付的一次性补偿，同时信用违约互换合约终止。

如果投资者X持有Z公司的债务，则购买信用违约互换可以对冲Z公司的违约风险。如果投资者X不持有Z公司的任何债务，则购买信用违约互换是在押注Z公司的投机交易。此外，即便投资者X并不持有Z公司的债务，

---

[1] 买方尽职（Buyer beware）源自拉丁文 let the buyer beware，基本含义是买方在购买资产或服务时，必须履行尽职调查义务——译者注。

但的确持有与 Z 公司相似的另一公司的债券，则上述交易可对冲债务风险。因为，在此情形下，Z 公司的债务代表着与它相似的一家公司或多家公司的债务。

信用违约互换的价差是违约风险保护的买方（上例中的投资者 X）在合约有效期内每年对违约风险保护的卖方（上例中的 Y 银行）的支付额，它以信用违约互换合约名义本金的百分比来表示。如果 Z 公司的信用违约互换的价差是 100 个基点（也就是 1%），则投资者 X 从 B 银行购买价值 2 000 万美元的违约风险保护，就必须每年向 B 银行支付 20 万美元。这种支付一直持续到信用违约互换合约到期，在本例中是五年之后，或直到 Z 公司违约。

借助信用违约互换，投资者可以对基于公司债务的信用违约互换的价差变化进行投机。例如，假定对冲基金 A 依据 C 公司很快就会发生债务违约的判断，对 C 公司并不看好。于是，对冲基金 A 从 B 银行购买以 C 公司为标的参考实体、有效期三年、价值 2 000 万美元的违约保护，互换价差假定为每年 400 个基点。如果两年后，C 公司违约，则对冲基金 A 已向 B 银行支付了 160 万美元的费用，但将得到 2 000 万美元的补偿，从而获利 1 840 万美元[①]。B 银行将产生 1 840 万美元的损失，除非这家银行已经通过消除风险敞口的反向交易对冲了头寸。当然，如果 C 公司没有违约，那么信用违约互换合约将存续三年，对冲基金 A 将支付 240 万美元，没有任何回报，从而蒙受损失。还有一种可能是，在第三年之前，对冲基金 A 在二级市场上卖出信用违约互换。如果与对冲基金 A 购买信用违约互换的时点相比，C 公司更有可能倒闭，那么出售信用违约互换将获利，利润的多寡取决于信用违约互换的新价格，而这一新价格又取决于 C 公司不断增大的倒闭可能性。

20 世纪 90 年代，信用违约互换合约的标的价值（outstanding value）不值一提，2001 年大约为 6 320 亿美元，随即攀升至令人震惊的 60 余万亿美元，金融危机爆发后降至 55 万亿美元，见图 6-2。从全局看，这一数字很大，因为 2008 年的全球 GDP 总值为 60 万亿美元。当然，比较这两个数字必须区分

---

① 原文误写为 USD 14million（即 1 400 万美元）——译者注。

存量和流量，但这一比较仍具说服力。必须注意的是，在总额为 60 万亿美元的信用违约互换合约中，对冲合约占了相当比重。关键是如果银行向客户出售了信用违约互换合约，那么银行自身会借助抵补型买入交易来进行对冲，或覆盖其风险敞口。吉莲·郐蒂[4]（Gillian Tett）用鲜活生动的语言，记述了摩根大通银行家们的一次周末聚会，这次聚会以凝集智慧、增进对信用违约互换的理解和发展为主题——她的大作值得一读。

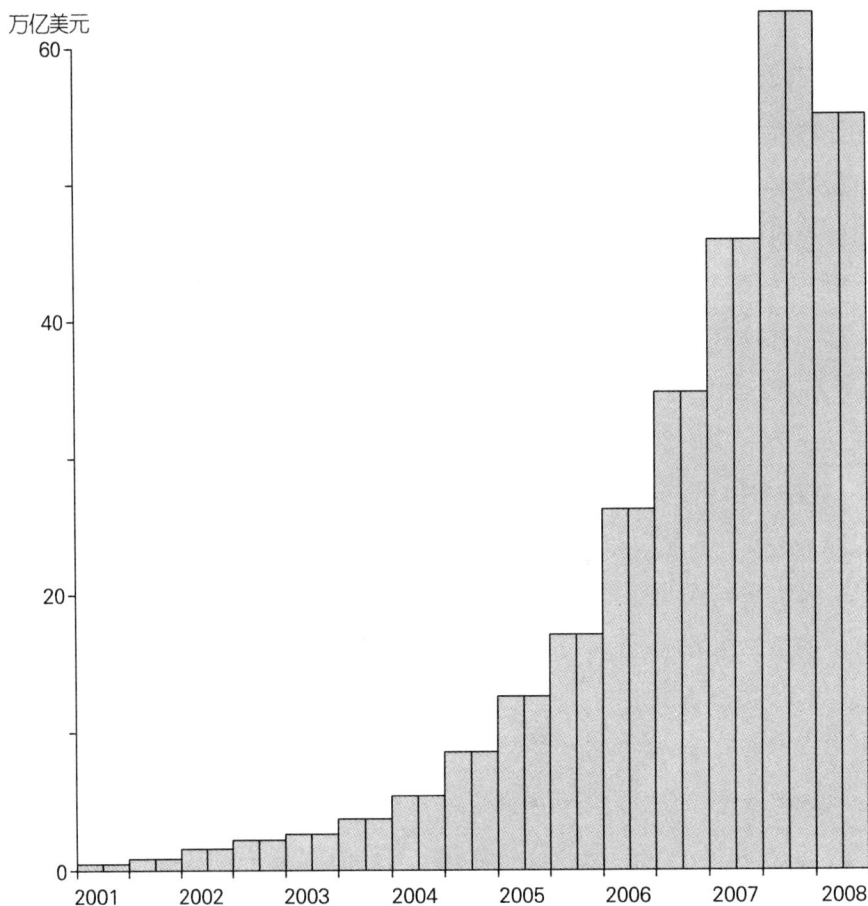

图 6—2 信用违约互换的余额

2008 年金融崩溃后，尤其是投资银行贝尔斯登倒闭后，金融监管者高度关注信用违约互换市场。在贝尔斯登公司倒闭前，这家投资银行的信用违约互换的价差急剧上升。大量的买家购买这家银行倒闭的信用违约互换保护。信用违约互换价差的上升进一步加剧了贝尔斯登的脆弱性，因为它限制了贝尔斯登公司进入批发货币市场融资，最终导致贝尔斯登于 2008 年 3 月被迫售让给摩根大通。信用违约互换保护的购买者数量猛增是否为贝尔斯登公司倒闭的前兆甚或原因，引起了广泛争议。投资者发现贝尔斯登陷于困境后，竭力对冲这家银行的风险敞口，甚至对该银行的倒闭进行投机。2008 年 9 月，雷曼兄弟公司遭遇了同样的困境。同月，美国国际集团向美国政府申请紧急救助，因为它出售了大量以不同参考实体的市场价值下跌风险为标的的信用违约互换保护（但没有进行对冲），这些交易致使美国国际集团的潜在损失超过 1 000 亿美元。2008 年，信用违约互换交易均在场外进行，没有清算所。2008 年 11 月起，信用违约互换交易引入了清算设施，它覆盖了相当份额的市场交易，但并没有覆盖所有的交易。同样令人关注的是，信用违约互换合约最近还进行了国际标准化设计，以化解交易各方因收付数额不清而引起的法律纠纷。

6.3　信用违约互换市场的驱动力

信用违约互换市场的规模从 1990 年代的不值一提，飙升为 2007 年的 55 万亿美元。那么，信用违约互换市场增长的主动力是什么？21 世纪最初数年，正如前文讲述，美国的投资银行将次级债务打包为抵押贷款证券，投资银行家们通过这一业务为他们的银行赚取了丰厚利润，也为他们自己赚取了大笔奖金。但即使在巅峰时期的 2007 年，美国的次级债务市场总额也仅为 1.3 万亿美元。因此，投资银行家们竭力寻找规模能够超过次级抵押贷款市场的新产品。原因很简单，可资营运的次级债务数量严重不足。投资银行家们苦苦求索的答案就是信用违约互换。各位读者应该记得，次级抵押贷款被打包为抵押贷款证券或债务担保证券后，其价值就被榨尽，不能再次打包。由于次级债务的数量有限，因此，不管你相信与否，投资银行家们可以动用的风险资产已经耗竭殆尽。

既然如此，那就进军信用违约互换市场。以 X 公司为参照实体的信用违约互换没有发行数量限制，这家公司的权益市值为 200 亿美元：X 公司的所有者权益价值为 250 亿美元，在证券交易所交易的债务总额为 50 亿美元（按市值计算）。但以 X 公司为参照实体而发售的信用违约互换规模既不受 50 亿美元的限制，也不受 250 亿美元的限制。信用违约互换的发售规模可以是 1 000 亿美元，也可以是 2 000 亿美元，还可以是你所需要的任何数量，没有任何限制。保险合约的投保人必须具备可保利益，也就是约定的保险事故（在信用违约互换中为债务违约）发生后投保人必然蒙受损失。然而，信用违约互换没有这方面的限制，它没有可保利益的强制要求。因此，在理论上，以 X 公司债务为标的的信用违约互换可以无限量发售，银行家们很难用完这种风险资产。而且，银行家们苦心孤诣地把信用违约互换资产与次级抵押贷款打包为债务担保证券，还可获得丰厚回报。此外，银行家们深知，他们也不会用完信用违约互换资产，没有这种可能性。对许多银行家们而言，这就是点石成金的神奇炼金术。

在上段的例子中，次级贷款能带来利息流入，信用违约互换的发售者每年向交易对手方收取一笔权益金。

从前面各章中，各位读者已经了解：将业绩上不相关的其他资产添加到抵押贷款池，打包为抵押贷款证券，就能提高这一资产池的质量，并获得更高的信用评级。因此，加入了信用违约互换的抵押贷款池，就能获得更高的评级。因此，我们现在拥有与表 5—1 中的抵押贷款池极为相似的资产池，但在加入信用违约互换后，这一资产池就创设为债务担保证券池。

在金融危机期间，这些资产获得了"有毒资产"的美称。例证能最好地诠释这类资产的毒害性。如果没有出现违约，或违约概率很低，则由买方缴付保险式权益金所构成的现金流大于违约发生后卖方应付的预期支出流，信用违约互换的价值为正，例如 100。但若违约事件大量发生，那么由于卖方按约必须赔付的概率大于收到（权益金）流入的概率，信用违约互换的价值将逐步减少，进而变为负值。本例中，原来价值 100 的资产，很可能成为价值为 -100 或 -200 的债务。因此，"有毒资产"（也称"有毒债务"）的术语表达是极为精当的。当违约概率日益增大时，这些有毒资产就转化为银行资产负债表上的传染性负债，并像传染性瘟疫一样，损害银行的健康运行，危及银行的生存，这种绝症导致雷曼兄弟不治而终。如果没有政府救助，其他一些银行和金融机构也将面临同样的厄运。

　　抱歉，我的叙述逻辑跳跃太大了。债务担保证券的创设方式并不局限于注入信用违约互换，也不仅限于注入次级债务和信用违约互换。如图 6—3 所示，为提高信用等级，债务担保证券还掺杂了优先级抵押贷款中的优质债务，也掺杂了低信用等级的债务，包括信用卡债务、新兴市场债务、低信用评级的公司债务和私募股权债务。杠杆收购债务通常导致收购方的债务—权益比率由 80% 上升至 90%，一般公司债务的对应比率则由 30% 提高至 40%。同时，杠杆收购债务的利息保障倍数（即息税前利润与利息总额的比率）为 1.5（倍），而普通债务的利息保障倍数为 4 或更大。低品质债务的利率必然高于普通债务，对于胡乱拼凑债务担保证券的投资银行家们而言，这无疑是个福音。如后所述，投资银行家们若能设法让债务担保证券获得 AAA 评级，则他们支付给持有者的利率将低于从债务资产和信用违约互换资产中获得的收益率。这是神奇的魔法还是使用了巧妙的障眼法？细读下文便知。

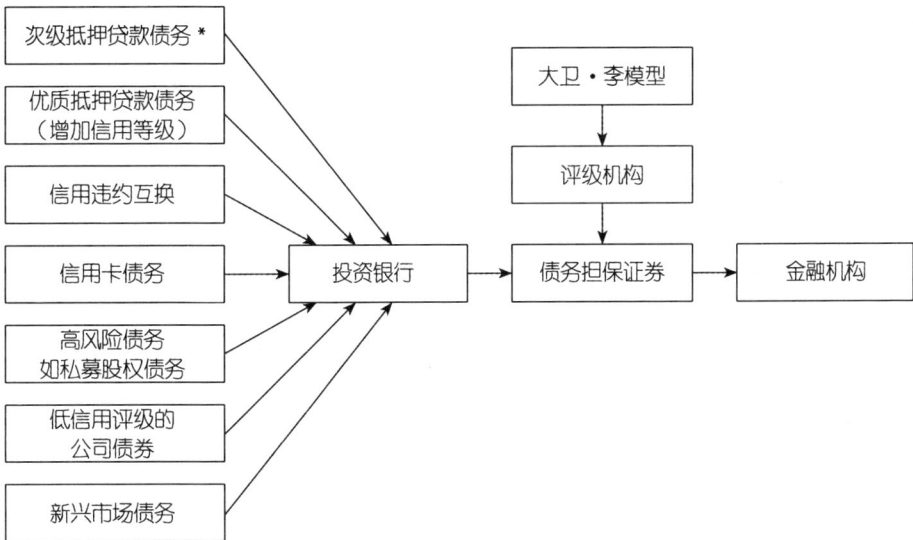

图 6—3　债务担保证券的食物链

注：债务担保证券并非必然包括本图标示的全部构成。本处所述为典型的创设构成。

* 当然，这种债务也是抵押贷款证券的标的资产。

各个组成部分掺进债务担保证券后的关键是，投资银行必须让评级机构确信，由于各个组成部分互不相关，较之各个组成部分的分别评级和其加总评级，证券投资组合可以获得更高的信用评级。

相关性并不像乍看起来那么简单。为说明这一点，我们援引萨尔蒙（Felix Salmon）[5] 使用过的例证。假设有一位女生 A，她父母在今年离婚的概率为 5%，她患头虱的概率为 5%，她看见她的老师踩到香蕉皮滑倒的概率为 5%，她获得班级拼字比赛冠军的概率为 5%。如果市场依据概率进行证券交易，那么所有证券将得到同样的价格。

现在，假设有 A、B 两位女生，她们是同桌，也是好友。如果 B 的父母离婚了，那么 A 的父母离婚的概率是多少？仍然是 5%，两者之间的相关性显然很低。如果 B 患头虱，那么 A 也长头虱的概率提高，可能为 50%，这两个事件的相关性约为 0.5。如果 B 看见她的老师踩到香蕉皮滑倒，那么 A 也看到的概率是多大呢？很大，因为她们是同桌也是好友，她们很可能同时看到这一事件。这一概率为 95%，其相关性接近于 1。如果 B 获得班级拼字比赛冠军，那么 A 获得冠军的可能性为 0，两者的相关性为 -1。现在，如果市场依据 A 与 B 同时面临或发生这些事件的概率来进行证券交易，那么就很难预测价格，因为它们的相关性大不相同。

显然，要求得女生 A 与 B 发生或面临各个事件的不同概率本身就很复杂，要求得条件概率就更难了。参考历史数据可能会有所帮助，但一旦涉及条件概率输入（conditional probability input）和估算误差，这些概率就很难得到了。

抵押贷款中的相关性很复杂，就像条件概率一样。X 州某一住房价值将下降的概率有多大？查阅历史数据或许有助于求解。Y 州某一住房价值将下跌的概率又有多大？同样地，翻检历史数据或许有所帮助。接下来便是条件概率的难题了。这不仅仅是与这两套住房价值相关的概率问题，而是与抵押贷款证券中所有住房价值相关的概率难题。这是棘手的难题吗？或许是，或许不是。

6.4 相关性与信用评级

现在我们介绍在信用违约互换舞台上发挥重要作用的新角色。请牢记，投资银行兜售债务担保债券这一把戏的关键是提高信用评级，进而提高债务担保证券的价格，以便创造广阔的利润前景和丰厚的潜在奖金。隆重登场的这位新人物是大卫·李（李祥林）。他获得了工商管理硕士学位和统计学博士学位，他的银行生涯肇始于加拿大商业银行和花旗银行，并在花旗银行负责管理信用衍生产品研究。他正是华尔街喜欢招募的聪明过人、精力充沛的"顶尖高手"。李祥林是来自中国的移民，1960年代出生。萨姆·琼斯（Simon Johnson）在（2009年4月24日）《金融时报》上撰文认为，李是"世界上最具影响力的精算师"。这是为什么呢？李是如何赢得这一美称的呢？其主要原因是：他让信用违约互换成为更容易推销的证券；他鼎力助推信用衍生产品获得AAA评级；他全力协助创造了让创新金融家们自食恶果的55万亿美元的有毒债务市场。在充当银行家时，李撰写的一篇论文发表在匿名评审的《固定收益》期刊上[6]，该文的题目是"违约相关性：一种联结函数的分析"。统计学上的联结函数是在给定的多种类型的依赖性（dependence）下，用公式表示多元分布的一种方法。借用前引女生的例子来看，我们有很多变量——离婚，患头虱，香蕉皮和拼字比赛——也有很多依赖性。联结函数形式多样：阿基米德联结函数、克莱顿联结函数、弗兰克联结函数、高斯联结函数、冈贝尔联结函数，还有其他众多形式。总之，联结函数是用来联结两个或多个变量之间的行为的。

李在论文中并没有构建违约相关性的模型，但他使用了信用违约互换价格的市场数据，这些价格随违约风险的升降而变动。李没有苦苦搜集现实世界中极为稀缺的实际违约率的历史数据，他采用了信用违约互换市场中的历史价格数据。批评者可能会指责：截至李发表论文的2000年，信用违约互换市场存续的时间不长，且未遭受重挫。因此，李采用了非扰动时序的数据，并假定市场能对信用违约互换产品进行有效定价。李构建的模型采用了价格数据而非现实中的违约率数据，并假定整个金融市场尤其是信用违约互换市场能对违约风险进行准确定价。李的定价模型运用了以正态分布曲线或钟形曲线为基础的高斯联结函数，正态分布是批评者抨击的又一目标。

李的论文认为，各类风险资产并入债务担保证券后，就可以降低巨量风险，而且资产池的大部分构成可以获得AAA评级，这篇论文一时名声大噪。各家银行雇用的数学家和数理分析师解释了这一衍生品结构模型，银行家们的行为引起了评级机构分析师们的兴趣。华尔街的衍生工具"操办者们"（arranger）着手依据大卫·李的公式来构建风险资产池。各家银行依托低信用评级的公司债券、新兴市场债务和次级抵押贷款，创造了大量新的债务担保证券。他们根据表5-1所示的求偿优先次序，将债务担保证券拆分为若干等级，即评级机构愿意将债务担保证券的信用等级评为AAA，即便标的资产获得的信用评级很低。银行家们钟爱大卫·李，他们向评级机构支付的费用超出了正常的评级费。值得注意的是，约翰逊和克瓦克指出[7]，2005年，仅有8家美国公司获得AAA评级，它们是：美国国际集团、自动数据处理公司、伯克希尔·哈撒韦公司、埃克森－美孚公司、通用电气公司、强生公司、辉瑞公司和联合包裹服务公司。

弗兰克·帕特诺伊认为[8]："美国次级抵押贷款膨胀的背后推手既不是放贷者，也不是借款人，而是债务担保证券的操办者。他们是可卡因的提供者，而放贷者和借款人不过是触动机关的老鼠而已。"我们必须补充的是，在信用违约互换市场上，情形更是如此。

华尔街的众多银行由此明白，借助信用违约互换，它们可以创造数量螺旋上升的债务担保证券。它们运用信用违约互换取代次级抵押贷款，发明了新的再打包交易，这些再打包交易汇集而成的资产池，可以获得高信用评级。这种债务担保证券因其虚拟性质而在技术上被称为"合成债务担保证券"。

截至2006年，以信用违约互换为担保的合成债务担保证券的规模大于以实际抵押贷款为担保的合成债务担保证券。此外，还出现了以次级债务包为标的的信用违约互换（即抵押贷款证券的信用违约互换）。美国国际集团等保险公司也加盟了投资银行的阵营，成为信用违约互换市场的重要参与者。

所有这些衍生品都不受监管。没有一家金融机构披露其（创设或持有）信用违约互换衍生产品的详情。大多数金融机构在披露会计报表时将信用违约互换和其他衍生产品混在一起。没有人能够评估信用违约互换市场的风险敞口。银行购买了大量的AAA级合成债务担保证券，但在公开的数据中没有披露具体细节，甚至连蛛丝马迹都查找不到。

这就是问题的症结所在。从本质上来说，银行从事信用违约互换产品交易或以信用违约互换为标的的债务担保证券交易，每年都能获得权益金，并在参照实体违约时进行全额赔付。然而，即便没有违约，如果信用违约互换的据以标售（write on）的标的公司债券或抵押贷款的信用评级下降，这些衍生产品在二级市场上的价值也将下降。如果发生了违约，信用违约互换的一方（前例中的交易对手方 B）就必须全额支付信用违约互换的名义本金，并由此蒙受重大损失，这看起来很像是在卖出期权。卖方每年收取费用，而不是一次性的期权费，但面临无限的不利风险——交易对手方 B 可能赔付信用违约互换的全部名义本金。所以，银行宁可将信用违约互换打包成为债务担保证券，也不愿承受参考实体发生违约时的潜在风险。

因此，银行卖出以次级贷款为基础的信用违约互换，实质上就是卖出了以次级抵押贷款的价值为标的的看跌期权（见"术语汇编"）。银行定期向从交易对手方收取权益金，但必须在违约时进行偿付。当然，打包后的资产包获得了 AAA 的评级。所谓的"互换"交易对手方是会选择互换交易还是期权交易？信用违约互换与期权具有许多外在的相似之处，尽管它并不具备所有期权都具备的"是权利而不是义务"的特征。同样地，信用违约互换是保险合同吗？如前所述，它不受保险法的约束，但与保险极为相似。在这种情况下，从"导论"到本章一直论及的可保利益要求是否成为必备条件？我们认为是这样的。当然，对于创设信用违约互换市场的银行家们而言，将信用违约互换称作互换，是一种极为成功的营销策略。银行也乐于将信用违约互换债务打包为债务担保证券，后者中的信用违约互换债务仍是一种"互换"，这看似降低了风险。同时，获得 AAA 评级也是经常使用的营销策略。

金融机构的主管们在从事以次级抵押贷款为基础的信用违约互换交易时，并没有向他们的股东说明，一旦美国的房价下跌，次级抵押贷款的违约率会上升并与债务担保证券中其他资产高度相关，这些交易存在着大量的风险。金融机构的主管们没有向股东说明，他们实际上是在进行房价的期权交易。住房价格的下跌会使次贷房屋所有者资不抵债，从而缺乏偿还债务的动机或能力。而且，很多次贷借用者可能同时违约。银行主管们要么刻意隐藏这一风险，要么根本没有意识到这一风险。两种情形之一均表明，他们不能胜任上市公司的主管之职，更遑论银行的主管了。

在住房价格维持高位或保持平稳时，各银行及其职员就能从次级债务担保证券中赚取巨额利润，也能赚得大笔奖金。但若房价狂跌，许多银行将损失惨重。意识到这一点后，数家对冲基金和其他对冲基金动用巨资押注次级抵押贷款市场和发放次级抵押贷款的银行。这既包括卖出以放贷银行为参考实体的信用违约互换，以便一旦发生违约就从中捞一笔，也包括做空处境危险的银行股票。

6.5　真相大白

如前所述，金融危机起源于次级房贷市场，违约率在 2006 年末逐渐上升。最初，银行并不担心。它们构建的模型认为，全美仅会发生少量违约，而且这些违约互不相关。然而，违约却不断增长。2007 年初，美国的次级市场显然陷入困境。2007 年夏，全美各地的次贷房主均未能按期偿付抵押贷款。次级贷款的发放人所提供的廉价债务迟早会铸成大祸——现在真的是大祸将临了。次级抵押贷款本来就不应发放，至少不应以如此低廉的利率发放。李的模型没有捕获次贷违约的相关性，大多数理性人早该觉察到，这一相关性即便不具必然性，也极有可能发生。此前信用违约互换的价值为巨大的正值，现在由于前述理由而逐步恶化为负值。各家银行因持有债务担保证券而蒙受了惊人的损失，金融机构日益担忧对手方的偿付能力。它们停止了同业借贷，流动性由此枯竭，这一困境逐步蔓延至各类资产。在国际一体化的全球化金融市场上，流动性枯竭像疾病一样跨越国界，四处蔓延。每家银行都对其他银行心存疑虑，作为资本主义经济重要构成的同业借贷此时陷入瘫痪，这就是信贷危机。银行业的危机逐渐蔓延到实体经济中，突然之间，一切都变得高度相关了。

李的公式为什么没有预测到这一点？这是因为它假定各类事件通常会积聚在均值附近，就像正态分布下的情形一样，整个模型是以钟形曲线为基础的，但各种可能结果的分布区域更加复杂。与大多数市场相比，抵押贷款市场更易出现极端相关的各种情形。在危机期间，证券价格的走势偏离了钟形曲线的轨迹。为何无人发现李的公式中的这一明显缺陷？

长期以来，一直有人警告不能偏信金融市场上的高斯钟形曲线走势。伯努瓦·曼德勃罗（Benoit Mandelbrot）[9]、纳西姆·尼古拉斯·塔勒布（Nassim Nicholas Taleb）[10]和巴勃罗·特里亚纳（Pablo Triana）[11]指出，股票价格变动并不呈现高斯钟形分布。曼德勃罗早在1960年代就对此有清晰的阐释。塔勒布着重强调，"如果金融市场的变化遵循高斯曲线，那么像1987年10月19日股市崩溃（超出20个标准差）之类的灾难几十亿年才会发生一次。……1987年的股灾让人们认识到，小概率事件确有可能发生，而且还是不确定性的主要源泉，但他们就是不愿放弃高斯曲线这一核心测度工具。"塔勒布进而忠告我们，"1987年绝非第一次证明高斯理念是胡说八道。1960年前后，曼德勃罗就向经济学的大佬们提出了扩展高斯曲线的建议，并向他们展示了高斯曲线何以有悖于当时的价格变动。"

特里亚纳对此也大加抨击。因为，他发现，他"后来才意识到，继承高斯衣钵的金融学教授们正在把持着众多商学院，进而掌控了MBA项目，他们每年仅在美国就培养了数十万学生，这些学生都接受了虚假的投资组合理论的洗脑。任何经验事实均不能清除这一毒害，向学生灌输基于高斯曲线的理论似乎胜过不传授任何理论。"

或许有人会以高斯正态分布适用于大多数时间为由，为使用这一分布进行辩护。如果是这样，他们必须强调"大多数时间"，"大多数时间"绝对不是我们经常讲授的市场行为的永久描述，而且，必须认识到，据此形成的定理仅在大多数时间正确。例如，布莱克和斯科尔斯就是根据股票收益服从对数正态分布的著名公式，提出了期权定价理论。高斯定理也是如此。

我们离题太远了，复归正题。2008年4月，美国第二大次级贷款公司新世纪金融公司申请破产。随后不久，美国第一大次级贷款公司全国金融服务公司也摇摇欲坠。对冲基金增加了卖空头寸，次级抵押贷款的价值直线下落。债务担保证券和银行类股票也遭遇了同样的厄运。

2008年6月，穆迪下调了50亿美元的次级抵押贷款支持证券的信用评级，并把184项债务担保证券投资纳入降级检查的行列。标准普尔公司将73亿美元的次级抵押贷款支持证券列入负面观察名单。各大银行逐步披露，它们以信用违约互换和次级抵押贷款衍生产品为支持的投资出现了巨大亏损。

最终，贝尔斯登倒闭，并被摩根大通银行收购。雷曼兄弟申请破产，美林证券出售给美国银行，美国银行还收购了全国金融服务公司，美国政府救助了全球最大的保险公司美国国际集团。在英国，抵押贷款银行之一的北岩银行像类似性质的布拉德福德宾利银行一样倒闭了，英国政府对从事了愚蠢的信用违约互换投资的苏格兰哈利法克斯银行和苏格兰皇家银行进行了救助。2008 年末，多米诺骨牌效应成为重大的市场关切。按照信用违约互换合约应予偿付的银行现已无力履行义务，这就导致了信用违约互换市场的混乱，同时，交易的流动性枯竭致使信用违约互换合约的价格剧降。如果放任上述银行倒闭、政府不予介入，那么这些银行就会通过无法破解的债务链，殃及那些好银行，整个金融体系将跌入深渊。而且，它对工商企业的负面影响绝对是灾难性的。因为，一旦银行收回贷款，工商企业将连续倒闭。由此造成的后果不仅比大萧条严重，而且要严重很多。各国政府的一致行动避免了世界末日。尽管如此，本轮危机仍是大萧条以来后果最严重的金融危机。

如果没有信用违约互换、债务担保证券和抵押贷款证券等衍生产品，则次级抵押贷款违约所造成的总损失会相对较小，且容易控制。如果没有衍生产品，那么次级抵押贷款的违约会产生一定危害，但绝对不会造成那么大的祸害。美国全部次级抵押债务的余额约为 1.3 万亿美元。2008 年，这些次级抵押贷款本身造成的损失最多不过数千亿美元。这些损失不及 2010 年 4 月国际货币基金组织对各国救助成本预估值的 10%[12]。既然如此，其余 90% 的救助成本又由何而来呢？答案是信用违约互换。信用违约互换市场是一场零和游戏，这意味着赢家的总收益等于输家的总损失。2007 年信用违约互换市场的标的价值为 60 万亿美元。我们现在考察以下情形，这些情形虽然只是例证，但与现实极为相似。假定在 60 万亿美元的合约总额中，70% 为对冲合约。那么，剩下的 30% 是非对冲的信用违约互换头寸，其价值为 18 万亿美元。如果在信用违约互换风暴中非对冲头寸损失了一半，那就还剩 50%，也就是 9 万亿美元。如果赢家与输家各占一半，那就意味着亏损合约的价值为 4.5 万亿美元。假定这些合约平均损失 65%，则总损失为 2.925 万亿美元。然而，并非所有的损失都需要救助，其中的部分损失将由相关银行直接承担，部分损失将通过银行资本重组——配售新股或接受主权财富基金（即由持有顺差资金的石油输出国所建立和拥有的基金）注资——形成的收益来弥补。然而，由于部分银行集中持有了最终招致损失的大量头寸，而这些损失的规模又很大，倘无政府救助，这些银行就会倒闭，因此，政府部门必须主动救助。如果银行部门自身增加资本 0.5 万亿美元，那么政府救助资金就仅需 2.4 万亿美元，这就十分接近 2010 年 4 月国际货币基金组织所作的 2.3 万亿美元的估计。但我们目前对于 2.4 万亿这个数字仍无把握，正如我们所言，这个数字是个估计值。另外，还有一些损失与信用违约互换无关，这些损失可能高于 0.5 万亿美元。然而，亏损问题在次级贷款市场风暴中甫一显现，就迅疾发酵为有可能引发第二次大萧条的有毒债务海啸。

这里有必要提及约翰·卡西迪（Cassidy John）的一段引文[13]。他注意到，2005 年 5 月，艾伦·格林斯潘在为信用衍生产品大唱赞歌，他说信用衍生产品的发展"让银行特别是具有系统重要性的大银行，能更有效地测度和管理信用风险，从而增进了银行系统的稳定"。卡西迪进而指出，"就信用违约互换而言，格林斯潘不过是在阐明美联储和其他国际银行业监管机构的官方立场。2006 年 1 月格林斯潘退休后，继任的本·伯南克无意改变美联储对信用衍生产品的不干涉立场。信用违约互换有利于分散和管理风险的观念，取得了官方信条的正统地位。笃信以在险值（VaR）为基础的风险管理方法，也攫取了同样的地位。如果不发生灾难性事件，任何一个监管当局都不会郑重其事地质疑华尔街的产品线。"

显然，信用违约互换、债务担保证券、抵押贷款证券等信用衍生产品放大了次级抵押贷款的损失，拖累全球几乎陷入完全崩溃。其中，信用违约互换是罪魁祸首。具体而言，以银行和保险公司的违约为参考的信用违约互换，进一步放大了损失。投资者一旦认识到这些额外赌注（side bets）的危害，就会对金融系统失去信心；如果没有政府救助，整个金融系统将完全崩溃。各国政府竭力扶起了不断倒塌的多米诺骨牌——做得好（Just）！

本章最后为剪报 6-1。在剪报 6-1 中，约翰·凯把兜售信用违约互换的把戏比喻为汽车追尾——这真是高明的类比。读者回头看看图 6-1，就会发现它清晰地展现了信用违约互换的追尾事件是如何发生的。信用违约互换的卖方向违约风险保护的买方按年收取权益金，银行将它作为利润计入损益表。但若追尾变成了碰撞，银行就必须向违约风险保护的买方进行赔付，这一偿付计入损益表中的费用。如果只有追尾、没有碰撞，则交易者将备受赞扬，银行家们将屡获非执行董事褒奖。每个人看完资产负债表后，都会交口称赞：了不起，这简直就是印钞机。但印钞机在哪，就得扪心自问，反复追问，不断刨根究底——因为，印钞机只是个幻觉。有哪个银行的非执行董事或有哪位监管者深究过这一问题吗？有银行员工建议应设立拨备，以满足信用违约事件发生后的潜在偿付要求吗？这样做会使银行家们的奖金减少吗？实际事实是，我们亟须新一代非执行董事。

作别本章前必须提及的是，在本轮金融危机爆发前，迈克尔·刘易斯[14]曾（极为幽默地）介绍应如何利用信用违约互换和其他有毒工具大发横财。

剪报 6-1　　　　　　　　　　　　　　　　**《金融时报》2010 年 1 月 20 日**

追尾者破坏了市场和高速公路

约翰·凯

一些人把此次金融危机过程描述为在压路机前拾硬币。更通俗的说法是，将其比喻为"吃得少，拉得多"的生物，更为学术的描述是在流动性紧缺情况下出售期权的策略。但我更喜欢追尾这一类比说法，在高速行驶的过程中，车头与前车车尾的保险横杆极其接近。

无论如何对金融危机进行描述，其实质是一样的：一个频繁产生薄利，偶尔穿插着巨大损失的收益分配。在金融市场中，经常使用的交易与商业策略都有追尾这一特性。在纳西姆·尼古拉斯·塔勒布出版了《随机性愚弄》（这本书更为人知的名字为《黑天鹅》）这本叙述了许多实例的书后，我们称其之为塔勒布分布。

在金融危机中，这一分布成为了焦点。通过购买新兴市场债务来赚取利润的可能性很小，它最终造成了巨大的损失。同样地，投资者持有没有基本面价值的网络股（通常是有价值的，但终究是虚假的），是因为他们相信他们能以高于原价的价格将这些股票出售给更大的傻瓜。由于合成证券的固有风险被低估了，它获得了比自身信用高的评级，从而虚假创造了合成证券的投资级别，这导致了信贷危机。这一问题不仅是这些分布展示了塔勒布特征，而是这些市场行为是由头脑中固有的塔勒布特征设计出来的。

追尾这一比喻的作用是，它还捕捉到了这一过程中的其他重要方面——首先，追尾者沾沾自喜，这种沾沾自喜反映在金融市场中。这些人有天赋，或者说他们是这样认为的。他们拥有高超的驾驶技术和细腻的风险控制，能比其他人更快地到达目的地。在认知失调把偶然事故和频繁成功区分开的情况下，这种自欺是有可能的。一旦发生偶然事件，那就是别人的错误。例如，前车司机的非预期移动，前方道路上出现了始料未及的障碍。

这些对灾难的解释总有一些真实的成分。大多数的追尾司机从来没有发生过事故。少数的追尾司机在旅行中结束了自己的生命。这意味着，从经验中学习的人们意识到了追尾是沉默的，其代价很小。追尾者认为他们的行为从纯粹的理论分析来看是沉默的，这却被追尾者的实际经验反驳了。同样地，追尾者的自信、自满心理也是永存不息的。

或许你会认为，在事故频发后人们会更安全地驾驶，但也许并非如此。事故的发生的确会在短期内促使司机们更加小心地驾驶，但这一效应很快就消失了。在金融市场上也是如此。

目前，投资银行的利润和红利报告显示，追尾仍在付出代价。实际上，追尾却变得越来越物有所值了，因为政府为了保持道路顺畅会付出特别的努力，而交通警察则到处宣传要安全驾驶。

政府本身也受到了追尾行为的影响。一些官员认为，政府对私营部门的债务担保并不承担任何成本，因为或许私营部门能够正常运转，并不需要政府担保发挥作用。另一些官员可能会告诉你，向金融机构注入的应急基金将会使政府获利。这些就像追尾者们没有发生事故而对自身驾驶技术感到庆幸一样。担保和资本注入的本质就是：一般情况下，它不需要任何的支付，但当它需要支付时，那就是巨大的支付。为冰岛银行和房利美进行支付的纳税人已经发现了这一点，但大家并没有吸取更深层次的教训。追尾会使你更快地到达目的地——除非你到达不了目的地。

第7章 银行贷款与控制系统

7.1 引言

银行一般借助一套准则来评估和判定各类贷款申请。这些准则具有很多显著特征，比如考察潜在借款人的品德（若是公司贷款，则考察公司的主要管理者），了解潜在借款人所在的行业及其在行业中的地位、经营战略，分析借款人既往的财务状况并估算未来产量，评估贷款风险，确定与企业运营现金流相对应的合理的贷款期限，考察经济衰退时期企业的现金流状况，设定贷款利率，论证是否需要提供贷款抵押，等等。所有这些事项均涉及银行家们极为关注的重大问题，"我们能否收回贷款？何时收回贷款？如何确保收回贷款？"在"发起－持有"的贷款模式下，这类问题与银行家休戚相关。不幸的是，由于"发起－分销"信贷模式的兴起，银行家可以将贷款转卖给第三方，因此，他们觉得没必要煞费苦心地进行审慎的信贷分析了。尽管如此，我们还是概述了审慎信用分析和稳健贷款的相关准则，以便说明在"发起－分销"的银行放贷模式下放贷人恪守的准则和决定摈弃的准则。

7.2 商业银行常规的信贷准则

凡贷款都有风险。银行如果对每个内附风险的项目说"不"，就没法开展业务了。黑尔（Roger Hale）在一部银行贷款的经典教科书中，提出了信用分析的18条准则。这些准则揭示了银行信贷的基本问题，其中，前7条系针对贷款人而言，后11条则关乎借款人。这18条准则是：

（1）信贷质量比利用新机遇更重要。

（2）每笔贷款在发放伊始就应有两种互不相关的求偿之道，也就是通过经营现金流和资产变现来偿还贷款。第三条途径是由完全合格的担保人提供担保。但前两者的偿付能力较强，第三条途径是在相对不利情形下的补充选择。

（3）借款人（或公司信贷中公司的主要管理者或股东）的诚信等品德应毫无问题。

（4）不了解商业的银行家就不应经营贷款。

（5）银行家决定贷款及其相关安排，他们必须根据自己的判断做出适宜的决策。

（6）贷款的目的之一是确保能到期归还。

（7）如果银行家能掌握所有事实，就无须费心尽力地进行正确的决策。

（8）经济周期不可避免，因此，贷款评估必须同时考虑景气上行期和下行期。

（9）较之分析公司财务报表，评估公司的管理质量更难，但它至关重要。

（10）抵押担保品不能取代贷款偿还。

（11）银行取得抵押品后，必须对抵押品的价值及变现能力进行专业、公正的评估。

（12）中小借款人的贷款风险大于大客户。

（13）银行家不应忽略细节和贷款管理，进而损害贷款的审慎性。

（14）地方银行应该向本地借款人提供贷款。

（15）若借款人希望立即答复，那就立即说"不"。

（16）若贷款是担保贷款，银行必须确保像关注借款人那样关注担保人的利益。

（17）银行家必须把握信贷资金的去向，并在借贷期间内持续确保和确认信贷资金投向了既定的领域。

（18）银行家必须以银行利益为重。违背信贷原则只能增大信贷风险。

当然，银行家一般会认真审读、详细研究对（借款人的）收益、现金流和资产负债的各种预测；倘不认同，他们就自己进行预测。银行家最关注的基本事项是，借款人是否有充足的现金流来偿付未来的贷款。在评估各种预测是否合理、可信，是否违背银行的财务约定时，银行采用的常规方法之一是财务比率分析。对于违背银行约定者，银行在技术上可要求借款人立即偿还贷款。经营性现金流为银行家提供了收回贷款的第一条途径——见上文第2条准则。如果现金流太少，贷款无法按期偿还，第二条途径则是变卖商业资产（为此必须关注资产负债表的状况），或者要求提供贷款的抵押或担保。倘若没有这两条保障途径，银行就应拒绝贷款；另一办法是，银行家向客户提供低于申请额的贷款，或调整还款日期。

传统银行家所作的最有价值的预测之一是衰退期现金流预测，其含义不言自明。保守的银行家希望看到，即使是在经济衰退时期，借款人也有充足的现金流来按年（或按季）偿还贷款本息。评估了这些预测结果后，银行会变更贷款的偿还安排、改变到期期限，或要求借款人提供更多的抵押品。否则，银行会拒绝贷款。图7—1提供的现金流预测表，可用于预测正常时期和衰退时期的现金流。借助现金流预测，辅以对正常时期和衰退时期的损益表和资产负债表的预测以及财务比率分析，银行家就能很好地判定一笔贷款申请的利弊，评估它的潜在风险和回报。

最合适的贷款结构也是银行家必须考虑的关键问题。贷款结构既可以是保证履行出口合同的短期贷款，也可以是为满足短期季节性、具有自动清偿性质的流动资本需求的透支额度，还可能是长期贷款。

此外，银行通常会对单个客户或某类客户，如住房承建商和房地产开发商，进行贷款限制，并设定贷款上限。银行的《控制体系手册》一般会明确载入这些规则。在极短的间隔期内定期汇总并评估这方面的数据，对于完善银行

预测年份[a]	2012	2013	2014	2015	⋯
录入正常时期及衰退时期的预测数据（英镑）					
销售额					
息税前预计利润					
＋计算利润时扣除的折旧和摊销[b]					
－额外流动资本（存货、应收应付款差额）					
－新增固定资本投资					
－应缴税款					
＝还债前净现金流					
－贷款本息偿还额					
＝派息前净现金流					
－应付股息					
＝派息后净现金流					

a：或以季度为基础，最好取季度同比（较上年的）数据

b：更准确地说，是计算利润时扣除的折旧、摊销和亏损（impairment）

图 7-1　正常时期及衰退时期的现金流预测表

的财务控制至关重要。不幸的是，2000—2007 年经济快速发展时期，银行部门普遍放松或刻意忽略了上述信贷分析与内部控制的标准，这也是经济繁荣时期经常出现的弊端。

抵押贷款是银行业务的核心之一。抵押放贷人通常遵循的贷款准则与工商企业贷款极为接近，但更加注重国内金融问题。住房抵押贷款的决策除应分析关键指标外，还必须根据某些要求，考察借款人的品德和特质（如工作、工龄、持续工作的概率、收入水平、职业前景、个人财富等，以及潜在借款人依据信用评分标准获得的信用评分）。这些关键指标是：

（1）贷款－价值比率（参照贷款人的最高标准）；

（2）利息、还本额与个人收入；

（3）利息、还本额与偿贷风险；

（4）最高贷款额；

（5）最低首付额。

贷款－价值比一般为 75％～80％，贷款额通常为年收入的 3 至 4 倍。在

"发起－持有"的抵押贷款模式下，放贷人将为该笔资产本身拨备担保资金，并在资产负债表上将该笔贷款列为已担保资产。证券化兴起后，按揭贷款与其担保品（以及其他贷款）被打包出售给第三方，此即"发起－分销"模式。银行家声称，将贷款出售给第三方后，由于对抵押贷款和公司贷款的信用分析量下降，银行的成本相应下降，这就导致了众多银行纷纷放宽对企业贷款和住房抵押贷款的评估标准。事实上，我们注意到，一旦银行的新任行长没有银行业、金融业的执业背景，他们通常会将原来行之有效的许多准则抛在脑后，在贷款评估和控制体系上也是如此。然而，单纯地指责信用分析标准下降仍不足以说明问题，因为信用分析常常被业务流程再造顾问们误导，他们纷至沓来，采用各种参照标准，以便将他们的调查结论应用于信用分析准则。

业务流程再造是世纪之交的热门思潮，此后，业务流程再造热潮虽已消退，但在公司顾问和董事会中仍广受推崇。业务流程再造包括哪些内容呢？业务流程再造的倡导者哈默（Hammer）和钱皮（Champy）的定义是"为实现成本、质量、服务和速度等关键性的即期绩效指标的根本改观，而对业务流程进行的系统反思和彻底的重新设计"。

美国联邦政府也大力推动业务流程再造，它要求各级政府机构必须适应任何再造方法中的如下转型：

再造前→再造后

纸质办公→电子政务

科层式管理→网络式管理

以信息储存为支撑→以信息共享为支撑

独立化、实体化→虚拟化、数字化

控制导向→绩效导向

服从导向→标杆导向

专门的常驻专家→专业的智囊团队

垂直型组织结构→蜂窝型组织结构

监管机构→指导机构

反应迟缓→快速响应

数据多次录入→数据一次录入

技术恐惧→技术娴熟

高层推动决策→客户推动决策

请注意，业务流程再造力主摒弃控制导向和服从导向。然而，不幸的是，正是在这些领域，各家银行必须有所超越。

哈默与钱皮提出的业务流程再造原则是：

(1) 围绕结果而非任务进行组织；

(2) 将信息处理工作纳入生产信息的实际工作；

(3) 将各地分散的资源整合为由 IT 积聚的一体资源；

(4) 整合平行的工作流程业务，而非仅仅整合它们的结果；

(5) 在业务运行之处设立决策点，并建立流程控制程序；

(6) 从源头上迅速捕获信息。

这些原则均有道理，但对银行而言，这显然意味着放松贷款评估标准与控制系统，许多银行也的确发生了此类行为，但银行的董事们、高管们对此却满不在乎。毕竟，在"发起－分销"模式下，贷款已经出售给了第三方（而在"发起－持有"模式下，贷款一直保留在银行的账簿上）。这些证券化后的贷款组合由此变为债务担保证券，而且，如果它能获得 AAA 评级，并被售卖给银行之外的第三方，那么，耗费时间和金钱进行信用分析并不能让它增值。这一推断的悖论在于，银行自身既是债务担保证券的创造者，又是债务担保证券的购买者，在后一种（购买者）情形下，银行购买了未经信用分析评估的债务。

更糟糕的是，一些银行尤其是那些新加盟的银行和所在银行市场尚欠成熟的部分银行，也纷纷决定效仿此类举措，尽管它们依然采用的是"发起－持有"的信贷模式。它们摒弃了对信用分析和贷款质量的严格控制，仅仅依据定性评估来进行决策。此类客户友好型而又略显业余的银行赢得了"裙带银行"的美称，但它通常以失败告终。

7.3 信贷控制系统

信贷风险管理首先必须明确信贷理念，以设定重要管理目标。商业银行的信贷理念差别较大，既可依据极为稳健的低风险标准配置最高品质的贷款组合，也可根据极其灵活的风险偏好追求激进的贷款增长和更大的市场份额。各家银行的正式信贷政策通常明确阐释了其信贷理念，信贷理念和信贷政策与信贷文化高度契合，信贷文化则具体反映在各放贷机构的贷款体制和程序之中。

图7-2和图7-3揭示了不同信贷理念暗含的预期收益和风险的组合关系。图7-2中的直线表明，风险和收益之间呈线性变动关系（事实上，两者之间不可能是直线性消长关系），对应的含义十分明确：企业（含银行）可通过承担更大的风险来提高收益。图7-3强化了这一理念，即银行若着眼于更大风险、更灵活标准基础上的信贷增长，则预期收益会增加。但请注意，此间最重大的变化是，当银行由强调资产质量和低风险的稳健型经营风格，转向旨在扩大市场份额、通过营销来驱动的增长导向型风格时，银行收益的波动性也相应增大。以贷款质量为首要目标，则风险较低，并能提供稳定的收益。以信贷增长和市场营销为导向的选择则是一种高风险的策略，它导致贷款质量下降、贷款资产组合的风险增大，并使收益极不稳定，也就是在繁荣时期的峰值收益更高，在萧条时期的低谷收益会更低。这类银行显然是在借力于经营杠杆（利润随经济周期波动而大起大落），而且，在我们看来，应用较低的财务杠杆来约束此类银行，亦即它们的资本结构中的债务－权益比率应该低于竞争对手。遗憾的是，2007—2008年金融危机爆发前，事实大多并非如此——这是金融危机为整个银行业提供的深刻教训之一。

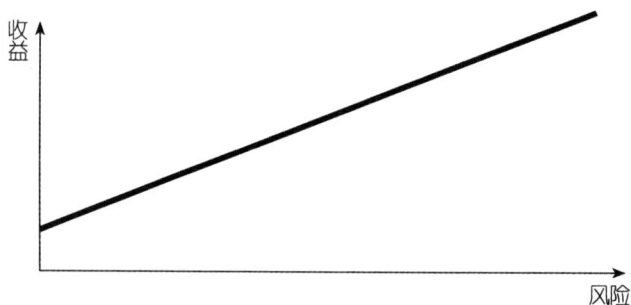

图7-2　风险与收益的关系

在某种意义上，银行的贷款授权已经下移。大多数银行的控制系统都涉及一定程度的下放授权，但大额贷款必须提交贷款委员会审批。传统上，银行会

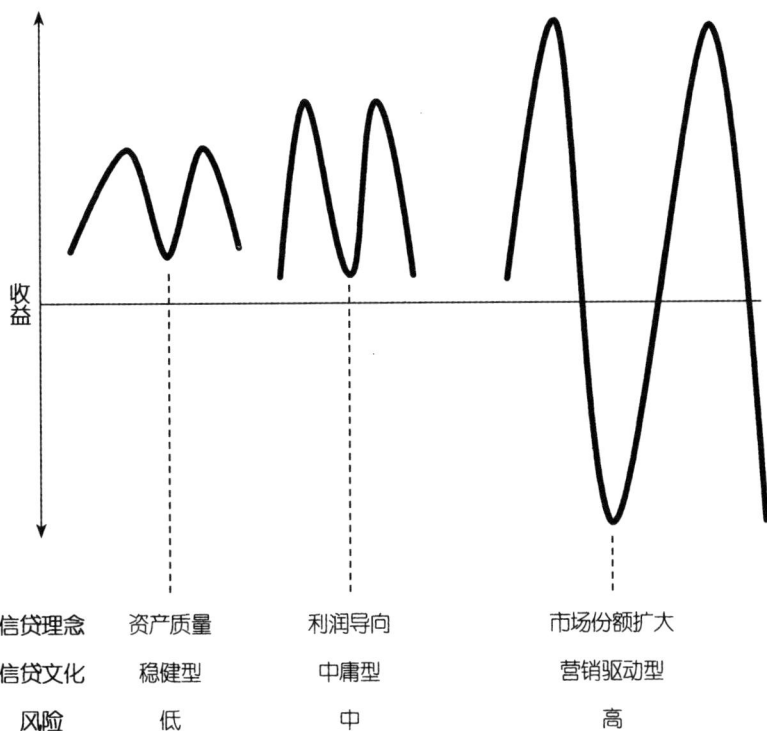

信贷理念	资产质量	利润导向	市场份额扩大
信贷文化	稳健型	中庸型	营销驱动型
风险	低	中	高

图 7－3　不同信贷周期的风险与收益

设立多个委员会，如信贷官贷款委员会、董事会贷款委员会，以及问题贷款较多的银行所设立的特殊资产委员会。这些委员会只能受权审批符合贷款政策的贷款，超过某一最低限额的贷款必须由各笔贷款的信贷官提交信贷官贷款委员会审批，后者通常由经验丰富的信贷官组成。

　　董事会贷款委员会通常要对信贷官贷款委员会审批的重大贷款进行复审。董事会贷款委员会一般由银行高管、资深信贷官和至少两名外部董事组成。该委员会对信贷官贷款委员会的贷款决定做出最终裁决，对巨额贷款慎之又慎，还重点审查银行贷款政策是否违背法律规定和严控内部人贷款的政策规定。此外，该委员会还定期评估严重逾期贷款和其他信贷问题。

　　特殊资产委员会通常专司问题贷款处理。该委员会负责监控问题贷款的发展势态，并就创新与深陷困境的借款人的合作模式，并借助其他催收手段追回贷款进行周密部署。

　　银行信贷由"发起－持有"模式向"发起－分销"模式的转变，为传统的贷款控制系统提供了巨大的成本削减空间。尽管如此，并非所有贷款都实施了证券化，因而并非100％的贷款都能降低成本。

银行贷款控制的最大难题之一是监控银行交易员可能已经动用的各种交易头寸。银行对不同交易员设定了不同级别的最大交易权限，但由于交易员们可以随时随地从事各类交易，故问题依然十分严重。当然，电子报告制度有利于缓释这一难题，但这一任务显然十分繁重。银行的贷款控制和业务监督不仅工作量浩大，而且极其复杂。理解这一点尤为重要，因为银行监控任务的繁杂程度远远超过人们的认知。如果监控得力，那可真是帮了银行财务主管的大忙。

7.4 在险值与风险管理

在险值（VaR）是经济危机前众多可资利用的风险管理工具之一，也是使用最广泛的工具之一。在险值是对公司因所持金融工具的价格波动而可能蒙受损失的单一数值估计，这些金融工具包括固定利率债券、未抵补的应收或应付货币、信用违约互换或次级贷款等。它揭示了在某些假设条件下，潜在损失不超过某一特定水平的概率。这些假设条件包括时间长度、持有期、置信区间、概率分布、相关性和对系统的潜在冲击。

在险值被金融机构广泛运用，它在《银行资本充足率指引》等规制中的作用尤其突出。在险值的兴起应主要归功于 J. P. 摩根的银行家们。摩根的前董事长要求下属在每个工作日结束时递交一页报告书，对第二个工作日可能不利的市场波动导致的损失敞口进行概要预测，J. P. 摩根的 Riskmetrics（在险值的测度体系）由此而生。

VaR 在银行业广受欢迎的理由在于，它揭示了系列多元化业务总体风险的前景，并与银行部门整合集团风险（group risk）管理体系的需求高度契合。

VaR 是理论上和实践上极其有效的分析工具，银行家和财务主管都必须了解其适用之处与不足。它远未达到能为测度集团风险提供万能良方的完美地步，对银行而言更是如此，但它的确能为估计正常市场条件下短期投资组合或其他流动性工具的潜在损失提供基本有用的估测方法。也就是说，能用它进行风险测度的金融工具是那些能按盯市原则计价（按客观的市场价格计值）并自由交易的资产和负债，因而信用违约互换和次级贷款不在此列。

为理解这个概念，假设一家金融机构持有一个固定利息债券的投资组合。该组合没有进行对冲交易，因此它的当前价值决定于当期的利率结构，即当期的收益率曲线。如果我们有可供比较的历史收益数据，我们就可计算该投资组合在不同历史利率水平下的价值，以求得不同价值的概率分布和潜在价值变化情况。大部分在险值模型的假定是，投资组合的价值变化通常是随机的，因而价值的频率分布可用正态曲线进行估计，见图 7－4。正态曲线用标准差（σ）度量波动性，数据点（数值）的分布如下：

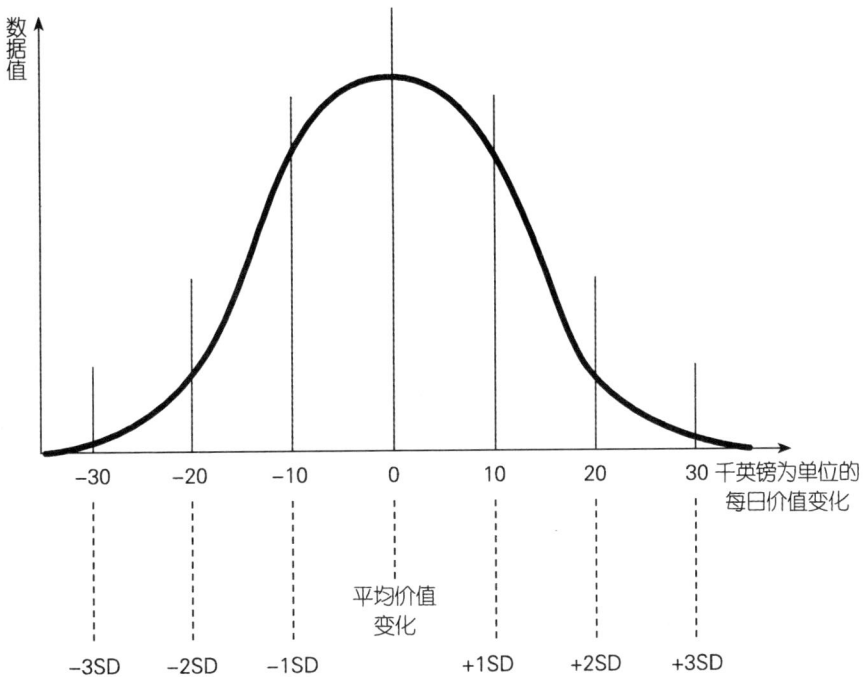

图 7－4　投资组合价值变化的正态分布图*

＊ 标准正态分布在危机时期相当危险——见下文。（图中的 SD 是英文标准差的首字母——译者注）

集中在均值左右各 1σ 区间内的概率为 68.3％；

集中在均值左右各 2σ 区间内的概率为 95.5％；

集中在均值左右各 3σ 区间内的概率为 99.7％。

如果相信正态分布适用于上述情形（这是非常危险的，本节下文将详述），那就意味着如果图 7-4 中 1 个 σ 的值是 10 万美元，那么在 95.5％的时间内（有 95.5％的把握保证）组合资产价值的变动范围为±20 万美元的区间内。所以，在 95.5％的置信水平下，该资产组合的 VaR 值是 20 万美元。请注意，每年都有一天以上的时间内，组合的价值变动将超过±30 万美元。如果数据每日更新，那就得到 24 小时的 VaR 值。请谨记本自然段首句使用的"如果"假设。实际情形是，在金融危机时期或在金融紧急窘困时期，现实世界的运行并不服从正态分布，我们在第 10 章将继续探讨这一话题。因此，不能过分夸大在险值模型的重要性，因为，银行通常在亟须进行风险管理时，实际采用了不恰当的风险控制模型。

显然，VaR 理念同样适用于银行可能持有的外汇风险敞口和利率风险敞口。而且，银行的资本充足性监管规定要求银行在测度公开货币头寸的市场风险时，要么根据五年的日间数据在 95％的置信水平下计算 VaR 值，要么根据三年的日间数据在 99％的置信水平下计算 VaR 值。因此，监管规定迫使银行必须保有具体数额的资本即权益资本与次级债来支撑 VaR 值。如果银行对风险的判定有别于监管者，银行就会陷于两难境地。它必须改变资产组合，并选择经济资本要求与监管资本要求总体吻合的业务组合。

如上所述，像大多数管理技术一样，VaR 存在很多问题。以下为 VaR 的一些局限。

（1）从经验上看，金融危机时期的资产价值变动并不服从正态分布。期权、信用违约互换和次级贷款的价值变动如此，股票的价值变动就自不待言了。金融危机时期的价值变动结果呈现了"肥尾"特征，而非正态分布中 4.5％的尾部。换言之，在金融市场的实际运行中，不可能事件的发生频率远远高于正态分布所暗含的频率。曼德勃罗、塔勒布和特里亚纳是打破这一领域传统认知的主要代表，第 10 章将深入探究这一问题。他们的观点在相当长的时期内被人冷落，但最终深入人心——但这绝不意味着金融灾难不会重演。

（2）如上所述，对金融体系的冲击的发生频率大于正态分布所隐含的频率。因此，VaR 适用于正常市场条件，但必须辅以压力测试和情景分析等模拟方法，以便量化未来巨大冲击的潜在影响。

（3）就风险的组合而言，部分风险组合如住房市场风险敞口与债券市场风险敞口，是彼此关联的。因此，对于那些复杂的组合就必须使用其他方法，主要包括：

（i）对此类相关性进行数据统计调整的方法；

（ii）借助包括危机时期投入的历史投资收益进行电脑模拟；

（iii）蒙特卡罗分析方法（Monte Carlo analysis），即运用关于价格波动、相关性、危机条件下的压力反应等假设，进行大规模（比如上万次）的情景分析，以求得概率分布解；

（iv）针对金融系统遭受的危机冲击进行压力测试。

（4）对每类风险，必须确定最适宜的持有期，并采集相关数据。其中的关键因素之一是流动性——投资头寸的变现速度有多快？许多金融理论都假设市场是连续的，亦即投资者可在市场上按其意愿卖出任意数量的资产，但在2008年9月经济危机全面爆发的惨烈时期，市场流动性显然并非如此。

（5）上述局限中，前两个局限不应过分夸大。事实上，像压力测试或其他风险测量技术一样，VaR方法无法预测2007—2008年金融危机的损失量级。再次重申，VaR是根据结果的正态分布和过去结果的标准差进行估计。这种估计通常是不恰当的。什么时候不恰当呢？答案是，在发生经济危机时。换言之，恰逢市场亟须的关键时刻，VaR模型屡屡失灵。金融市场运行呈现出"肥尾"特征，它们在大多数时间服从正态高斯分布，但忽略这些"肥尾"特征的后果堪虑。鉴于不恰当地使用正态分布备遭攻讦，故而不宜过分推崇第一条局限中提及的三部著作。

我们现在考察一些导致风险管理难以施行的实际困境。风险管理涉及对风险敞口的测度及管理。金融风险管理要求识别风险来源、测度风险，同时制订并执行化解风险的各种方案。风险管理可以是定性和定量的，也可以是定性或定量的。金融风险管理则需关注什么时候、以什么方式对冲风险敞口。全世界的银行均采用《巴塞尔协议》（见"术语汇编"）来监测、报告和管理操作风险和市场风险。

风险监管者和银行面临的最大问题是，按照史密斯（Yves Smith）[6]的分析，"它们面临的风险管理纪律废弛。风险经理们虽能准确评估风险，但通常缺乏足够的权力制约风险制造者。"针对上述模型中的诸多不足,史密斯还为我们选取了一家大型投资银行风险管理部的前主管理查德·布克斯塔伯(Richard Bookstaber)在博客中提及的一个例证。这段模拟对话的主角是理查德·布克斯塔伯(我)和该投资银行的一名债务担保证券交易员,他们之间的对话如下。

对话1

我:嗨!伙计们……我们与债务担保证券相关的证券存货总值一直在上涨。……本来只有几十亿,慢慢变成了200亿,现在逼近400亿了。这真让我担心啊。

他:哦,别担心。这可能是因为你没有整天坐在交易席位上盯盘。……要我说呀,如果你不隔三差五地存储这种存货,你就不能从中赚钱。如果你能不储(储备此类存货)而赚,务请不吝赐教。而且,在这种交易下,很多存货都是AAA级证券。如果我们持有一堆AAA级公司债券,你不会有任何麻烦了,对吧?我是说,与我们公司的债券相比,它们更值得投资……

对话4

我:很抱歉再次打扰你。但是,我们关注的重心可能早就错了。……问题不在于这些证券是否真的是AAA级资产,我们担心的不仅仅是违约风险。……关键是任何风吹草动会不会导致这些证券的交易价格急剧下降……因为,我们存货中的金融工具的流动性并不强……所以,如果有人突然被迫变现怎样办?……债券价格不用下跌太多,就会让我们损失惨重。要是你持有400亿美元的这种资产,10%的价格下跌就会导致巨大的市值损失,并让你们这几年辛苦赚得的利润付之东流。

他:很高兴你能设想这些情景。然而,要是我们成天为你杜撰的每一个"如果"发愁,我们就无所事事了。我们是风险承担者,我们就靠这赚钱。所以,如果你不想让我们赚钱——或者,你有无须承担风险就能赚钱的高招——那就直说。否则,那就让我们继续手头的工作。

很明显,在风险管理者试图追查风险时,交易员们总是处在上风。交易员们比风险管理者更了解他们参与交易的市场。此外,雄心勃勃的资深风险管理者还希望转岗成为交易员,因为交易员的薪水更丰厚,工作也更刺激。因此,资深风险监察官在实际监控时不会对每个问题都穷追不舍。而且，风险管理部的主管如果将类似问题呈报给银行的首席执行官，他们得到的答复或许就是像对话4中"他"（指交易员）一样的冷暴力拒绝。风险管理部需要首席执行官的授权，风险管理部主管深知他们仰仗于这种支持。但这种支持并非常态，风险管理的实际难题由此彰彰明甚。

7.5 银行的资本充足性

对银行的资本充足性要求有必要多说几句。这些要求构成了各类银行和存款类金融机构必须配置自身资本的规则框架，这一框架涉及资产的风险权重。换言之，银行的各类资产是根据一个用以反映风险程度的公式进行加权的。国际上，国际清算银行的巴塞尔银行监管委员会制定银行业的资本金要求。1988年，巴塞尔委员会提出了通常称为《巴塞尔协议》的资本度量体系。这一框架已被新的、更为复杂的资本充足性规则所取代，也就是本书写作之际广为人知的《巴塞尔协议Ⅱ》。这套规则明确了各类风险权重，资本充足率是银行资本与风险加权资产的比率，各种资产的权重根据预设的风险敏感度来赋予。拙著撰写之时，资本充足率的新版本即《巴塞尔协议Ⅲ》正在制定之中。

除了无资金拨备的贷款承诺、信用证及各种衍生品等某些表外风险敞口外，银行及监管者通常主要根据表内资产的信用风险来评估资本充足性。以风险为基础的资本金准则还包括权益－债务比率（杠杆率）要求。

一级资本主要由股东的资本组成，它等于银行股份（而非股票市值）的初始认缴额加上留存收益再减去累计损失。监管者允许将普通股之外的其他工具计入一级资本。这些工具因各国监管机构的规定而异，但在本质上类似于普通股。这些资本统称为核心一级资本。

二级资本有多种分类，它由附属资本构成，包括非公开储备、重估储备、一般损失准备金、混合资本工具和次级长期债务等。

美国联邦银行监管机构对资本基本充足的判定标准是：银行持股公司的一级资本比率为至少4％，一级资本比率、二级资本比率之和为至少8％，杠杆率（权益/债务）为至少4%。对资本极为充足的判定标准是：银行的核心资本比率不低于6%，一级资本比率、二级资本比率之和不低于10%，杠杆率为至少5%。《巴塞尔协议》对核心资本比率的最低要求仅为2%，但《巴塞尔协议Ⅲ》将提高这一比率，本书"后记"将概要解释新的量化标准。

资本极为充足情形下的各项比率可概括如下：

$$一级资本比率 = \frac{一级资本}{风险调整后的资产总额} \geqslant 6\%$$

$$总资本比率 = \frac{一级资本和二级资本}{风险调整后的资产总额} \geqslant 10\%$$

$$杠杆率 = \frac{一级资本}{平均合并资产总额} \geqslant 5\%$$

然而，这类文字描述均不足以阐释资本金要求的庞杂性，也不足以说明银行财务控制的复杂性。这里仅需指出一点，资本监管与财务监控的职责极为重要，因而，监管不力、监控低效所导致的银行倒闭，也就不足为奇了。从这一意义上讲，银行财务主管们如果监控得力，就该大加犒赏。

第8章 金融监管

8.1 引言

监管是指通过某些规定或限制对个人及社会行为进行控制。监管可以采取多种形式，它既包括由政府或类似机构制定的法规限制，也包括通过商会之类的组织进行行业自律，还包括通过规范不同群体的行为来进行的社会规制，此外还有市场监管。监管的目的是制裁违规行为。

政府监管旨在促成监管缺失时不能产生的结果，此类例证包括专利权、房产开发许可制、对价格、工资、污染的管制等。专门研究市场监管的经济学被称为规制经济学。

像大多数一致性行为形式一样，监管对某些行为主体施加了成本，而给另外一些行为主体带来了收益。监管给部分行为主体带来的总收益大于对其他行为主体施加的总成本时，方为有效监管。监管的驱动因素众多，大致可分为七类：

(1) **市场失灵**。市场失灵为政府干预提供了诸多理由，如：

一垄断扭曲价格、工资以及商品或服务之可得性的风险；

一纯粹的市场体系不能提供治安、执法和学校等公共物品的风险；

——信息不对称，即契约订立的一方掌握的信息多于对手方；

——外部性，第 2 章已概要述及。

（2）**利益集团转换**。自私自利的各种利益集团试图按照有利于自己的方式重新分配财富，从而有必要进行监管。

（3）**集体愿望**。此类监管事关社会偏好以及对某一重要社会构成因素的综合评价，例如，建造与维护国家公园、博物馆、艺术展览馆等。

（4）**不可逆性**。如果当代人的某些行为后果可能殃及下一代，就必须进行监管。

（5）**社会统属关系**。此类监管旨在改变不同社会集团的统属关系。

（6）**多元性**。此类监管力图缩减多元化偏好和信仰的生存空间，或为其创造发展机会。

（7）**内源性偏好**。监管机构希望能确保维持和/或发展某些社会偏好。

商业监管在古代埃及、印度、中国、希腊和罗马的文明中就已存在，时至今日，凡有交易，通常必定有商业监管。社会规制大多表现为规范、习俗和特权，并对拒不遵从者施行惩戒。

各国政府都要实施监管，但工商企业倾向于想方设法使监管最小化。这里所说的监管，不是确保有效施行契约法的法律监管，而是工商业者认为会负面影响其福利的监管。事实上，在过去大约 60 年的时间里，各国不断尝试修订部分监管框架，并用新的监管法规甚至行业自律来取而代之。这项运动被称作"放松管制"。"放松管制"未必就是错误的理念。随着时间的推移，监管需求发生了变化，监管理念也在发生变化，据以进行的成本—收益分析或将说明，在某些领域进行管制是不合理的。部分评论人士对游说业不断扩张忧心忡忡，第 2 章对此已有述及，我们指出，美国最大的游说支出来自广义上的金融机构。

8.2　金融服务监管的必要性

金融服务的零售购买者掌握的信息比供应商要少得多，而且他们发现，很难辨别哪家供应商诚实可靠且经营出色。同样的信息不对称也适用于医生、修车厂等其他领域。大宗金融交易的任何失误极易导致严重损失，而且由于几乎不会重复购买，例如，大多数人只买一份养老保险，正常的市场声誉维护机制不可能显而易见。因此，需要对金融服务进行监管。问题在于采取哪种类型的监管，实施多大范围的监管？如后所述，金融危机表明，监管者不仅难辞其咎，而且错误百出、极不靠谱。

8.3　资本充足性与流动性

私人银行追逐利润对行业结构有重大影响。银行必须偿还到期债务，必须保有足够的资金满足正常的提款要求。此外，贷款银行的根本目标是贷出资金最大化、不生息的现金在总资产中的占比最小化。因此，必须制定一些总体法规来遏制金融服务业极易滋生的欺诈行为。但放任大型金融机构倒闭必然带来系统性风险，这种风险是指某一金融机构或金融市场的问题将蔓延并危及其他机构，甚或整个金融体系。这种风险是中央银行的首要管控重点，是审慎监管的理论基础。因此，金融服务监管法规一般要求银行保有最低资本额、最低流动性水平，并向监管机构定期报告这两类数据。零售银行通过柜台吸收、偿还现金存款来建立权益资本缓冲，以应对可能的贷款损失。零售银行的主要资产是贷款组合，贷款组合的年损失率通常低于1%。银行家们青睐于那些可以降低现金－存款比例（即流动性比率）或资本－资产比率（即偿付能力比率）而且不存在未到期风险的融资方式，读者可参阅表4－1及图4－1、图4－2。一家银行的流动性比率决定于该以现金和流动资产形式持有的资产在总资产中的占比。这些流动资产一般包括货币市场的拆放货币、短期通知放款、政府或其他借款人发行的短期债券以及在中央银行的存款余额。大多数发达经济不再强制规定流动性比率，但值得指出的是，英国在历史上曾要求大型银行将一小部分比例的负债存放在英格兰银行。这个存款没有利息，实际上是为英格兰银行取得收入而征税。这就是准备金资产要求，它是许多国家迄今仍在执行的银行业运行要求。偿付能力比率仅仅是银行自有资产与其负债之间的比率。银行的现金比率是现金资产占总存款负债的比率，它与银行的流动性比率几乎相同。中央银行监测每家银行流动性的充裕性及其具体构成，但不公布它们认为最理想的流动性比率。多年来，商业银行几乎持续不断地向中央银行施加压力，以获准提高负债水平，降低流动性和权益资本。

美国和英国的银行业采取了更为激进的财务策略。上溯到维多利亚时代，英国银行业的权益资本占总资产的比率刚好超过 10%。1930 年，美国银行业的同一比率为 14%，同年英国的这一比率已经降至 7%，见表 4-1。1985 年，美国、英国的这一比率分别为 4.6% 和 6.9%。

从现金-存款比率来看，英国银行业已从 20 世纪 60 年代的超过 10% 下降到 2005 年的不足 1%。同期美国银行业的这一比率从 7% 降为不到 1%，见图 4-1 和图 4-2。欧洲大陆也是如此，但日本银行业却以更低的现金-存款比率抢占了竞争对手的市场。显然，银行正在进行高风险的博弈。它们辩称，从资产负债表的角度看，如此行事更有效率，这毫无疑问也是采用财务杠杆中的常见情形。

为建立公平的国际竞争环境，为防止欺诈舞弊以及更好地控制银行的风险承担，《巴塞尔协议》应运而生，见第 7 章。巴塞尔委员会由中央银行和监管当局的代表组成，它无权强制会员国执行协议规定，但大多数国家采纳了这些规定。

8.4　最后贷款人

银行不惜代价也无法筹措足够的支付手段满足债务偿付，这类担忧可以引发金融危机。在部分准备金制度下，这会导致拼命抢夺资金。部分准备金制度是指银行持有的最低现金储备或高流动资产仅为其存款负债的固定比例。最低准备金比率既可按照商业审慎原则而自愿采取，也可根据法律或协定的要求而强制执行。无论属于何种情形，最低存款准备金要求的目的是确保银行偿付债务的能力。为达到准备金要求，银行会限制新增贷款、收回贷款、出售资产（即便是以最低价贱卖）。在新近的金融危机中，所有这些行为均有发生。银行

"惜贷"、收贷诱发了信贷紧缩,因为银行不愿向更为脆弱的同行放贷。信贷紧缩又会导致银行倒闭,银行倒闭必然造成货币存量锐减和经济衰退。

面临流动性困境的银行如果有充足的抵押品,中央银行将作为最后贷款人出面对它救助,见第 4 章。它以惩罚性利率,为那些有偿付能力但流动性不足的银行应对突发性的恐慌驱动型需求提供足够的现金支持。长期担任《经济学家》评论员和编辑直至 1877 年去世的沃尔特·白芝浩(Walter Bagehot)发现,中央银行对于是否在任何情形或每种情形下都提供支持而刻意留些悬念,这一点十分重要。尽管如此,我们不敢确定雷曼兄弟公司是否要责怪沃尔特·白芝浩了。

中央银行的另一非正式职责是危机管理者。它会寻找有意愿的私有企业去接管问题银行,向金融机构注入新的资本,输送高效的管理团队。此外,中央银行还会安排公共部门的收购方在问题银行日渐衰败甚至重获生机时管理这家问题银行。

8.5　存款保险

由银行挤兑诱发的大型银行倒闭将导致整个部分准备金制银行体系代价高昂的崩溃,但如果建立了适宜的存款保险制度,那么银行挤兑对普通民众的影响就不太大了。几乎所有现代各国政府都会以这种方式或那种方法,为部分或全部零售存款提供偿还担保——即便那些没有出台正式存款保险计划的国家,也是如此。然而,并不是所有存款人在挤兑事件发生前都能高枕无忧,而且,政府担保无论如何都有最高额的上限限制。

由此引发的问题是对激励的影响。如果没有存款保险,储户就有谨慎选择银行的动机,并将存款存进他们认为安全的银行。这种筛选行为促使银行有很大的动机执行审慎政策,而且还要人尽得见、人所共知。它们必须让人确信,它们的流动性充裕、资本储备金充沛,否则就有可能面临挤兑风险。最终,储户宁可接受低利率,也要将钱存进更安全的银行。

8.6 加强监管与放松监管

强制性规则可能比自发性指引更复杂，且执行成本更高。那些自上而下的规则制定者可能并不完全了解真实情形，他们倘无新近的实务经验，更是如此。他们倾听了商界人士的呼声吗？如果没有，那就难免一叶障目。事实上，他们对于监管所在领域的动态，必须秉持独立、开明、公正的立场。

高度规范的规则体制面临很多问题，包括：

（1）某些风险过于复杂，从而简单的规则难以全面覆盖风险；

（2）监管体制对于不断变化的市场环境反应迟钝；

（3）资产负债表仅反映某一特定时点的数据，但报表编制日之后的市场可能瞬息万变；

（4）监管规则与时俱增者甚众，但因时而废者极少；

（5）必须区分批发业务和零售业务，否则批发市场存在过度监管的问题；

（6）监管者可能过分关注监管投入，而不考虑监管结果，这将导致监管者只是例行地查验数据，而对数据背后的信息未予足够重视。

任何规则体系都需要与时俱进、随时完善，这也许难以实现。在自发性体系中，人们通常具备影响变革的某些能力，甚至还能在他们选择的任一时机实现变革。然而，自发性监管体制极易被本该接受监管的集团所操纵。

行业自律的成本较低、灵活性强，但自律准则是由行业精英着眼于本行业利益来制定的，没有考虑保护普通公众利益。行业自律极有可能迅速转变为毫无约束，同时，由于金融危机前疲软脆弱的监管体制造成了严重危害，危机后我们发现金融监管不断收紧。此外，金德尔伯格（Kindlebeger）[1]、莱因哈特（Reinhart）[2]、罗格夫（Rogoff）等众多经济史学家的研究结论是金融危机不仅不可避免，而且会周期爆发，要避免金融危机，就必须建立适当、严厉、称职、公正、独立的监管体系。既然银行在控制自身的奖金文化和风险承担中的各种尝试均以惨败告终，银行业自律只是一个地地道道的冷笑话。

8.7 美国的金融监管体系

美国金融体系拥有数家不同的金融监管机构。下文按照它们成立的时间顺序逐一铺陈。巴拉克·奥巴马总统和他的民主党政府一直谋求部分监管机构的合法化（rationalize）。

美国的金融监管机构包括：

（1）**美国财政部**，1789 年根据一项国会法案设立，专司管理美国政府的各项收入（美联储负责管理支出），现已提升为数项不同职能的履行者。它提供政策建议并左右财政政策，监管美国进出口，征收财政收入包括税收以及设计、铸造所有美国货币。在金融监管方面，财政部主要通过它所监控的两家机构即货币监理署和储蓄机构监理局（见下文）的运行来履行职责。第 74 届财政部长是亨利（汉克）·保尔森，他于 2009 年卸任。第 75 届财政部长是 2009 年 1 月 26 日就任的蒂姆·盖特纳。

（2）**货币监理署**，成立于 1863 年的联邦机构。它可以特许设立、管制和监督所有国民银行、外资银行在美国的联邦分行及其分支机构。它是美国财政部的一个独立局。

（3）**联邦储备体系**，成立于 1913 年，是美国的中央银行。它有 12 个区域储备银行，主席由美国总统任命。艾伦·格林斯潘从 1987 年起出任联邦储备体系（通常简称为美联储）主席，直到 2006 年 2 月 1 日本·伯南克接任第 14 届主席。美联储监管商业银行（而非投资银行）和银行系统，它的首要职责总体上是维持物价稳定和促进经济增长。很明显，它是美国金融监管的重要部分。正因为如此，后面的段落将详细介绍美联储。

（4）**联邦存款保险公司**，是 1933 年格拉斯－斯蒂格尔改革的产物之一，它为每家银行每位存款人的首笔 25 万美元（从 2014 年起减至 10 万美元）存款提供全额保险。

（5）**证券交易委员会**，是一家政府机构，成立于 1933 年，是大萧条催生的众多改革构成之一。它负责监管证券交易所（纽约证券交易所和纳斯达克）

和财务会计准则委员会（FASB）。

（6）**商品期货交易委员会**，成立于 1974 年。它的目的是保护市场参与者和公众免受商品期货、金融期货和期权交易中的欺诈、操纵以及违规行为之害，培育开放、竞争、财务稳健的期货和期权市场。

（7）**储蓄机构监理局**，创建于 1989 年，是所有联邦特许储蓄机构和许多州立特许储蓄机构（包括储蓄银行和储蓄贷款协会）的主要监管机构。

此外，还有数家独立监管银行、保险和证券的监管机构，主要包括：

（1）**联邦住房金融委员会**，成立于 1989 年，负责监管联邦住房贷款银行。

（2）**联邦住房企业监察办公室**，是住房和城市发展部（HUD）的内设机构，负责确保房利美和房地美的资本充足性和财务安全性，系依据《1992 年联邦住房企业财务安全与稳健法案》而设立。

《2008 年住房和经济复苏法案》将联邦住房企业监察办公室和联邦住房金融委员会合并为新的联邦住房金融管理局（Federal Housing Finance Agency）。

联邦储备体系是美国的中央银行体系。它以区域为基础，充分考虑了地域相关性和美国中小型银行的多样性。美联储有 12 家区域储备银行、25 家分行以及位于华盛顿特区、由联储理事会控制的 11 个办事处。理事会决定贴现率和联储体系中的其他利率，对银行体系运行进行监督和总体调控。区域储备银行负责监督银行业的业务和经营管理，充当最后贷款人，提供支票清算的一般服务，从事统计和研究，执行货币政策。货币量调控是通过公开市场业务进行的。

美国金融监管体系的核心是联邦储备体系。鲁比尼（Roubini）和米姆（Mihm）对艾伦·格林斯潘在金融危机萌动时期扮演的角色颇多怨怒。1987年，格林斯潘被任命为美联储主席。他们指出，格林斯潘上任 4 个月后，股市暴跌，他立即驰援……如果格林斯潘认同中央银行的确能在减缓金融危机的影响上发挥一定作用的理念，他拒绝采取任何行动阻止危机发酵①。他对经久不

---

① 原文如此，似有笔误。从上下文看，应为"它就不应拒绝采取任何行动阻止危机发酵"——译者注。

衰的中央银行理念，即"强势机构应将泡沫扼杀在萌生状态"，似乎毫无兴趣……。美联储前主席威廉·麦克切斯尼·马丁（William McChesney Martin）曾经说过：中央银行的职责是"在宴会正酣时拿走什锦酒杯"。

鲁比尼和米姆继续指出："格林斯潘承认，他不愿意拿走（'什锦酒杯'）。1996年，股市形成了以科技股和网络股为龙头的令人眩晕的泡沫，他曾警告这是非理性繁荣，但没有采取任何措施来阻止泡沫继续膨胀……2000年，互联网泡沫最终破裂，格林斯潘又向众所周知的什锦酒杯中抪注了更多的美酒。9·11恐怖袭击后，他不断下调联邦基金利率，即便经济复苏的迹象即已显现，……这一政策将各种利率在过长的时期内保持在过低的水平，随后利率水平正常化的实施时机又过晚，且推进速度过慢，由此导致了住房市场和抵押贷款泡沫。通过向经济体系注入大量的廉价贷款，且长期奉行这一策，格林斯潘减缓了一个泡沫破灭的负面效应，但却使一个全新的泡沫持续膨胀。……他创造了'格林斯潘对策'。……市场认为，美联储总会在泡沫破灭后驰援那些鲁莽的交易者，这就导致了大规模的道德风险，格林斯潘难辞其咎。"我们的观点与此不谋而合。

8.8 英国的金融监管体系

英格兰银行是英国的中央银行。它成立于1694年，最初为私人银行，主要是向政府提供贷款和管理国家债务。随后几个世纪，皇家宪章特许该行银行券自由流通，它成为其他银行的银行。《1844年银行特许状法案》确认它是中央发行机构和最后贷款人。1870年，它负责调控一般利率水平和全国的信贷总量。20世纪初，英格兰银行负责在政府的总体指导下，执行国家的货币政策和金融政策。1946年，英格兰银行被国有化。

《1998年英格兰银行法案》将英国利率的独占决定权授予英格兰银行，英格兰银行通过货币政策委员会来履行这一职能。在此之前，利率政策由英国财政部执行。1997年以来，英格兰银行承担的法定职责是确保金融系统的整体有效性和稳定性，金融服务管理局则负责监督单个银行和住房互助协会的审慎风险资本要求和资本充足性达标。如上所述，20世纪80年代中期，英国政府建立了权势超群的超级新监管机构——金融服务管理局，缩略词为FSA，其目的是推动有序高效、公正公平的金融服务市场建设。金融服务管理局将五花八门的监管机构统一纳入它的麾下，见图8—1。

金融服务管理局（FSA）

自律监管机构	投资交易所	特许专业机构
证券与期货管理协会（SFA）	伦敦证券交易所（LSE）	会计机构
投资管理监管组织（IMRO）	伦敦国际金融期货期权交易所（LIFFE）	
个人投资管理协会（PIA）	伦敦商品交易所	律师协会

图 8—1　金融服务管理局的构成

财政部	金融服务管理局	英格兰银行
• 议会上承担各种问题的责任 • 设计总体监管框架	• 监督各家银行 • 关闭倒闭的银行 • 必要时提醒银行增加储备	• 监测货币市场问题 • 为放贷人提供资金 • 最后借款人

图 8—2　1997年英国实行的三方监管体系

1997年，正是新的工党政府决定严格限定英格兰银行此前履行的职责，即统一监管全国银行体系的传统职责，英格兰银行才有权制定利率且不受财政部制约，同时实现英国政府设定的通胀率目标。因此，1997年后，没有一家监管实体可以监控全部金融体系。英格兰银行、金融服务监管局和财政部所组成的"三方监管"，又导致了若干监管缺陷，这些缺陷在2007年的金融危机中暴露无遗。图8—2显示了1997年以来的三方监管体制，剪报8—1和剪报8—2详述了对金融服务管理局运行的若干批评。

剪报 8—1　　　　　　　　　　　　　《金融时报》2009年4月17日

金融服务管理局在繁荣时期的监管遭遇攻讦

政治记者　吉姆·皮卡德（Jim Pickard）

伦敦城监管部门的一位前监察员指控该监管部门在繁荣时期对住房互助协会的监管"既冷漠无情，又倨傲自满"。

自由民主党的财政部发言人文斯·凯布尔已致信英国金融服务管理局主席

特纳勋爵（Lord Turner），请求后者对他称之为"严厉指控"监管失灵的所涉事项进行调查。

就在信用评级机构穆迪公司周三调降英国九个住房互助协会的信用等级之前数日，匿名检举者与这位议员取得了联系。

这位前监察员声称，金融服务管理局的管理层刻意忽略了三年前的一个预警讯号，即高风险的自认证贷款在打包后，卖给了众多住房互助协会，后者则以为购买了常规抵押贷款。

这位匿名检举者是金融服务管理局零售企业部的监察员，他的职责是监管小型住房互助协会。他目前供职于伦敦城，但拒绝透露身份，因为他害怕监管部门会对他提起诉讼。

他警告说，目前的住房互助协会是"极为脆弱的"，因为它们已经抛弃了吸收存款、发放住房抵押的传统业务。相反，很多住房互助协会将风险曲线上挪至专业性贷款[①]，如商业地产贷款、次级抵押贷款、自认证贷款和买后出租贷款。许多协会实际是被兜售劣质贷款（loan books）的银行家们"生吞活剥的"。邓弗姆林住房互助协会有 140 年历史，它因购买次级贷款组合，甚至在房价泡沫破灭后仍大肆增加商业地产贷款的消息曝光，而于近期宣布破产。

这位前金融服务管理局监察员称，2005 年底、2006 年初他参加了针对住房互助协会从批发放贷人手中购买抵押贷款的"专项检查"。

一份数额几千万英镑的贷款账目被归类为"齐备状态"，也就是有完全充分的证据证实借款人收入的抵押贷款，但结果表明，没有一份贷款文档提供了工资单、P60s[②]、纳税申报表和银行对账单等证据来证明借款人的收入。

获悉这一情况后，金融服务管理局的管理层"故意视而不见"，仅仅是给住房互助协会的首席执行官发送了一封普通信函，提醒他们在购买这种贷款前，一定要做全面的尽职调查，该监察员如是说。

[①] "将风险曲线上挪至专业性贷款"是指将资产业务的重点从互助住房贷款，转向高风险、高收益的专业性贷款——译者注。

[②] P60s 是英国、爱尔兰雇主向雇员签发、证明雇员应税收入及代缴税款的表格，类似《个人纳税确认书》——译者注。

这就典型地反映了该监管机构的"冷漠无情和倨傲自满",也说明这一机构不愿矫正蜻蜓点水式的监管政策,这位前监察员说。

金融服务管理局周五上午称,匿名指控是"不太属实,略有歪曲",不能全面准确地反映该局近年来对住房互助协会的监管实际。

这一监管机构承认,此前对放贷人的商业模式或对金融企业的商事裁定的关注度,没有达到"我们当前关注的强度"。

然而,除了邓弗姆林住房互助协会(Dunfermline Building Society)外,穆迪公司提供评级的所有住房互助协会均于2008年秋通过了压力测试。

住房互助联合会周四称,若据此假定每家从其他机构购买了贷款的住房互助协会现在都深陷困境,那是不公平的。

剪报8-2　　　　　　　　　　　　　　　　　　**《金融时报》**2009年4月17日

被投资银行家生吞活剥

政治记者 吉姆·皮卡德

金融服务管理局一位匿名检举者在向自由民主党财政部发言人提交的检举材料中,对伦敦城的监管机构和英国部分住房互助协会进行了嘲讽与批评。

这位曾在银行部门供职的前金融服务管理局职员称,一些住房互助协会已经十分莽撞地从事它们自己常常不能完全理解的金融产品交易。

"我目睹了众多轻信而又憨厚的地方住房互助协会的高管和非执行董事们,由于并没有真正理解证券化或结构化金融或全球资本市场的具体运作,而被厚颜无耻、贪得无厌和鼠目寸光的投资银行家生吞活剥的无数事例",他说。

住房互助协会不仅增大了对商业地产、自认证借款人、买后出租的投资者的放贷额——所有这些贷款的风险均高于传统贷款,而且还购买了其他贷款者发起的大量贷款。

它们热衷于此类业务,是因为这些贷款提供的收益稍高些,而且看似安全。

此前不久,数家实力较弱的住房互助协会通过与强势竞争伙伴的友好合并而重获生机。

但在本月的邓弗姆林案件中,正是两家次级贷款放贷人——通用汽车服务公司和雷曼兄弟发起的两笔英国贷款,加速了邓弗姆林协会的崩溃。

由于邓弗姆林住房互助协会的资产负债表中潜藏着巨大黑洞，因此，倘无大规模的政府补贴，没有哪家机构准备介入救助。

邓弗姆林是比较繁杂的受援对象：全英住房互助协会（住房互助领域最大的运营商）承接它的储蓄账户，国家收购其"毒性"更大的商业贷款。

这位金融服务管理局前监察员说，这一模式很快将被其他住房互助协会所效仿。

"任何其他一家协会都没有能力全盘接手其他协会糟糕的资产负债表。因此，将来不会再有100%承接目标方资产和负债的合并了，"他在本周的采访中对《金融时报》说，"因此，纳税人必须承担确保住房互助协会运动得以延续的压力。"

从邓弗姆林的年度报告无法辨识该协会是否持有次级贷款敞口或6.5亿英镑的商业地产，其他住房互助协会也是如此，这位监察员说。"许多公开账目都比较粗略，没有涵盖真正有风险的具体项目"，他说。住房互助协会联合会反驳了这一说法，它指出，它的所有会员在财务信息披露上都履行了自己的法定义务。

住房互助协会联合会理事长安德里安·科尔斯（Adrian Coles）昨晚指出，住房互助协会不听取独立的第三方意见，擅自从发起人手中购买贷款的说法是荒谬可笑的。"我不相信还有一家协会目前正处于与邓弗姆林相同的困境"，他说。

匿名检举者指责金融服务管理局没有阻止住房互助协会在经济繁荣时期冒险进入更加奇异的业务领域。监管机构决定不去"监管商业模式"，他说。

各类批评的焦点在于2005年、2006年针对批发放贷人出售给住房互助协会的抵押贷款账目所做的专项检查。

这种贷款账目包括数千笔归类为"齐备状态"（即有借款人收入的证据）的贷款，但没有一笔贷款的文件提供了工资单、P60s表和银行对账单等证明借款人收入的任何证据。

"我们已经掌握了确凿无疑的证据表明，住房互助协会对那些名为最安全的住房抵押贷款、实为高风险的自认证贷款的资产出价不菲"，他说，"金融服务管理局的管理层却对此装聋作哑。"

他断言，没人惩处发起此类贷款的银行，也没人制止住房互助协会购买此类贷款。

"专项检查之后，金融服务管理局采取的唯一举措就是给所有住房互助协会投寄了一封以'尊敬的首席执行官'为开头的普通信函，提醒他们必须进行彻底的尽职调查。"他说。

这一指责与金融服务监管局近期一份检讨该局在北岩银行倒闭中的过失的内部报告彼此呼应。该报告表明，监管机构对破产银行没有进行恰当的管理或施行适宜的监督。

金融服务管理局昨日拒绝对此指责置评，但同意在适当时候进行回应。

2010年英国大选后，新保守党/自由民主党政府立刻改革了这一三方监管体系，推行它所青睐的由英格兰银行统领英国金融监管的新方案。由于此前的三方监管体系无法有效应对2007年发生的窘迫危局，这一变革实属难免。新的监管体系的基本要素是：

(1) 废除三方监管体制，将金融服务管理局监管金融企业的职责转交给英格兰银行的一个附属机构，即所谓的审慎监管机构（名称可能会变），由英格兰银行行长担任其主席。

(2) 在英格兰银行内创立独立的金融政策委员会（Financial Policy Committee），赋予它监测那些可能威胁经济和金融稳定的宏观经济事项的手段和权限，并授权它动用各种手段、采取有效的响应行动。像货币政策委员会负责制定货币政策一样，金融政策委员会的职责是维护金融稳定，由英格兰银行行长任主席。像货币政策委员会一样，金融政策委员会要公布会议记录和季度报告，还要接受下议院财政特别委员会（Treasury Select Committee）的审查。

(3) 建立新的消费者保护和金融市场管理局（Consumer Protection and Markets Authority），其职责是监管每家获准提供消费者金融服务的金融企业的行为。

(4) 将金融服务管理局、反重大欺诈署和公平交易署打击犯罪的力量，整合为专司惩处严重经济犯罪的新的独立机构。

图8-3扼要概括了英国新的金融监管体系，剪报8-3详细解读了此前运

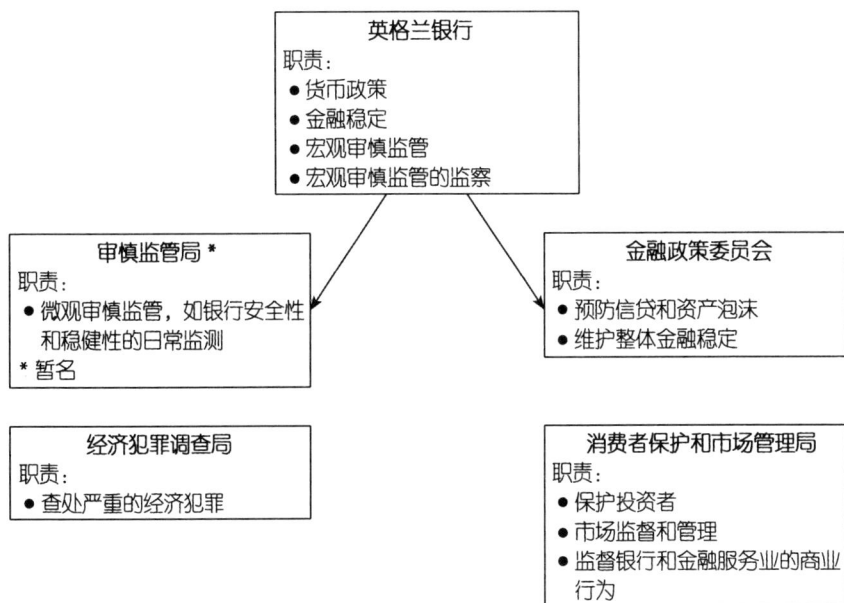

图 8—3 英国新的金融监管框架

行的三方监管体系的缺陷。

剪报 8—3　　　　　　　　　　　　　　　《金融时报》2010 年 6 月 17 日

金融服务管理局在奥斯本大改组中遭废黜

乔治·帕克　布鲁克·马斯特斯

昨晚，乔治·奥斯本宣布，废黜英国金融服务管理局，全面提升英格兰银行的职能，此举标志着他决定矫正伦敦金融城严重的监管失灵。

英格兰银行行长默文·金将成为世界上权力最大的中央银行家之一，除货币政策的职权外，他还得承担防止金融系统内部风险积聚的新职责。

昨晚在市政大厅，金行长告诉伦敦金融城的听众，他在加强金融稳定方面的新职责就是"在舞会过于狂野时调低舞曲音量"。

奥斯本先生证实了他决定拆分金融服务管理局——1997 年戈登·布朗（时任财政大臣）时期的产物——的计划。这位财政大臣猛烈抨击金融服务管理局没有预见到金融风暴将至，也未能发现北岩银行之类银行的脆弱性。

"金融服务管理局逐步成为视野狭隘的监管机构，而且几乎全部集中于合规性监管，"奥斯本先生说。"没有人去控制债务水平，因此，当危机来临时，谁也不知道谁该承担责任。"

金融服务监管理局将诸多职责移交给新成立的消费者保护和市场管理局，但仍负责监管各家银行、监控伦敦金融城。

这家监管组织的剩余职责将重新整合为一家审慎监管机构（至今尚未命名），后者负责确保单个银行、住房互助协会和保险集团公司的安全运营。

这家机构将成为英格兰银行的附属机构，向新设立的、以金先生为主席的金融政策委员会反馈信息，金融政策委员会将使用尚未明确的各种手段来阻止危险的信贷或资产泡沫膨胀。

已经宣布辞职的金融服务管理局总裁赫克托·桑特斯（Hector Sants），在奥斯本先生的延请下，决定再留任三年。这一声明赢得了市政大厅听众的热烈掌声。

"财政大臣认为这是真正的变革，"奥斯本先生的一位助手说，"赫克托将确保平稳过渡，他在纾缓'大乱将至'等重大关切上，必定不负众望。"

英国金融服务管理局主席阿戴尔·特纳说，他对这些变化表示欢迎。

奥斯本先生坚信改革将终结不确定性，但伦敦金融城的一些大佬们则认为，大乱极不得人心，而且对于改变监管机构只是工作失职的现实也毫无进益。

奥斯本先生证实，由约翰·维克斯爵士领导的独立委员会，将就竞争事宜以及零售银行与投资银行或有的业务分离，对银行体系进行全面评估，银行业会因此面临更大的不确定性。

8.9　欧元区的金融监管

欧元区的金融监管职责由欧洲中央银行（ECB）和欧元区成员国的国家机构承担。欧洲中央银行负责在欧元区实施跨国界的货币政策。它于 1998 年在法兰克福成立，并于 1999 年 1 月 1 日全面运作，负责在欧元区实施货币政策。欧洲中央银行独立于各国政府，且与使用欧元的成员国中央银行紧密合作。欧洲中央银行独占了欧元纸币的发行权。《马斯特里赫特条约》明确了欧洲中央银行的目标，并表述为"维持物价稳定"——也就是综合消费者物价指数（HICP）的年增长率不超过 2%——并"在物价稳定的前提下，支持欧洲共同体的总体经济政策"。显然，欧洲央行本身并不承担欧洲银行业的监管职能，它的利率制定权限仅仅适用于欧盟内的欧元区成员国。欧元区之外的成员国继续保有本国货币，保留自己的中央银行。欧盟最初的 15 个成员国中，英国、丹麦和瑞典没有采用欧元，挪威和瑞士不是欧盟成员，但它们在很多领域与欧盟达成了协议。

8.10　国际金融监管

为对国际银行业施加监管，国际清算银行在瑞士巴塞尔多次举行会议，探究所有银行可用以限制风险的各种措施。《巴塞尔协议》就全球银行业监管准则达成了协议，这一监管指引测度资本充足性的主要指标是各种财务比率和表内外资产——包括贷款承诺、信用证、各种衍生产品等表外资产敞口——的信用风险。

1988 年发布的巴塞尔协议 I 规定了最低资本充足性要求，建立了一套信用风险的度量体系。它现已被巴塞尔协议 II 所取代，第 7 章曾扼要探讨了巴塞尔协议 II。巴塞尔协议中的各种比率十分复杂，本章这样的篇幅很难阐明它们的复杂性。读者若有兴趣，可查阅实际执行的《巴塞尔协议》具体准则，但我们相信，巴塞尔协议 II 很快将被巴塞尔协议 III 所替代。

监管机构还建议采取在险值和压力测试方法，对银行的各种比率和风险敞口进行量化测度。但如第 7 章所述，这些方法本身就存在内部局限。客观地看，资本充足性的测度模式是顺周期的。在股市上扬时，银行的资本额增加，从而催生了银行的各种比率逐渐高于监管要求的大趋势。这就解除了银行的资本约束，促使银行购买更多的资产，银行的资产购买行为本身又会抬高资产价格。反之，亦然。如果股市走熊，银行的资本将低于最低监管要求，从而逼迫它们售卖部分资产，以达到资本充足性要求。这样的资产售卖行为会进一步压低资产价格，从而迫使银行出售更多的资产，如此循环不已。

8.11　大而不倒

许多全球性银行似乎太大而不能倒闭。一家特大型银行的倒闭可能会因该银行与另一家银行、几乎其他所有银行的债权债务关系，而触发多米诺骨牌效应，会牵扯到此银行和几乎所有其他银行相关的债务，这就是所谓的系统性风险。系统性风险的正式定义是一家金融机构或一个金融市场的困境蔓延进而危及整个金融体系的情形。如前所述，防范系统性风险是中央银行的第一要务，也是审慎监管的重大关切。小银行倒闭可能不会导致系统性风险，但大银行的倒闭必然如此。

此外，大银行难以进行规制和管理。解决途径之一是将大银行拆分为数家小银行，这在理论上可降低系统性风险，另一个解决方案是在批设伊始就控制大银行的规模膨胀。加强对银行业的反合并监管有利于实现这一目标，但近年来多起大型救助型合并也因此受阻。重新启用美国的《格拉斯－斯蒂格尔法案》，并采用其他方式施行其中的主要规制，会取得同样效果。

现在我们考察金融危机暴露的另一重大问题：相对较新的盯市计值准则到底存在多大的问题？

8.12　盯市计值法

不同国家通过不同的机构规范会计准则。传统上，会计账簿是以每年提取折旧的历史成本法进行资产计值。近年来，这些规则发生了变化，而且新的规制很可能对金融危机形成了重大影响。新会计准则要求资产负债表对某些特定资产按当前的市场价值计值，这种按市场价值进行计值的制度被称为盯市计值法。

盯市计值法也称公允价值法，是指依据资产或负债的当前市场价格计算资产或负债的价值。20 世纪 90 年代初以来，公允价值法一直是美国主要的会计原则之一。盯市计值法会导致资产负债表上的价值频繁变动，若大部分资产可在金融市场上交易，就更是如此。

引入盯市计值准则必须划定某些特定资产，并对它们的计值设定规则如下：

（1）企业有意愿和能力持有到期的债务性证券被归类为"持有到期证券"，以摊余成本扣除减值来计值。

（2）主要以短期出售为目的而购买和持有的债务性和权益性证券属于"交易证券"，以公允价值计值，其浮动盈亏计入损益表中的收益科目。

（3）既不属于持有到期证券，也不属于交易证券的债务性和权益性证券，划归"可供出售证券"，以公允价值计值，其浮动盈亏不计入收益科目和损益表，而是单独计入股东权益。

1993 年，美国率先使用这些会计规则。此后，随着盯市计值法逐渐盛行，一些公司发现可利用这一准则进行会计欺诈，这在市场价格无法客观判定时尤甚。实施会计欺诈的方法之一是利用对未来结果的估计值——这些估计值肯定会有所夸大，采用数学模型计值法对资产进行计值。

垃圾终归是垃圾，纸里终究包不住火。那么谁是最大的欺诈冒险者呢？安然（Enron）公司。它是第一家采用盯市计值法对复杂的长期合同进行计值的非金融公司。在安然版的盯市计值法下，长期合约是以该合约预期未来净现金流的折现值，来计入资产负债表，损益表又必然反映合约价值的增值。然而，这些预期利润难以判定，投资者得到的是虚假的或误导性的财务报告，因为这些项目产生的预期收益已预先计提。因此，即便公司在未来数年内实现了这些利润，也不能将它们计入损益表，因为它们早已被计入贷方科目。尤其值得注意的是，审计人员接受根据乌有计值法（mark-to-make-believe figures）得出的虚假数据，这只是安然公司精心设计的阴险会计伎俩之一。虚假账目可能是蓄意欺诈的财务主管们最爱做的白日梦。这里选用"白日梦"不是指代其字面含义，而是揭示安然公司会计制度的本质特征。

毫不奇怪，使用这种会计策略是违法的。盯市计值法仍将沿用，但滥用未来现金流的现值作为资产计值方式是违反规定的。

2006 年，美国引入了新的会计准则，它明确了公允价值的定义，扩展了以公允价值计值的资产和负债的信息披露要求，建立了公允价值层级体系。这一层级体系将确定公允价值所需信息的质量和可信度划分为三个层次。一级数据的可信度最高，而三级数据最不可信，具体的分级方式是：

（1）一级数据是由活跃市场决定其价格的那些资产，比如在证券交易所挂牌交易的股票。

（2）二级数据是那些没有市场报价但可根据样本信息推算其价格的头寸。例如，一家企业债券的交易频次不高，但可根据其他可交易债券的定价方式，借助信用评级、偿还期、利率和其他数据，估算其价格，这些输入信息可从同类债券的市场数据中获取。这种方式有时被称为盯模计值法，它的关键是用于估值的各个因子必须真实可靠。

（3）三级数据的资产没有可观察的样本信息。例如，不存在可作为估值依据的市场交易，交易寡淡的股票和私募公司股份就是两个例证，这种估值方法也被称为乌有计值法。

当基于市场的度量结果不能准确反映资产的真实价值时，问题就来了。若一家公司被迫对危机时期或动荡时期或流动性枯竭时期的售卖资产进行计值，就会发生此类情况。如果交易清淡或投资者高度恐慌，银行资产的售价可能远远低于正常时期的价值。其结果有二，一是资产负债表中的资产价值减少，二是股东权益下降。2007—2008 年的金融危机时期就发生了这种情况，当时银行资产负债表中的许多证券因交易市场的顷刻消失而无法估值。

总之，盯市计值法在繁荣时期夸大了银行的利润和资产估值，而在萧条时期又过度压低了银行的资产价值。当然，在繁荣时期，银行家们会喜不自胜地根据既不现实也极不靠谱的利润数据，大肆捞取极不合理的奖金，但当市场逆转时，他们会退还这些奖金吗？他们当然不会。2009 年的会计规则再次发生变化，它允许按照有序市场可接受的价格而非被迫售卖的价格进行资产估值。

许多观察家将 2007—2008 年金融危机的大部分责任归咎于会计行业，尤其是美国证券交易委员会，痛斥它们盲目推行公允价值会计规则，强行要求银行对所持的资产尤其是信用违约互换和债务担保证券按市场价格计值。

那么，盯市计值会计准则如何最终演化为金融危机的重要诱因呢？新会计准则要求公司按市场价值调整可交易证券（如信用违约互换和债务担保证券）

的价值，其目的是帮助投资者及时了解这些资产在某一特定时点上的价值。但在市场萧条时，信用违约互换和债务担保证券很难出售，此时就像银行及其审计员最初的处理一样，资产的市场价值是按极低的贱卖价格计值的。2007—2008 年间，许多大型金融机构由于被迫将信用违约互换和债务担保证券的价值打压至极低的贱卖价，而蒙受了巨大损失。

有两个原因致使问题加剧。第一，对一些银行来说，资产价值下降导致它们必须追加保证金。以信用违约互换和债务担保证券作抵押借入资金的银行，必须追加更多的现金。这种情形发生的原因是信用违约互换和债务担保证券的价格已经低于某一水平，而追加保证金又进一步导致被迫出售信用违约互换和债务担保证券，这将进一步压低信用违约互换和债务担保证券的价格，进而逼迫银行采取其他应急手段获取现金，以支付追加保证金所要求的金额。第二，根据信用违约互换协议，许多银行需要偿付大量的到期债务，而且这些债务规模逐日膨胀，第二个问题由此而来。这两个因素又演化为第三个问题，即前面两项损失将对银行的监管资本比率造成负面影响，这就必然催发人们对银行稳健性的担忧——这些担忧也有其合理性。为自我救赎，银行大肆增资配股。政府救助则用来让疲弱不堪的银行苟延残喘。当然，银行向高管发放的巨额奖金也持续有增无减。这可真是不同寻常啊。

结果，美国制定了《2008 年经济稳定紧急法案》（Emerging Economic Stabilisation Act of 2008）。法案第 132 条以"暂停实施盯市计值会计准则的授权"为小标题，正式赋予美国证券交易委员会在符合公众利益且有利于保护投资者的前提下，暂停实施第 157 号财务会计准则，即公允价值会计准则。最终，《2008 年经济稳定紧急法案》获得通过，并于 2008 年 10 月成为法律。

2009 年 4 月，美国财务会计准则委员会（FASB）发布对公允价值会计准则的正式修订案，允许在市场不稳定或不活跃时，废止盯市计值规则，这些变化显著提高了银行的收益。这些变化适用于范围广泛的各种衍生工具，包括信用违约互换和债务担保证券。

像我们一样，英国金融服务管理局主席阿戴尔·特纳（Adair Turner）的结论是，盯市计值法是银行家们奖金不断疯涨的原因之一。我们在第 11 章再来探讨这一话题。

第9章 经济周期、繁荣、萧条、泡沫与欺诈

9.1 引言

经济周期是指经济活动水平经历萧条、复苏、繁荣和衰退的周期波动，总需求在萧条和衰退时期低于其潜在水平，在繁荣时期高于其潜在水平。图9-1以经济运行呈总体上升趋势为假定，揭示了经济周期的演化。在经济周期的繁荣阶段，经济运行实现了充分就业和产出最大化。经济繁荣往往伴随着推动总需求上升的扩张性财政政策和货币政策。

经济周期是广为关注的一种经济现象。西方国家政府采取的政策都旨在熨平周期的波动性。事实上，人们有理由认为，整个20世纪90年代及21世纪的头五年均具备良好的繁荣条件，而且该轮繁荣成为后继萧条的重要诱因。各国政府刻意让繁荣阶段延续的时期过长，最终自食其果。

一般认为，经济周期的主要驱动力包括：（1）利率水平；（2）货币供给量的增长；（3）库存水平；（4）资本支出；（5）资产价格；（6）房屋建造量；（7）动物精神。我们依次进行分析。

低利率通常会促进经济活动。这里所说的利率是实际利率，即剔除预期通

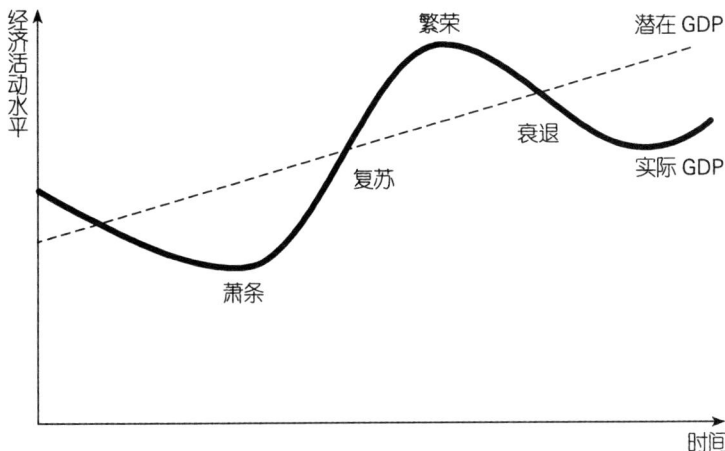

图 9-1　经济周期中的经济活动水平波动

货膨胀之后的利率。在考察利率时必须切记，实际利率更为重要。长期来看，政府债券[1]的实际利率一般平均为 1%～2%，但在不同时期的差异较大。实际利率[2]的计算公式是：

$$\frac{1+名义利率}{1+通货膨胀率}-1$$

名义利率是市场中的报价利率，有时也被称为按货币量衡量的利率。通过上述公式剔除通货膨胀因素，所得即为实际利率。上述公式的近似表达式为：

实际利率＝名义利率－通货膨胀率

同样地，提高货币供应量增长率一般也会推动经济增长，但这一推动作用到底是长期影响还是仅为短期的正向刺激，下文将详加探讨。因此，如果实际利率低于长期的自然利率，货币供给量增长率超过基本趋向，GDP 的后续增长就具备两大主要条件。其他五个因素则是一些重要的非货币现象，这些现象可促进经济增长，形成依托于需求变动的周期性运动。

低存货水平促使公司增补库存量。如果此后经济开始增长，销售量必然上升，销售量上升势必继续消耗存货，逼迫公司进一步增加库存。第四个驱动因素是资本支出。现有设施的诸多瓶颈迫使公司扩大生产能力，而这同样意味着更快的投资增长，进而意味着公司在扩大生产规模。第五个驱动因素是担保加速器原理。资产价格不断上升增大了担保品的价值，方便了公司筹集更多资金，筹资额增加又将刺激经济、带动资产价格继续走高。在房地产市场上，无论商业房地产还是个人房地产，这种加速器效应将达到最大，但这一效应同样适用于权益类市场。在房地产市场上，资产价格上升经常通过吸引新的投资者在价格涨幅过大前不断入市购买而自我增强，这反过来又促进了住房建造业的发展（此即第六个因素）。资产价格不断上升还让普通而又淳朴的投资者痴迷不已，致使动能投资策略（低买高卖从而驱动价格上升）盛行、资产价格泡沫膨胀。

在经济周期运行中极为重要的第七个因素是凯恩斯（John M. Keynes）[3] 提出的"动物精神"，它与商人们的信心实际上极为相似。凯恩斯指出，由于我们对项目未来收益（作出估计所依据）的知识是极其靠不住的，因此"我们要估算 10 年以后，一条铁路、一座铜矿、一家纺织厂、一种专利药品的商誉、一艘大西洋邮船、一幢伦敦中心城市建筑的收益是多少，我们所依据的知识基础实在太少，有时完全没有。"熟悉净现值计算公式者必然明白，凯恩斯所言实际上是我们甚至对中期净现金流缺乏最基本的了解。而且，投资决策中的现金流出情况或许也是一团乌云——参阅密德尔顿（D. R. Myddelton）对政府项目的案例研究[4]，但我们有理由相信，为了确保项目完工，这些政府项目均刻意垂青于低报价。即便如此，对于私人部门的投资项目也可得出同样的观察结论。在此背景下，凯恩斯进一步追问，既然项目的前景如此不明朗，那该如何选择项目呢？凯恩斯的结论是，这些项目"只能在动物精神的支配下进行选择"，他将"动物精神"界定为"一种自发行为而非无所事事的冲动"。这一结论与理性决策所包含的理念，即依据"不同收益量乘以各自概率所得的加权平均值"进行投资选择，形成了鲜明对比。阿克洛夫（George Akerlof）和席勒（Robert Shiller）[5] 的观察结论是，"动物精神"现已演变为一个经济术语，专指在经济运行中躁动不安而又反复无常、兼具模糊性与不确定性的一种因素——"有时这一因素搅得我们焦头烂额。但在其他情况下，这一因素又让我们精神振奋、精力充沛，帮助我们超越恐惧与优柔寡断。"这两位学者进一步认为，积极的动物精神有助于提振信心，进而提出了与凯恩斯乘数极为相似的信心乘数。根据信心乘数理念，投入一份信心可创造出更大的信心。因此，在未来 GDP[6] 的计算中（借助信心指数）加入信心检验，的确能够辨识信心乘数。在此领域的一项有趣研究是，将信用等级利差（credit quantity spread）

即以高风险债务与低风险债务的利率之差作为信心指标，检验它们是否促进了 GDP 增长。

当然，动物精神也会转化为消极影响，吞噬众多经济活力。这通常与一国在周期拐点上的经济状况有关，实际上是一种衰竭现象（exhaustion phenomenon）。经济繁荣凸显了劳动力、实物资源及信贷的瓶颈制约，这些瓶颈成为私人投资继续增长的压力，降低了新开工企业的利润。此时，由于信贷收紧，经济增长开始减速且极易逆转。经济大萧条又会引起债务－通货紧缩以及信贷危机。当然，这是一个高度简单的模型，而且此类情形也不一定必然发生。

不同的经济驱动力按照自己的速率发生周期性的兴衰变化，引发了不同类型的经济周期。这些经济周期及其驱动力是：

（1）基钦周期（Kitchin cycle）（3～5 年）。这种周期是指囤积商品存货，从而影响经济增长率或衰退率的一种速率。

（2）朱格拉周期（Juglar cycle）（7～11 年）。这种周期的驱动力是公司的不动产、厂房、资产设备支出。固定资产的投资期通常为基钦周期时长的两倍。

（3）库兹涅茨周期（Kuznets cycle）（15～25 年）。这种周期是指政府基础设施投资——如道路和铁路——支出的间隔期。

（4）康德拉季耶夫长波或周期（Kondratiev wave or cycle）（45～60 年）。这种周期是指资本主义的各个发展阶段。或许，每 45～60 年就会爆发一次资本主义危机。

9.2 繁荣、萧条与泡沫

在论及繁荣与萧条时，金德尔伯格[7]如此阐述明斯基（Hyman Minsky）[8]的观点："明斯基认为，引爆危机的诸多事件一般肇始于'冲击（displacement）'，亦即一些外生的、来自外部的宏观经济体系冲击，这种冲击的本质因投机热潮之不同而不同。它可能是一场战争的爆发或结束，一次特大农业丰收或谷物歉收，某一广被采用、影响深远的发明——运河、铁路、汽车，部分政治事件或令人惊讶的财务业绩，或是导致利率锐降的一次债务转换。"他继续指出，"然而，无论冲击的源泉何在，如果它足够强大，而且渗透面广，那么它必将通过改变至少一个重要经济部门的获利机会，而让整个经济前景改观。冲击会给某些新兴行业或既有行业带来获利机会，也会葬送其他行业的获利机会。因此，拥有储蓄或获有信用的工商企业和个人就会竞相争取前一类机会，设法退出后一类行业。如果新的机遇统领了那些失落的机遇，投资和生产便会重拾升势，经济繁荣指日可待。"

维尼斯[9]（Stephen Vines）将明斯基－金德尔伯格的经济周期阶段论拓展为 11 个阶段，可简要概括如下：

（1）经济周期导源于经济体系遭受的某种冲击。这些冲击为至少一个经济部门创造了许多重大机遇，例如 21 世纪初互联网的崛起。

（2）助力于银行信贷扩张、货币供应量膨胀，这一推动性事件促成了经济繁荣。

（3）由于资金更加充沛，金融狂热的种子迅速播撒。这将导致投机交易，提高杠杆倍率，然后从事资产的垫头购买。

（4）新的获利机会广为传播，普通人渴望一夜暴富，泡沫开始形成。缺乏实战经验的新投资者进入市场。

（5）若平面媒体在非财经版面上关注金融市场波动，而且有关房地产市场发展和/或股票与股份市场动态的电视节目猛增，则真正的危险正在逼近。

（6）市场充斥着毫无经验且被鲜廉寡耻的做市商肆意鱼肉的中小投资者。衍生工具的发行量不断增加，中小投资者受其诱惑，不惜动用高杠杆的头寸进行购买。

（7）泡沫不断膨胀，各类资产的市场价格逐步脱离其内在的基本价值（即以未来现金流的折现值为基础的价值）。

（8）各类骗局、欺诈及玄乎难辨的投资大行其道。这类骗术通常是在萧条时期才以悲惨的方式得以戳穿。

（9）此时，更精明的投资者开始选择退出，新入市的投资者则倾向于不操作（stay put）。部分投资者退出市场之举抑制了资产价格的上扬。越来越多的投资者抛售资产、持有现金，这就使得资产价格持续走低，迫使银行在抵押品价值缩水后开始收回贷款。

（10）市场开始退潮，市场巅峰已过。随着巨额欺诈案或骗局陆续曝光，投资者继续退出市场。

（11）正是由于此前那些天价资产如今无人问津，投资者加速退出市场，金融市场由此步入金德尔伯格所言的剧变阶段。

泡沫即将破灭的最佳预警信号是，"这次不一样"（这是投资策略中危害最大的几个字眼）以及"新模式"等词汇在金融圈频频使用，屡屡见诸媒体。

卡佛利[10]（John Calverley）洗练地总结了经济泡沫应有条件的若干特征，见表9-1。在表9-1中，我们添加了最后两项，即积极的动物精神及相对较低的实际利率。当然，我必须强调的是，泡沫的形成无须具备表9-1所标列的全部特征，但必须具备其中的大部分特征。

表9-1 **经济泡沫的典型特征**

- 价格迅速上升
- 价格持续快速上升的预期强烈
- 较之历史平均水平的估值过高
- 较之合理水平的估值过高
- 经济繁荣已经持续数年
- 资产价格过高有其内在原因
- 新因素的诞生，如发明了贮存新工艺，或为了住房而移民
- 主导型"模式转换"
- 新的投资者加盟
- 新的企业家崛起
- 公众及媒体的高度关注
- 放贷额大幅增加
- 负债上升
- 出现新的贷放者，或出台新的贷放政策
- 消费者价格的上涨率常被人为压低（中央银行因此得以放松管制）
- 宽松的货币政策
- 家庭储蓄率下降
- 汇率坚挺
- 积极的动物精神
- 相对较低的实际利率

资料来源：卡佛利。

维尼斯[11]简练地概括了股市火爆的各种成因，总结了股市崩溃和恐慌的潜在起因，分别见表9－2、表9－3。

表9－2　　　　　　　　　　　　**股票市场火爆的起因**

- 全社会涌现了鼓励投资的潮流（Fads）
- 股价不断上升激发了乐观情绪及股市将持续繁荣的预期
- 良好的经济运行与增长环境提升了公司的盈利能力
- 管制放松为发达市场、新兴市场提供了新的机会
- 极为宽松的廉价信贷助长了购买实力
- 发股筹资成为主要的市场特征
- 新的衍生品被推出，信用交易的比重增加
- 股价涨幅超过债券价格涨幅
- "谈股论市"成为政府官员乃至中小投资者的必然话题
- 受骄人业绩的鼓舞，基金经理、金融界人士举手投足俨然"宇宙的主宰"
- 巨额投机回报的新闻报道刺激了大量新手进入股市
- 基金经理、专业投资者及其他金融人士为追求更高收益不惜承担越来越大的风险

资料来源：维尼斯。

表9－3　　　　　　　　　　　　**股市崩溃和恐慌的起因**

- 怀疑市场能否持续上扬的若干征兆开始浮现
- 新闻报道质疑那些助推投资繁荣之潮流的盈利潜力
- 公司开始倒闭
- 价差优势逐渐减弱，随后加速减弱
- 信用交易者面临压力，类似的投资者面临更大的抛售压力
- 人们依据负面压力来搜寻利好消息或事件
- 各种丑闻与骗局曝光；紧张气氛加速蔓延
- 当地经济或世界经济以及公司利润遭遇巨大压力的负面新闻不断
- 恐慌来临并且自我增强，股价因此螺旋式下跌

资料来源：维尼斯。

怎样才能判断泡沫即将破裂呢？说实话，我们不知道，但泡沫的破灭的确有迹可寻。在此，我们再次引用维尼斯[12]的著述并做简要改编，泡沫破灭的先兆如下：

（1）企业和银行的债务水平相对较高；

（2）利率从前期的低水平开始上升；

（3）银行信贷由此前的增加变为减少；

（4）市盈率（P/E）相对较高；

（5）公司并购不断增加；

（6）投资者争相抢购新发行的股票；

（7）有关股价的消息从报纸商业版升格到头版；

（8）"新时代"或"新范式"成为街谈巷议；

（9）股票经纪商和投资银行大肆招募新人；

（10）企业与金融机构挥霍无度、极尽奢华；

（11）股票市值超过 GDP，银行的债务规模超过该国的储备规模。

值得指出的是，米什金（Mishkin Frederic）[13]辨析了两种类型的泡沫。第一类是危害极大的"信贷膨胀型泡沫"。在此类泡沫中，乐观的经济前景预期，或宽松的信贷环境，或金融市场的变化，都将导致信贷膨胀。与此同时，对某些资产的需求上升抬高了这些资产的价格，从而刺激人们继续借贷、购买这些资产。于是，这些资产的需求再次增加，价格再次上升，由此形成了一个正反馈循环。这种循环意味着提高杠杆倍数、进一步放松信贷标准，从而进一步提高杠杆倍数，由此循环往复。

随后，泡沫破裂，资产价格暴跌，导致反馈循环的逆转。此时，贷款坏账增加，去杠杆化进程开启，资产需求继续减少，资产价格进一步下降。由此造成的贷款损失及资产价格下降侵蚀了金融机构的资产负债表价值，致使银行信贷及对众多资产的投资逐步减少。这种去杠杆化抑制了工商投资及家庭消费，削弱了经济活力，增大了信贷市场的风险。当然，这一阐释揭示了 2007—2008 年金融危机的许多特征。

第二种经济泡沫即非理性繁荣泡沫——根据米什金的观点——的危害相对较小。这种泡沫不存在借助杠杆推高资产价值的循环。由于没有信贷膨胀，泡沫破裂不会引起金融体系运转失灵，所造成的危害也小得多。米什金认为，20世纪 90 年代末科技股泡沫的导因不是银行信贷与权益证券价值不断上升之间的反馈循环，泡沫的破裂也没有对银行的资产负债表造成显著的影响。因此，科技股泡沫的破灭仅仅导致了轻微的经济衰退。同样地，1987 年股市泡沫的破裂也未给金融系统造成重大压力，随后的经济发展也很不错。但必须指出的是，米什金对泡沫危害的区分未被人们普遍接受。

本书作者赞同"信用违约互换泡沫的破裂导致了 2007—2008 年金融危机"的观点，但坚持认为，信用违约互换泡沫与上述两类泡沫有所不同，它的危害性像单一的信贷膨胀型泡沫一样严重。

麦凯（Mackay）[14]的著作叙述了历史上不同类型的泡沫，他在书中还叙述了许多轻信巫术、痴迷炼金术的轶事和其他奇闻。

在第 15 章，我们将考察华尔街股灾，同时揭示由信贷膨胀引起的泡沫是如何以令人咋舌的速度破裂的。

9.3 欺诈与骗局

欺诈、骗局、白领犯罪、财务骗术一直困扰着我们，这类犯罪数量在经济繁荣时期上升。金德尔伯格[15]精辟地总结道："在经济繁荣时期，施诈、受骗倾向与投机倾向如影随形。市场崩溃和恐慌心理诱发更多的人为了自救而实施欺骗。同时，恐慌信号通常表明一些骗局、盗窃、贪污或欺诈案已经曝光。"

2008 年，美国证券交易委员会采取了数量创纪录的反市场操纵举措，同时对有史以来数量最大的内幕交易指控进行调查。2008 年经济崩溃后，许多臭名昭著的丑闻曝光，但无一丑闻像伯纳德·麦道夫制造的骗局那样罪孽深重——本章后文再加详述。金德尔伯格[16]在其大作中以"不大靠谱的业务"为副标题，通过具体列举，展现了他对问题的驾轻就熟。我们在此引述，"重大金融犯罪的形式多种多样。除了公然偷窃、虚假陈述和公开撒谎外，还有许多类似方式：改变募集资金投向，动用资本金或借入资金支付股息，利用内部信息交易公司股票，在信息完全披露前抛售证券，动用公司资金向内部利益集团（insider interest）进行非竞争性采购或向其提供贷款，接受客户指令但不执行指令，更改公司账簿……，各位可以据此类推。"

经济繁荣衍生了各种各样的蒙骗与欺诈。当渴盼暴富的心理战胜谨慎心理时，人们对投资的标准便降低了。一些对金融欺诈进行逼真刻画的电影，如《华尔街》、《拜金一族》、《魔鬼交易员》和《锅炉房》很是值得一看。由麦克莱恩（McLean Bethany）、埃尔金德（Peter Elkind）[17] 根据安然事件撰写的《房间里最精明的人：安然破产案始末》也值得推荐，施瓦茨（Mimi Swartz）和沃特金斯（Sherron Watkins）[18] 撰著的《安然倒闭的内幕》当属必备读物之一。此外，还有形形色色的其他欺诈，比如：伪造公司法律文书，通过公司股东名册获取股东名单，电话通报某一新股热销的消息，或向他们推荐与某某公司名称相仿的公司股票（此即锅炉房骗局——你得到一张毫无价值的股权证，如果你要电话联络所谓的经纪人，他早就无影无踪了）；通过网络提供免费奖品（注意："没有免费的午餐"乃真理）以及难以胜数的财务骗术——参阅施利特（Howard Schilit）和裴勒（Jeremy Perler）[19] 撰写的同名大作。"财务骗术"这一术语是"做假账"的委婉表达。

市场进入恐慌阶段后，在泡沫膨胀时期蓄积的大量欺诈行为便会暴露无遗，这是事实。然而，欺诈行为曝光对于本已动荡不安的金融市场无异于火上浇油。

我原想着重讲述安然公司欺诈案，但安然公司在2007—2008年大崩溃前便倒闭了。因此，下文首先讲述查尔斯·庞兹的故事，然后重点解读当今最大的庞氏骗局（Ponzi schemes），后者自然是指让伯纳德·麦道夫在金融恐怖的密室赢得一席之地、举世闻名的庞氏博弈。首先让我们考察查尔斯·庞兹（Charles Ponzi）的金融沉浮史。

9.4　查尔斯·庞兹

金融诈骗不是庞兹的发明。他实际上只是效法17世纪以来的若干先例，包括"南海泡沫"及约翰·劳的"密西西比泡沫"等事例，参阅钱塞勒[20]及弗格森[21]对这两次泡沫故事的精要概述，特别是钱塞勒对其他泡沫故事的精辟总结。

查尔斯·庞兹（1882—1949）是在美国金融史上"伟大"的骗子之一。

"庞氏骗局"是指利用后续投资者的投资偿付前期投资者本息的一种投资骗局。庞氏在 45 天内向客户提供 50% 的利润回报，或在 90 天内提供 100% 的利润回报。他是如何做到的呢？通过在其他国家购买回信邮资优惠券（discounted postal reply coupons），然后在美国按面值兑换。这一计划在理论上的确不错，但庞氏却将它变成窃取投资者钱财、让自己暴富的巨大骗局。

1903 年 11 月，意大利人庞兹抵达美国马萨诸塞州波士顿市。他学习英语，打了几年零工。他最初在一家餐馆做洗碗工，慢慢升至侍者，后因故意克扣给顾客的找零和偷窃而被解雇。

1907 年，他移居蒙特利尔，并在一家由路易吉·扎罗西（Luigi Zarossi）创立、专为意大利移民提供服务的银行担任助理出纳。扎罗西支付的存款利率是当时利率的两倍，因而这家银行发展迅猛。庞氏很快晋升为银行经理，他在这里学艺日精。扎罗西支付储户利息的来源不是银行的利润，而是该行新开户者的存款。后来，这家银行倒闭，扎罗西携带储户的大量存款逃到墨西哥。

此后不久，庞兹信步踱入一位扎罗西前客户的办公室。他发现人去室空后，就用他在办公室中找到的支票簿，为自己签发了一张 423.58 美元的支票。庞兹伪造了公司主管的签名。他很快就被警察抓获，并在监狱里待了三年。

1911 年出狱后，他重返美国，参与非法偷渡意大利移民。被抓之后，他在亚特兰大蹲了两年监狱。获释后，庞兹返回波士顿。在收到一家西班牙公司投递的邮寄广告后，他萌生了一个伟大计划，广告信中附送的国际回信邮资券（IRC）让他发现了巨大的商机。国际回信邮资券由一国寄信人寄给另一国收件人，后者可用该券支付回信邮资。IRC 以购买国的邮资成本来定价，但它可兑取邮票用于支付在兑换国的邮资成本。两者若存在价差，就能获得潜在利润。意大利以美元计值的邮资与美国的邮资不同，因此可在意大利以较低价格购买国际回信邮资券，兑换为价值更高的美国邮票，然后再在美国卖出这些邮票。庞兹经计算发现，剔除各种费用并考虑汇率因素后，这种交易的净利润超过 400%。这是一种套利：在一个市场买进资产，在价格更高的另一个市场卖出——从这点上看，一切完全合法。

庞兹联系了他在波士顿的朋友，承诺在 90 天内让他们的投资翻番。他宣讲了这种套利机遇，并吸引新的追随者。通过众口相传，潜在投资者不断涌现、竞相加盟。庞兹开始雇用经纪人，并向他们揽入的每笔业务都支付丰厚的佣金。1920 年 2 月，庞兹的总收益为 5 000 美元（折合 2010 年价格，约为 55 000 美元）。同年 3 月，他赚了 3 万美元（约合 2010 年的 33 万美元）。庞兹雇用了更多的经纪人，截至 1920 年 5 月，他的总收益高达 42 万美元，相当于 2010 年的 462 万美元。

庞兹的生活极尽奢华，他的迅速发迹也让人疑窦丛生。波士顿的一名金融记者指出，没有任何一种合法方式可以保证庞兹在如此短的时间内获得如此高额的回报。庞兹以诽谤罪起诉该记者并胜诉。随后不久，《巴伦周刊》进行的财务分析发现，在庞兹计划中，要实现如此巨额的现金流入，国际回信邮资券的流通量应为 1.6 亿张，但它的实际流通量不超过 2.7 万张。买卖每张 IRC 的利润率看似很高，但购买和兑付这些量大值小的投资品所花费的业务开支却超过了收益。这些新闻报道导致了对庞氏计划的恐慌性挤兑，但庞兹通过巧言劝诱，稳住了客户，化解了兑付风波。而且，庞兹还聘请威廉·麦马斯特为公关经纪。但对庞兹极为不利的是，麦马斯特逐步对庞兹的国际回信邮资券业务产生了怀疑。1920 年 7 月，麦马斯特掌握了确凿的证据证明庞兹是在拆东墙补西墙。他向前雇主《邮报》报社提供了这一消息。8 月 2 日，麦马斯特撰文宣布庞兹已在技术上破产。这篇报道引起了大规模的挤兑风潮，但庞兹再次成功地通过融资兑付控制了局势。

然而，1920 年 8 月 11 日，整个事态发生了急剧变化。《邮报》在头版披露了庞兹在蒙特利尔的犯罪前科，包括伪造罪以及在扎罗西银行欺诈案中助纣为虐。与此同时，调查人员发现庞兹的账簿存在大量违规账务行为。1920 年 8 月 12 日，庞兹向警察局供认有罪，最终判处五年监禁。

1925 年服刑期满后，庞兹前往佛罗里达，他在那里向投资者兜售成片连块的土地，其中部分地块还在水下，并承诺在 60 天内给予 200% 的回报。这显然是个骗局，1926 年 2 月，庞兹的罪行暴露，被判处 1 年监禁。庞兹不服判决，提出上诉，并在支付 1 500 美元的保证金后获准假释。庞兹修面蓄须，搭乘一艘开往意大利的轮船，试图逃离美国。该轮船在美国新奥尔良港口停靠时，庞兹被捕并被押回到马萨诸塞州，继续执行他因前期指控而被判处的监禁。由于假释期间外逃，庞兹被加罚了 7 年监禁。1934 年，庞兹终于重获自由，但此前的风光与自信荡然无存。

返回意大利后，庞兹未能东山再起。他策划并实施了一个接一个的投资方案，但都没有成功。最终，庞兹移居巴西，他偶尔做做译员，在贫穷中了却自己的余生。1941 年，庞兹患上心脏病，1948 年，他几乎失明。由于脑出血，他的右腿与胳膊瘫痪，1949 年，他在里约热内卢一家慈善医院去世。就在离世前，庞兹将最后一次受访机会给了一名美国记者。据报道，庞兹在采访时说："我为清教徒们做了他们抵达美洲以来在这片土地上从没上演过的绝妙表演。"

其实，将"拆东墙补西墙"的伎俩归类为庞氏骗局也是一种欺骗。1899年，威廉·米勒（William Miller）（俗称威廉·520％米勒）在纽约以每周10％的回报骗取投资者钱财，后因罪行败露而被判处 10 年监禁。他的欺骗招式与查尔斯·庞兹的骗局极其相似，但这种骗局的历史或许更为久远。查尔斯·狄更斯的小说《小杜丽》（1857）中就有嫌犯实施与此极其相似的骗局的描述。

9.5 伯纳德·麦道夫

麦道夫，1938 年出生于纽约市皇后区，他从小一直接受犹太传统的熏陶，他的父亲是一名股票经纪人。在霍夫斯特拉大学取得政治学学士学位后，麦道夫于 1960 年成立了一家华尔街股票经纪公司即伯纳德·L. 麦道夫证券投资有限责任公司。在 2008 年 12 月被捕之前，他一直担任这家公司的董事局主席。最初，这家公司发展非常迅速，因为他岳父帮他招揽了一大批朋友及其家人成为公司的客户。

麦道夫证券投资公司一度是纳斯达克最大的做市商。2008 年，麦道夫的公司是华尔街排名第六的做市商。这家公司下设的投资管理分公司，是实施"庞氏骗局"的核心部门。麦道夫的股票经纪分公司分布在曼哈顿"唇膏大厦"的第 18 层、19 层，打理庞氏业务的投资管理分公司坐落在第 17 层。第 18 层和 19 层的布局完美无瑕——标准的交易大厅，充满活力，时刻赚钱。这家分公司从事股票、债券及其他证券的经纪交易和自营交易，2006 年的净利润约为 4 000 万美元。证券交易委员会通过账簿和交易流水来查验交易实情、合规经营、财务记录等，对这家公司的证券经纪业务进行监管。然而，第 18 层和 19 层的守法合规经营，不过是为了掩盖第 17 层进行的庞氏运作。第 17 层的办公室混乱不堪，杂乱无序的文件到处都是，凌乱无序也与第 17 层的氛围相映衬。参观者看不到第 17 层的凌乱无序，第 18 层、19 层的雇员也看不到。因为，第 17 层是麦道夫对冲基金（事后方知，它不是对冲基金）的总部。

第 18 层、19 层的文化截然不同——这是典型的华尔街鸿沟。第 19 层聚集了众多交易者，他们是志向远大的"宇宙巨人"，第 18 层则主要是后台管理人员。第 17 层是"伯纳德世界"，那儿的供职者是了解欺诈内幕的圈中人，以及负责编造对冲基金本该进行交易的虚假交易记录的职级稍低的核心团队。

在被问及麦道夫公司投资成功的秘诀时，麦道夫给出的标准答案是，他无意泄露公司取得良好收益的秘籍，但这一秘籍基本上就是可转换价差套利策略（split-strike conversion strategy）。这一技巧是期权交易指南的入门必读。那么，这是个什么策略呢？本质上，它是一个指数期权策略。根据这一策略，对冲基金经理既买进挂牌上市的股票，比如标准普尔 100 指数中的样本股，同时进行期权交易，也就是他有权利（而非义务）按约定的未来价格——行权价——买入这些股票。然后，交易员们买卖以同样的股票为标的的期权。更具体地讲，最初购买的是标准普尔 100 指数中的 30～50 只股票，这些入选股票通常与标准普尔 100（S&P 100）指数的相关度最高，这样才能实施同时买入期权和卖出期权的策略（一般称为"双限期权"），包括买入 S&P 100 的价外看跌期权和卖出 S&P 100 的价外看涨期权。在市场变动中，要确保该策略能实现可观利润，就必须对价外头寸进行再调整。这看似晦涩难懂，但的确十分复杂。而且，这也正中麦道夫的下怀：策略越复杂，他对可转换价差套利的解释就越能赢得发问者无比崇拜的颔首和微笑。

在此背景下，麦道夫在第 17 层上的亲信们就会利用过去的数据资料，虚构那些盈利丰厚的交易。因此，如果当月要求的收益率为 0.8%，一名亲信就会通过数据回溯，专门挑选那些能够提供规定收益的蓝筹股组合。随后，麦道夫或他的贴身亲信们（他们的人数较少）就将利用市价所进行的虚假交易数据，输入一台老式的 IBM 计算机系统，一份虚假的交易记录就此出炉。然后，更新记录客户账户交易信息的 Excel 电子表格，表格显示当月实现了 0.8％ 的可观收益。

但这又遗存了文件伪造痕迹的难题，包括提供虚假的买卖委托单、成交确认书以及交割单——一整套虚假的簿记资料。麦道夫发出了一大批确认书来确认那些从未进行的交易。但事实上，他的公司已有大约 20 年没有进行实际交易。客户拿到交易流水单后，对他们获得的虚假回报沾沾自喜，并暗自庆幸能选择伯纳德·麦道夫作为自己的投资顾问。他们甚至还在考虑对如此专业高效的对冲基金追加投资。

1983 年，麦道夫在伦敦设立办事处，以便他在美国的雇员在美国市场收盘后仍能从事交易。但从 1989 年起，纳斯达克延长了开市交易时间，开展盘前和盘后交易（out-of-hours trading）。这就使得伦敦办事处没必要存在了，但麦道夫觉得它另有妙用。在继续开展交易之余，麦道夫将该办事处用做侵吞客户资金的"导管"，他将客户资金用来购置房地产、购买游艇、维持奢华生活及一切可以想到的奢侈品消费。这家办事处成为麦道夫洗钱的主要途径。此外，正如你对守法经营（而非虚妄欺诈）、成就显赫的成功人士的期待一样，麦道夫还多次捐赠犹太人的慈善事业，而且都是大手笔。

麦道夫的营销策略非常有趣。他没有向客户提供高回报，而是向特定客户提供水平适中、长期稳定的回报。麦道夫最初的推销重点是那些他在长岛和棕榈滩的乡村俱乐部里认识的犹太富人，他的投资基金通常被视为量身定做。一位潜在投资者恳求麦道夫吸纳她的投资，但被他婉拒。然而，此事传开后，麦道夫吸收了大批国际银行、慈善机构、对冲基金、富人和名人、好莱坞影星、体育明星、社会贤达的资金——任何有钱人都想方设法地要将部分投资交给伯纳德·麦道夫打理。

麦道夫提供的年收益率一直维持在 10％ 左右或略高。各种庞氏骗局通常承诺 20％ 或更高的回报率——而且它们很快便人间蒸发。麦道夫旗下的一家投资基金披露，它在既往 17 年的年收益率为 10.5％。2008 年 11 月底，股市全面暴跌，这家基金仍取得了 5.6％ 的收益，而同期 S&P 100 指数暴跌了 38％。

麦道夫的言论并非人皆听信。1999 年，哈里·马科波洛斯（Harry Markopolos）向证券交易委员会投诉称，运用麦道夫所声称的投资策略不可能取得麦道夫公开披露的投资利润，证券交易委员会应对麦道夫进行调查。1999 年、2000 年，证券交易委员会对麦道夫进行了调查，所得的结论是：没有任何违法行为，也没有任何重大隐患。

2005 年，马科波洛斯向证券交易委员会提交一份长达 17 页的备忘录，标题是："世界上最大的对冲基金是个惊天大骗局"。2005 年，他还向《华尔街日报》披露了实际存在的庞氏骗局，但报社的编辑们决定不做跟进报道。那份备忘录标列了 30 个危险讯号，结论是伯纳德·麦道夫要么是在从事庞氏骗局，要么是在进行抢先交易（front running），亦即在执行经纪客户投资委托前先用对冲基金账户下单。马科波洛斯总结道，这极有可能就是庞氏骗局。马科波洛斯[22]在一部值得一读的大作中公开了这些警告讯号，书名叫做《无人倾听》。他们本该认真聆听，因为他的论证无懈可击。

2001 年，金融记者艾琳·阿维德兰（Erin Arvedlund）在《巴伦周刊》撰文质疑麦道夫的长期稳定收益。2004 年，许多文章一致谴责麦道夫公司的抢先交易，但证券交易委员会华盛顿办事处却声称麦道夫清白无辜。2005 年，证券交易委员的调查员全面审查了麦道夫的经纪业务，仅发现少量技术违规行为——但没有任何欺诈。2006 年、2007 年，证券交易委员完成了针对麦道夫公司涉嫌庞氏骗局这一指控的调查，结果发现，该公司既不存在欺诈行为，也无须移交司法机关惩处。但马科波洛斯指出，要向投资者支付 12％的收益率，麦道夫就必须赚取 16％的总收益，并将 4％的收益作为佣金，返还给联接基金的经理们。同时，埃琳·阿维德兰[23]还就完整的麦道夫事件撰写了一部引人入胜的大作。

2008 年 12 月，由于股市暴跌，麦道夫诈骗案开始败露。随着市场加速下滑，投资者纷纷要求赎回在麦道夫公司的 70 亿美元投资。为满足这些赎回要求，麦道夫急需筹措新的资金——而且，越快越好。2008 年 11 月，伦敦办事处向纽约总部汇划资金 1.64 亿美元。12 月 1 日，麦道夫向 95 岁的波士顿慈善家、他最要好的朋友和资金后盾之一的卡尔·J. 夏皮罗借入 2.5 亿美元。他还设法从其他渠道筹集了近 5 000 万美元的资金，但这远远不够。2008 年

12 月 10 日，麦道夫和他的两个儿子面谈，他们都在这家公司工作。麦道夫告诉他们，公司要提前 2 个月从公司仍然拥有的 2 亿美元资产中支取数百万美元的红利，据称对公司即将破产一无所知的两位公子对此提出质疑，随后麦道夫承认了犯罪事实，整个事件真相大白。

客户账户中消失的资金总额（包括炮制的虚假收益）为 650 亿美元，由法院指派的受托人认定的实际损失为 180 亿美元。2009 年 6 月，由于犯有证券欺诈罪、投资咨询欺诈罪、邮件欺诈罪、汇款欺诈罪、洗钱罪、虚假陈述罪、伪证罪、向美国证券交易委员会提供虚假证据以及盗窃罪，伯纳德·麦道夫数罪并罚的最长刑期为监禁 150 年，也就是 2160 年获释，届时他已经 220 岁了。如果在服刑期间表现良好，可能会减刑 20 年。

有关麦道夫事件的剪报 9—1 非常值得一读。麦道夫事件仅为庞氏骗局中的冰山一角，其他类似的欺诈性投资骗局陆续曝光。部分案件已然经过法庭裁决，涉案主犯已投进牢狱。本书下笔之际，一些案犯尚在等待开庭审理，另一批案犯已携巨款潜逃。如此这般，不尽枚举。我们还可拉长名单，忝附评议，但我们没有这样做，因为严禁诽谤他人的法律让人却步。但务必切记：如果承诺的收益高得让人难以确信，那原因就十分简单，这份承诺不实。

剪报 9—1   **《金融时报》2010 年 4 月 5 日**

麦道夫事件暴露了更多的漏洞

乔纳森·戴维斯

麦道夫丑闻提供的教训是什么？这一骇人听闻的事件披露的细节越多，就越是扑朔迷离、让人着迷。哈里·马科波洛斯这位在既往 15 年多的时间里一直力促美国证券交易委员会调查伯纳德·麦道夫但无功而返的举报者，将他一部专述麦道夫事件的大作的副标题定为"金融诈骗拍案惊奇"。尽管如此，该书最大的亮点不是讲述作者何以成功，而是着重描述他在反复劝诫人们认真考虑他那无懈可击的指控——麦道夫实乃惊天巨骗——时遭遇的失败壮举。

美国证券交易委员会总检察长去年发表了一份谴责证券交易委员会若干失误的报告。在采用了这份报告中的若干证据后，该书提供了更多让人烦乱的证据表明，现实世界经常比戏剧或小说的描述还要癫狂。

因此，戏剧《安然事件》或电影《华尔街》的第一批排队观看者是专业人士，就毫不足奇了。同样地，对于任何一位希望理解毫无管束的资本主义所乐于常见的极端事件的个人而言，《说谎者的扑克牌》和《门口的野蛮人》仍是最基本的读物，也就容易理解了。

马科波洛斯先生的《无人倾听》可读性极高，其中一些细节极具创造性。比如，当他最初的指控未能获得证券交易委员会的垂青时，他转而寻求媒体帮助，并且最终促成一家专业的对冲基金行业刊物 *MARHedge* 发表一篇报道，质疑麦道夫先生的投资业绩。

时隔不久，《巴伦周刊》也刊发了类似报道。马科波洛斯和他原来的同事组成的非正式团队一直锲而不舍地从事反对麦道夫先生的运动，他们深信证券交易委员会不敢忽略如此公开的检举与叫板，故而志在必得地静候证券交易委员会采取行动。

结果如何呢？啥事也没有。根据马科波洛斯先生的描述，证券交易委员会甚至没有订阅专业性的行业出版物。其工作职员必须自费订阅传媒出版物，包括《华尔街日报》，但像 *MARHedge* 这类订阅费用超过 1 000 美元（折合 657 英镑、741 欧元）的专业出版物则显然不在阅读之列、乏人问津。

很多人指控麦道夫声称采用的价差套利期权策略难以置信、虚妄不实，那么，为什么证券交易委员会不愿进行调查呢？这是因为，马科波洛斯先生开列了冗长的指控清单，其中的第一项名单中就有许多律师的名字。

他指出，负责这项潜在调查的关键人物全部都是律师，而不是金融专家。专业知识匮乏、争抢地盘（turf wars）以及缺乏资源也是重要原因。由于没有关于投资的专业图书馆，办案人员若需了解衍生品，就必须依赖谷歌和维基百科。

很快，证券交易委员会开除了马科波洛斯先生，理由在于他是心怀怨恨的赏金侦探，而不是严谨履责的检察官。麦道夫先生本人对证券交易委员会鲜有敬畏，常常嘲讽后者一无是处。作为纽约最大的经纪交易商之一的拥有者，麦道夫是证券行业的大佬之一，只有最勇敢的执法者才敢与他叫板（新近的诸多事件表明，金融危机以来，监管者搜捕"大黄牛"的动机急剧增强，就像既往市场发生的情形一样）。

MARHedge 那篇揭露麦道夫欺诈的文章发表于 2001 年，那时麦道夫已在

管理全世界事实上最大的对冲基金，其资产规模超过了乔治·索罗斯以及任何其他名声更为响亮者旗下的资产。但由于麦道夫要求将资金投向其虚假的投资策略者必须保密，加之他拒绝收取费用，因此，他的名字从未出现在当时 *MARHedge* 数据库上最显著的位置。

马科波洛斯客观地指出，麦道夫骗局的庞大规模和持久影响将给金融服务业带来无穷的麻烦、深远的伤害。截至自首时，麦道夫一直在向 40 多个国家的 330 多只联接基金筹集资金；但这些基金中的许多人还一直相信，他们独家拥有或优先享有麦道夫那令人惊叹但实际并不存在的盈利策略的投资权。他们声称做了全面的尽职调查，这真是荒诞不经。

与此同时，华尔街很多人士意识到，麦道夫的所作所为不大对劲，并成功地抽回投资。一些人继续投资，他们认为，只要应得的回报持续增加，至于麦道夫是否在从事抢先交易或其他不当业务，他们宁可不闻不问。具有讽刺意味的是，马科波洛斯最初之所以盯上麦道夫，是因为他的老板一直唆使他去竭力探寻并效仿麦道夫的投资秘诀。然而，其他人认为，犯不着为揭发麦道夫而耗费精力。

麦道夫事件终归是违反信托法的典型案例。投资者极其天真地信赖麦道夫，极其幼稚地信任那些如此大规模地将资金导向麦道夫的中介机构，极其纯真地相信监管者能够阻止或可以制止这一处心积虑的弥天大谎与惊天骗局。

马科波洛斯认为，金融服务业中的绝大部分人是诚实的，但诱发他们玩忽职守、背弃客户信托、违背监管要求的诸多动因，却深深植根于他们无法自拔的体制之中。

9.6　庞氏骗局何以崩塌

庞氏骗局一般都会崩塌。当然，骗局的始作俑者可能会在骗局崩塌之前便已作古。那么，这类骗局会在什么时候崩塌，为什么会崩塌呢？下列答案或许能够解答这些疑惑。

（1）投资发起人消失，卷走了剩余的投资款项。

（2）监管当局的调查表明，这类投资方案是个骗局。

（3）若新加盟的投资减速，且偿付预定回报出现问题时，庞氏骗局会因不堪重负而崩塌。随着人们开始赎回自己的投资，此类危机会导致恐慌。

（4）举报者出现。他们可能是心怀怨恨的内部员工，或此前一味依顺的专业雇员，比如审计员或律师。

（5）如果投资发起人在司法当局强令举证时未能主张自己的权利，这类骗局也会败露。

（6）骗局规模越滚越大（如麦道夫案）。因此，在市场低迷时，较之既定市场的规模，公开承诺的回报就太高了。这就会导致精明的金融分析师、监管者和记者们质疑整个投资方案，进一步的官方调查以及媒体的大肆宣传抢先交易则将导致整个骗局崩溃，导致投资发起人打击报复或追查举报人。

（7）市场遭到重挫或经济增速锐降等市场力量致使许多投资者要求赎回投资（不是因为对投资失去信心，而是因为市场基本面恶化）。此时，新增的投资资金不足以应付现有投资者赎回投资的资金需求。

第 10 章　金融理论

10.1　引言

　　根据金融经济学的原理，公司金融的目标是股东财富最大化。一般说来，这个目标通常要求公司制定能最大限度地增加公司价值的融资决策和投资决策，这就进一步要求公司管理层富有效率而又卓有成效地经营他们控制的公司资产。由于公司的任何举措都会影响公司的价值，理解价值是如何创造、保值及损毁的，不仅对财务经理们而且对所有高管都至关重要。

　　每个人都力求自己的福利最大化。在某种意义上，个人福利是商品和服务的消费量的函数。因此，人们通常都会偏好更多的财富，因为财富代表着消费能力。人们可以通过延迟现在消费并将节省的资金进行投资而获得财富。某人如果是风险厌恶者，那么他会持有债券，将资金借给某家公司，并在未来某一特定日期按约定的利率收回借出资金的本息。某人如果甘愿承担更多风险，那么他会持有股票，通过提供权益资本取得公司的部分所有权。作为所有人之一，股东可以分享公司相应份额的利润，也承担相应比例的损失。股东只享有对公司剩余收益的索取权。只有支付了债券持有者和放贷人应得的利息之后，股东才能提请公司分配剩余收益。而且，如果公司董事会觉得合适的话，部分收益会以红利方式发放。如果公司未能按时向债券持有者和放贷人偿付本金和利息，则可以认定公司违约，债权人可以起诉公司，要求赔付到期应还款项。股东是公司的合法所有人，公司管理层承担为股东利益最大化而经营的受托义务。

上述探讨的重要之处在于，它阐明了在金融经济学中，公司金融功能的主要目标是股东福利最大化。股东带着福利最大化的期望投入资金，就必然要求实现股东财富最大化的目标，这个目标通常表现为公司股票价格与未来股息的当前价值（或现值）之和。虽然现代公司没有自己的人格意志，但股东财富最大化原则为公司决策提供了逻辑指南。

10.2　收益与现金流

迄今为止对现金流的强调并无不妥（misplaced）。在其他条件相同的情况下，世界上大多数经济体若拥有的资源越多，消费的也就越多。公司通过支付现金使股东受益：要么当期支付红利，要么通过再投资在未来支付红利。而且，股票市场上的价值应当反映这样的潜在红利流。这句表述看似简单，实则意旨深远。不反映现金流或未来现金流的会计利润对投资者没有任何价值，如果现金流和会计利润不相符，那么在理论上，现金流才是最重要的。"现金为王"这句箴言的产生及其仍被金融界屡屡引用，绝非毫无来由。这句箴言的含义在于，从估值的角度看，应该采用哪种会计方法的争议实则毫无意义——除非不同的会计方法对公司的纳税额有重大影响，只有现金流才是最重要的。

然而，即便是随意翻检财经版面的新闻，投资者如何被虚假会计报告欺骗的报道俯拾皆是，备受瞩目的案例如果只需列举三个，那就是安然公司、世界电信公司（Worldcom）和泰科国际有限公司（Tyco Iternational）的财务造假案。弗格森简要概述了安然公司的案例[1]，麦克莱恩（Mclean）和艾尔肯[2]、施瓦茨和沃特金斯则对安然事件进行了具体描述[3]。这三家公司都在末日来临前，利用（从最轻的角度看）虚假的财务报表，处心积虑地让公司的股票价格持续上扬达数年之久。如果读者想要深究现实世界何以被会计业绩而非现金流愚弄得神魂颠倒，那就不妨花点时间研读施利特和裴勒描写的财务骗术[4]。然而，尽管会计界为制定和严格执行财务报告准则尽了最大努力，但玩弄会计伎俩以及公然实施欺诈的作奸犯科者似乎总能在东窗事发前，持续连贯地成功欺骗金融市场。由于难以数计的大量案例表明，虚假的会计报表击败了现金流（至少在短期内如此），我们推断新一代的安然、世界电信和泰科国际已在摩拳擦掌、蠢蠢欲动了。

10.3　市场有效性

在金融经济学中，有多种定理对于推动公司金融的研究和实践极具价值，其中包括套利理论、有效市场理论和资本资产定价模型，以下逐一简介。

套利一般界定为在一个市场买进证券或商品同时立即在另一个市场卖出以赚取价差利润的行为。根据这一定义，套利几乎毫无风险。近来，"套利"一词已被用于与范围更为广泛的金融业务相关的所有领域。风险套利是指购买一种资产同时卖出一种几乎相似的资产，从而确保在市场均衡时，两种相似资产能实现同样的风险调整收益。例如，在一宗以股票为支付方式的要约收购中，风险套利是指买卖接受报价公司（目标公司）的股票，并对出价公司（收购方）的股票进行反向操作。此外，风险套利还可指买进被收购公司的股票，以期在收购价格上升后抛售。

风险套利还可以是对同类公司进行甄别，评判哪家公司股价被相对高估，然后卖出被高估的公司股票，买进被低估的公司股票，这实际上是对冲基金采用的操作技术之一。对冲基金可能会买进汇丰银行的股票，并卖出渣打银行的股票。两家银行在远东地区都有大量业务，但事实上，两者存在较大差别——它们之间不可能完全替代。因此，除非人们买卖的资产彼此可以完全替代，否则套利就必然涉及风险因素，这就是"风险套利"一词的由来。根据这一定义，风险套利当然不是完全无风险。通过真正的套利行为，市场形成了合理的价格，而合理和无偏的价格正是有效市场的内核。我们现在对"有效市场"作更严谨的界定。

市场有效性是指：如果市场参与者众多、信息灵通，且能方便、低廉地获得信息，那么这些参与者的交易行为会使资产价格调整到能够反映全部既有相关信息的水平。因此，任何时点的价格变动就只能归因于新信息的出现。按照这样的推演逻辑，由于可用做盈利性交易的新信息是随机出现的，因此，股价变动遵循随机游走规律，随机游走又常被称为醉汉的酒后漫步（实际上，通常认为资产价格应遵循下鞅模型，也就是带有趋势（drift）的随机游走。其中的趋势就是资产的预期收益）。换句话说，在一个有效市场中，价格从一个时期到另一个时期的变化独立于过去的价格变动，并像一条新信息的内容一样不可预测。

有效市场性的基本观点可举例说明如下。壳牌公司宣布，它刚在北海发现了一块大型的新油田。此时，原来将壳牌公司股票估值为每股 18 英镑的投资者就会重新进入他们的计算机模型，并经计算后认为它的每股价值是 20 英镑。那么，我们应当买入壳牌公司的股票，并利用这条新信息获利吗？实际情形则是，当我们向股票经纪人下达指令时，股价已经涨到 20 英镑，已经反映这条新信息了。

投资者迅速调整证券价格，以反映新的信息。他们所做的价格调整并不总是完美的，但却是无偏的——有时调整过度，有时调整不足，然而投资者并不知道会是哪种情形。证券价格的调整迅速发生的原因在于，市场是由追求利润最大化的投资者主导的。根据有效市场理论，市场参与者随机、独立地获取新信息，以及众多投资者迅速调整股票价格以反映这一新信息，两者形成的综合效应意味着，各种价格变化很可能是彼此独立、随机游走的。对于运用过去价格走势图来预测未来价格的投资者（通常称为技术分析派）而言，各种价格变化不是独立的，它们在一定程度上是过去价格走势的函数。这就不言自明地解释了为何有效市场理论的倡导者坚决反对技术分析派的主张。

此外，在简单回顾市场有效性时，还应当注意：由于证券价格是根据所有的新信息进行调整，并且都能反映在任何时点上的全部公开信息，因此，任何时点上的证券市价都是对当前全部现有信息的无偏反映。

10.4 有效市场假说

根据上文的简述可知，有效市场显然就是证券价格能够依据新公告的信息而迅速调整，而且当前股价完全反映了全部现有信息包括相关风险信息的市场。因此，证券价格中暗含的收益仅仅反映了相关风险，证券的预期收益与它暗含的风险是一致的——仅此而已。有效市场可分为三个等级：弱式有效市场、半强式有效市场和强式有效市场。

弱式有效市场假说认为，当前股票价格完全反映了所有股市数据，包括历史序列的价格、价格变动和成交量等数据。由于当前价格已经反映了过去所有的价格变动信息和其他股市信息，这就意味着过去的价格变动和未来的价格变动之间没有任何关系。也就是说，价格变动是独立的。换句话说，过去的市场数据对于预测未来价格毫无作用。

半强式有效市场假说认为，证券价格将对全部新的公开信息迅速做出反应。简言之，股票价格充分反映了全部现有公开信息。显然，半强式假说包含弱式假说，因为全部公开信息既包括过去的股价、趋势等所有市场信息，又包括公司收益、股票拆细、经济资讯、政治新闻等所有非市场信息。此类假说的直接含义是：扣除交易成本后，投资者根据已经公布的新的重大信息进行投资，不可能持续取得高于市场平均水平的收益，因为证券价格已经反映了新的公开信息。

强式有效市场假说认为，股票价格完全反映了所有信息，无论是公开信息还是其他信息。这就意味着，任何类型的投资者都不可能独占与价格生成有关的信息。因此，任何类型的投资者都不可能持续取得高于市场平均水平的收益。强式有效假说同时包含了弱式有效假说和半强式有效假说。而且，强式有效市场假说还涵盖了内幕信息的各种效应。强式有效假说不仅要求市场是有效的，即证券价格将对所有新的公开信息迅速做出反应，而且要求市场是完全的，即所有人能同时获得一切信息。只要略加思考便知，这些假设基本是不现实的。在向公众公开披露信息前，公司董事们和高管们很可能已经掌握了这些信息。内幕交易丑闻不断就是所有市场参与者不能自动、均等地分享公司信息的最好例证。

在预期风险和收益既定时，股票和其他资产的价格都是合理的，这种观点极具吸引力。在成千上万的投资者包括专业的基金经理和风险套利者都在不停地捕捉更高的边际收益的当今世界，人们发现价值被高估或被低估的证券在市场上转瞬即逝。而且，通常的情形是，披露或发布新信息是市场变动的必要条件，在市场波动极其剧烈时尤其如此。但是，没有新信息相伴的市场大波动的证据，以及本章后文提及的市场异象，对有效市场假说提出了质疑。1987年10月19日之所以称为"黑色星期一"，是因为当日权重股的价格下跌了23%。当人们反躬自问是什么新的信息致使市场重挫时，上周五收盘后有没有新的重大事件发生却不甚明晰[1]。没有新信息披露，却出现了市场暴跌，这显然有悖于有效市场理论，而且，这还不是绝无仅有的唯一事例。这类情形是对有效市场假说的致命打击。1987年后相继发生的若干事件又多次连续打击了这一假说，很多人据此认为这个理论不过是在垂死挣扎，借用电视剧"蒙提·派森的飞行马戏团"的台词，它几乎就是一只死鹦鹉[2]。

10.5 资本资产定价模型

投资的风险越大，投资者要求的收益就越高。在金融市场上，收益可以采取现金偿付的方式，比如收到红利或利息，也可以是投资品的价值增殖，例如从股价或债券价格的上升中获益。但难题在于如何量化一项投资的风险，并确立风险与预期收益之间的权衡关系。金融经济学家们在这一领域付出的心血很可能比其他领域还要多，他们探寻的结论是要全面把握投资多元化、风险和预期收益之间的关系，这一关系反映在资本资产定价模型（CAPM）中。其中，风险本身取决于收益的波动性：收益的波动性越大，

---

① 原文如此。但根据上下文，本句与下句之间存在矛盾——译者注。

② "死鹦鹉"是指无法挽回或回天无力的垂死事物或人——译者注。

则资产的风险也越大。

CAPM 的基本理念是，一种资产的收益不确定性可归结为两种来源：第一类因素影响所有市场，例如对所有资产均有影响的利率水平或国民生产总值（GNP）增长率；第二类则是某些公司特有的风险，例如工厂罢工或一项新专利发明。第一种风险被称为系统性风险或市场风险，第二种风险被称为非系统性风险或可分散的风险。金融理论认为，非系统性风险对于持有有效多元组合的投资者几乎毫无影响，因为，一般而言，投资者的多元组合可以抵消此类扰动的影响。然而，无论如何有效的多元投资组合都不能消除系统性风险的冲击。

在 CAPM 的风险定价中，区分这两类风险至关重要，只有系统性风险才能得到风险溢价补偿。在金融理论中，投资者承担的非系统风险得不到补偿，这是因为他们可以通过投资组合多元化无成本地规避非系统性风险。因此，CAPM 假定人们都会遵循"不要把鸡蛋放在同一个篮子"的投资原则，因为投资者仅仅会因承担市场风险而得到补偿。这就阐释了金融学中的一个重要规则，即无险不补偿（无功不受禄），这也是经济学家的理念——天底下没有免费的午餐。

CAPM 认为，投资者可通过投资多元化消除非系统性风险，而且，股票的收益包含了系统性风险的补偿。CAPM 还认为，每只股票的必要收益率（这里的收益率是指股息加上资本利得除以投资总额的比率）和整个股市的收益率之间（通过系统性风险，称之为 β）存在确定的关系。一家公司股票的 β 值取决于这家公司既往的股价收益率（股息加上资本利得除以投资额的比率）与同期股票市场收益率（整个市场的股息加上资本利得除以总市值之比）之比。β 等于 1 表明公司股票收益率与市场收益率的变动相一致，β 大于 1 表明公司股票的收益率高于市场收益率，β 小于 1 表明公司股票的收益率低于市场收益率。依据 CAPM 理论，公司股票的收益率之所以高于或低于市场收益率，是因为公司股票的风险大于或小于市场风险。

要估算一家公司所作投资的必要收益率，必须在无风险收益的基础上加上风险溢价。根据 CAPM 理论，这个风险溢价等于整个市场的风险溢价乘以这项投资的 β。CAPM 计算公司权益资本成本亦即股本的必要回报率的公式是：

$R_f + \beta$ $(R_m - R_f)$。换言之，权益资本成本等于无风险利率加上股市风险溢价 $(R_m - R_f)$ 乘以投资的 β 所得的乘积。

市场风险溢价 $(R_m - R_f)$ 既可用实际价值表示（即剔除通胀因素），也可用货币价值表示（即包含通胀因素），货币价值有时也称为名义价值。如果要度量名义资本收益率，就用根据某一适宜的政府债券的当期收益率，来确定名义无风险利率，这一数据自然包含通货膨胀因素。而要得到实际无风险利率，就需采用某一适宜的指数挂钩型政府债券的收益率。

然而，CAPM 计算式在使用中出现了许多问题，其中包括：

（1）我们应当使用何种期限的数据？

• 对于无风险收益率 (R_f)：是采用极短的时期数据，比如 90 天的国债收益率？还是与我们正在评估的一项工程的典型生命周期相一致，比如 10～15 年的数据？两者之间存在很大差异。我们建议使用后者。

• 对于 β：通常采用的是过去 60 个月的数据。但为什么要选取过去 5 年的数据，而不是 5 个月或其他期限的数据呢？无论如何，一家公司在 5 年间的风险状况，可能会因债务增加或接管其他公司而改变。有鉴于此，5 个月或许能提供更好的期限数据，因为它的时效性更强。

• 对于股票市场的风险溢价：通常使用长期数据对此进行估算，因为它们消除了短期数据的波动性，计算依据是股票市场的投资收益减去政府债券的投资收益。然而，短期投资者和投机者应当索要比长期投资者更高的收益率吗？他们毕竟面临更多的短期波动。

（2）我们应当使用与杠杆公司（即有负债的公司）的权益资本成本相关的杠杆权益 β（公开发布的数据通常都是如此）吗？

还是使用无杠杆资产的 β，也就是公司没有债务时的 β？我们倾向于使用以投资能够承担的债务量为基础的 β。但这个 β 显然带有一定的主观性，不同个体使用的方法略有不同，但最终的估值结果基本类似。

（3）公司的 β 会长期保持稳定吗？

显然，如果一家公用事业公司决定对一家玩具公司进行重大收购，那么人们肯定会预期它的 β（反映它的业务风险）将上升。因为，作为公用事业公司，它的预期风险较小，一旦涉足一种快速变化的新业务，则它的预期风险增大。由此带来的难题是，公司经营风险的变化将导致依据长期数据得出的 β 过时、失效。

（4）在计算必要市场风险溢价和 β 时，仅仅参照国内股票市场是否合理？是否还应覆盖全球股票市场？抑或参照范围更广的资产组合而不拘于上市公司的股票？然而，大多数分析师使用的还是国内股票的数据。

理论上，根据 CAPM 方程，必要收益率等于 $R_f + \beta (R_m - R_f)$；与更低 β 值的投资相比较，更高 β 值的投资获取的收益率更高。

然而，理论必须接受现实的检验方知成立与否。美国的法玛（Eugene Fama）和弗伦奇（Kenneth French）率先进行的研究向 CAPM 提出了挑战[5]，豪根（Robert Haugen）客观详尽而又出神入化地综述了他们的研究成果[6]。那么，法玛和弗伦奇的发现是什么呢？CAPM 仅借助一个单一变量 β，根据市场整体的收益率来计算某只股票的收益率——由此可知，它将复杂的现实情形过于简单化了。法玛和弗伦奇发现，有两个板块的股票收益率通常高于市场整体水平，也就是小公司的股票和那些高账面价值/市值比率的股票，后者通常称为价值型股票，它们与成长型股票不同，成长型股票的账面价值/市值比率较低。法玛和弗伦奇将这两个因素加入 CAPM 模型，以更好地反映股票的潜在收益率。法玛和弗伦奇发现，纳入三个因素后，利用 CAPM 预测股票益率的准确度大大提高了。

CAPM 在商界得到广泛应用，成为评估新的资本投资项目、对股票进行估值的重要工具。但 CAPM 最核心的作用是计算公司的权益资本成本，并据以计算资本的加权平均成本。而在用于资产估值的贴现现金流模型中，资本的加权平均成本是通常确定贴现率的关键因素（或将根据感知风险进行调整）。估值过程中的其他关键因素，无论事关投资项目，还是关乎股票估值，都是对未来现金流及其预期时点的预测。为满足估值的需要，这个预期时长可能延长至 10 年或 15 年。预测是估值的基础，它长期以来一直备受本·格雷厄姆（Ben Graham）[7]和沃伦·巴菲特（本·格雷厄姆在 30 多岁时招收的一名学生）等投资巨匠们的推崇。

10.6　风险与不确定性

弗兰克·奈特（Frank Knight）[8] 辨识了风险与不确定性之间的区别。例如，市场可对风险进行定价，因为风险的发生符合某种已知的事件分布，投资者对该事件分布赋予概率值，就能估算风险的价格。但不确定性无法定价，因为与不确定性相关的事件或概率，通常无法预测，或无法度量，或不能用模型求解。鲁比尼和米姆[9] 对两者的区别提供了绝佳的例解。"要理解这一区别，不妨设想两个人在玩俄罗斯轮盘赌。他们有一把可装 6 颗子弹的标准左轮手枪，在弹巢内装入一颗子弹，然后转动弹盘。无论谁先扣动扳机，他打爆自己脑袋的概率是六分之一，这就是风险。虽然每个游戏参与者都可能成为'自杀白痴'，但他们知道这些概率。现在想象一下，两人持有一支由他人备好的神秘手枪。这支枪里可能有 1 颗子弹，也可能有 6 颗子弹，还可能没有子弹。它甚至还可能不是真枪，只放空枪、不弹射子弹。但游戏参与者对这些情况一无所知，这就是不确定性：他们不知道如何去评估风险，死亡的概率也无法量化。"

区分风险和不确定性对于理解 2007—2008 年的金融危机尤为重要。危机前，信用违约互换和债务担保证券的风险水平与评级机构给出的评级结果高度相关。随着住房市场下滑和金融市场崩溃，似乎每个角落都潜藏着不利的恶果。AAA 级的资产变成垃圾，金融市场的流动性枯竭。由于银行不再彼此信赖，信贷开始收紧。这些现象似乎很像鲁比尼和米姆所说的神秘手枪，也就是不确定性。在此情况下，股票市场怎么能够确定恰当的贴现率，何以估算未来现金流呢？这就是不确定性，它也无法量化。在此种情况下，资产价格下跌。市场会毫无依据地对贴现率进行大幅加点以弥补不确定性溢价吗？市场会大幅调降对未来收益的预测吗？或许两者都有。这样，证券价格暴跌也就毫不奇怪了。

10.7 风险管理模型与正态分布

第 7 章有专节简要介绍在险值和风险管理，本节将拓展分析其中的部分内容。金融经济学面临的重大理论和实践难题之一是，广泛使用正态分布是否合理。这一广泛使用仅举两大例证便知：在证券走势分析和期权定价中，正态分布曲线的精致优雅就广被接受、屡被应用。

正态分布曲线又称钟形曲线，预期收益率分布在头两个标准差的区域内的概率为 95.4％，正态分布曲线的两个末端被称为尾部，见图 10－1。两个尾部覆盖了剩下 4.6％ 的概率，这 4.6％ 的区域可能包括概率极低的灾难性事件。例如，恐怖袭击或许只有 2％ 的发生概率，但其后果却极端严重。

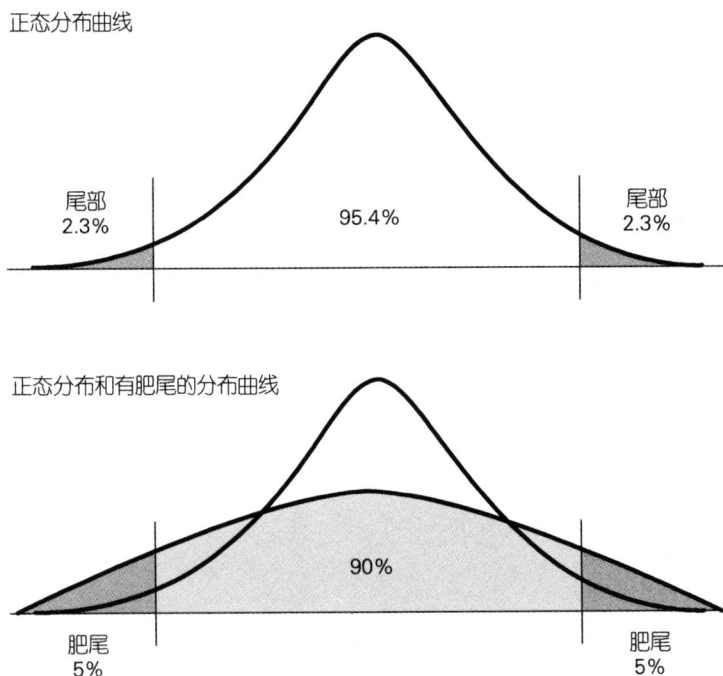

正态分布曲线

尾部
2.3%

95.4%

尾部
2.3%

正态分布和有肥尾的分布曲线

90%

肥尾
5%

肥尾
5%

图 10－1　正态分布和有肥尾的分布曲线

事实上，我们大多数人通常会低估金融市场上各种事件发生的概率。伯努瓦·曼德勃罗[10]指出，如果道·琼斯工业平均指数的变动符合正态分布，那么在 1996—2003 年间它仅有六天的波动幅度会超过 4.5%。但实际情况是，它在同期有 366 次的波动幅度超过 4.5%。

显然，很多金融情势并不完全符合正态分布收购出价曲线。带肥尾的正态分布曲线或许能够更好地捕捉未来金融事件的发生概率，图 10-1 同时标列了正态分布曲线和带肥尾的分布曲线。在正态分布曲线中，双尾覆盖了 4.6% 的概率，而在后一分布曲线中，它们覆盖了 10% 的概率。如果具有其他形状的肥尾，则双尾覆盖的概率会更大。

在支撑肥尾的描述上，特里亚纳[11]指出，"信贷市场、股票市场和利率市场上的诸多事件无可争辩地提供了见证，但历史上也有大量先例。1992 年欧洲汇率机制瓦解期间（当时欧洲的官方管理汇率制度由此崩溃），利率出现了 50 个标准差的波动，1987 年的'黑色星期一'则是一个 20 个标准差（或 20δ）的重大事件。1998 年夏最终导致长期资本管理公司倒闭的卷积中，就发生了 15＋δ（15-plus δ）的市场波动。金融市场还可观察到众多幅度较小（但非正态分布特征仍十分明显）的类似波动。年龄离 100 万岁相去甚远的人类已经多次经历了所谓的'百万年一遇'的事件。到底是哪里出了问题，是现实世界，还是模型本身？"

在此，再次引用兰彻斯特（Lanchester）[12]广被征引的经典语句，"既往数十年见证了无数振幅达 5 个、6 个、7 个标准差（δ）的金融事件。根据模型，这些事件应为每 13932 年、4039906 年和 3105395365 年各自发生一次。然而，却无人据此得出结论说，我们使用的统计模型是错误的。数学模型仅在危机中无效，它们在大多数适用的情形下是有效的。全部争议的要义是风险评估，而且根据定义，某些风险的确发生于已知概率的边缘。"这些论断真是精辟之至。

金融危机时期，大银行和大金融机构都在使用一种称为在险值（VaR）的计算机程序化风险测度体系。在险值模型由 J. P. 摩根银行提出，旨在度量一个组合在短期内的总风险。例如，假定一家公司持有的 10 亿美元债券组合的周 VaR 为 2 000 万美元，这就意味着，该组合在下周的最大损失不超过 2 000 万美元的概率为 96%。VaR 是根据投资结果的正态分布得出的，它是一种有用的工具，根据这个模型计算出的结果总是令人太过欣慰，因为它没有囊括肥尾事件。但在实际上，正是这些肥尾事件将在危机时期摧毁金融机构。因此，设计 VaR 模型最主要的目的，就是对这些严重的恶性事件进行量化。

一般说来，在地震和飓风频发的现实世界中，小概率的肥尾事件是彼此相互独立的。而在金融领域恰恰相反，看似绝对独立的事件可能彼此互联，从而增大了这些事件的发生概率。例如，假设在债券市场毫无问题的情况下，房产的市场价格在明年某一期间的跌幅超过 20% 的概率为 2%。然而，如果与房地产市场毫无关联的若干因素导致债券市场遭到重挫（froze up），房价也必然下跌。如果债券市场的问题蔓延至抵押贷款支持债券市场，并相应降低了房产融资的可得性，那么房价下跌 20% 的概率必定会高于 2%。因此，辨识那些可能导致公司在未来五年内破产的小概率事件，特别是那些彼此关联的小概率事件，这一必要性昭然若揭，然后，再提出对策建议，以便对冲或防范这些事件。

许多风险管理模型均依托于下述存有分歧的假设：

（1）财务收益和风险都服从（follow）高斯分布（即正态分布），从而忽略了在某些情况下极具破坏力的肥尾事件；

（2）仅使用一个单一的统计上的标准差（它揭示了很多与正态分布相关的信息）来捕捉资本市场上的潜在收益；

（3）相关性是稳定的，但各种相关性在危机时通常会发生变化，进而导致几乎不可能构造完美的多元组合与对冲策略；

（4）流动性资金总是随时唾手可得，但在极端情形下并非如此。

可以说，在金融危机时期，上述重点难题都将对信用违约互换和债务担保证券市场施加影响，而且是同时产生影响。

风险管理模型通常过多地关注寻常的市场状态，忽略以危机为代表的异常状况。结果，这些模型让管理者产生了错误的安全意识。以上述第（3）、（4）条假设为例，由于既对不断变化的相关性十分敏感，也对动荡市场环境下的流动性不足十分敏感，债务担保证券和信用违约互换很难进行估值。因此，单纯依赖基于正态分布的风险管理模型显然是完全不靠谱的。

10.8　期权

我们现在来考察期权合约及其估值。期权的理论价格同样是以正态分布为基础的。期权是契约性协定，它赋予持有者在未来某一约定日期或约定日期之前的任一时间按约定价格买进或卖出某一资产的权利。股票期权就是买卖股份的期权，它在证券交易所进行交易。在本节中，我们将辨别并探究期权价值的决定因素。

如上所述，期权是赋予其持有者以特定价格在约定日期或约定日期之前按约定价格买卖某种资产的权利的一种合约。例如，房产期权赋予期权的买方在2013年1月第三个周三之前的某个周六或该周六之前的任何时间用100万英镑购买该房产的权利。期权是一种单方面的金融契约，因为，它给予买方的是进行某类交易的权利而非义务。因此，若某一交易合算，期权的买方会执行期权，否则，买方仅需不行权而已。要获得这种优势，期权的买方必须支付预付费用即期权费。

与期权相关的术语众多，以下是几个最重要的术语：

(1) 行权。行权是按照期权合约规定买卖标的资产的行为。

(2) 行权价或执行价。行权价或执行价是指期权的持有方按照期权合约规定买进或卖出标的资产的价格。

(3) 到期日。期权的最后期满日即为期权的到期日。到期日之后，期权作废。

(4) 美式和欧式期权。美式期权可在到期日之前的任一时间行权。与美式期权不同的是，欧式期权只能在到期日行权。欧洲和美国均能进行这两类期权交易，但两者容易形成望文生义的混淆——这实在是不好意思。

最常碰到的期权是看涨期权，看涨期权赋予其持有者在特定时期内按约定价格买入某种资产的权利。在交易所内交易最为普遍的期权是以股票和债券为标的资产的期权，期权所对应的标的资产通常是普通股。

假定在伦敦证券交易所可以购买标的为上市公司 XYZ 的股票的看涨期权，

XYZ 公司本身并不发售其普通股的看涨期权。实际上，XYZ 公司普通股看涨期权的初始创设人和买卖者是银行和富有的个人投资者。XYZ 公司普通股的看涨期权赋予投资者在 2013 年 7 月 15 日或在 2013 年 7 月 15 日之前的任一时间，以每股 12 英镑的价格购买 1 000 股 XYZ 公司的普通股。据此可知，如果 XYZ 公司的普通股价格在 2013 年 7 月 15 日之前或当日超过 12 英镑/股，则这一看涨期权对于投资者才有价值。

事实上，所有股票的期权合约都规定，行权价和买卖股数都应根据股票拆细（解释见下）和股票红利的发送情况进行调整。假定在期权购买当日，XYZ 公司的股价为 18 英镑/股，第二天该公司的股票每 1 股拆细为 6 股。这样，每股价格将降至 3 英镑，未来每股价格涨到 12 英镑以上的可能性就变得极其渺茫。为保护期权持有者免遭此类事件的损害，看涨期权通常要根据股票拆细和股票红利派发进行相应调整。在 1 股拆分为 6 股的情形下，行权价将降至 2 英镑（12 除以 6）。此外，期权合约规定的标的股票数量也由 1 000 股变为 6 000 股。但请注意，XYZ 公司向股东支付的现金红利不做任何调整。这类不调整显然损害了期权持有者的利益，尽管在购买期权之前，投资者应当了解期权合约的具体条款和公司派发红利的可能性。

著名的布莱克－斯科尔斯模型由三位美国经济学家构建，它可为欧式看涨期权定价。除费希尔·布莱克和迈伦·斯科尔斯之外，罗伯特·默顿（Robert Merton）为期权定价理论和模型的细化作出了重大贡献。费希尔·布莱克于 1995 年去世，故而，1997 年的诺贝尔经济学奖只能授予迈伦·斯科尔斯和罗伯特·默顿，以表彰他们对期权定价的突出贡献。因为，诺贝尔奖依例不能授予已故人士。读者诸君无须为下文述及的期权定价模型而烦恼，可直接跳至下一个自然段，只要知道有个期权定价模型即可。倘有读者乐于探寻，那么布莱克－斯科尔斯模型可表达如下[13]：

$$C = SN(d_1) - Xe^{-rt}N(d_2)$$

式中：$d_1 = \dfrac{\ln(S/X) + (r + 1/2\sigma^2)t}{\sqrt{\sigma^2 t}}$

$d_2 = d_1 - \sqrt{\sigma^2 t}$

看涨期权费 C（即为购买看涨期权而必须提前支付且不退还的一笔费用）的公

式推导是金融学中最复杂的内容之一，但它仅涉及五个变量（inputs）：

S ＝ 当期股票价格

X＝ 期权的行权价（部分学者和教科书中使用符号 E 而非 X 来表示此变量）

r＝ 以连续复利计算的无风险收益率（年化收益率）

σ^2＝股票连续收益的（年）方差

t＝ 到期期限（以年为单位）

此外，还有一个统计学概念：

N（d）＝一个标准的正态分布的随机变量值小于或等于 d 的概率

接下来，还有一个数学常数 e（也被称为欧拉常数 t），它等于 2.71828，它和数学常数 π 有点类似，但不如 π 那么广为人知。

在现实中，期权交易者知道 S 和 X 的准确值。交易者通常将国债视为无风险债券，因此可获得网上实时报价利率（作为模型中的无风险收益率）。交易者还准确地知道（或计算出）到期天数，因此，可以迅速计算出以年为单位、用分数式表示的到期天数 t。唯一的问题就在于如何确定股票收益的方差，模型所要求的收益方差必须是估值日与到期日之间的方差。但不幸的是，这就必须知道股票的未来收益，同时，方差的未来价值现在无法获知。于是，交易者们经常依据过去的数据来估计收益方差。此外，有些交易者凭直觉来对他们的估计进行调整。例如，如果预期某个即将发生的事件会加剧当前股价的波动，交易者就会提高他们对股票收益方差的估计，以反映这一预期。1987年 10 月 19 日股市崩盘后，这一问题事实上是十分严重的，崩盘的惨痛后果致使人们认为股市的风险极大。因此，使用崩盘前的数据进行方差估计，所得结果就显得太小。

在输入变量（inputs）一定时，使用上述公式可计算期权的价值。该公式引人入胜之处就在于其中的四个输入变量可以观察得到：当前的股价 S、行权价 X、利率 r 以及到期期限 t，只有收益波动方差 σ^2 需要进行估计，上一自然段对此有粗略探讨。

现在换一种思路来考察期权估值，看看哪些变量无须考虑。首先，投资者的风险规避倾向不影响期权价值。任何人都可以运用该公式，无论他是否愿意承担风险。其次，这个公式无须考虑股票的预期收益，而不同投资者对股票的预期收益有不同的判断。

布莱克－斯科尔斯模型中的假设条件十分重要，必须详加分析。其中，最后一项假设尤为重要：

(1) 对卖空没有任何惩罚或限制；

(2) 没有交易成本和税负；

(3) 期权是欧式期权；

(4) 股票不支付红利——但如有必要，可随时调整模型，以纳入红利因素；

(5) 股价没有出现跳跃（跳空或跳高），价格变动是连续的；

(6) 市场运行是连续的；

(7) 短期利率已知，且为常数；

(8) 股价符合对数正态分布。

布莱克－斯科尔斯期权定价模型被公认为金融领域的最大贡献之一，但也存在很多批评——其中一些批评还很尖锐。为何如此呢？答案嘛，请注意上述重大假设中的最后一条——股价必须符合正态分布。我们在前文已经阐明，正态分布与金融市场的运行实际严重不符，这个模型仅在理论上特别出彩。这一模型与大多数时期的金融市场契合良好，但当金融市场陷入紧张、困顿时，它的表现同样令人失色。事实上，在危机时期，它像巧克力架一样一无是处。对布莱克－斯科尔斯模型提出最尖锐批评的两位知名学者是塔勒布[14]和特里亚纳[15]，他们两人的著述都值得一读。他们都指出，在危机时期或恐慌时期，正态分布根本不能描述市场波动。

我们对期权的简要评述告一段落。现在转向考察金融理论中的一些异象，考察的重点是那些金融理论和金融实务发生严重偏离的现象。

10.9 行为金融学

我们现在介绍金融经济学领域的新兴分支——行为主义。金融学和经济学领域的行为学分支运用社会的、认知的和情绪的因素分析投资者和债务人的经济决策，以及这些决策对价格、收益和资源配置的影响。行为科学的范式有机融合了心理学的洞见与金融学理论。

行为金融学主要研究一系列市场低效现象，以及这些低效现象经由可能伴随的泡沫和崩溃，对市场价格反应过度和反应不足的影响。这些影响大多可归因于有限注意力、过度自信、过度乐观和羊群效应（即追随市场）。行为金融学的批评者们通常认为，行为金融学导源于且反映了一系列最终将通过定价而消失的异常现象。

例如，价值股（即市盈率更低，或股息率更高，或账面价值－市值比率更高的股票，参阅"术语汇编"）的市场表现总是优于成长股（即市盈率更高，或股息率更低，或账面价值－市值比率更低的股票）。如果市场对股票的定价是有效的，就不会出现这种趋向，也就是说，在现实中，价值股和成长股能够实现的事后收益是大致相当的。有效市场假说的支持者们则认为，价值股的超额收益是其风险更大的反映，但这种思维在豪根和贝克尔（Baker）的论文中没有得到证实[16]。

还有一些广被察知的异常现象。每年1月份的股票收益似乎一直（但不是永久地）高于其他月份，每个周一的股票收益又似乎低于同周的其他交易日。其他异常现象还包括公司新信息发布后股票投资者的反应行为，其基本趋向是股价对出其不意的新信息——不论是利好信息还是利空信息——反应不足。换句话说，在股价完全反映这一信息之前，投资者会等待后续的确认性证据。类似地，新股发行中也存在异象，投资者在IPO时抬高新股认购价格，但新股上市后股价通常会大幅回落（虽然并非总是如此）。

心理学家注意到，在进行金融决策时，投资者不愿承担损失。投资者并非单纯地仅仅关注他们所持有资产的当前价格，而且彰往察来，分析他们的投资是否会有损益。因此，理性的投资者在做出买卖决定时，会同时关注当前的股价和未来的前景，过去的股价应当毫无参考价值。投资者的认知偏差是前景理论的基础，前景理论指出：第一，价值投资者将根据他们自买入某种资产以来已经招致的收益或损失，来设定一个具体的投资收益；第二，投资者厌恶承担风险，哪怕是微不足道的风险。

心理学家还发现，在评估未来结果时，投资者通常会反观过去的事件，并过于看重少数具有显著代表性的事件。投资者的另一种心理偏差是过度自信，多数人都认为自己的驾驶水平优于常人，多数投资者也认为他们在股市的投资能力高于平均水平。对彼此之间进行交易的投机者而言，并非所有人都能从一次交易中获利，但投资者对自己的交易技能充满自信，从而打算继续进行交易。过度自信突出表现在人们在做出决断时所展现的确定性上，或许正是这种确定性导致投资者对自己的判断和技能过于自信，从而促成了过度交易。

心理学家们对投资者行为的研究发现，可简要总结为如下要点。

（1）锚定效应。在进行评估尤其是量化估计时，投资者的判断易受历史事件的影响，投资者对股票的估值会因既往股价而摇摆不定，这就导致他们低估新信息公告后的影响。锚定效应与前景理论相符，参阅上文。

（2）保守主义。投资者总是不愿改变他们的观点，即使他们已经获得相关的新消息。对于利润异常高的投资对象，投资者最初总是反应不足，他们通常需要得到持续的正向的盈余惊喜，才会改变他们的观点，同样的分析也适用于股市下行时期。

（3）狭窄框架效应。投资者通常形成并恪守一种固定的评价框架。这样的投资者自限视野，眼界不宽。贝纳茨（Benartzi）和塞勒（Thaler）[17]的研究表明，这种框架偏差导致投资者规避股票投资，青睐无风险的政府证券，从而错失了股票投资的潜在高收益。

（4）过度自信。过度自信可能是由自我归因偏好引起的。投资者总是把成功归因于自己才智过人，而将失败归咎于运气不好。过度自信或许是过度交易的原因之一，因为投资者们相信他们可以战胜市场——参阅巴伯（Barber）和奥登（Odean）[18]的论文。而且，入市新手甚至比行家里手更加自信他能战胜市场。

（5）偏执偏差和认知失调。人们喜欢搜集能够证实他们现有观点的信息，经常忽略与自己的观点相悖逆的信息。这种偏执偏差与认知失调紧密相关。认知失调是投资者在证明自己的观点并非100％正确的证据出现后，竭力搜寻证实类证据、摒弃悖逆类证据的过程中所经历的内在冲突。2007年，很多投资者偏执地忽略资产价格将大幅下跌的论断。

（6）后悔厌恶。心理学家认为，投资者们宁愿放弃唾手可得的利益，也要避免零星半点的失败感。因此，投资者过多地承受了害怕后悔这种心理的负面影响。

（7）可得性偏差。投资者以及普通大众一般会因易见性或易记性，特别关注某一特定事实或事件，从而舍弃了更为宽广的观察视野。因此，火车相撞事故发生后，人们通常会多开汽车、不坐火车。但更为宏大的统计图景是，乘坐火车旅行比自驾旅行更安全。类似地，在金融市场上，投资者们总是过度关注新近发生的重大新闻。

（8）代表性偏差。代表性偏差是指人们仅以典型现象为依据进行判断，是人们观察实际并不存在的相同场景的心理倾向。1987年、2001年和2008年股市大跌时，有数篇文章以1929年和撰文之时的股指走势对比图为支撑，质疑这一大跌是否为1929年悲剧的再现。它们之间虽有相似之处，但并不代表大萧条将重演。然而投资者却过度注重这些相似之处，对其他迥异的特征却关注不够。

（9）正反馈与外推性预期。市场泡沫在一定程度上应归咎于正反馈交易者的追涨杀跌行为。他们对资产价格形成了外推式预期。在金融危机的蓄积时期，房地产价格出现了这种趋向。

（10）模糊厌恶。当投资者觉得他们没有掌握足够的信息量时，他们就会过度恐惧。一旦认为掌握了足够的信息量，他们就会赌一把。

（11）概率误判。心理学家发现，人们总是不能计算出最可能结果、最不可能结果的发生概率。

行为金融学领域的开山之作是卡恩曼（D. Kahneman）和特维斯基（Tversky）[19] 撰写的论文和塞勒[20]的著作，而谢弗林（Shefrin）[21]、施莱夫（Shleifer）[22]和蒙蒂尔（Montier）[23]则在他们的著作中对行为金融学作了精辟概述。

在研究投资者心理时，也要关注群体行为。原因何在呢？那是因为人们在群体中的行为异乎寻常。在群体中，人们会做出独自不会做出，或仅与少数几个朋友相处时不会出现的举动。群体行为是情绪化而非逻辑化的，去看场俱乐部的足球比赛——观察一下群体的表现。看到了什么？情绪值为15，逻辑性为0。

一般认为，经济决策的基础是个体行为理性。根据这个假设，整个市场变动应是众多理性参与者买卖决策的总和。然而，我们观察某些市场可以发现，它们有时表现得更像一个群体；此时，理性就不那么明显了。倘若据此认为市场总是呈现出群体行为特征，那很可能也是错误的。市场有时很平静，有时又很疯狂，在后一情形中，我们更有可能看到群体的本能。

说到赚钱，交易员们特别擅长发现"小镇最好玩的游戏"，然后加入其中。他们和普通大众共同买卖同样的资产，这就促使资产价格上下波动，波动的方向取决于整个群体的行动。群体行为可以放大市场的波动，可以创造出价格上扬或下降的动量。

银行的交易员们当然也会随大流，但他们还想多拿奖金。从他们的个人观点来看，这是理性的。然而，这也有可能恰好导致约翰·凯在剪报 6－1 所描述的那种情形——汽车追尾会带来种种内在风险。这些风险累积到一定地步，演化为危机时，银行可能会破产。这似乎是自私自利的另一个例证：除交易员获利外，其他人一无所获。其原因在于，银行的奖金制度会因短期利润高而大肆犒赏，却不能因究问亏损而追回奖金。

值得注意的是，行为金融学倡导者的研究成果似乎增进了那些与理性经济人假设几乎不相容的各种理念。在经济学理论中，这一假设的含义是个体理性地确定个人目标，并采纳与这些目标相一致的各种决策——这就是经济人的全部要义。

10.10　结论

讲授金融学理论必须留有余地，应用时则须谨小慎微。尽管有大量的经验证据表明演绎式金融理论漏洞百出，但仍有很多学者以不容置疑的态度向学生灌输：金融市场青睐现金流甚于收益，西方国家的股市是半强式有效市场，资本资产定价模型的应用效果良好，以正态分布为基础的估值模型反映了市场的运行方式，基于理性经济人假设的各种主张仍然靠谱。规范性理论（即事物应该如何）在任何学科的研究中都享有极高的地位，但实证研究（即事物实际如何）也理当如此。金融学的讲授常常缺乏对市场实际的充分观照，也忽略了大量与演绎式理论相悖的实证论据。原因何在呢？也许是某些人的确对这些经验发现一无所知，也许是众多商学院过分强调了照本宣科地赞颂银行和银行业的学生培养导向。此外，或许正如波斯纳（Posner）[24]所言，"金融学教授和金融业之间存在狼狈为奸的一面。如果金融学教授们痛斥金融业并主张加强监管，他们就会成为害群之马，丧失令人艳羡的金融顾问资格。这种利益冲突可能导致一些经济学家为一己之利而不愿穷追猛打。"波斯纳通过观察继续指出，"别指望那些被房地产公司或银行延聘的经济学家会谈论房地产泡沫或信贷泡沫。"在彼此勾结的基础上，有效市场理论之类的传统教义才有可能满足右翼意识形态的各种需要，右翼意识形态认为，既然市场可形成无偏的价格，中央银行就没多大必要去抑制泡沫了，因为市场价格会对公司、经济和政治新闻做出无偏的反应。同时，由于有效市场中的市场价格是无偏的，金融监管也没必要进行重大改进了。这毫无疑问是个值得探讨的话题，对此话题及其他一两个问题，剪报10－1中有引人入胜的描述。

剪报10－1　　　　　　　　　　　　　**《金融时报》**2010 年 3 月 15 日

贝尔斯登倒闭的若干教训

约翰·卡西迪

两年前的一个周日，美国财长亨利·保尔森致电贝尔斯登首席执行官艾伦·施瓦茨，告诉他大势已去。"艾伦，你们现在得靠政府了，"他说，"否则，你们就只能破产了。"信贷危机由此步入风起云涌的悲壮阶段。24 个月过去后，许多代价高昂的教训值得铭记。

第一，杠杆是毒药。2008 年 3 月，贝尔斯登以大约 110 亿美元的有形股权资本支撑着 3 950 亿美元的总资产，杠杆倍率为 36。数年来，这种不计后果的融资使得这家公司实现了大约 33％的利润率和 20％的股本回报率。但在市场逆转时，这种做法却让贝尔斯登葬送了资本、失去了意愿放贷者。随后几个月，同样的故事又在其他数十家银行和非银行机构上演。

去年，20 个主要经济体一致同意施行更高的资本金比率要求，但它们迄今仍未发布任何数据。从官方的角度看，"巴塞尔守护神"即巴塞尔银行监管委员会仍在履行职能。从非官方的角度看，美国财长蒂姆·盖特纳对最高杠杆比率心中有数。最终发布的相关数字必将揭示有关当局在防止未来崩溃上的态度是否严谨认真。

第二，嘎嘎叫的是鸭子。短借长贷（或投资）的是银行。表面上看，贝尔斯登和雷曼兄弟是投资银行，华盛顿互惠银行（Washington Mutual）是一家储蓄贷款银行，美国国际集团是保险公司，通用汽车金融服务公司和通用电气金融服务公司是实业集团的附属机构，联邦储备基金是货币市场共同基金。但实际上，所有这些机构都在发行货币或准货币，积累流动性很弱的资产，它们在面临债权人挤兑时脆弱不堪，因此，监管机构应对它们一视同仁地实施监管——像监管银行一样。不遵守这一原则必将导致监管套利和更多的机构倒闭。

第三，市场并非总是有效。有必要重申这一教训吗？恐怕是的。近年来，自由市场理念已经展现了神奇的自我复活能力，而且，总有一些强大的利益集团热衷于假借亚当·斯密和弗里德里希·哈耶克令人振奋的警句来掩饰它们的自私目的。

第四，大银行就像核电站。它们提供了颇具价值的服务，比如将资本由储蓄者手中导向企业家。但有时，它们也会倒闭，从而危害其他经济部门，并迫使政府动用巨额纳税人资金来收拾残局。

回首往事，解决这一问题的办法是显而易见的：加强监管以降低倒闭的可能性，向金融机构征收专门的"污染税"以弥补倒闭诱致的成本。美国总统巴拉克·奥巴马日前就提议征收此类税收，戈登·布朗主动请缨将这一提议转化为全球倡议。这是有史以来第一次，一个好理念有望促成重大进展。"负外部性"概念的提出者、经济学家阿瑟·塞西尔·庇古一定在天国领首微笑。

第五，统计模型就像比基尼：裸露之处让人想入非非，但包裹之处才是关键所在。纽约柏鲁克学院已故（但政治上错误的）教授埃伦·莱文斯坦（Aaron Levenstein）也如是说。在华尔街和伦敦金融城，比基尼是以"在险值"模型的形式出现，该模型假定投资者（和抵押贷款持有者）就像在加热的罐子里四处随机碰撞的大量分子。这些神奇的数学玩意儿的奇妙之处在于：你不需要时，它们非常管用；你需要时，它们就毫不管用了。

白芝浩（Bagehot）和凯恩斯都是正确的。在金融危机期间，中央银行的作用是在其他机构拒贷时贷放货币。在经济衰退期间，政府必须刺激需求。采取这一举措后，从华盛顿到法兰克福再到北京的各国当局成功阻遏了此次大衰退进一步演化为另一场大萧条。

第六，寻租并不创造财富。金融企业赚取的部分利润是从其他群体那里攫取的经济租金。这些群体包括积极管理基金的投资者、被私募股权集团接管的公司职员，以及最终为过度风险承担行为买单的纳税人。2008—2009 年英国银行业遭受的损失，吞噬了 2001—2007 年该国银行业创造的经济增加值（工资、薪金和毛利润）的一半左右。

一个世纪前，英国激进思想家霍布森和霍布豪斯声称，很多财富在一定程度上是由社会创造的，这就为国家将其中一部分财富重新分配给养老年金和医疗计划提供了依据。随着现代金融业的发展，新自由派令这一观点加倍正确：不仅银行家所创造的部分"利润"有赖于政府提供的隐性担保，他们用来冒险的许多资本的所有权属也是他人的。

由于强大的游说力量，金融业仍将阻止出台某些针对它们的业务限制，但银行家再也不会认为，对花旗集团有利者，必将有利于美国，或者，对苏格兰皇家银行有利者，必定有利于英国。无论如何，别再道貌岸然、义正词严了。

第11章 其他学术理论

11.1 引言

本章将介绍不同学科包括社会人类学和经济学的一两个理论。卡西迪[1]完美评述了经济学理论的范畴、经济理论如何影响金融危机以及金融危机如何影响经济理论。我们试图依据金融危机中与社会科学相关的若干事件，导入新的分析视角。本章开篇一节主要论述社会人类学，然后扼要探究一些经济议题，即自私自利、奖金和数理经济学，再阐述与熊彼特（Joseph Schumpeter）的创造性破坏理论相关的若干问题以及创造性破坏与金融危机的关系，最后评析了经济学家海曼·明斯基和奥地利学派（Austrian School）在解析经济周期时涉及金融的若干论述。

11.2 文化与顺从

吉莲·邰蒂（Gillian Tett）[2]在阐释金融危机的一部精彩著述中提到，苏格兰皇家银行是债务担保证券的激进投资者。她告诉我们，苏格兰皇家银行研究债务担保证券的统计学家罗恩·登布拉博（Ron den Braber）曾根据用做支撑的超级优先级债务（super-senior debt）敞口，质疑了该行采用的各种计量模型。邰蒂引述登布拉博先生的原话追忆道，"我开始说得很温和。在银行界，你一般不用'失误'一词，但我想说的确实事关重大。问题在于，银行界流行此类思维方式，存在这种群体思维，他们总是固守已知、循规蹈矩，他们不想听到坏消息。"不久，罗恩·登布拉博被迫辞职。同样的命运降临在彼得·莫瑞斯（Peter Moores）身上，他是哈利法克斯银行的集团风险管理部部长，对该行持有英国住房市场资产敞口多次表达过风险担忧。

如果真的出现问题了，那又有多少银行或其他企业的董事会将低估自身损失以及后续资金需求呢？加尔布雷斯[3]提醒我们，"利益相关者会拼命维护并一直维持这些令人愉悦的场景，以确保让他们发财致富的环境合理化。同样地，为维护这一场景，还必须有意忽略、刻意打压、共同谴责那些表达怀疑的异见者。"

在罗恩·登布拉博的言论中，最让人感兴趣的是对群体思维的评论。这种特质在创建共同文化中或许很有价值。然而更多时候，基于群体思维选拔的高管团队有助于形成默契，但会造成无人挑战既有规制的沉闷格局。的确，许多公司在招募新人、提拔职位中均倡导这种类群模式。为阐述最终成为信用违约互换的金融创新的缘起，邰蒂在其大作的第 1 章第 1 页特地向读者介绍了J. P. 摩根银行纽约、伦敦、东京分行几十位年轻银行家的一次聚会。这次聚会在佛罗里达州金色海滩的博卡拉顿酒店举行，它是一场群策攻关会，它为信用违约互换的诞生迈出了突破性的一步。邰蒂补充道，一些年轻银行家对那个周末仅有混沌模糊、酩酊大醉的记忆。但这次集会也是凝聚智慧的联谊会，播下了共同行动、一致服从和加强合作的种子。男人之间的友谊通常建立在共同的志向上，而不是建立在情感分享上，后者则是女性之间友谊的明显特征。群体中权势最大的顶尖人物通常被推举为业界大佬，J. P. 摩根银行在博卡拉顿酒店举行的建言献策会印证了这一现象。

在工商业界，一致服从、同类背景、共同的思维模式以及没有挑战值得推崇，但也可能极其危险。苏格兰皇家银行和哈利法克斯银行的风险管理官对银行的潜在稳定性提出了质疑，却落得被迫离职的下场。《华尔街》、《致命圈套》

和《拜金一族》等电影虽改编自小说，但人们仍能从中理解那些集违法钻营、一致服从和贪婪于一体的骗局行为。当然，小说通常源于现实。在银行业供职，潜在奖金丰厚，且与工商管理硕士（MBA）和大学同僚共事，故而挑战这一职业到底有多大吸引力，自然就不难想象。因此，很多人为实现这一待遇优厚的目标而甘愿屈从。所罗门·阿希（Solomon Asch）[4] 的试验，史丹利·米尔格拉姆（Stanley Milgram）[5] 的服从权威人物试验，以及斯坦福大学黑尼（Haney）、班克斯（Banks）以及津巴多（Zimbardo）[6] 教授组织的监狱试验（Stanford prison experiments），均证实了人们会轻易陷于顺从陷阱。所有这些试验曾饱受批评，但它们对人性阴暗面的诸多启示却是显而易见的。从最极端的情形看，希特勒的纳粹德国充斥着这类阴暗心理。

在妙趣横生的一项投资银行文化研究中，社会人类学家卡伦·荷（Karen Ho）[7] 力图考察华尔街的经营行为和思维方式，并得出结论。为此，她借鉴了皮埃尔·布迪厄（Pierre Bourdieu）[8] 的各种理念。布迪厄提出的"习性"概念认为，一个群体会形成一套性情系统，一种塑造行为规范、创建社交世界的方式。吉莲·邰蒂[9] 在评述卡伦的著作时指出，习性是社会为规范自身秩序而据以建立认知图谱的一种方式：它基于实际经验，但社会成员对此知之甚少，因为他们没有必要定期反思其行为和信仰。卡伦·荷在其研究中，将"习性"理解为观察投资银行家们如何将各种投资银行习惯发展为一套约束他们行动并授权他们从事影响公司化美国（亦即华尔街）的各种交易的经验规则。她力图揭示，投资银行家的背景和思维过程如何与其公司职位、工作经验相融合，从而塑造了人们对华尔街工作风格、分析方法和客户推介的理解。她发现，从顶尖大学里招聘并被视为聪明绝顶的投资银行家进入华尔街职场后，职位极不安定，工作强度极大，因此业绩补偿的回报也极高。她进一步指出，华尔街的工作环境因频频裁减享有特权的投资银行家而臭名昭著，即便在牛市时期，一年也会数次裁员……然而，华尔街的投资银行家们深知，在声名狼藉的不稳定工作环境中必须持续创造业绩，这种必然性是一种挑战，而不是义务。那些仅从常春藤院校以及麻省理工学院、斯坦福大学等同类高校招募的银行家们，被训练为自视出类拔萃者、最具睿智者。对他们来说，高密度的交易可以彰显他们的聪明才智和超群优势，也是他们应对焦虑浮躁环境的有效方式。由于拥有文化资本、广泛的精英网络、严密的高额补偿结构，……投资银行家们通常能在下一轮复苏来临前平安度过各类危机，或成功征服（和制造）各类危机。

卡伦·荷对华尔街的人种学分析促使她融入特定背景，客观中立地聆听，然后得出结论。毋庸置疑，社会人类学家不可能完全客观地认知世界。尽管如此，她饶有趣味地描述了前台精英支配中台、后台精英的投资银行隐性等级体制，描绘了校企关系网络的逐步形成，讲述了银行家为自身显赫地位而陶醉，却被自身的巧言令色所蒙骗的精彩故事。

卡伦·荷通过观察得到的研究结论是，"正是投资银行家的特权主体性——他们的精英背景、履历以及层级代理制——赋予他们权势，并使他们合法地凌驾于低效的美国企业。由于华尔街组织文化的浸染，投资银行家们形成了特殊的性情，这就促使他们从事高密度的做市交易，积极进行市场回应，以此彰显自身优越性。但这些行为取决于持续的全球吹嘘、营销以及杠杆操作，以实现增长，成为主流。华尔街的金融意识形态和各类交易必然造就华尔街引领的金融繁荣，但在承诺落空、股东价值暴跌、资本掏空且未重新做实的累积重压下，这些意识形态及交易终将从内部坍塌。"她在最后一段写道，"很明显，美国投资银行的做法产生了全球涟漪效应，并且塑造了极不平等的、新的世界秩序。2008年的全球金融危机带来的震动是否足以逆转华尔街等金融机构的权力关系，仍有待观察。"

显然，主体性的各元素必须贯穿此类分析。然而，即便荷的所有观察和结论不能让人信服，也不能无视这项有趣而具洞见的研究。

史蒂夫·弗雷泽（Steve Fraser）[10]的著作《华尔街文化史》解析了不同时期的华尔街文化。刘易斯[11]、帕托尼[12]、安德森[13]、石川（Ishikawa）[14]、普雷斯顿（Preston）[15]和奥嘉（Augar）[16]等人的著作精辟阐述了在"以自我为中心"的时代，在巨额奖金刺激下的投资银行交易台文化。他们认为，这种文化是几乎不考虑或毫不顾及交易对手的利益而大赚其钱的文化，是一种按照每日早盘例会决定的策略进行交易的文化，是一种不从客户的立场质疑交易的合理性，甚或从不考虑一笔交易对投资银行本身有无价值的文化。交易员们仅需到时遵照投资银行制定的明确策略，全身心地关注当时交易账户上的盈利性及其内蕴的奖金含义。《每日电讯报》的"艾利克斯专栏"对投资银行家行为方式的论述兼具趣味和教益。

莱勒（Jonah Lehrer）[17]指出，大脑如何应对金融市场变化的最新研究表明，神经（即与神经系统有关）信号与投资决策密切相关，神经信号来自大脑中多巴胺丰富的区域，这些区域专司学习和应对假设情景。考虑这一情景。一位交易员决定用10%的投资组合豪赌市场。该交易员发现市场大涨后，学习信号开始出现。交易员乐见其利，但多巴胺丰富的脑细胞却专注于已错失的利润。当初为什么不多投资一些呢？由此催发了后悔意识。结果看来就是，交易员根据市场起落——市场动向或趋势调整自身投资策略。在市场繁荣时，市场参与者追加投资，不进行投资只会更后悔，这些信号是催生金融泡沫的主因。当市场持续上升时，投资者掷入市场的投资额不断加大，他们居安而不思危。最后，泡沫终将破灭。此时，大脑会意识到它犯下了一些代价昂贵的预测失误。投资者抛售价值不断缩水的资产，若其他投资者纷纷仿效，金融恐慌四处弥漫。参阅剪报11－1和剪报11－2。

剪报11－1   《金融时报》2009年11月25日

荷尔蒙与金融交易

约翰·科茨（John Coates）

与野生动物一样，男性交易员在睾丸激素水平升高时，会更加冒险。我和同事们在研究中发现，这种荷尔蒙水平的适度上升将提高"高频交易员"的盈利水平，但过高的睾丸激素水平将导致交易员过于自信和冒险，将他们异化为"宇宙的主宰"。

但此前我们无法断定，睾丸激素之所以具有这种有益的作用，是因为它提高了交易员的技能，还是仅仅因为它增强了交易员的风险偏好。

在今日发表于《公共科学图书馆·综合》（PLoS ONE）的一篇研究报告中，我们指出，睾丸激素与交易技能基本没多大关系。睾丸激素含量较高的交易员的确更擅长高频交易，但这是因为他们冒了更大的风险。根据"夏普比率（Sharpe ratio）"（详见下文），睾丸激素与交易技能毫不相干，仅靠这种荷尔蒙是不够的。

要说明这一点，首先必须说明如何判断一名交易员是凭借技能还是运气来获利，这是银行和对冲基金在配置资金和分配奖金时必须解决的关键问题。

交易主管通常把技能等同于交易员的盈亏（损益）。这种衡量方法简单易行，但也具有误导性和危险性。仅凭一名交易员赚进1亿美元这一点，我们无法判断他的技能，除非我们知道他冒了多大的风险：要是他也同样轻易地亏掉5亿美元呢？

要区分一名交易员的技能与勇气，更好的方法是看夏普比率。夏普比率衡量投资收益的稳定性，它是盈利与盈利波动性之比率。波动性（也即风险）越大，夏普比率越低。如果一名交易员赚了1亿美元，但盈亏波动达到5亿美元，他的夏普比率就会很低，为0.20左右；如果一名交易员赚了1亿美元，但盈亏波动较小，大约为1亿美元，他的夏普比率就会较高，约为1.0。

我和同事莱昂内尔·佩奇（Lionel Page）研究了2005—2007年间一组男性高频交易员的夏普比率。在他们当中，资深交易员的平均夏普比率为1.02，远高于基准股指德国DAX指数的夏普比率（平均为0.53）。另外，这些交易员在2008年仍在赚钱，同年，许多银行和对冲基金赔光了既往5年的全部收益。

我们本以为，睾丸激素含量可能会预示交易员的夏普比率，其实不然。睾丸激素含量所预示的是交易员承担风险的大小，而非技能高低。

这些交易员如何利用高睾丸激素/高风险的交易风格，获得较高的夏普比率？我们发现，交易员的夏普比率会随着他们从事交易年头的增长而显著上升。他们头一年的夏普比率接近于零，次年的则与DAX的夏普比率相当。经验最丰富、进入第12个执业年份的交易员的夏普比率接近于2.00。到底是交易员越来越出色，还是雇主在不断淘汰夏普比率低的交易员？我们发现，在两年的样本期内，交易员的夏普比率大幅提高。这表明，他们在不断学习如何提高单位风险的盈利。

交易员所在公司的薪酬计划激励他们学习。按年发放奖金的银行所吸引的，或许是喜欢冒险的交易员，而非行事谨慎的交易员。我们所研究的交易员仅拿利润分成，因此如果他们给公司造成了亏损，那就无异于自砸饭碗。因此，这些交易员具有降低自身收益波动性的强烈动机。

说句题外话，学习，就像出色的业绩一样，并不符合有效市场假说。根据这一假说，市场是在随机游走的，你无法学习市场交易技巧，就如同你无法提高抛币技能一样。我们的数据表明，市场实际上不是随机游走的。

更有价值的是，我们的数据还表明，银行可以根据随时间推移而不断提高的夏普比率，来判断一名交易员是否掌握了与薪酬相称的技能。交易员需要具备较高的风险容忍度——这可从他在出生前的睾丸激素水平来预测，但就像体育项目中的高度或速度一样，如果缺乏适当的训练和管理，这样的风险容忍度或许并不足取。与体育运动一样，交易活动中的生物学因素有赖于经验之手的指引和合理的激励。

剪报 11—2　　　　　　　　　　　　　　　　　《金融时报》2009 年 11 月 26 日

有毒资产背后的根本文化问题

唐纳德·麦肯齐（Donald MacKenzie）

在处于信贷危机核心的全部有毒资产中，由资产担保证券（ABS）所构成的债务担保证券（对业内人士来说就是 ABS CDO）现已证实是危害最大的一种资产。

它们就像俄罗斯瓷娃。CDO 即债务担保证券，是指将资产池打包，然后根据池中的现金流出售不同档级证券的一种工具。在 ABS CDO 中，每项标的资产本身就是一种档级的资产支持证券，后者则是一个已经打包的工具，它最常见的标的资产是规模很大的抵押贷款资产池。到 2005 年，ABS CDO 已经成为满足风险档级更高的抵押贷款证券这一需求的主要来源，国际货币基金组织统计，截至 2008 年 8 月，此类"俄罗斯磁娃"工具的损失总额达 2 900 亿美元，是全球金融危机的所有损失中最大的单类损失。

为什么 ABS CDO 危害如此之大？过去的 10 年里，为进行金融市场的社会学研究，我采访了很多市场参与者。一个令人惊讶的事实是，不同的参与群体对金融工具的理解方式大不相同，而且每个群体都有自己的"估值文化"，都有自己理解和评估金融工具价值的独特方式。

ABS CDO 跌入两种估值文化的鸿沟之中。ABS 专家和 CDO 专家都有丰富而复杂的方法来理解金融工具，这些方法过去不同，现在依然迥异，但 ABS 和 CDO 是结构极其相似的金融工具。

此类估值文化的差异具有诱惑性，因为可以从中赚钱——也就是套利。通常情况下，这需要采取现代形式进行古老的低买高卖操作，即在一种估值文化中低买，再在另一种估值文化中高卖。将 ABS CDO 用于套利是（特别是评级机构）运用 CDO 文化中的若干技巧对 ABS CDO 进行估值时的无心偶得之举。这些技巧原本是为了分析另外一种 CDO，这种 CDO 的标的资产是银行提供的公司贷款或公司发行的债券。

评级机构采用的模型方便了 ABS CDO 的创设，这种 ABS CDO 仅以低投资级别（BBB 或 BBB－）的抵押贷款证券为标的资产，但大多获得了 AAA 评级。这种套利并不是魔术或点石成金的魔法，而是基于不同抵押贷款证券之间的相关性水平相当适度的假想效应——它们之间的相关度高于公司贷款或公司债券的预期水平，但仍不太高。大家都知道，任一特定的 BBB 或 BBB－档级证券出现违约是完全可以预见的，但 ABS CDO 可以容忍数量有限的此类违约。更为关键的是，各种估值模型均假定，大规模违约是不可能的，故而 ABS CDO 可以获得 AAA 评级。这就极像抛币的概率：抛币 1 次，完全可能正面朝上，但分别抛币 20 次，每次都正面朝上就极不可能了。

回首过去，灾难的链条清晰可见：ABS CDO 助力放大了抵押贷款证券的风险，这些证券反过来方便了风险更高的抵押贷款发放，但当时尚无法看清这一点，因为 ABS CDO 陷入两种估值文化的夹缝之中。例如，ABS 专家对美国抵押贷款及其衍生的资产担保证券的质量不断下降自然深感担忧，但对 ABS CDO 的潜在危境却很少关注。那些以创设 ABS CDO 为主业的专家必须对此视而不见。一位受访者在接受采访时说，"所以，当你与他们（CDO 经理）交谈时，他们会抱怨 ABS 的质量……但他们必须完成 CDO 的创设任务，为了赚得佣金，他们必须购买 CDO。"

CDO 专家未能察觉日益增大的危险，这有很多原因。有些 CDO 专家瞧不起 ABS 专家，认为后者不精通数学，故而，ABS 专家对于美国次级抵押贷款制度的深刻理解没有引起足够的重视。在危机爆发前几个月，CDO 专家同样深感焦虑，但他们焦虑的重点是新产品的创新，而不是数量巨大的 ABS CDO——正如另一位受访者所言，"ABS CDO 是市场不胜其烦的构成"。估值文化之间的鸿沟既有危险性，又具诱惑性。要理解它们，我们不仅需要掌握经济学知识，更需具备社会学和人类学的分析功底。我们需要与人交流，需要理解他们的思维和算计，需要努力"深入他们的大脑"，需要考察他们的估值文化到底存在哪些差异。

这样做，我们还会探明那些引而不发的真相，了解那些心照不宣的假设，理解那些未及面晤的人士，进而洞察那些由此扩大的（估值文化）危险鸿沟。

11.3 利己主义

个人私利推动经济体系发展的思想可以追溯到亚当·斯密[18]的经典著作中。引用这位伟大的经济学家的原文，斯密发现，"人们几乎经常需要朋友的帮助，但指望他们纯粹出于好心帮助却是徒劳的……我们能够从屠夫、酿酒师或面包师那里得到我们的晚餐，不是因为他们的仁慈使然，而是出于他们自身利益的考虑。我们应该关注的不是他们的善心，而是他们的私利；同他们不要谈论我们的必需品，而是他们能够得到的好处。"因此，每位经济人只关心自身利益。如果他提供了某件物品，他必定会用这一物品换得另一人所有的物件，通常是钱，他再用钱进行交换，以改善他自己的生活。"每一件带入市场的商品会自然满足其实际需求。"商品供给适应需求而调整。在追求自身商业利益过程中，企业家恪奉利己主义原则。

当然，斯密并不认为这是各种可能世界中的最佳情景。他十分明显地同情工人阶级，他发现，"地租和利润吞噬了工资，（地主和资本家）两个上等阶层欺压下层民众。"他还对财富和收入的分配极为不满。他不信任制造商，因为它们"通常喜欢欺骗甚至欺诈民众，并在很多场合，既欺骗民众，又欺压民众。"他对商人谋求私利的手段的质疑充分体现在这段广被征引的语句中，"商业同行很少因娱乐消遣而相聚，但一旦相聚，必定以合谋抬价而告终……尽管法律不能阻止商业同行偶尔聚会，但不应为此提供便利，更不能鼓励此类聚会。"

1776 年斯密的巨著问世时，工业革命刚刚开始。詹姆斯·瓦特（James Watt）在此前七年发明了蒸汽机。萨缪尔·克朗普顿（Samuel Crompton）于 1779 年发明了走锭纺纱机（"骡子"纺纱机），爱德蒙·卡特莱特（Edmund Cartwright）在大约 10 年后发明了动力织布机①。1776 年恰逢美国发表《独立宣言》，美国取得约克镇的最后胜利则是 5 年后的 1781 年，它比法国大革命早了十余年，比《弗兰肯斯坦》的出版早了四十余年②。1751 年斯密第一次在格莱斯哥大学发表演讲后，世界发生了巨大的变化。他的一些教诲不再具有启迪意义，这不足为奇，但他有很多教导在两个半世纪后仍展现了神奇的魔力，这的确令人赞叹。而且，部分思想在经济学思想的演进中具有先见性。例如，斯密不再相信股份制公司会像小型私人企业那样去追逐私利、追求利润的理论。在股份制公司中，亚当·斯密发现，"这类公司的董事们管理的是他人的资金，而不是自己的资金，故而，不能指望他们像私人企业合伙人管理自己的资金那样，谨小慎微地管理他人的资金。像富人的管家一样，他们通常认为关注细枝末节有损主人荣誉，并极易因此而被豁免渎职之过。因此，在此类公司事务的管理中，程度不一地存在着疏忽大意和奢侈浪费。"斯密预见的是与所有权和控制权分离相关的理论吗？

所有权和控制权两权分离领域的著述由伯利（Adolf Berle）和米恩斯（Gardiner Means）[19] 倡导、阐发，并于 1932 年出版（1967 年修订）。根据斯密的个人私利观，伯利和米恩斯发现，"组织封建经济生活，必须依靠一套庞杂的约束性习俗体制，而在私人企业体系下，组织经济生活必须倚重于财产所有者的个人私利……。这种个人私利一直被视为经济效率的最好保障，其背后的假设是，如果个人有权以自认为合适的方式使用自己的财产，并收获财产使用的全部成果，那么，他对个人财富和利润的追求，就可用于有效激励他充分利用他所拥有的任何产业资财。"

---

① 爱德蒙·卡特莱特（Edmund Cartwright）于 1785 年发明动力织布机——译者注。

② 《弗兰肯斯坦》的全名是《弗兰肯斯坦——现代普罗米修斯的故事》（中译本有《弗兰肯斯坦》、《人造人的故事》等），由英国诗人雪莱的妻子玛丽·雪莱于 1818 年创作，被认为是世界第一部真正意义上的科幻小说——译者注。

然而，在证券交易所上市的现代公司中，所有权（由股东拥有）和控制权（由董事及高管掌控）已经分离。伯利和米恩斯认为，在两权分离时，股东通常对公司日常事务不感兴趣，这样，由于股东不能完全、有效地参与经营、实施审议，公司日常事务的直接掌控者即管理层和董事，就能乘机利用公司资源牟取个人私利。这就意味着"财产所有者投资于现代企业，委托公司控制人打理其财富，从而变成了单纯的资本报酬的接收者……（公司股东）已经放弃了公司应以股东的唯一利益为经营目标的权利。"伯利和米恩斯的结论是，这种结构不能保证所有者获得最大收益。

所有权和控制权分离问题的核心是伯利和米恩斯提出的重大问题，即"我们是否有理由证实这一假设：现代企业的控制者也会选择为股东谋利？"这个问题的答案取决于控制者私人利益与所有者利益之间的权衡……如果我们假定追逐个人私利是攫取控制权的主要动力，则我们的结论必定是，控制者的私人利益有别于所有者利益，而且通常与所有者利益形成巨大冲突，并且，所有者一定会断然辞退此类追求一己私利的控制者团队。在很大程度上，他们的论断催发了董事的巨额薪酬和所谓的"股权激励计划"。在所有权和控制权分离的时代，股权激励计划的做法尤为盛行。

伯利和米恩斯的卓识极具前瞻性，并在其原著发表数年后仍具时效性。他们的研究结论是，"少数人掌控了大公司，他们拥有威力巨大的经济权势，这一权势会让众多个体获益或受损，可以影响整个地区，改变贸易趋向，让一个社区没落、另一社区繁华。他们所掌控的组织机构的影响力远远超出了私营企业的范畴"。21世纪头十年的金融崩溃当然与此相关。

所有权和控制权分离的命题及其后果是代理冲突的构成之一，代理冲突是指所有者缺位时由经理人充当代理人。1976年，詹森（M. C. Jensen）和麦克林（W. H. Meckling）[20]阐述了代理冲突对金融经济学中的启示。他们对代理冲突的主要假定是股东和债权人之间的关系，这两类投资者存在潜在利益冲突，是因为经理层可能会做出将由债权人的财富输送给股东的股利分配、融资、投资等决策。此类决策显然将让股东受益、债权人受损。例如，公司决定，借入数十亿欧元、向股东一次性支付巨额股息，这一决策必将富了股东、坑了债权人。此类触发股权价值飙升的事例不胜枚举。债券价格下跌既表明违约风险增大（从而公司付息还本总额将大幅增长），又反映一旦发生违约，债券持有者的收益锐减（剩余资产更少，无法满足债券持有人的求偿权）。

代理难题的另一个构成是，契约一方通常掌握了对手方毫不知情的相关交易信息。这类信息不对称地广泛存在于商业交易中。例如，企业的股东与经理层之间、证券的发行人与购买者之间、保险人与被保险人之间以及贷款人与借款人之间，就存在信息不对称。为解决信息不对称问题，人们逐渐创设了各种机制和各类机构，它们包括：利用银行家的声誉来确保所发证券的质量，使用评级机构的评级结果，以及旨在确保各方当事人均能在契约中充分表达相关主张的最大诚信保险合同。这些解决方案的关键之一是当事各方的声誉。若"守信方"准备利用内幕消息欺诈一无所知的对手方，则当事各方的声誉均受损。显然，金融危机暴露了大量此类难题——正如前述，至少评级机构存在此类问题。

追求私利的经济理念及其在现代公司的广泛应用催生了股权激励计划，也催发了绩效奖金。表面看来，股权激励计划合情合理。公司业绩改善了，则经理层和股东均受益。绩效奖金制同样有利于股东和经理层，也就是说，对委托人和代理人均有利。此即通常所言的目标一致性。我们现以华尔街和伦敦城的激励结构为例，对此进行考察。

11.4　超额奖金

考虑银行的以下交易。该银行在一项交易中获利 5 000 万英镑的可能性为 60%，损失 5 000 万英镑的可能性为 40%。从逻辑上讲，这样的交易结构意味着净利润预期为 1 000（60%×5 000－ 40%×5 000）万英镑，而且，根据期望收益，有关银行应该进行交易。

再考虑更复杂的交易，这是卡西迪[21]理论中的引例之一。这项交易有望盈利 1.5 亿英镑的概率为 98%，最终亏损 200 亿英镑的概率为 2%。在此情形下，银行的期望收益为－2.53（0.98×1.5－0.02×200）亿英镑，处在超过 1.5 亿英镑的负值区间，银行必定会放弃这笔交易。但是，如果我们同时假设，公司核心高管设计的薪酬套餐为年薪 50 万英镑加 5％的交易利润提成，结果会如何呢？如果公司高管从事这笔交易，则成功的概率为 98％，其薪酬总额为 50 万英镑的底薪加上 750 万英镑的奖金，也就是 800 万英镑。如果交易失败，银行将损失 200 亿英镑，但是公司高管仍能稳拿 50 万英镑的底薪。这种薪酬结构和一味追求一己私利，必然推动公司高管以银行的名义从事更大的风险活动。

显然，正是个人私利推动了此类对银行和股东绝非最优的决策，这绝不是经济学的失败，而是银行的内部控制体系和风险管理程序使然。但既然交易已经发生，就得有一位高级风险管理官出面作出解释，假设是雷曼兄弟的首席执行官迪克·福尔德（Dick Fuld）坐在桌子对面进行陈述。此外，只要债务－权益比率像雷曼兄弟（25：1）、美林证券（21：1）、贝尔斯登公司（28：1）一样高企，公司高管从事上述规模更大、风险更高之交易的动机就会更趋强烈。

前述奖金激励为公司高管从事过度风险承担，甚至用银行押注，提供了巨大的诱惑。很多奖金方案和股票期权计划也纵容公司主要高管依托公司资产价值，从事不对称的和杠杆式的豪赌。银行若投资利润丰厚，主要高管将赚得盆满钵满。如果投资蒙受巨大损失，则银行的股东会赔个精光，银行债务的拥有者和其他债权人将遭受巨大损失。一旦出现系统性风险，金融机构将得到纳税人的资金救助。按照阿克罗夫和罗默（Paul Romer）[22]的分析，这种要挟式救助无异于一种劫夺，在此劫夺过程中，薄弱的会计制度、松懈的金融监管、微薄的违规罚金怂恿公司所有者攫取超过公司价值的报酬，然后拒绝履行债务责任，从而诱发为追求利润而破产的行为。此类设计欠妥的激励结构在华尔街和伦敦城十分常见，依据各岗位的基本职责和实际绩效来制订薪酬计划和奖金方案的情形比比皆是。同样地，用阿克罗夫和罗默的话来说就是，"为追求利润而破产逐步成为比实际经济价值最大化更具吸引力的策略。倘若如此，则经济价值最大化的常规经济学，将被当前可得价值最大化的妖魅经济学所取代，而且，当前可得价值几乎就是银行的奖金方案"。有必要限制奖金数额的呼吁不是出于妒忌，而是力求确保当前可得价值（即奖金）不会导致局势恶化，从而将整个金融体系再次置于危险境地。

加尔布雷斯[23]在严厉批评非执行董事未能制止这种情势时（他的批评对象不仅限于银行，而是全部上市公司），将矛头指向了"董事会，它由管理层推选，完全听命于管理层，但貌似全体股东之代言人"。他进一步指出，"董事会是值得信赖的默许者。给点费用和甜头，公司管理层就可定期向董事们通报管理层已经决定的事项，或董事们已经知晓的决策。董事会的审批形同虚设，管理层补偿也就是管理层为自己制定的奖赏标准，也不例外。这类补偿毫不足奇地是十分丰厚的。"加尔布雷斯还发现，"为将假戏做实做足，公司管理层每年邀请股东参加年度股东大会，但股东大会实则类似履行宗教仪式，大会安排了仪式般的议程，一般不会出现反对意见，仅有极少例外。会议搁置了那些敦促采取革新行动的'异见'，管理层的提议依例获准通过"。加尔布雷斯用观点提要为本节阐述作结："在任何规模的企业中，股东－所有者以及他们选拔的董事均完全听命于管理层——这一点无人置疑。管理层制造了所有者权力至高无上的形象，但这一权力事实上并不存在，它是心照不宣的谎言。"加尔布雷斯的刻薄阐释或有夸大不实，但他的洞见无疑值得回味和深究。它让我们想起一个笑话：非执行董事与超市购物手推车的区别何在？答：手推车有自己的思想。此前我们已经发现，公司需要敢于质疑、不甘一味默许的新一代非执行董事——商业银行更是如此。

加尔布雷斯无疑证实了伯利和米恩斯的观点。在现代公司中，公司权势已由所有者手中移交至管理层掌控。加尔布雷斯继续诠释，"管理层过去恪守所有权具有终极权威的信念，现在依然坚守。在年度股东大会上，管理层向与会股东报告经营绩效、盈利水平、管理目标和其他事项等信息，包括很多已为人知的信息，其情势有如一项立约浸礼会的服务。管理层的利益毫发无损，包括以现金方式或股票期权形式为自己设定的薪酬补偿。最近一段时期，在无人鄙弃赚钱的氛围下，以如此仪式批准的高管层补偿每年高达数百万美元。这里，再次强调，21世纪的基本事实是，公司体制根植于毫无拘束的自我富裕权势，公司权势掌握在管理层手中，他们是一批操纵公司目标和公司奖赏方案的技术官僚，这些奖赏几乎就是窃取公司财富。"同样地，姑且不论加尔布雷斯辞章中的积怨偏颇，他所提出的论题值得严肃对待。剪报11－3中印证了这一判断。

《金融时报》2009 年 7 月 31 日

亏损银行依然奖金丰厚

格雷戈·法瑞尔（Greg Farrell）

纽约州昨日一份关于银行动用纳税人资金纾困的报告显示：2008 年，花旗集团和美林证券合计亏损 550 亿美元，但两家机构却向 1 400 名雇员发放了人均至少 100 万美元的奖金。

由纽约州总检察长安德鲁·科莫（Andrew Cuomo）汇总的这项调查显示，去年实现盈利的摩根大通和高盛，获得百万美元级奖金的雇员人数最多——分别为 1 626 人和 953 人。

不过，去年华尔街两个最大输家向雇员支付百万美元级奖金的人数，却接近像高盛之类的盈利银行。花旗集团亏损 277 亿美元，有 738 名雇员拿到百万美元级奖金。美林证券亏损 276 亿美元，获得百万美元级奖金的雇员为 696 名。"银行给予雇员薪酬和奖励的方式，没有明确的章法或理由，"科莫表示，"银行雇员的薪酬已与银行的财务绩效无关。"

众议院政府监察和改革委员会主席、共和党议员伊多尔法斯·唐斯（Edolphus Towns）承诺在 9 月份就此事举行听证会，这表明，有关银行家奖金的争议，可能在今年晚些时候持续下去。

此前，科莫已详细列举了美林在 2008 年最后几天发放百万美元级奖金的人数，当时该银行即将被美国银行收购。在送呈唐斯委员会的最新报告中，科莫详细列举了另外 8 家银行的奖金笔数和奖金总额，这 8 家银行均在去年 10 月从问题资产救助计划（TARP）中得到巨额纾困资金。

除 87 亿美元的奖金外，2008 年摩根大通盈利 56 亿美元。报告显示，摩根大通向 200 多位雇员发放的奖金超过 300 万美元。该银行 2008 年从问题资产救助计划中获得 250 亿美元的救助，并于上月归还了这笔资金。

高盛的奖金总额为 48 亿美元，是当年 23 亿美元盈利的两倍有余，高盛向 212 位员工发放了至少 300 万美元的奖金。它于上月向问题资产救助计划归还了 100 亿美元资金。花旗集团为其奖金池预留了 53 亿美元，并向 124 位雇员发放了至少 300 万美元的奖金。像美国银行一样，花旗集团于 2008 年从问题资产救助计划中获得 450 亿美元的救助，并将部分救助资金转换为普通股本。

美国银行向 28 位雇员发放了 300 万美元的奖金，向 172 位雇员发放了百万美元的奖金。该银行报告显示，2008 年盈利 40 亿美元，并拨划 33 亿美元为奖金。

摩根斯坦利 2008 年盈利 17 亿美元，提取奖金 45 亿美元。2008 年，它从问题资产救助计划中获得 100 亿美元的救助，今年 6 月归还了这笔资金。

以基金经理们为代表的机构股东势力强大，足以阻止过高的公司高管薪酬，但他们愿意搅局捣乱吗？出于自身利益问题，他们很可能不愿攻讦薪酬过高问题，因为他们所在的机构就是持股人之一。若再考虑他们的院校背景和个人利益，他们选择明哲保身，就大可理解了。是否应该如此，那就完全是另当别论了。

11.5　数理经济学

在二战后的数十年间，数理经济学取得长足进展。其中，保罗·萨缪尔森（Paul Samuelson）[24]的《经济分析基础》极具有影响力。正如卡西迪所言，"萨缪尔森这本书的主旨是将经济决策者视为力争数学函数最大化的理性机器。（这个函数于公司而言是利润函数，于消费者而言则是幸福函数或效用函数）。"萨缪尔森的范式对年轻的罗伯特·卢卡斯（Robert Lucas）影响至深，卢卡斯后来获聘芝加哥大学教授，并获得诺贝尔经济学奖。卢卡斯[25]对萨缪尔森教科书的评述广被征引，"像我同行中的其他许多人一样，我将萨缪尔森的观点——即如果不能用数学公式表达经济理论问题，我就不知道我在做什么——内化为自己的观点。我逐步坚信，数理分析不是研究经济理论的众多方法之一，而是唯一的方法。经济理论就是数理分析。其他所有范式都是浮云。"

卢卡斯接受了有效市场假说，并将其范式推广到整个经济领域。它的基本观点是：理性的经济决策者深知经济运行规律，决策者对工资、失业率、通货膨胀率和利率等宏观变量之间的联系了如指掌，所有决策者都在大脑中构建了相同的经济数学模型，并用这些模型形成对工资、价格等变量的预期。这在本质上是由资深经济学家约翰·穆斯[26]首创的理性预期假说。借助理性预期的范畴，卢卡斯构造了对工人、公司和政府行动方式的数学描述。这一描述永远做不到100％正确，但却是大有裨益、具有解释力的经济模型。例如，如果预期货币供应量增加或利率下调，工人和企业就能预测到相应的后果，他们采取的应对措施恰好抵消了政府政策变动的效果。据此推理，人们认为政府要么毫无影响，要么在制造祸乱——政府政策几乎不影响经济运行，除非各类政策变化莫测，进而导致经济运行混乱。因此，政府管理经济的任何努力不仅徒劳无益，而且会适得其反。

在这类有效市场或理性预期数学模型的（假想）世界里，股市泡沫、市场流动性不足及银行惜贷等都不是基本假设的构成。为什么不是呢？因为，股票市场、货币市场等市场价格将自动调整到一个恰好能够补偿认知风险（perceived risk）的水平。因此，不再存在股市泡沫，也不会出现信贷紧缩，做市商的出清价格可以确保这一点。正是这一假设一直支撑着各种经济数学模型，它导致大量的基于线性关系显著的经济模型构建。威廉·比特（William Buiter）[27]在论及各种经济模型时，曾精辟指出，"有一点很快就会明晰：任何与政策潜在相关的模型都将是高度非线性的，这些非线性性和不确定性交互作用，就会导致深层次的范畴与技术难题。宏观经济学家很勇敢，但还不够勇猛。因此，他们将这些非线性随机动态均衡模型搬进地下室，用橡胶软管反复捶打，直到它们性能良好。其实现途径是完全抽离各种模型的非线性，并将随机变量的复卷积变体及非线性映射嵌入附加的随机干扰项中。"因此，比特的结论是"经济模型就是线性化和简单化"。

由此认识并据以反观有关风险/收益权衡的图7－2，我们可以发现该图实际上是非线性的。在前面的章节我们做了简化。风险/收益权衡图形的形状更像图11－1刻画的连续直线。在图11－1中，虚线代表线性关系。如果资产（例如权益资产）的估值方法是投资者根据基于认知风险的贴现率对未来现金流进行贴现，那就有理由认为，他们使用的贴现率是基于图中显示的线性权衡的贴现率，但更合乎逻辑的贴现率应是图中那条弯曲的实线。这个推理有助于解释各种泡沫及其破裂，因为发生某类系统性冲击，投资者将风险认知的线性权衡转换为非线性权衡。

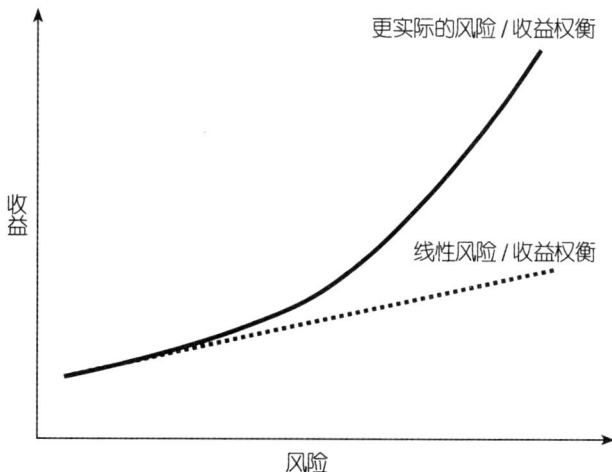

图 11-1　风险/收益权衡

投资者在冲击发生后，立即下调对未来现金流的估计——将这一事实纳入方程式，我们就面临估值的三重打击：高风险对应的贴现率更高（尽管线位可能上移），非线性关系再次引起关注，以及未来收益更低。在此情形下，泡沫破裂如此骤然不足为奇，尽管泡沫之形成相对较慢。

这一论断的主旨很简单：新近宏观经济学和金融经济学研究的特征之一就是片面强调这种线性关系。更为重要的是，应深入考察系统冲击导致这些波动难以建模刻画时的非线性关系及市场运行情况。当今的研究者对此屡屡漠视，仅将这些波动视为异常值。顺便说一下，我们绝不是非议数理经济学的开拓者罗伯特·卢卡斯的成就，问题在于，他的很多追随者将很多问题线性化和简单化了。

11.6　创造性破坏

现在，我们简要探讨约瑟夫·熊彼特提出的经济概念"创造性破坏"。我们认为，"创造性破坏"在金融危机中发挥的作用比人们已经认知的还要大。1883 年，熊彼特生于今天的捷克共和国，1950 年去世。孩童时期，他随妈妈再嫁而迁居奥地利维也纳，他的贵族继父对他影响至深，供他进入精英院校学习，他因此脱颖而出。这就开启了他的学术生涯，他曾在不同的大学担任经济学与政府管理教授；第一次世界大战（以下简称"一战"）后，他出任奥地利财政部长，后又担任一家银行的行长。1924年那家银行倒闭后，熊彼特被迫回归学术。1930年代，为逃避纳粹主义迫害，他移居美国，在哈佛大学担任教授，度过余生。

根据熊彼特的创造性破坏理论，企业倒闭将淘汰效率低下、缺乏竞争力的企业，催生新的创新型企业，最终有利于创造更强大的经济、更富裕的社会。他认为，企业利润趋降、失业率上升的经济衰退或经济低迷，从长远看有利于经济发展，这多少有悖于直觉。正如熊彼特[28]所言，"工业突变的进程就是内部经济结构的不断革命，不断地摧毁旧结构，不断创造新结构。"

虽未进行求证，且在本书撰写之际也未做调查，但我们高度怀疑，部分救助资金可能用于拯救那些创造性破坏丧钟早已敲响的公司。例如，救助通用和福特（Ford）汽车公司，是否导源于银行发售了以两大美国汽车巨头违约为信用事件、标的额巨大的信用违约互换？如果果真如此，而且它们的确可能违约，由此引发的连锁反应将进一步加剧银行倒闭。而且，本该倒闭的银行就是那些信用违约互换保险的提供者。此外，由于两大汽车公司的资产负债表恶化，此类互换的成本不断上升，从而制约着它们筹集新资金的能力。这些连锁反应原本会将它们推到破产的边缘。

此类假设对创造性破坏有一定影响。对通用和克莱斯勒（Chrylser）等公司实施的政府救助，是否会因支撑危困企业长期苟延残喘，而对经济效率产生长期的负面影响？当然，政府救助的本意或许是为了避免银行倒闭。这些潜在的倒闭隐患导源于银行部门通过信用违约工具从事了过多的风险承担，这是否是要求所有信用违约工具均必须载明可保权益的有利论据？如果法律规定这一条款，则银行通过信用违约互换承担过多风险的概率将大大降低。它还将降低银行通过豪赌某一公司倒闭而牟利的可能性，从而（由于不再存在信用违约互换的价格）增大了一家疲弱公司通过筹集所需资金渡过短期难关的可能性。此外，此举还意味着政府实施救助的概率降低，从而为长期内驱动经济发展的创造性破坏过程提供绝佳机遇。

11.7　海曼·明斯基的远见

2007 年的经济危机重新激发了人们对后凯恩斯主义经济学派的著名代表之一海曼·明斯基的洞见的探寻兴趣。大多数经济学家都认为，经济危机是各种外部冲击的必然结果。明斯基认为不然，他认为，即使没有外部冲击，资本主义经济具有内在的不稳定发展趋向，这一趋向终将导致经济危机。

海曼·明斯基生于 1919 年，死于 1996 年。他是一位美国经济学家，他的研究力图理解并解释不同金融危机的特征。明斯基认为，在经济周期中，人们的风险态度会逐渐改变。在经济周期之初，经济膨胀刚刚开始，人们倾向于两面押注（对冲赌注）。借用债务也十分保守，现金的安全边际相对较高。经济继续扩张后，人们的投机性增强，债务借用不断增长。明斯基将金融周期的头两个阶段分别称为"套利金融（hedge finance）"和"投机金融（speculative finance）"。

当经济扩张发展为经济繁荣时，由于更高的资产价格增强了更多借贷的信心，我们进入了明斯基所说的最后阶段即"庞氏金融"。繁荣的结局通常是衰退，并因衰退而复归"套利金融"。明斯基关于资本主义金融的三阶段论可以总结如下：

（1）套利金融

• 商业周期之初，人们对于衰退记忆犹新；

• 融资决策对现金流入的估计比较保守——这样，商业计划就能提供超过现金生成能力的收入以满足债务偿付；

• 手中持有现金以应对可能出现的问题；

• 借用债务趋于保守，且采用长期固定利率；

• 持有足够的现金支付利息和债务本金；

• 安全边际高。

（2）投机金融

• 经过数年增长后，步入商业周期的中期；

- 对现金收入的估计更加激进——债务水平上升——预期现金收入仅足以偿付利息，贷款本金展期；
- 手持现金量减少；
- 债务期限越来越短，因而必须定期进行再融资——借款人面临放贷人贷款展期意愿的短期变化风险；
- 安全边际逐步降低。

（3）庞氏融资

- 商业周期的后期，人们对衰退的记忆已十分遥远；
- 预期现金流入不足以偿付贷款利息；
- 应急资金依赖于更多的借贷；
- 债务均为短期的，且不断展期；
- 资产抵押借贷盛行；
- 为保证债务偿付，资产价格必须强劲上扬；
- 安全边际很低。

似曾相识？这难道不是 2007 年终结的经济扩张吗？

明斯基认为，资本主义经济的金融结构在繁荣时期更加脆弱。繁荣持续的时间越长，经济结构就越脆弱。明斯基的论述思路，即始于套利金融，终于庞氏金融，复归套利金融，是其金融不稳定假说（Financial Instability Hypothesis）[29]的核心。

从本质上看，明斯基提出的理论有机整合了金融市场脆弱性、常规经济周期和投机性投资泡沫等理论。他指出，在经济增长时期，企业现金流的增长超过了所需偿付的债务，这就埋下了投机性膨胀或投机性泡沫的祸根。随后，债务人的未来收入不足以偿付债务，为支付债务利息，它被迫变卖资产，这就酿致了金融危机。由此，各类资产价格显著下降。紧接其后的则是泡沫破裂，银行和其他放贷人收紧信贷，即便对那些具有偿付能力的公司也是如此，最后，经济出现衰退。

明斯基认为，在自由市场经济中，经济波动、荣枯循环难以避免，但政府可以通过中央银行行动、金融监管和其他方式施加干预、实行控制。他强烈反对 20 世纪 80 年代以来施行的金融管制放松政策。因此，2007—2008 年金融危机是"明斯基金融不稳定假说的印证"自不足奇。这一假说合理地阐述了新近的金融崩溃，但它未能结合此前的历次危机现象提供经过完全实证检验的说明。

明斯基的反对者声称，他的假说将金融不稳定归咎于资本主义制度，缺乏推演性的逻辑解释。中央银行通过调控繁荣可为金融稳定提供基础，但也必须为未能如此行事而承担金融不稳定的责任。我们依然相信，只要监管到位，危机可以避免。绝对的稳定永远不会实现，但绝对的不稳定理当力避。把握时机、适时监管是绝对必要的。这种观点与明斯基的观点完全相反。他的基本假定是资本主义是内在不稳定的；他的论证框架只有描述，没有具体解释。但千万不要误解，我们非常尊崇海曼·明斯基的远见卓识。事实上，我们已将这些真知灼见纳入专述 2007—2009 年金融危机若干重大启示的最后一章，巴贝拉（Barbera）[30] 系统概括了明斯基在推动我们深入理解金融问题上的重大贡献。

11.8 奥地利经济学派

行文至此，我们觉得很有必要提醒读者关注奥地利经济学派对经济荣枯循环的解释。他们认为，由于未能合理地设定利率，中央银行是造成繁荣和萧条经济周期的终极原因。根据奥地利学派的观点，低利率会刺激借贷，对应的信贷扩张导致货币供应增加，促成了经济繁荣。此时，人为增大的借贷资本只能寻求日渐不利的投资机会，繁荣为广泛的不良投资提供了实现途径。资源被错置到那些在正常、稳定的货币供应条件下无法吸引投资的领域。此后，信贷创造收缩，经济矫正（衰退或萧条）随即而至。随后的市场出清及资源重新回归有效配置，导致货币供应急剧缩减。奥地利学派商业周期理论的主要创建者是冯·米塞斯（Von Mises）和哈耶克（Friedrich Hayek）。

明斯基和奥地利学派存在共同点，他们均考察了银行在经济荣枯中发挥的作用，但明斯基的考察目标是商业银行（他强调债务的作用），奥地利学派则指责中央银行维持了不切实际的低利率水平。

11.9 折中的观点

我们认为，上述两类观点可以整合折中。为此，我们假定明斯基的金融三阶段论存在拓展的空间。我们的整合方法是，吸收明斯基和奥地利学派的观点，同时加入对新近的金融危机和早期类似事件的若干观察（我们承认，这些观察有待经验检验）。我们采用了明斯基的三阶段论，但将它们重新界定为复苏型金融（而非套利金融）、正常型金融（而非投机金融）、繁荣型金融（而非庞氏金融）。我们这样做的原因是，我们认为明斯基的术语带有不必要的个人情感或者贬损含义，从而降低了他的理论本应具有的接受性。因此，我们认为，应对前文专述的明斯基归类的三阶段特征作如下补充、完善：

（1）复苏型金融

• 银行贷款标准和控制体制收紧；

• 通过配售新股和/或收紧预算，金融机构和非金融机构的杠杆率趋向更为保守的水平；

• 衰退的记忆依然历历在目，金融监管趋严；

• 利率相对较低，以促进经济复苏；

• 企业的投资决策十分谨慎；

• 资源配置总体不错；

• 抵押贷款资金相当紧。

（2）正常型金融

• 银行贷款标准和控制体系尚较严格，但因竞争激烈而逐步放松；

• 金融机构和非金融机构的杠杆率上升，但大体仍较合理；

• 金融监管日益松懈；

• 利率水平仍较合理，但自周期的前半截起缓慢上升；

• 企业的投资决策日益不太合意；

• 资源配置依然让人满意；

• 中等、高等信用等级的借款人能以适中利率获得抵押贷款资金。

（3）繁荣型金融

- 竞争加剧致使银行贷款标准和控制体系放松；

- 金融机构和非金融机构的杠杆率上升，且大多过高；

- 政府和政客急于取悦选民导致监管松弛——游说变得轻而易举；

- 较之既定的经济活动，利率水平过低；

- 利率过低致使众多劣质投资项目上马、审核标准废弛，从而资源配置严重不当；

- 低信用等级的借款人可随时随地获得低利率的按揭贷款；

- 通常针对原有债务而进行重新组合的金融创新导致风险增大；

- 银行类金融机构因负债过大而加剧了潜在的问题。

11.10　利己主义的小结

在猛烈鞭笞用巨额奖励的胡萝卜诱惑人们追求私利的文化时，多德（Kevin Dowd）和哈钦森[31]描绘了一个路线图，该路线图对金融危机前盛行的银行经营模式提出了质疑。他们告诉我们，"次级抵押贷款市场中的问题尤为明显：市场参与者在每一阶段的行为均符合经济理性，但却悍然造成了极不合理的后果：

（1）低收入消费者借用了偿还无望的按揭贷款，他们根据他人的经验认为，住房价格的上升将让他们摆脱困境。对他们而言，尽管投机失败经常招致破产，但投机成功获取的潜在利润无论如何常常也会大于违约的潜在损失。

（2）百科全书推销员和旧车经销商摇身变为抵押贷款经纪人，出售次级抵押贷款。他们通过出售（比技术上已经淘汰的百科全书甚至二手车更好的）次级抵押贷款赚取丰厚的佣金，但无须承担信用风险。

（3）投资银行将次级抵押贷款打包成多档级的抵押贷款证券，它们从中收取巨额费用，而且同样无须承担信用风险。

（4）评级机构为高档级的抵押贷款债务提供有利的评级，原因在于：它们在对资产担保证券的评级中渔利丰厚，它们必须取悦那些将购买资产担保证券作为有利业务的投资银行，它们还有（自己开发的或投资银行构建的）数理模型"证明"这些证券化抵押贷款的违约率较低。

（5）投资银行和评级机构的数学家们炮制模型，证明违约率较低，罔顾现实世界中低等消费者债务违约之间的相关性。因为，它们屈从于泯灭个性的群体思维，同时，他们的薪酬极高，即便引咎离职，还可返回待遇差、报酬低的学术界栖身。

（6）最后，投资者购买资产担保证券，因为他们在短期内实现的回报高于借款成本，他们还可禀告资本提供方（就对冲基金而言）或公司老板（对外资银行而言），所购证券的信用评级很高，因而风险很小。

这一过程的每一步都是理性的（但市场运作的信息是不完全的）。然而，由于每一激励严重错位，最终造成了极不理性的扭曲市场。在这一扭曲市场中，无法偿还的贷款被证券化，然后卖给那些追求低市场风险、高市场回报（这一组合在长期内并不存在）水平的投资者。"

显然，要避免下一轮金融危机，就必须吸取若干重大教训。

第12章 美国的银行倒闭案例

12.1 引言

在美国，由于有太多的金融机构倒闭，因此仅用一章的篇幅对所有倒闭的全部经过进行案例研究，实在有些勉为其难。自然地，我们只能挑选那些饶有旨趣的案例进行分析，而这又必然意味着，我们的案例只有四个，即贝尔斯登公司、雷曼兄弟公司、美国国际集团、房利美和房地美。

在此简要背景下，本章将依次分析这四个案例。在某种意义上，这些案例是不言自明的。课堂讲授或专题研讨会可将这些案例作为深度阅读材料，或作为其他深度材料的配套案例。无须赘言，本节内容包含的案例是：

案例 12—1 贝尔斯登破产

案例 12—2 雷曼兄弟公司

案例 12—3 美国国际集团

案例 12—4 房利美和房地美

这些美国金融机构倒闭的主要原因在于过度从事信用违约互换、债务担保证券、抵押贷款证券业务，也就是说，它们过多地涉足证券化业务。

米尔恩（Milne）[1] 的著作对这些案例和金融危机提供了深刻洞见。同时，安德鲁·罗斯·索尔金（Sorkin）[2] 的《大而不倒》再现了美国救助金融机构的经过，描摹了 2008 年 9 月四处弥漫的恐慌与恐惧气氛，犹如一部惊悚小说。要深入了解采取必要举措缓解危机的艰巨任务，不妨阅读亨利·保尔森[3] 撰写的《峭壁边缘》。

12.2 案例 12—1 贝尔斯登破产

12.2.1 引言

总部设在纽约的贝尔斯登公司是一家全球性投资银行、证券经纪和交易机构，2008 年因濒临破产而被 J. P. 摩根大通公司收购。从净收益的角度看，它主要的业务领域是资本市场——权益类证券、固定收益证券和投资银行业务，它提供的净收益接近 80%，财富管理的净收益为 10%，全球清算服务带来了大约 12% 的净收益。

贝尔斯登曾经是证券化以及资产担保证券交易的引领者之一。2006 年、2007 年，该银行增加了抵押贷款担保资产尤其是次级抵押贷款的风险敞口。2008 年 3 月，为力避该公司破产，纽约联邦储备银行向它提供了一笔紧急贷款。然而，大势已去，贝尔斯登公司最终以每股 10 美元的价格被 J. P. 摩根大通公司收购。与此形成鲜明对比的是，在贝尔斯登公司的利润与资产价值暴跌的消息曝光之前，其 52 周最高价为每股 133.20 美元，但它的最终转让价格仍高于摩根大通每股 2 美元的最初报价。

贝尔斯登公司的倒闭是 2008 年 9 月达到高峰的投资银行业倒闭狂潮的第一浪，它导致了随后的全球性金融危机。2010 年初，J. P. 摩根大通公司不再使用"贝尔斯登"这一名称，从而终结了始于 1923 年的贝尔斯登公司发展史。

1923 年，约瑟夫·贝尔（Joseph Bear）、罗伯特·斯登（Robert Stearn）和哈罗德·梅尔（Harold Mayer）共同创办了股票交易公司"贝尔斯登"。这家公司发展迅猛，挺过了 1929 年华尔街股灾，且没有辞退一名员工。1933 年，在后来成为公司领导者的 Cy. 路易斯（Cy Lewis）的带领下，贝尔斯登进军公司债券业务。1955 年，贝尔斯登在阿姆斯特丹开设了首家海外分公司。1985 年获准公开上市交易时，贝尔斯登已经成为一家总部位于曼哈顿麦迪逊大道 383 号的老牌投资银行。

12.2.2 新近历程

贝尔斯登是美国五大投资银行中最小的一家，雇员超过 15 000 人。该公司以激进的投资风格而闻名。与商业银行不同，投资银行不能吸收存款，没有可供资用的储户存款。多年来，在投资银行业务领域，贝尔斯登像它的主要竞争对手一样，主要借助短期借款的方式支撑其高杠杆操作，包括发行无担保的商业票据，或在隔夜回购市场融资，这些短期借款近期多以与抵押贷款相关的资产（其解释见"术语汇编"）为担保。如果这些担保资产的市场价值下跌，债权人就会要求提供更多担保品。因此，美国各家投资银行都极易面临短期融资危机的冲击。这就意味着，对于各家投资银行而言，维护自身声誉、确保债权人的信心至关重要。截至 2007 年前，贝尔斯登似乎成功实现了这一目标，它的税后利润 2004 年为 14 亿美元，2005 年为 15 亿美元，2006 年高达 21 亿美元。

2007 年 6 月，贝尔斯登资产管理公司旗下两只高杠杆对冲基金遭遇的困境是：必须增加担保品，以满足追加保证金要求。这两只基金分别是高级结构信用策略基金和杠杆增强基金，它们持有巨额的债务担保证券投资，资产的流动性迅速下降。2007 年 6 月 22 日，为救助高级结构信用策略基金，贝尔斯登公司承诺为一笔高达 32 亿美元的贷款提供担保，并与其他银行商议由公司作为担保人，向杠杆增强基金发放贷款。贝尔斯登公司的 CEO 对是否救助犹豫不决，担心此举会损害公司声誉。与此同时，美林证券公司价值 8.5 亿美元的同类担保品，在拍卖后的价值仅为 1 亿美元。这就让人惶恐不已：贝尔斯登是否必须将更多的债务担保证券变现呢？其他组合中的同类资产价格会随之下降吗？债务担保证券瘟疫会蔓延到早已羸弱不堪的所有市场吗？这些市场会完全瘫痪吗？结果，这两只基金被迫暂停基金份额的申购与赎回。

2007 年 7 月 17 日，贝尔斯登公开承认，由于债务担保证券市场暴跌的拖累，这两只基金实际已经一文不名。贝尔斯登本身无须承担法律责任，但它仍提供资产来救助这两只基金。随后，贝尔斯登解雇了这两只基金的经理拉尔夫·乔菲（Ralph Cioffi），乔菲以两只基金持有的标的资产并未违约为由提出抗议。但在信心至关重要的金融市场，即便实际并未发生违约，证券也会失去价值，它们的市场价格会暴跌。2007 年 8 月 1 日，贝尔斯登的联席总裁、为两只对冲基金倒闭承担最终责任的沃伦·斯佩克特（Warren Spector）也被解雇。

大约就在此时，证券交易委员会宣布对贝尔斯登进行调查。这家公司拥有 5 250 亿美元的资产，但股本仅为 120 亿美元，杠杆比率为 44 倍。这些问题对公司的股价造成了重大影响。2007 年 7 月 2 日，该公司的每股价格报收 143 美元；2007 年 8 月 3 日，由于标准普尔公司宣布将贝尔斯登的评级前景由稳定调降为负面，股价降至 106 美元。但在 2007 年 11 月初，股价依然站稳在 100 美元之上。

2008 年 6 月，拉尔夫·乔菲和他的同事马修·丹宁（Matthew Tannin）因证券欺诈等刑事指控而被捕，这一案件的核心问题是基金经理能在多大程度上对负面消息进行合法的正面解读。2009 年 11 月，陪审团裁定乔菲和丹宁在所有指控上均无罪，赦免他们的罪行是对美国检控机关的一次严重打击。

12.2.3　濒临深渊

2008 年 1 月 8 日，贝尔斯登宣布亏损 8.57 亿美元，这是该公司 85 年来首次出现季度亏损。标准普尔将该公司的信用等级从 AA 调降至 A。当时，公司的股票价格降到每股 76 美元。73 岁的吉米·凯恩（Jimmy Cayne）拥有公司的股份刚好低于 5%（当时的市值约为 5 亿美元），他在任职 14 年后辞去了公司的 CEO 职务，但他仍是公司董事局的非执行主席。艾伦·施瓦茨（Alan Schwartz）接任该公司新的 CEO。

2008 年 2 月 14 日，瑞士最大的银行瑞士联合银行披露，在核销了 137 亿美元的美国抵押贷款后，该行 2007 年第四季度亏损 113 亿美元。瑞士联合银行的准优级抵押贷款业已造成 20 亿美元的损失，还有 266 亿美元的敞口。瑞士联合银行减记了它所持有的准优级抵押贷款的价值，其他银行纷纷仿效，对它们账面上的同类抵押贷款进行减值处理。由于这些资产是短期借款的抵押品，如果它们的价值下降，那么债权人必定要求追缴现金作为追加保证金，或追索更多的抵押品来充抵保证金。股价为每股 93 美元的贝尔斯登当时持有 60 亿美元的准优级抵押贷款，雷曼兄弟公司持有 150 亿美元的此类贷款。

2008 年 2 月 29 日，一只名为"培洛顿有限责任合伙公司"的小盘对冲基金破产，它曾获得 2007 年"年度最佳对冲基金奖"，这就导致大量的高品质证券被低价抛售。当时的盯市会计准则强制所有公司对所有资产甚至包括那些原本打算持有到期的资产，按照最新的、即便是极度低迷的市场价格，确认账面亏损。因此，像同舟共济的其他患难者一样，贝尔斯登必须在 2008 年第一季度（截止日为 2008 年 3 月 20 日）的财务报表中确认巨大的账面损失。

2008 年 3 月 5 日，一只规模为 220 亿美元的对冲基金——凯雷资本集团（Carlyle Capital Group）在阿姆斯特丹面临补缴追加保证金的困境。一家大型私募股权公司凯雷集团（Carlyle Group）实际控制了这只对冲基金，并持有其 15％的股权。要求补缴追加保证金的起因是，这一对冲基金大量持有的住宅抵押贷款证券越来越难以进行估值，难以估值通常是指这类证券根本没有市场。2008 年 3 月 7 日，这只对冲基金的股份开始暂停交易，2008 年 3 月 16 日，此只基金被强制清盘。这类事情一般都会如此处理。

2008 年 3 月 7 日，星期五，美国的中央银行联邦储备银行宣布，"为缓解与日俱增的流动性压力"，它将通过提供一个月期的低利率现金贷款以及允许银行使用债务担保证券、信用违约互换和抵押贷款证券作为贷款抵押品，向银行体系注入 2 000 亿美元的资金。

2008 年 3 月 10 日，星期一，美国货币监理署致电受它监管的各家银行，详细了解它们对贝尔斯登的风险敞口。这对市场信心构成了巨大打击。穆迪公司开始调降贝尔斯登公司承销的抵押贷款债券的信用评级，贝尔斯登的股价下跌 11％至每股 62.3 美元，贝尔斯登公司债务的信用保险成本也上升至每年 7％。总之，都不是好兆头。

2008 年 3 月 11 日，星期二，美联储决定，从 3 月 27 日起在 28 天的时间内，向证券公司提供价值 2 000 亿美元的政府债券。截至本书撰写之际，这一设施仅以隔夜拆借为操作基础，这是对美联储上周五所推出举措的补充。实际上，美联储是暂时地将高风险的有毒资产转换为安全的国债。但这是大萧条以来美联储从未采取过的举措。因此，这一消息发布后，市场焦虑不安，公众普遍认为美联储对贝尔斯登必定是极为担忧的。

2008 年 3 月 13 日，星期四，这是艰难的一天。当天上午，贝尔斯登的 CEO 艾伦·施瓦茨与纽约联邦储备银行行长蒂姆·盖特纳商议寻找公司潜在的买家。当日全天交易对手方一直在提取资金，这对贝尔斯登资金的流动性产生了毁灭性的影响。到下午收盘时，贝尔斯登的资金已经耗尽。从周四晚上到周五早晨，美联储主席本·伯南克、纽约联邦储备银行行长蒂姆·盖特纳、财政部长亨利·保尔森以及证券交易委员会主席克里斯托弗·考克斯（Christopher Cox）举行了多轮会谈。他们担心，由于贝尔斯登是数万亿美元掉期交易的对手方，一旦该公司宣布破产，将造成全球金融市场的剧烈动荡。为了避免潜在的恐慌和可能的崩溃，他们最终发布一项决定，由美联储（在政府的资助下）向 J. P. 摩根大通提供 300 亿美元，由后者协助缓解贝尔斯登在最多 28 天的初始时期内的融资困境。作为一家投资银行，贝尔斯登不能借用美联储作为最后贷款人的融资支持。当时，人们希望此举能为贝尔斯登公司提供亟需的喘息空间。然而，事与愿违。

2008 年 3 月 14 日，星期五，美国股市开盘后，贝尔斯登的股价最初上升了约 10% 至每股 64 美元。但市场瞬息突变，到上午 10 点半，其股价已腰斩过半，跌至每股 30 美元。此时，贝尔斯登宣布将发布截至 2008 年 3 月 17 日周一的第一季度财务报告，但于事无补。信用评级机构调降了对贝尔斯登的前景展望，标准普尔将贝尔斯登的信用评级下调三个级距至 BBB 级。当天收盘时，贝尔斯登的资金已经枯竭，该公司显然无法熬过周末。

12. 2. 4　J. P. 摩根施援

事实上，整个周末都在密集地举行会谈。会谈的结果是 J. P. 摩根大通以每股 2 美元的价格收购贝尔斯登，这一出价比贝尔斯登股票周五的收盘价低了很多。其中，纽约联邦储备银行将提供 300 亿美元的资金。周日下午，美联储还宣布，自次日起联储体系的再贴现窗口直接向证券类机构开放，后者可用证券做抵押向联储融资——而且证券的信用等级无须为 AAA 级。但对于救助贝尔斯登而言，此举出台得太晚了。

J．P．摩根大通同意豁免贝尔斯登每位现任和前任董事和高管在合并完成前由于任何事项引发的责任。这一承诺对于管理层是至关重要的。贝尔斯登的高层必须顾及 14 000 名雇员、700 亿美元贷款的债权人和全体股东。董事会同意每股 2 美元的收购价，但这一交易还须经股东批准。由于这两家公司有太多的业务重叠，许多贝尔斯登的员工觉得随后数月他们将失去工作。

如果 J．P．摩根大通收购贝尔斯登，并承担债务偿还义务，那么债权人的利益将得到保护。但若贝尔斯登选择破产，债权人将损失惨重，因为该公司破产清算后的资产价值几乎一文不名。

从股东的立场来看，投票反对收购或许能有机会得到更好的收购报价，但此举实为媒体所言的"核威慑牌"，因为贝尔斯登的破产将摧毁整个金融系统。所以，这张威慑牌让贝尔斯登的股东在谈判中赢得了自周末开始明朗的更加有利的地位。

2008 年 3 月 17 日，星期一上午，贝尔斯登公司的债券所有者不断购买公司股票，以便成为公司股东，并力保公司收购案能投票表决通过。任何协定的收购价格即使低到每股 2 美元也符合他们的利益。J．P．摩根大通也在不断购买其股票，因为即使收购决议未获通过，按照自身做出的承诺，J．P．摩根大通必须持续地承担偿还贝尔斯登公司债务的巨大风险。因此，周一贝尔斯登股票的午盘价为每股 3.50 美元，2008 年 3 月 17 日报收于 4.81 美元，尽管 J．P．摩根大通正式报出的收购价仅为每股 2.00 美元。周二上午，贝尔斯登的股价盘中曾涨至每股 8 美元，3 月 20 日周四的周收盘价略低于每股 6 美元，因为次日——耶稣受难日——是银行的假日。

在复活节假日期间（2008 年 3 月 21—24 日），J．P．摩根大通最终同意的收购价为每股 10 美元。J．P．摩根大通为原本只需 2.9 亿美元便可收购的股权最终支付了 14.5 亿美元。贝尔斯登是在本轮金融危机中最早倒闭的金融巨人之一，此后的局势一发不可收拾。关于贝尔斯登覆灭事件的精妙描述，请参阅威廉·D．科汉（Willian Cohan）的著作《纸牌屋》[4]。

12.3 案例 12－2 雷曼兄弟公司

12.3.1 引言

雷曼兄弟是一家全球投资银行，它于 2008 年宣布破产。该公司的全球总部位于纽约，地区总部位于伦敦和东京，办事处则遍布世界各地。

1844 年，犹太卖牛商之子、23 岁的亨利·雷曼（Henry Lehman）从德国移民到美国，定居在阿拉巴马州的蒙哥马利市，在那里开了一家干货商店。1847 年，因伊曼纽尔·雷曼（Emanuel Lehman）到来，商号更名为"H. 雷曼兄弟公司"。随后，家中最小的弟弟迈尔·雷曼（Mayer Lehman）于 1850 年抵达后，商号名称变更为"雷曼兄弟公司"。

随后十年，棉花逐步发展成为美国重要的农产品。雷曼三兄弟善于开拓，勇于进取。他们开始接受顾客用原棉换取商品，这就促成了棉花的二手市场交易。数年间，这部分业务逐步成为雷曼兄弟公司最重要的业务。

1858 年，公司迁至纽约市曼哈顿区。雷曼兄弟公司协助创建了纽约棉花交易所，成为咖啡交易所会员之一，并于 1887 年成为纽约证券交易所会员。20 世纪初，雷曼兄弟公司保荐了多家公司上市，包括西尔斯·罗巴克公司（Sears Roebuck）、F. W. 伍尔沃思公司（F. W. Woolworth）、斯图贝克公司（Studebaker）。

雷曼兄弟是一家传统的家族公司，但在 1924 年，它的掌舵人菲利普·雷曼（Philip Lehman）允许非家族成员担任公司高级经理。1925 年菲利普·雷曼退休后，他的儿子博比·雷曼（Bobbie Lehman）带领公司走过了 20 世纪 20 年代，挺过了 20 世纪 30 年代的大萧条。公司专门提供启动资本融资服务，为新兴的电影产业及快速增长的石油行业提供金融支持。20 世纪 50 年代，雷曼兄弟担任数字设备公司（Digital Equipment Corporation）在交易所公募发行的承销商，在整个 20 世纪六七十年代，数字设备公司一直是微型电脑市场的引领者。1969 年，博比·雷曼去世，但未给公司留下任何明确的接任计划。

1977 年，雷曼兄弟公司与库恩·洛布公司（Kuhn Loeb）合并成为美国第四大投资银行。1984 年，该公司被美国运通公司旗下的希尔森公司（Shearson）收购，四年后，后者又收购了 E. F. 赫顿公司（E. F. Hutton）。在新成立的希尔森·雷曼·赫顿公司（Shearson Lehman Hutton）的投资组合中，杠杆融资以及风险投资占了极大比重。

1994 年，希尔森·雷曼·赫顿公司的控股公司美国运通公司的管理层决定，将雷曼·库恩·洛布公司从其母公司剥离，新独立的雷曼兄弟控股公司在证券交易所上市，并由理查德（迪克）·福尔德（Richard Dick Fuld）担任 CEO。

公司最初管理的资产为 20 亿美元，经过多次兼并后，全面发展壮大。在破产之前，公司财务报表显示，它管理的资产总额超过 2 750 亿美元。自 1994 年上市以来，雷曼兄弟公司的净收入增长 603%，从 27.3 亿美元增至 192 亿美元，员工人数增长 236%，从 8 500 人增至 28 600 人。2003—2007 年的税后总利润为 160 亿美元，其中 2003 年的税后利润为 17 亿美元，2007 年为 42 亿美元。从营业收入看，公司利润从 2003 年的 25 亿美元持续增加，2007 年高达 60 亿美元。

12.3.2　公司破产

2008 年 9 月 15 日，雷曼兄弟公司申请银行破产保护。雷曼兄弟公司拥有 6 000 余亿美元的资产，因而这是美国历史上最大的破产案。但这一切是怎么发生的呢？

像众多同行竞争对手一样，2008 年前数年，雷曼兄弟公司一直通过借入大量资金来支撑自身投资，大部分资金又主要投向了房地产以及与住房相关的资产。因此，市场的微小衰落都会对它产生严重的影响。雷曼兄弟一直在借用杠杆，而且绝对是高杠杆，它的资产与股东权益的比率从 2003 年的 24∶1 猛增至 2007 年的 31∶1。高杠杆率在经济繁荣时期会产生巨额收益，但在利润下降时也会造成巨大灾难。因此，雷曼兄弟公司的高杠杆比率意味着，它持有的资产价值仅仅下跌 3.23%，就会将股东权益消耗殆尽。

值得注意的是，投资银行并不接受像商业银行一样的审慎性监管。同样值得提请回顾的是，像大多数投资银行一样，雷曼兄弟公司的投资仰仗于持续不断的短期融资。

事实上，2007 年 8 月，雷曼兄弟关闭了它的次级贷款发放机构 BNC 抵押贷款公司（BNC Mortgage），并为此削减了 23 个地方的 1 200 个岗位，承担了 2 500 万美元的税后费用以及 2 700 万美元的商誉损失。这当然是对房地产市场走弱的反应，但一波未平，一波又起。雷曼兄弟持有巨额有毒资产。最初它仅持有次级抵押贷款，后来慢慢拓展升级为持有债务担保证券以及信用违约互换，它持有的次级抵押贷款及其他信用档级更低的抵押贷款证券的数量实在是太大了。2008 年全年，这些信用等级较低的抵押贷款证券带来了巨额损失。2008 年第二季度，雷曼兄弟售卖了 60 亿美元的有毒资产，亏损 28 亿美元。2008 年上半年，由于房地产市场持续低迷，雷曼兄弟的股价暴跌了 73％。2008 年 8 月，雷曼兄弟透露了裁员 6％即遣散 1 500 名员工的意向。

整个 2008 年，迪克·福尔德一直都在指责那些卖空雷曼兄弟公司股票的行为，尤其是对冲基金绿光资本（Greenlight Capital）的创始人大卫·埃因霍恩（David Einhorn），他既公开批评雷曼兄弟的会计报表，又大肆做空该公司的股票。

当月下旬，雷曼兄弟公司的股价迅速上涨。2008 年 8 月 22 日，由于有报道称韩国国家控股的韩国发展银行（Korea Development Bank）正在考虑收购雷曼兄弟公司，雷曼的股票当日终盘上涨 5％，盘中一度跳涨 16％。但韩国发展银行很难满足各种监管要求，以及难以吸引合作伙伴加盟这笔交易的消息曝光后，这一利好开始消退。2008 年 9 月 9 日，有报道称韩国发展银行已暂时搁置谈判，当日雷曼兄弟的收盘价下跌 45％至每股 7.79 美元。同日，美国的股票指数大幅下挫约 3.5％。

次日，2008 年 9 月 10 日，星期三，雷曼兄弟宣布第三季度亏损 39 亿美元，还打算出售旗下投资管理公司的股份，并计划在股票市场上发售 300 亿美元的房地产资产。当时，人们对资产估值存有极大怀疑，大多数投资者认为上市计划并不可信。同时，公司还将红利从每股 0.68 美元降至 0.05 美元，以节省资金 4.5 亿美元。这些做法让股东们深感不妙，当日，雷曼兄弟的股价下跌 7％。

2008 年 9 月 11 日，星期四，各种迹象表明，这些拯救该投资银行的激进计划不可能奏效。该公司股价再次深跌 40％，收于每股 4.21 美元。星期五的收盘价继续下跌至每股 3.65 美元，这一股价仅为每股 180 元的历史最高价的 2％。

2008 年 9 月 12 日，美国政府试图组织私人财团救助雷曼兄弟，但政府本身又不愿提供资助来支持这家仍将让人忧虑的公司。美国银行估算，要兼并雷曼兄弟公司需要 650 亿美元的政府资助。如果政府资助不到位，美国银行就去兼并美林证券，因为美林证券在金融界的地位也岌岌可危。兼并美林证券的交易是，美国银行将按每股 29 美元的价格，置换美林证券 500 亿美元的股权，这一换股价格比当日每股 17 美元的收盘价高出许多。

一家英国银行巴克莱银行（Barclays Bank）也与雷曼兄弟举行了数轮谈判。但倘无政府援助，该行将终止谈判。同时，监管巴克莱银行的英国金融服务管理局（FSA）拒绝取消公司收购必须征得股东大会同意的监管规定，而要征得股东大会同意又需耗费时日。巴克莱银行亟须收购的是雷曼兄弟公司在投资银行、固定收益证券、权益证券及其交易、研发和其他支撑部门中的权益，不是后者的投资管理部门或房地产资产。

2008 年 9 月 13 日开始的周末期间，当时的纽约联邦储备银行行长蒂姆·盖特纳召集会议，商讨雷曼兄弟的未来，会议内容包括对雷曼兄弟的资产进行清算。雷曼兄弟则声称，它一直在与美国银行和巴克莱银行商议可能的资产售让。英格兰银行以及英国金融服务管理局否决这一提议后，巴莱克银行再无收购兴趣，但周末再次讨论了这一议程。

2008 年 9 月 15 日，星期一，雷曼兄弟申请破产保护，并在同周的星期五获得法院裁定通过。雷曼兄弟拥有总资产为 6 390 亿美元，因此此举为美国历史上最大的公司破产案。该公司拥有雇员 24 000 名（其中，英国雇员 5 000 名），据称在全球设有大约 3 000 个法人实体——仅在卢森堡的法人实体就超过 100 个。雷曼兄弟还持有 120 万张、面值约 6 万亿美元的衍生品合约，交易对手方大多在美国境外。

2008 年 9 月 15 日，星期一，全世界的电视屏幕都播放着雷曼兄弟的员工抱着个人物品箱黯然离开位于第七大道 745 号的办公室的画面，这一图像在当日全天及周二全天仍被继续播放。2008 年 9 月 15 日，雷曼兄弟股价的跌幅超过 90%，道琼斯指数下挫了 5%。

2008 年 9 月 16 日，星期二。巴莱克银行宣布将以 17.5 亿美元收购雷曼兄弟的优质资产，包括它一直觊觎的雷曼兄弟北美投资银行（North American）的资产以及办公大楼。野村证券（Nomura）则收购了雷曼兄弟在欧洲、亚洲和中东地区的业务。2008 年 9 月 17 日，纽约证券交易所正式将雷曼兄弟除牌。同时，市场对雷曼兄弟持有的 120 万张衍生品合约引发的交易对手方风险的担忧演化为恐慌，市场纷纷猜测哪家银行会因交易对手方的倒闭而受到严重冲击甚或破产。惊慌和恐惧相互交织，致使货币市场瘫痪。A 银行不愿向 B 银行提供资金，是由于它担心 B 银行可能会因持有对雷曼兄弟的风险敞口而倒闭，这一现象成为 2008 年 9 月后半个月市场运行的特征之一。

雷曼兄弟破产昭示了极其严重的金融危机，它引发了全球恐慌。由于抵押贷款证券和信用违约互换缺乏透明度，因此，各家银行无法辨识其他银行投资了多少有毒贷款，或它们会带来多大损失。纽约和伦敦的很多对冲基金发现它们的资本被冻结，全球各地的银行均不愿意向其他银行提供贷款。银行同业拆借市场几乎崩溃，银行信用急剧收缩，这就是信贷危机。股市暴跌，6 000 亿美元的股票市值被蒸发。

事后，人们不禁要问，放任雷曼兄弟破产是不是美国政府的严重错误？美国政府机构公开承认，它们意识到了系统性崩溃的危害，但极有可能误判了这一危害的严重性。人们还一致认为，纽约联邦储备银行行长蒂姆·盖特纳曾说过，中央银行只管流动性，不管破产。

雷曼兄弟破产案提供了很多值得汲取的教训。其中，尤为重要的是，雷曼兄弟为追求自身收益承担了巨大风险。在破产之时，该公司资产负债表上的总负债为 6 130 亿美元，总资产为 6 390 亿美元。在这些资产中，不动产为 430 亿美元，甚至更多，这就再次印证了我们前面论证的杠杆率极具破坏性的观点。

12.3.3 回购 105

然而，雷曼兄弟在它发布的财务数据中似乎一直通过一种会计手段来降低杠杆比率。一家美国法院授命安东·瓦卢卡斯（Anton Valukas）调查雷曼兄弟倒闭案，他提交的 2 200 页的报告披露了这一细节。瓦卢卡斯先生这篇报告的开篇就是雷曼兄弟的"亮点"，即 158 年以来的最高利润，该公司披露的 2007 年税后利润为 40 亿美元。雷曼兄弟会计手段的关键是"回购 105 规则"。根据瓦卢卡斯的报告及其披露的冗长细节，这一会计手段的使用始于 2001 年，最初是"管理资产负债表的偷懒办法"，但它为投资银行力争挺过金融危机发挥了关键作用。在每个季度末期，雷曼兄弟都会通过短期回购协议的方式暂时售卖一部分贷款和投资获取资金，然后在数天后赎回。

正常情形下，这些用于回购的资产仍是雷曼兄弟资产负债表内的资产，但它们是按回购所得资金的 105％ 或更高的比例进行计值，按照会计准则，这类交易就借记为资产出售。据此，雷曼兄弟公司就能公布杠杆率较低、风险较小的资产负债表。

截至 2007 年初，雷曼兄弟将"回购 105 规则"的使用额度严格控制在 250 亿美元以内。2008 年第一、二季度，雷曼兄弟决定向投资者、美国政府、评级机构和监管机构隐瞒 500 亿美元的资产，故而提高了"回购 105 规则"的使用额度。但在向股东报告第二季度 28 亿美元的巨额亏损时，由于隐瞒了公司在会计账簿核签后立即赎回资产的信息，雷曼兄弟公司对外仍可披露杠杆率已经下降的信息。雷曼兄弟还使用了被称为"回购 108 规则"的类似手段，这一手段的操作方式与"回购 105 规则"完全相同，但回购资产的计值比例有所不同。

实际上，这一会计伎俩既可用于降低资产负债表上的负债（债务）额，也可用于减少资产负债表上的资产额。这种操作的效果是，如果资产额与负债额双降，其净效应必然是杠杆率水平下降，并使公司的财务状况看似降低了风险。

雷曼兄弟的外部审计机构安永会计师事务所十分熟知"回购 105 规则"，也意识到雷曼兄弟正在使用这套把戏。负责审计雷曼兄弟公司的安永会计师事务所的合伙人告诉瓦卢卡斯先生，安永并不认同"回购 105 规则"，但"仅从审计雷曼兄弟财务报表的角度看，又对这一规则倍感惬意"。

瓦卢卡斯先生的结论是，有重大证据表明，安永会计师事务所在它申辩的

"疏于质疑雷曼兄弟公司提供的不实财务信息并提出异议"上，确实存在玩忽职守，在最后一次使用"回购105规则"时，雷曼兄弟公司似乎向投资者隐瞒了大约500亿美元的资产。

瓦卢卡斯的调查还表明，雷曼兄弟的首席执行官迪克·福尔德及三位前首席财务官由于批准提交有意忽略或刻意篡改"回购105"业务的财务报表，并向公司董事们隐瞒这一伎俩，从而横遭指责，其实是有很多理由的。瓦卢卡斯的报告称，2008年6月，雷曼兄弟的首席营运官巴特·麦克达德（Bart McDale）告诉福尔德，公司的业务运行过度依赖"回购105规则"。然而，"回购105规则"当时确实是合法的会计手段。"这一做账方式符合会计规则，而且审计机构认同这一做法"的论断很可能得出的结论是：雷曼兄弟公司的董事们毫无过错。剪报12.1、12.2有助于理解"回购105规则"。

剪报12-1 　　　　　　　　　　　　　　　　　　《金融时报》2010年3月12日

瓦卢卡斯报告发现英雄甚少

贾斯廷·巴尔（Justin Baer）和汉妮·森德尔（Henny Sender）纽约报道

安东·瓦卢卡斯向破产法院提交的那份2 200页的雷曼兄弟公司调查报告，并不是让华尔街震撼的关于这家传奇券商破产事件的第一篇记述。

然而，对于许多亟须索讨数百万、数千万美元的雷曼兄弟的债权人而言，瓦卢卡斯报告是最有价值的。

今年早些时候，这位调查员就向法院递交了调查报告，在许多重要当事人同意公开报告涉及的机密之前，这份报告最初一直在法院封存。

从瓦卢卡斯对雷曼兄弟破产前最后数日事件的严密概述可知，此间英雄难觅，疑犯甚众。

"雷曼兄弟破产的原因有很多，对应的责任应共同承担，"瓦卢卡斯在周四由破产法院公布的这份报告中指出，"雷曼兄弟破产是经济环境不断恶化的结果，而非其原因。"

瓦卢卡斯将矛头指向雷曼兄弟的多位高层领导，包括长期担任公司CEO的迪克·福尔德，三位前首席财务官克里斯·奥米拉（Chris O'Meara）、艾林·卡兰（Erin Callan）和伊恩·洛维特（Ian Lowitt）。瓦卢卡斯还声称，他掌握了大量鲜活生动的陈词或事例，其中蕴含的充分、确凿的证据均足以支撑任何一项针对公司高管的指控。

在报告中，瓦卢卡斯认为，雷曼兄弟的财务困境在于，"一是公司高管的经营管理既存在严重的但尚可原谅的商业判断失误，又存在应予检控的报表操纵；二是鼓励过度风险承担和过高杠杆率的投资银行业务模式；三是各类政府机构，它们自己也承认原本可以更好地预测到甚至减缓这一后果。"

雷曼兄弟在崩塌前，以250亿美元的资本支撑了7 000亿美元的资产与负债，这一杠杆率是极端之高。为让信用评级机构给予有利的评级结果，雷曼兄弟开始从事内部称为"回购105"的业务，这是一种报表粉饰手法，雷曼兄弟曾借此从2008年第一季度末、第二季度末的资产负债表上转移了500亿美元的资产。瓦卢卡斯引用雷曼兄弟一位高管的话，"这些交易没有任何实质内容"。

这位调查员指称："然而，雷曼兄弟并没有披露，它一直在使用这种会计手法（即雷曼内部熟知的'回购105'）来管理资产负债表——也就是在2008年第一季度末、第二季度末的资产负债表中暂时转移了大约500亿美元的资产。"

这位调查员还指称，"数量有限的一些资产不恰当地转让给了"巴克莱银行，一家在雷曼兄弟破产后收购了其美国经纪业务的英国银行。

巴莱克银行对此拒绝置评。

福尔德先生的律师、来自安理国际律师事务所的帕特丽夏·海因斯（Patricia Hynes）在一份声明中表示："这位调查员相信，由于雷曼兄弟没有对有'回购105交易'之称的某些融资安排提供更多的信息披露，因此，雷曼地产公司可以依法指控迪克·福尔德。"

"福尔德当时不知道这些交易是什么，他没有组织这些交易，也没有参与谈判，对相关的会计处理也不知情。而且，这位调查员手头的证据表明，回购105交易符合一项内部会计政策，赢得了法律意见的支持，并获得了雷曼的独立外部审计机构安永的认可。由于福尔德将毕生的职业生涯用于忠实勤恳地为雷曼兄弟公司及其股东们的利益服务，因此，雷曼兄弟的资深财务官、法律顾问以及安永事务所从未对使用回购105交易提出过任何质疑。"

"在担任雷曼兄弟首席财务官的三个月期间，洛维特先生一直尽心履责，"

洛维特的律师也发表声明表示，"任何关于洛维特先生背弃受托义务的诋毁都是毫无根据的。"

奥米拉的反应目前不得而知。卡兰的一位代理律师拒绝对此发表评论。

此外，这位调查员的报告还反复强调这一论断：6月初雷曼兄弟公开募集资金60亿美元后不久，时任财政部长的亨利·保尔森警告福尔德说，如果雷曼兄弟在第三季度继续亏损，且没有收购方或周密的自救方案，那么雷曼兄弟的生存将岌岌可危。

剪报12—2　　　　　　　　　　　　　　　**《金融时报》**2010年3月16日

雷曼怨怒下的全球合作前景迷茫

吉莲·邰蒂

安东·瓦卢卡斯提交的关于雷曼兄弟破产的2 200页报告激起了大量投资者以及政治家的莫大愤慨。

但那些老谋深算的美国和欧洲银行家的主要反应是沮丧，或者哀叹。

雷曼兄弟玩弄会计和监管诡计的内幕曝光后，许多非银行界人士一度错愕不已，但在金融业内心照不宣的肮脏秘密则是，雷曼兄弟公司耍弄的跨境把戏不过是其他众多公司类似花招的一种（可以说是）极端形式而已。

而且，更加肮脏的秘密——它可能让某些政客羞愧难当——是这些把戏不可能消失。

其原因在于，那些导致被雷曼兄弟所利用的跨境套利的特定条件，也就是彼此割裂的全球监管体制和会计制度，似乎并没有消失。相反，以当前趋向来看，这类割裂程度很快还会加重。这不仅有违常识，而且与雷曼调查报告揭示的最基本教训相去甚远。

在法院指派的调查员瓦卢卡斯提交的这份报告中，最有趣的细节之一是，雷曼兄弟如何利用所谓的"回购105"手段亦即一种回购交易，来降低该投资银行显然极高的杠杆比率。

但这一交易被英国年利达律师事务所公开认定为合法，并被雷曼兄弟公司广泛使用，尽管有些律师质疑它在美国法律下的合法性。

换言之，驱动回购105盛行的因素是某种类型的"择地行诉"。因而，从表面上看，这一情势意味着全球金融行业领袖们的当务之急是，进一步协调欧洲和美国（或至少应是伦敦和纽约）之间的会计准则和银行法规，以堵塞这一漏洞。

一年前，大多数金融官员们决定着手处理此事。最为显著的是，2009年初，巴塞尔集团（Basel group）——凝聚各国监管机构与中央银行家的全球实体——的众多委员会就一直在努力推动旨在阻止使用回购105等骗术的全球统一的银行业改革。

当时，会计行业也在紧锣密鼓地进行改革，力争谋取大西洋两岸美国会计体系（它以广被接受的会计原则为核心）和欧洲会计体系（它以国际财务报告准则为中心）更多的协同。

但在最近数月，由西方官员们主导、旨在为金融体制谋求更多全球共识的这一行动，频频遭受了各国政治因素的干扰——结果，金融体制的割裂性而非协同性成为全球待决的新议程。

例如，在美国，主要的会计机构可以单方面改变美国银行业对有毒资产的账目处理方式——由此导致这些美国银行再次与欧洲的银行有所不同。同时，在银行领域，各国政治家们也单方面推出了一些可能破坏巴塞尔协议的措施。此类例证不妨观察奥巴马政府的顾问保罗·沃尔克关于自营交易的提议，这一提议同样可能将美国带上一条与欧洲不同的道路。

单边主义终将短命，全球共识必将达成——这在当下是有可能的，然而，也有可能的是，很多银行家在短期内对于利用所有现存的跨境漏洞（或那些单边主义很快将会催生的跨境疏漏）进行监管套利会慎之又慎。

但别指望这种约束能长久持续，一旦喧嚣已过、风平浪静，那些贪求利润或铤而走险的金融家们必定会再次大肆发掘监管套利的新漏洞。

因此，政治家们倘要切实解决雷曼兄弟公司调查报告所暴露的问题，仅仅对银行家进行抨击、洗脑或实施监禁是不够的。同时，仅仅加强金融监管也是不够的。当务之急是采取新的全球合作行动。然而，这一行动能否推行，谁也说不准。

12.3.4　房地产业务

同样值得指出的是，雷曼兄弟向众多房地产公司进行了巨额贷款投放或股权投资。例如，雷曼兄弟斥资 20 亿美元与一家南加利福尼亚开发商桑加利公司（Sun Cal）合作，后者负责开发麦卡利斯特牧场即一个住房占地 6 000 平方米、耗资数百万美元的休闲社区，这一社区至今仍圈在篱笆里、尚未完工——在本书动笔之际，它是名副其实的"鬼区"。这类投资最令人瞩目的特征是，雷曼兄弟通过提供次级抵押贷款证券和投资、持有基于金字塔形房地产的信用违约互换头寸，已经深深陷入房地产业。因此，人们通常会认为，这家投资银行内部应该有人不懈地呼吁暂停后续房地产投资。"高风险，高回报"是大家耳熟能详的一句谚语，但须切记，与之对应的箴言是："高风险，高几率惨败。"

12.3.5　首席执行官

但雷曼兄弟的 CEO 迪克·福尔德似乎很难听进"高风险，高几率惨败"这句箴言的规劝。土生土长的纽约人迪克·福尔德毕业于科罗拉多大学，在纽约大学斯特恩商学院获得 MBA 学位。他 25 岁时加盟雷曼兄弟，1994 年雷曼兄弟上市时他是 CEO，时年 46 岁。我们从未见过福尔德，只能通过曾供职于雷曼兄弟的拉里·麦克唐纳德[5] 的描述来大致了解他。"很简单，大家都怕他……这种敬畏源自他的威严，因为这么多年来，福尔德以成千上万种理由解雇了很多很多员工。……关于他的狂躁与威吓，坊间有许多传闻，而且听起来就像笼中狮的故事。……福尔德住在格林威治大厦的豪宅内，面积 9 000 多平方英尺，价值近 1 000 万美元。同时，他还拥有其他四套住房，包括朱庇特岛上的一栋豪宅，而朱庇特岛又是美国富豪们在佛罗里达州棕榈滩北部 30 英里的霍比桑德镇的集聚地之一，迪克早在 5 年前便斥资 1 375 万美元购置了这套房产。……他还在帕克大街上购买了一套价值 2 100 万美元、内设三个燃木壁炉的巨大公寓，并在爱达荷州的太阳谷附近拥有一间壮观的滑雪小木屋。他收藏的艺术品价值 2 亿美元，其中的战后及当代画作包括一幅杰克逊·波洛克的作品就价值数千万美元。"他的薪酬所得也高得令人咋舌，雷曼兄弟的账册记录是，2007 年他的薪酬是 3 400 万美元，2006 年为 4 050 万美元——1993—2007 年的薪酬合计约为 5 亿美元。因此，要想说服福尔德接受"雷曼兄弟正在推行风险极高的经营战略"的建议，真的是难于登天。

为圆满地结束对雷曼兄弟倒闭的描述，这里引用艾伦·斯隆（Allan Sloan）和鲁迪·博伊德（Roddy Boyd）[6]发表在《华盛顿邮报》上的一篇文章。他们认为，"将雷曼兄弟所有的过错全部归咎于福尔德是大快人心的。因为，这位老兄将这家公司所有的成功都归诸自己（一旦出现问题就嫁祸于临时替罪羊），并由此得到了丰厚的超级公司明星薪酬包。由《财富》的数据可知，福尔德通过兑现公司奖励给他的股票期权和限售股，套取了近5亿美元的现金——准确数应为4.897亿美元（这是税前金额）。他还打破了常规发家致富的藩篱。"迪克·福尔德的管理风格是冒险激进的，因此我们觉得，上述引文第一个括号内的内容仅为一种比喻。斯隆和博伊继续指出，"雷曼兄弟最重大的问题并非导源于福尔德的管理理念，而是因为10年前华盛顿方面废止大萧条时期推行的、分离投资银行与商业银行业务的《格拉斯－斯蒂格尔法案》的重大决定，让它蒙受了巨大的连带损失。"我们觉得，这是一种反语嘲讽。你们认为如何？

剪报 12－3　　　　　　　　　　　　　　　　　　　《金融时报》2008年11月22日

薪酬过高CEO奖

随便你挑。但年度"Lex薪酬过高CEO奖"的入选门槛比任何最大胆的想象都要高。对于将全球金融体系拖到崩溃边缘、破碎不堪的高管薪酬模式而言，"公司倒闭奖"这一用词显然有失公允。在欧洲，今年10月被免去皇家苏格兰银行CEO一职的弗雷德·古德温爵士（Sir Fred Goodwin）是读者们推举的热门人选，他在2006年、2007年总共拿到了820万英镑的薪酬。同上，冰岛各家银行的老板们不仅将自己的公司拖入深渊，还将整个国家带进泥潭。

但与美国金融部门那些鲜廉寡耻的巨头们赚得的薪酬相比，欧洲的薪酬包实在是太过小气了。在房利美最后两年的任期内将2 300万美元收入囊中的丹尼尔·马德（Daniel Mudd），以及同期由房地美给付3 300万美元薪资的迪克·塞伦（Dick Syron），都是令人瞩目的获奖人选。在推动美国住房泡沫不断膨胀，进而导致全球最大的经济体步入衰退的过程中，这两位毫无疑问地"居功至伟"，他们捞得的钞票足够他们的数代后裔花费。然后，他们将两家政府发起机构的包袱甩给了纳税人。

然而，最后的大赢家只有一位：迪克·福尔德。这位雷曼兄弟的老板在今年 9 月这家投资银行倒闭并引发全球金融市场急剧动荡之前的数年时间里，已经捞走了数千万美元。他在机会犹存时偏执地拒绝出售这家投资银行，成为本年度最大的一宗交易败笔。他在 2006 年、2007 年分别获得薪酬 4 050 万美元、3 400 万美元（该薪酬得到了董事会四人薪酬委员会的一位委员克里斯多夫的首肯），为 2009 年"Lex 薪酬过高 CEO 奖"设定了新的门槛。对 2009 年上榜候选人有任何建议者，请发送邮件至 lex@ft.com，或登录 www.ft.com/overpaidceos 在线发表评论。

12.4 案例 12－3 美国国际集团

12.4.1 引言

美国国际集团是美国工商业保险的最大承保人，它的历史可以追溯到 1919 年康奈利厄斯·范德·施德（Cornelius Vander Starr）在中国上海创办的保险企业。公司业务蓬勃发展，1949 年，施德将公司总部迁往纽约，公司业务逐步遍及欧洲、亚洲、拉丁美洲和中东地区。

1962 年，施德把美国国际集团美国本土业务的管理权交给莫里斯·格林伯格（Maurice Greenberg）（昵称"汉克"），格林伯格则将公司的经营重心从个人保险转向高回报的公司业务。格林伯格还通过独立的保险中介而非保险代理人去推销保险，以节省保险佣金。这一转型使公司的损益表大为改善，1968 年，施德提名格林伯格为接班人，1969 年，AIG 上市。

2005 年，美国国际集团因涉嫌系列欺诈，而接受美国证券交易委员会、美国司法部及纽约州总检察长联合展开的调查。在这场会计丑闻中，格林伯格被罢黜。这场调查结束后，美国国际集团被罚 16 亿美元，部分高管面临刑事指控。格林伯格的接任者是马丁·J. 苏利文（Martin J. Sullivan）。2008 年 6 月的金融危机期间，在披露财务亏损后，由于股价狂跌，苏利文辞职，2006 年起担任集团董事局主席的罗伯特·B. 威尔伦斯坦德（Robert B. Willumstad）接任 CEO。在任期间，美国政府威压威尔伦斯坦德辞职，2008

年 9 月 17 日爱德华·M. 李迪（Libby Edward）接任。美国国际集团在巅峰时期的资产接近 1 万亿美元，利润为 140 亿美元，在全球 130 个国家的雇员超过 10 万人。

美国国际集团的保险业务是驾轻就熟的，它在几乎所有保险种类上展开竞争。尤其值得一提的是，由于管理层预见到房地产业行将衰落，美国国际集团取消了与具有次贷敞口的各类债券的保险业务，此举发生于 2005 年，但它在 2007—2008 年金融危机期间面临巨大风险敞口，其根源却不是它经营的核心业务。导致美国国际集团误入歧途，且最终以美国政府救助并接管其 79.9％的股份收场的罪魁祸首，正是它的金融商品分公司（Financial Products Corporation）。有鉴于此，下面将着重分析美国国际集团的金融商品。

12.4.2　AIG 金融商品公司

金融商品创设于 1987 年，当时，金融衍生品专家霍华德·邵信（Howard Sosin）离开投资银行德崇证券（Drexel Burnham Lambert），三年后这家证券公司的垃圾债券业务惨败并于 1990 年申请破产。邵信希望投靠资信高、实力强大的金融业东家。邵信发现，格林伯格和美国国际集团能够实现他的抱负，于是带领由 13 名前德崇证券雇员组成的团队，包括 32 岁的约瑟夫·卡萨诺（Joseph Cassano），投奔这家保险业巨头。具有戏剧性的是，一位 CNN 记者奉送给卡萨诺的绰号是"2008 年金融危机中应予通缉的十大要犯之一"。卡萨诺是怎么赚得如此美称的呢？

金融商品在本质上是对冲基金，像对冲基金的运作一样，它的许多交易需要支付酬谢奖，其中，利润的 38％为奖金池，其余的上缴美国国际集团。金融商品部门声称，美国国际集团拥有的 AAA 评级使得它的融资成本低于许多竞争对手，从而可以承担更大更多的风险。而且，美国国际集团是家保险公司，它无须接受像商业银行那样的资本准备金率的约束。这就意味着，在承保超级优先级债务即最高档级的债务（见图 5－1）时，美国国际集团实际无须追缴额外的资本金，同时，监管机构也不会严厉盘查其金融商品。事实上，金融商品公司的监管机构是储蓄机构监理局，而在尖端金融衍生品方面，储蓄机构监理局的执法人员所受培训有限、实际接触不多、专业知识匮乏。

在格林伯格看来，美国国际集团的 AAA 评级是神圣不容动摇的。他意识到，一旦形势逆转，集团内部对冲基金的任何差池，都有可能危及美国国际集团的生存。于是，他设立一个"影子小组"，专门研究邵信所进行的金融交易，以便一旦产生问题，公司就能迅疾实施逆向工程。这一做法招致了众多歧见与抗辩，邵信认为对金融商品实施严格监控毫无道理。1994 年，邵信辞职，并带走其他许多金融商品的创建者，此事终告结束。邵信去职后，卡萨诺成为金融商品公司的首席运营官，并将公司总部迁往监管不太严厉的伦敦。

卡萨诺不是一位长于详尽的数理模型分析的金融人士，数理模型分析是邵信的专长。与邵信相比，卡萨诺创新意识稍欠，也不够拔尖，是一位网络构建者和组织协调者。他深深痴迷于竞争对手 J. P. 摩根大通开发的一种被称作"广义指数担保信托发行"（缩略词为 Bistro 的"小酒馆交易"）的金融衍生产品。1997 年亚洲金融危机导致的大量坏账使各大银行的损益表备受打击，因此，J. P. 摩根大通一直在探寻降低坏账敞口的有效方式，卡萨诺领导的金融商品团队也面临同样的任务。

金融商品团队的研究结论是，J. P. 摩根大通的"小酒馆交易"实际上是我们现在熟知的一种信用违约互换。他们的结论正确，事实的确如此。卡萨诺十分看好这款产品。同时，金融商品公司认为，违约浪潮同时发生的概率微乎其微——除非大萧条再次来袭。金融商品公司由此形成的结论是，持有信用违约互换预期每年能以相对较低的风险，收得数百万美元的资金流入——这与保险费十分相似。2001 年，卡萨诺就任金融商品公司 CEO 后，就鼓动美国国际集团承销信用违约互换。事实上，J. P. 摩根大通经由两种方式向金融商品集团出让其全部超级优先级风险敞口：一是通过购买证券的方式，二是通过签订信用衍生品合约的方式。卡萨诺表示同意。人们不禁好奇的是，摩根的高管们对于它们的超级优先级风险敞口是否略感不安，我们对此一无所知。在评述此事时，郎蒂[7] 将这一事件视为一个分水岭。她删繁就简地描述道："美国国际集团提供这项服务的回报是微不足道的，每年每一美元仅赚 0.02 美分，但将 0.02 乘以数十亿美元，那将是一笔十分可观的收入流，而且几乎无须拨备覆盖相应风险的准备金。这样，金融衍生品的魔力又一次创造了'双赢'局面。但仅在几年后，事态的演化日益明朗，正是卡萨诺的这项交易将美国国际集团推上了自我毁灭之路。"为了转移"小酒馆交易"的风险，金融商品团队向其他保险公司、银行及再保险公司售卖它所持有的超级优先级风险产品。

J. P. 摩根大通对监管层的成功游说使得这些"小酒馆交易"型的信用违约互换工具甚至更有吸引力。他们竭力说服监管者相信，AAA 级（"由全国著名的信用评级机构"进行的评级）信用违约互换内含的风险相对很小，因此，银行为覆盖风险敞口而需保有的保证金应该更少。美国的货币监理署和联邦储备银行接受了这套说辞。由此造成的监管放松的实质效应是：商业银行每发放 100 亿美元的公司贷款，一般必须保有 8 亿美元的资本储备金，但持有等额的 AAA 级信用违约互换，所需留存的资本储备金就降至 1.6 亿美元。邰蒂[8] 认为，"许多银行家开始戏称'小酒馆交易 Bistro'实际是指'BIS 完全上当（BIS Total Rip Off）'，BIS 是指监督执行《巴塞尔协议》的国际清算银行。"因此，美国国际集团的信用违约互换业务发展迅猛——至少在一段时间内如此。美国国际集团的金融商品公司是信用违约互换的最大参与方，由此所得的交易奖金自然也是十分丰厚的。

像大多数信用违约互换以及债务担保证券的参与者一样，美国国际集团毫不例外地未能保有足够的资本金来防范潜在损失。同时，像信用违约互换以及债务担保证券的其他众多参与者一样，美国国际集团金融商品公司高管们认为他们的投资战略无懈可击，可以实现"多赢"。但与信用违约互换以及债务担保证券市场上的竞争对手投资银行相比，美国国际集团的确有所不同。首先，美国国际集团不是投资银行，它不能在短期货币市场上为自身筹资。实际上，美国国际集团的债务规模相对极小，且持有 400 亿美元的现金——它实力强大，按理不会倒闭。另外，美国国际集团不同于竞争对手之处还在于，它在承担超级优先级债券即最高档级债券的保险上素有专长。

截至 2007 年年中，美国国际集团持有将近 5 600 亿美元的超级优先级风险产品。这是一个庞大的数字，外界也鲜有人知。邰蒂[9] 的报道曾提到：J. P. 摩根大通"小酒馆交易"团队的几位成员"看到这一数字时，他们以为出现了印刷错误。其中一人问道，'应该是 560 亿美元吧，有没有搞错？'"。

2007 年秋，许多银行的审计机构强制要求银行减记所持有的超级优先级风险产品的账面价值。最初，美国国际集团拒绝照此办理。然而，2008 年 2

月，美国国际集团的审计机构强制要求它承认公司账目存在"重大漏洞"。随后，美国国际集团面临海量的指陈，进而宣布对其 430 亿美元的超级优先级资产进行价值减记。毋庸多言，约瑟夫·卡萨诺离开了公司。

于是，人们对信用违约互换及债务担保证券市场的信心日渐销蚀，而且在加速丧失。信用评级机构逐步调降成百上千亿美元的债务担保证券的信用评级，其中包括 AAA 评级的债务担保证券——自然也包括超级优先级债券。2007 年，美国国际集团最大的交易对手方之一高盛公司按照信用违约互换合约具体载明的条款，要求美国国际集团追加数十亿美元的担保品。2007 年 11月，美国国际集团披露了这一争端。

2008 年全年，美国国际集团的处境日趋艰难。在实际的互换交易中，参与互换的高信用等级公司无须向对手方缴存抵押品（这一规定有别于巴塞尔规则下的准备金要求）。如果互换一方的信用评级显著下降，或出现巨额亏损，那么，根据具体的互换协议条款，对手方就会要求它追加担保品以弥补引致亏损。因此，如若信用违约互换以及债务担保证券的评级被调降，或美国国际集团本身的信用评级面临调降风险，那么美国国际集团就必须向交易对手方补缴担保品。在多次对外筹资均无疾而终后，美国国际集团的流动性危机渐行渐近了。

由于众多金融机构通过信用违约互换交易彼此关联，因而美国国际集团造成的问题更趋严重。雷曼兄弟持有 7 000 余亿美元的互换合约，其中大部分由美国国际集团担保。抵押贷款证券开始违约后，美国国际集团不得不赔偿数十亿美元的信用违约互换损失。显然，美国国际集团无法赔偿全部损失。

12.4.3 末日来临

如上所述，大肆承销信用违约互换和债务担保证券致使美国国际集团成为这一业务的"接球手"，但在从事信用违约互换和债务担保证券业务时，众多银行和对冲基金既当接球手，又当击球手（playing both sides），它们买入信用违约互换和债务担保证券，交易信用违约互换和债务担保证券，并从中赚钱或亏损。美国国际集团则一直提供初始的信用违约互换并持有到期。如果美国国际集团违约，那么向美国国际集团购买信用违约互换合约的许多当事方将蒙受巨大损失，这反过来又会导致这些当事方违约。因此，美国国际集团实际上是通过信用违约互换市场对所谓的 AAA 级债券承保。在传统的保险实务中，一位车主发生车祸不会成为其他车主也会发生车祸的前兆——两者之间没有相关性。但在债券承保的情形下，一方违约将使得承保人蒙受极其巨大的损失，从而导致它所承保的证券的风险增大，并导致信用等级下降。简而言之，信用违约互换市场的问题之一是它极易加剧违约事件的连锁反应。

如果美国国际集团倒闭，那将导致全球银行市场、保险市场以及再保险市场连锁倒闭的多米诺骨牌效应。这必将意味着，大批必须投保的企业——从飞机、轮船业到货车、小汽车——也将因此陷入瘫痪。因此，"美国国际集团太大而不能倒"的论调自然容易形成。

美国联邦储备银行宣布，为防止美国国际集团倒闭，它将创设上限为 850 亿美元的担保信贷便利，借此助力美国国际集团履行它对互换交易对手的义务。这一信贷便利以美国国际集团全资附属公司的股权为担保，美联储获得美国国际集团 79.9％ 的认股权证，并有权要求推迟派发股息。美国国际集团董事会全盘接受了美联储提出的救助方案，这是继一周前救助房利美、房地美以来，美国历史上第二大政府救助公司案。

2008 年 9 月 16 日，美国国际集团的股价下跌 95％，收于每股 1.25 美元，而 52 周的最高价为每股 70.13 美元。它还公布，2008 年上半年亏损 130 亿美元。美国国际集团承认，它的金融商品部门通过信用违约互换承保了最初评级为 AAA、价值 4 410 亿美元的证券，其中 578 亿美元的证券是次级贷款支持的结构性债务证券。现在你该明白为何卡萨诺被称为"最应通缉的十大金融危机要犯之一"吧。人们不知道美国国际集团董事会是否完全掌握（或部分了解）了金融商品公司的业务运行详情。此间细节，必定引人入胜。

莱因·戴（Lain Dey）[10] 发表于《星期日泰晤士报》的另一则小趣闻则暗示，"阴谋论者声称，美国政府施援的唯一原因是美国国际集团的破产会将投资银行巨头高盛拖到金融灾难的边缘。因为，美国国际集团救助方案中的大约 128 亿美元必须用于履行它对高盛的契约义务。"高盛对它应该受偿的债权是锱铢必较的。

2008 年 9 月到 10 月，美国国际集团不断上升的信用违约互换价差意味着它未来的倒闭风险不断增大。此后，为确保收支相抵，美国国际集团加大举债，并卖出大量资产。拙著撰写之际，美国国际集团的信用违约互换价差已经稳定。据估计，美国政府向美国国际集团提供的救助总额曾高达 1 520 亿美元，此后逐步降至本书撰写之时的近 1 200 亿美元，当然，政府拥有它 79.9％的股权。

12.5 案例 12－4 房利美和房地美

12.5.1 引言

一般称为"房利美"的联邦国民抵押贷款协会成立于 1938 年，它是旨在增强抵押贷款市场的流动性，并为饱受大萧条之累的低收入家庭提供更多资助的一种机制，这一机制也是富兰克林·德拉诺·罗斯福新政的重要构成。1968 年，为将房利美财务与联邦预算脱钩，美国政府将房利美改组为一家私人控股公司。

设立该公司的主要目的是通过购买抵押贷款并实施证券化，保障那些向购房者提供贷款的金融机构能够持续获得资金。1968 年以前，房利美是美国政府发放的抵押贷款的担保人，但在私有化后，这一职责便移交给新成立的政府国民抵押贷款协会，通常简称"吉利美（Ginnie Mae）"。此后，房利美不再充当美国政府发放的抵押贷款的担保人。1970 年，美国政府成立俗称"房地美"的联邦住房贷款抵押公司，与房利美进行竞争，并借此拓展更稳健、更具效率的抵押贷款流通市场。这些政府发起企业创建后，它们在抵押贷款市场中的作用、它们与政府的关系以及它们有无必要存在，就一直存有争议。2007 年美国住房市场崩溃、次级贷款危机爆发后，这些论题再度浮现。尽管存在争议，但在提高美国的住房自有率，并使美国跻身世界住房自有率最高的国家行列方面，房利美、吉利美以及房地美的确发挥了重大作用，三家企业都成为上市公司。

上述政府发起企业的职责是，在二级市场上收购抵押贷款，将它们打包成抵押贷款证券后，在公开市场上卖给投资者。这种抵押贷款二级市场有利于增加对抵押贷款发放机构的货币供给，进而提高新房购置者的信贷可得性。

房利美和房地美的主要收入来源是对它收购并且证券化为抵押贷款证券的贷款收取担保费。投资者或房利美和房地美抵押贷款证券的购买者也甘愿听凭房利美和房地美收取担保费，因为它们承担了信用风险——也就是，无论最终借款人是否偿付贷款本息，"两房"都保证按期向投资者偿付标的贷款的本金和利息。

房利美和房地美也对自身的贷款组合进行证券化，然后将由此产生的抵押贷款证券卖给抵押贷款二级市场上的投资者，而且同样地为按期转交应付的本金和利息提供担保。通过购买抵押贷款，房利美和房地美向银行和其他金融机构持续提供新增贷款所需的增量资金，为美国住房市场和信贷市场注入源源不断的流动性。对房利美和房地美而言，要为它们自身所发行的抵押贷款证券提供担保，就必须为它们同意收购的贷款亦即合规贷款（见第5章）设立标准。达不到规定标准的抵押贷款称为不合规贷款，不合规贷款的二级市场通常交易的都是巨额贷款（专业术语为"超额抵押贷款"），它们的规模超过了房利美和房地美愿意收购的单笔抵押贷款的上限。2008年"两房"决定，合规抵押贷款证券中最多可以加入10%的超额抵押贷款。

12.5.2　抵押贷款证券化

事实上，抵押贷款证券化的始作俑者是吉利美。1970年，吉利美发行了一种被称为"住房抵押贷款支持证券（Residential Mortgage-backed Security）"的创新型债券。简而言之，债券就是一张承诺向持券人或持有者（最初的资金贷放人）在特定时期内定期支付利息并在约定日期全额偿还本金的票据（有时也被称为借据）。一般认为，任何一个能产生一组相当稳定现金流的实体都可以发行债券。1970年前，这种债券的主要发行者是政府和公司。吉利美的创新是：它收购众多抵押贷款，将由此所得的每月偿还额打包成债券，并以（债务人每月还款形成的）现金流来支撑债券。如果大多数房屋购置者按月还款，那么即便有少数人违约也并无大碍，因为仍有足够的资金流入来偿付债券持有人的应得利息。而且，支撑这些抵押贷款债券的个人住房贷款都是由政府提供担保的，这就极大地降低了这些债券内含的信用风险。它们获评的信用等级较高，所支付的利率仅仅略高于国债利率。由于上述优势，这种债券一经推出，就备受养老基金公司等机构投资者们的青睐。吉利美的创新取得巨大成功后，房利美和房地美积极仿效，抵押贷款债券市场迅速膨胀。依据日渐成熟的证券化原理，众多华尔街企业纷纷寻找能够打包成可售让债券的其他现金流。1977年，所罗门兄弟公司和美国银行成功实施了首例非政府担保的住房抵押贷款证券化，新的证券化产品随即快速增长。

1983年，房地美发行了第一张抵押（贷款）担保证券（Collateralised Mortgage Obligation）。这种证券是一种将抵押贷款和抵押贷款证券资产池的现金流划分为不同档级的债券型互助基金。其中，高档级债券的投资者拥有标的现金流的优先索赔权，中间档级的投资者紧随其后，低档级债券的持有者获得剩余收益。1985年，斯佩里金融租赁公司（Sperry Lease Finance Corporation）发行了以系列计算机设备租赁所形成的现金流为支撑的债券，从而创设了第一张资产支持证券（Asset-backed Security）。时至今日，这种资产证券化进程日益加快。足球、垒球俱乐部等体育产业也已发行以未来赛季门票收入为现金流的资产支持证券。

抵押贷款及其他贷款二级市场的蓬勃发展，诱使许多银行出售它们原本在报表上持有的大部分贷款——包括从私募股权贷款到信用卡债务等多类贷款。银行业的发起—持有模式逐步让位于发起—分销模式。因此，正是政府发起企业打开了装有魔鬼的瓶口。

12.5.3 政治压力

不幸的是，房利美和房地美的商业模式是政治威压的结果。"两房"承销了美国半数以上的抵押贷款。1999年，克林顿政府明确了"两房"的任务是扩大对中低等收入者的抵押贷款额，完成这一任务的途径是根据《1977年社区再投资法案》的规定，提高内陆贫困地区住房信贷机构的放贷比率。法案的游说者及政治家们威逼房利美和房地美放松抵押贷款的信用等级标准，并以高于常规贷款的利率向次级借款人发放贷款。"两房"的部分股东似乎也赞成这一做法，因为这类做法可以提高公司的潜在利润流，当然，它们也会使公司的坏账上升。

此间的推论逻辑是，房利美和房地美承销合规抵押贷款的标准将确保提供安全、稳定的现金流，后者又使得它们向那些非优先级信用的购房人放贷成为可能。在此背景下，房利美和房地美开始"归降"，但声明次级贷款市场必须执行它们承销优先级贷款的标准。但政治当局采用"渗透型影响模式"仍在持续施压。

1999 年，史蒂文·霍尔姆斯（Steven A. Holmes）在《纽约时报》上撰文指出：房利美和房地美进军次级贷款市场后，它们承担的风险日渐明显地增大，这在经济繁荣时期尚无大碍，但在经济衰退时期，这些政府发起企业将陷入重大困境，进而迫使政府采取类似 20 世纪 80 年代挽救储蓄贷款行业那样的救助举措。《纽约时报》的专栏作家亚历克斯·贝伦森（Alex Berenson）在 2003 年即已指出，房利美承担的风险远远超过常人的想象。

2002 年，布什总统签署《单亲家庭经济适用房税收抵免法案》（Single-Family Affordable Housing Tax Credit），该法案也被称为"再圆美国梦"。这一计划将在未来 5 年内向在贫困地区开发单亲家庭经济适用房的投资者和建筑商提供 24 亿美元的税收抵免。所有这些政策都在为房利美和房地美埋下祸端。

2003 年 9 月，小布什政府发动了据称是"储蓄贷款危机以来住房金融产业最显著的监管变革"。按照这一规划，美国财政部将创设一个新机构，承担对房利美和房地美的监督职责。这家新机构有权设定这些住房金融类公司的资本准备金标准，并评判它们是否恰当地进行了投资组合的风险管理。

2003 年 12 月 16 日，布什总统签署为购房者提供首付款以及房产交易手续费补助的《美国梦首期付款法案》（American Dream Downpayment Act）。根据这一法案，2004—2007 财年将拨付大量项目经费。布什总统还向那些助力家庭在社区内拥有住房的众多机构提供了三倍于原有额度的资金扶助，这一政策极大地提高了三家涉足抵押贷款二级市场的政府发起企业对少数族裔市场的金融支持义务。于是，数十亿美元的资金源源不断地从政府部门流向次级次贷市场。

这种局面延续了数年。美国政府通过相关机构的广泛触角，大肆兜售实现美国梦的关键是拥有住房的理念。美国政府透过运行良好的次贷市场所派送的福利盛宴，美国民众一直在欣然照单接受，现在，又有布什政府的政客们对房利美和房地美的威压前来助兴。

12.5.4　金融危机

随后的 2007 年，次贷危机开始爆发。数量不断增多的借款人，通常是那些信用评分较低者，不能按期偿还抵押贷款——尤其是可调整利率抵押贷款，这就导致了住房止赎率的急剧上升。不断上升的止赎率使得已经持续增长的折价出售住房存量进一步增大，导致住房价格下跌。住房价格下跌致使放贷机构重新执行严格的抵押贷款评估标准，借贷标准更趋严格又使得借款者获得抵押贷款的难度不断加大。这些因素造成的住房价格下跌使得房利美和房地美蒙受的亏损不断扩大，因为"两房"为美国半数以上的住房抵押贷款提供了担保。2008 年 7 月，美国政府力图通过强调"房利美和房地美在美国住房金融系统中发挥着中枢作用"来缓解市场恐惧，但公众对此强调内容早已心知肚明，而且，他们还知道巨大的房地产泡沫即将破灭。于是，股东们纷纷抛售房利美和房地美的股票。为此，美国财政部和美联储采取多种措施增强投资者对"两房"的信心，包括允许"两房"借用美联储的低息贷款，并解除针对它们的各种禁令。

房利美和房地美不能直接接受政府资金或获取政府资助，它们发行的证券也没有到期偿付的隐含政府担保，这在授权设立政府发起企业的法律中具有明确规定。2008 年 7 月 11 日，《纽约时报》报道，美国政府官员正在考虑的方案是，倘若"两房"的财务困境因住房市场危机而更趋恶化，则由美国政府接管房利美和房地美。这些官员还声明，美国政府已经决定对房利美和房地美举借或担保的 5 万亿美元债务提供担保。尽管政府采取了这些举措，截至 2008 年 8 月，房利美和房地美的股价仍较一年前的水平暴跌了 90％。

在此背景下，房利美和房地美面临的主要问题是：它们是否因规模太大而不容倒闭？这一问题的答案在美国政府接管这两家公司后随即揭晓。联邦政府接管房利美和房地美后，这两家政府发起企业的决策管理权于 2008 年 9 月移交财政部，美国政府成为房利美和房地美的坚强后盾。而这只是当月美国发生的诸多令人惊愕的公司崩溃与政府救助案之一。

2008 年 9 月 7 日，美国联邦住房金融管理局局长詹姆斯·B. 洛克哈特（James Lockhart）三世宣布由该局对这两家政府发起企业进行接管。与此同时，美国财政部长亨利·保尔森也发表声明称，完全支持对这两家政府发起企业进行接管的决定，他还补充道："我认为，刻下必须采取行动的主要原因是政府发起企业本身具有严重的内在冲突和模式缺陷，而且住房市场正在自我纠偏。"

房利美和房地美合计 149 亿美元的巨额亏损以及市场对它们筹资和举债能力的诸多担忧所形成的巨大危害，势必导致美国住房金融市场分崩离析。为确保这两家政府发起企业的偿付能力与正常运行，美国财政部承诺在 2009 年斥资 2 000 亿美元购买"两房"的优先股，同时扩大信用额度。这两家政府发起企业的抵押贷款证券和债务的未偿余额为 5 万亿美元——然而，这 5 万亿并不都是次级贷款。

美国财政部与这两家政府发起企业达成的协议明确：要获得财政部的未来资助和上限为 1 000 亿美元的股本投资，每家政府发起企业在接管后应立即无偿地向财政部定向发行股息为 10％、额度为 10 亿美元的高级优先股。同时，这两家政府发起企业还同意，按每股千分之一美分（即每股 0.00001 美元）的行权价，向财政部发行代表公司 79.9％股份的认股权证，认股权证的有效期为 20 年。

事后来看，在那个诡谲动荡的月份里，美国政府对这两家政府发起企业的接管行动以及认购 2 000 亿美元额外股本的协议允诺，是震撼美国本土投资银行、金融机构和联邦监管机构的特等重大事件。2008 年 9 月 15 日，拥有 158 年历史的雷曼兄弟申请破产保护，决定进行资产清算，但将财务健全的附属机构继续运行且不纳入破产保护。拥有 94 年历史的美林证券公司接受了美国银行大约 500 亿美元的收购报价，这一报价较一年前 1 000 亿美元的市场估值贬黜甚多。2008 年 9 月 16 日，保险巨头美国国际集团遭受的信用评级调降迫使它与美联储签署救助协议，以自身 79.9％的股权换取美联储 850 美元的担保贷款便利。在美国金融史上，2008 年 9 月是最惨烈、最黑暗的月份。

第 13 章　英国的银行倒闭案例

13.1　引言

美国有相当多的银行在金融危机中倒闭，英国也一样。"美国的银行倒闭案"一章剖析了四个案例，本章"英国的银行倒闭案"仅有三个案例研究，而且这三家银行的倒闭起因各不相同。第一个案例所研究的抵押贷款银行——北岩银行一直在进行危险的博弈，但它没有豪赌信用违约互换、债务担保证券和其他缩略词市场。北岩银行将抵押贷款再打包后对外发售，并在这一市场瘫痪后饱尝恶果。当然，北岩银行的破产另有他因。另两个案例涉及的两家银行十分有趣。苏格兰哈利法克斯银行（HBOS）除放松信贷控制造成了天量的信贷投放外，还决定投身纷繁莫测的结构性市场，最终铩羽而归。苏格兰皇家银行积极参与信用违约互换、债务担保证券等缩略词市场，并力图在金融危机爆发时实施一项人尽皆知的最糟糕的并购。这三个案例表明，倨傲必遭天谴。换言之，骄兵必败。但在每个案例中，本章忽略了与银行业和项目评估相关且带有入门必读性质的基本事项。这是最高层次的失职吗？你以为如何？本章进行的案例研究是：

　　案例 13-1　北岩银行

13.2　案例 13－1　北岩银行

13.2.1　引言

北岩银行是一家抵押贷款银行，它的起源可以上溯至 19 世纪 60 年代创建的住房互助协会。秉持吸收客户存款并将它们贷放给借款人用以购置住房的经营理念，北岩银行的业务重心主要是在英格兰的东北部。在 20 世纪 80 年代放松金融部门的管制之前，住房互助协会的资金全部来源于客户的存款。当时住房互助协会的所有者归属就是全体储户——这是典型的住房互助协会，也称为互助社。1997 年，北岩银行在伦敦股票市场发行股票后，成为一家上市公司。当时，北岩银行向所有具备资格的储户都无偿派送了发行价为每股 4.5 英镑、价值 2 250 英镑的 500 股股票，并向社会公众发售新股。事实证明，这种股份制改造很受欢迎，北岩银行的股票获得了三倍超额认购。

北岩银行并不像劳埃德 TSB 集团等典型的英国银行那样提供所有业态的金融服务，它专门提供住房抵押贷款、商业抵押贷款、买后出租类抵押贷款以及无担保的个人贷款，它的负债则是吸收储蓄存款，并在金融管制放松后从资本市场筹资。

在 2001 年受任履新的总裁亚当·阿普尔加斯（Adam Applegarth）的带领下，北岩银行步入快速发展轨道。在股份制改造后的三年内，北岩银行成为英国前百强公司和富时 100 指数的成分股。38 岁的阿普尔加斯是富时 100 公司中第二年轻的首席执行官。北岩银行的战略目标是更快更大的发展。要实现这一目标，它就必须向住房购买者提供比同业对手更具吸引力的抵押贷款，还必须为其不断增长的雄心壮志筹集足够的资金。

13.2.2　冒险的商业模式

　　传统上，住房互助协会一般遵循的经验法则是：贷款额不超过借款人年收入的 2.5 倍和抵押财产价值的 75％。然而，截至 2000 年，由于房价稳步上涨，抵押贷款银行放松了常规贷款法则，发放了借款人年收入近 3 倍和抵押财产价值的 90％～95％的贷款。北岩银行以"大组合"为抵押贷款品牌，通过提供更高比例的一揽子贷款来实现其增长目标。"大组合"贷款是一笔 125％的贷款，贷款额度为抵押财产价值的 95％另加最高 30％的无抵押贷款，其上限可达收入的 6 倍。在房价不断上涨时（当时的情形恰好如此），借款人一直在盘算，如果住房价格上涨 25％，那对他们就极其有利。于是，备受激励的营销人员充满激情地将"大组合"推向了市场。

　　与此对应的事项则关乎北岩银行提供贷款资金的能力。北岩银行的竞争对手劳埃德银行经营稳健，它仅从批发货币市场（通常是指按 3 个月期的 LIBOR 即伦敦银行同业拆借利率进行借贷的 3 个月期的伦敦同业拆借市场）筹集 25％的抵押贷款资金，其余 75％的资金为抵押贷款银行储户的存款。这一做法对北岩银行来说太过保守了。阿普尔加斯的筹资策略是 75％的贷放资金从批发货币市场融入，25％的贷放资金为储户的存款。实际上，75％的构成是，通过资产证券化筹集 50％，通过 3 个月期的批发货币市场（按 3 个月期的 LIBOR 利率）筹集剩余的 25％。资产证券化过程包括打包抵押贷款，并将它对外出售，例如卖给雷曼兄弟，收取佣金。当然，正如第 6 章所述，投资银行运用这些抵押贷款和其他债务，创设债务担保债券，并将它们对外出售（切记，这些债务担保债券获得了 AAA 评级）。

　　但借款人对资产证券化并不知情。因此，抵押贷款的期限和条款不变，借款人继续亲密接触最初提供贷款的那家抵押贷款银行，但资产证券化助推北岩银行扩张贷款规模。北岩银行经常通过资产证券化出售抵押贷款，资产证券化让它获得了更多的贷放资金。为填补资产证券化后的资金缺口，它在批发货币市场从其他银行拆入短期资金。这一战略果然奏效——至少在一段时间内获得了成功。北岩银行的股价飞涨，它的抵押贷款业务的市场份额在三年内翻了一番。

2000年，北岩银行实现了2.5亿英镑的税前利润。到2005年，这一数字已经上升到了4.94亿英镑。2007年的上半年，它拥有20％的英国抵押贷款市场份额，并在新增抵押贷款中占据最大份额。北岩的利润上升到5.87亿英镑后，其股价飙升至每股12.60英镑，市值超过60亿英镑。除了追求增长外，亚当·阿普尔加斯还严格控制成本，从成本－收益比率来看，北岩银行是抵押贷款行业中的佼佼者。对于铁杆体育迷阿普尔加斯而言，这一切正是他梦寐以求的。

然而，福祸相随，一些警示讯号开始释放。2007年3月，汇丰银行披露，它所购买的一个次级抵押贷款组合实际暴露的违约率远远高于先前产品估值过程中已经计价的违约率。2007年4月，美国第二大次级贷款公司——新世纪金融公司宣告破产。2007年6月，贝尔斯登对旗下一家对冲基金的救助失败。2007年7月，套利交易（借入低利率货币、存放高利率货币）出现了6个标准差的波动。在此背景下，人们开始质疑北岩银行的商业模式。北岩银行的高增长率能否长期维持？如果次级抵押贷款的风险较高，而且其他贷款组合又像汇丰银行2007年3月披露的那样脆弱不堪，这类情形对于为北岩银行提供50％的资金来源的抵押贷款证券化又有哪些影响？如果房价不再上涨——甚或逆转为下跌——那么，贷款－抵押物价值比率高达125％的"大组合"品牌或将成为北岩银行难以承担的重负。

北岩银行的利率配置存在问题。北岩银行存在期限错配问题，即贷出长期资金，而借入的主要是短期资金。它的贷出利率和借入利率也存在错配。北岩银行的抵押贷款利率是根据英格兰银行的基准利率而确定，但自货币市场的借入利率是以LIBOR为基础。后一成本的增速快于基准利率，图13－1总结了这一问题。基准利率和LIBOR的倒挂致使北岩银行在2007年6月27日发布了盈利预警。

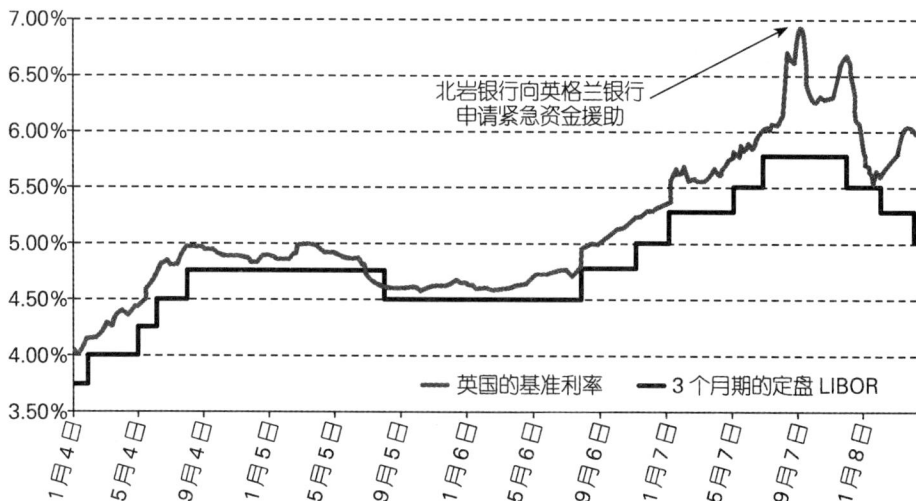

图 13—1　英格兰银行的基准利率与伦敦银行同业拆借利率（LIBOR）

资料来源：J. C. Rathbone Associate Limited（www.jcra.co.uk）.

13.2.3　危急时刻

2007 年 8 月初，在外界看来，北岩银行一切运转正常。然而，出人意料的事情发生了。2007 年 8 月 9 日，银行同业拆借市场停摆，银行间不再彼此借贷。这一事件的起因是法国最大的银行法国巴黎银行暂停客户对它旗下三只资产担保证券类基金的赎回，巴黎银行的解释是美国次贷市场出现的许多问题致使它无法准确评估这三只基金的价值。此外，相关公司可能大面积倒闭的众多疑虑极其不利于信用违约互换的市场估值，信用违约互换市场因此遭遇了金融海啸，最终这一市场完全陷于瘫痪。市场瘫痪的后果是十分严重的。银行停止了相互拆借，因为它们担心其他银行持有大量的有毒债务（债务担保证券和信用违约互换）。这一后果对北岩银行的影响是始料未及、极其深远的。显然，所有问题的根源是北岩银行的商业模式，即从短期批发货币市场借入资金，并实行贷款资产证券化。北岩银行的融资模式必然要求抵押贷款证券化，下一轮证券化原定在 2007 年 9 月进行。北岩银行能成功实施证券化吗？如果不能，又该怎么办？

第二天，也就是 2007 年 8 月 10 日星期五，金融服务管理局与数家它认为可能会因货币市场瘫痪而面临风险的金融企业进行了联系，北岩银行名列其中。北岩银行在下一个工作日即 8 月 13 日的回复中确认它面临潜在困境，金融服务管理局和北岩银行随即就此进行了磋商。次日，即 8 月 14 日星期二，英格兰银行行长高度警觉此事后，这一磋商范围扩大至三方监管当局——财政部、英格兰银行和金融服务管理局。

2007 年 8 月 15 日，报纸上发表了多篇要求追查北岩银行问题的文章。其中最大的问题是北岩银行到底陷入了多少困境？北岩银行的股价在 6 月发布盈利预警后已经下跌了 12%，本次追问得到了"困境重重"的答案后，它的股价又下跌了 13%。批发信贷市场的流动性危机让北岩银行备受打击，因为它的绝大部分抵押贷款资金是从这一市场筹集的。实际上，这些市场已经关闭，因此这一资金来源断绝后，北岩银行无法开展业务。流动性匮乏是抵押贷款市场的大难题，但北岩银行的商业模式使它面临的困境远较其他银行深重。它仍可按 LIBOR 筹集批发资金，但此时如此行事很不划算。因为，三个月的 LIBOR 已经跃升至 6.37%。换言之，扣除成本后，北岩银行的放款利率至少应为大约 6.75% 才能获得最小的利润，竞争对手能以更低的利率抢走这些贷款。因此，北岩银行只能听天由命了。

8 月 15 日，星期三，财政大臣获知这些信息后，三方监管当局进行了更加深入具体的磋商。8 月 16 日，星期四，北岩银行董事局主席马特·里德雷（Matt Ridley）与英格兰银行行长探讨了救助计划的可行性，双方达成的共识是北岩银行已经深陷狂风暴雨之中，解救之道十分促狭。

在此期间，他们确定了三条可行的解决方案，即：

（1）北岩银行借助原有的商业模式，在短期批发货币市场拆入资金、实行债务资产证券化，解决自身的流动性问题。

（2）北岩银行收到某家大银行的收购要约。

（3）北岩银行获得中央银行的信贷支持便利，并由政府提供担保。

第一种方案持续执行到 2007 年 9 月 10 日，但收效甚微。寻求某家大银行的收购要约仍在继续，然后才是英格兰银行的流动性支持。截至 2007 年 9 月 10 日，第二条途径仍在考虑之列。两家金融机构表达了收购北岩银行的初步意愿，但一家机构很快退缩，另一家机构即劳埃德银行显现了持续的收购兴趣。劳埃德银行与北岩银行举行多轮谈判的具体细节及所做承诺不甚明了，但可以肯定的是，任何收购的必备条件是英格兰银行的外援贷款支持：据报道，这一支持约为在两年内按市场利率提供 300 亿英镑的贷款。英格兰银行行长觉得这一提议难以接受，因为通过提供贷款或担保的方式帮助一家银行收购另一家银行不是中央银行的职责——难以接受的理由当然不是 300 亿英镑的数额问题。9 月 10 日，星期一，北岩银行和三方监管当局一致认为，解救之道只有一条，即英格兰银行提供支持便利，它们拟订的方案是下周发布相关公告。

13.2.4 英国 1866 年以来的首次银行挤兑

然而，一波未平，一波又起。2007 年 9 月 13 日，星期四，英国广播公司 (BBC) 财经编辑罗伯特·派斯顿 (Robert Peston) 提前报道了这一消息：北岩银行即将得到救助。这一消息导致大批北岩银行的投资者纷纷赶往所在地的北岩分支机构去提取存款。9 月 14 日星期五，那场面真的可以说是人潮如海、蔚为大观：北岩银行在英国境内的各家分支机构前都排起了长队，每一分钟后挤提的队伍不断加长，惊慌失措的投资者都要取走存款。当然，英格兰银行已经宣布了它将救助北岩银行，但这远未消除市场疑虑，投资者想要的办法很简便——"还我钱"。惊恐的储户排队兑取存款的电视画面又鼓动其他储户竞相效尤。一天之内，储户提走了 10 亿英镑的存款。随即不久的 9 月 17 日，英国财政大臣宣布为北岩银行的存款提供兑付的担保后，民众的恐慌才告结束。然而，英国遭遇了 1866 年奥沃伦·格尼 (Overend Gurney) 银行挤兑风波后的首次银行挤兑。奥沃伦格尼银行的挤兑风波自然当属另一故事，金德尔伯格[1]和弗格森[2]对此有简要叙述。

本周稍早的 2007 年 9 月 12 日，星期三，由于在货币市场上筹集资金偿还到期债务面临重重困境，北岩银行正式向作为英国最后贷款人的英格兰银行申请流动性支持便利。最初几天，北岩银从英格兰银行借入了 30 亿英镑。

9 月 17 日，星期一，部分忧虑不安的储户继续成群地涌向北岩银行的分支机构提取存款。据报道，自从北岩银行向英格兰银行申请紧急救助资金以来，储户取走了大约 20 亿英镑的存款。当日在伦敦证券交易所的午盘初段，上周五已跌去 32% 的北岩银行股价进一步下挫 40%——从每股 438 便士跌至 263 便士。当日晚些时候，财政大臣阿利斯泰尔·达林宣布，英国政府和英格兰银行将为北岩银行吸收的所有存款提供全额担保。这一消息公布后，北岩银行的股票立即蹿升16％。

2007年11月，许多北岩银行的董事会成员退出了董事会。首席执行官亚当·阿普尔加斯以看守总裁的身份留任至2007年12月。在收到多家投标方附带条件的收购报价后，北岩银行宣称，这些报价比该行此前的交易价值和预估的现值低得多，因而无一中标。2007年12月，英国政府加紧拟订对北岩银行实施国有化的紧急法案，以防要约收购失败。2008年1月12日，英国财政部延聘劳埃德银行的前首席执行官罗恩·桑德勒（Ron Sandler）来执掌一旦正式国有化后的北岩银行。

2008年2月6日，英国国家统计局宣布它将北岩银行划归公营公司（像英国广播公司一样），从而在国家债务总额中加进了英格兰银行向北岩银行提供的贷款（大约250亿英镑）和担保（大约300亿英镑）、北岩银行抵押贷款的账面价值（550亿英镑），合计1 100亿英镑。此举表明，北岩银行事实上已经国有化了。

2008年2月17日，财政大臣阿利斯泰尔·达林宣布北岩银行实际上已经国有化了。英国政府通过英国金融投资有限公司，成为北岩银行的唯一股东，同时，北岩银行成立以罗恩·桑德勒为首的独立董事会，按照商业原则经营，与政府保持一定距离。

2008年2月18日，股市开盘前，由于担心国有化后对北岩银行原股东的赔偿（如果有赔偿的话）可能会被用于套利交易，北岩银行的普通股和优先股都被暂停交易。2008年2月22日，北岩银行被正式国有化。2008年3月31日，北岩银行发布2007年年报，年报披露的亏损为1.67亿英镑。

2009年10月，欧盟委员会批准了北岩银行旨在通过重组最终售卖的公司规划。

13.2.5　为何失控？

北岩银行的倒闭有众多成因。第一，它借入短期资金、发放长期贷款的商业战略本身就极为冒险。第二，它执行的发起—分销的营运模式意味着，在实施证券化之前它必须持有次级抵押贷款，也就是说，北岩银行在等待分销期间是十分脆弱的：假如流动性枯竭，且潜在购买者不愿购买抵押贷款，北岩银行该怎么办？

若货币市场停摆，北岩银行将在上述各个方面遭受双重打击。值得一提的是，2007 年初以来，货币市场或将收紧即有先兆，因为汇丰银行的一个次贷组合和法国巴黎银行资产担保基金所暴露的问题就揭示了市场面临的诸多困境。

第三，贷款－抵押物价值比例为 125％的"大组合"抵押贷款在房价开始下跌时必然引发许多难题。由于"大组合"抵押贷款广受欢迎，因此，危机爆发后，北岩银行仍持有少量亟待进行证券化的次级资产，但证券化资产市场却无人问津。同时，由于北岩银行无与匹敌的大度与慷慨①，"大组合"模式成为信用等级最低的次贷借款人的抵押贷款首选。

第四，立足"大组合"品牌的冒进式增长战略，像任何一味追求高增长的经营一样，导致北岩银行在银根收紧时渐趋脆弱，且无法筹措扩张规模所需的资金。任何一家非金融企业倘若支撑增长的资本需求大于内部融资源泉——利润，就会面临麻烦，为此就必须进行外源融资。北岩银行的金融业务涉及资产证券化，当证券化市场显露消纳不畅的疲态时，北岩银行难以存续。一旦真的出现这种情形，北岩银行的商业模式就自毁长城了。

监管当局——财政部、金融服务管理局和英格兰银行本该及时干预，从而延缓北岩银行的倒闭进程吗？答案是，金融服务管理局承认，在 2007 年 9 月挤兑之前的数个月份内，它对北岩银行的监管存在许多疏漏。在评估北岩银行的危机时，英国下议院财政委员会系统地关注了这些疏漏。例如：

（1）有许多预警讯号表明，北岩银行的商业模式存在诸多风险，这些讯号包括北岩银行规模的迅猛增长、2007 年 2 月以来的股价下跌。金融服务管理局对北岩银行进行了"监管约谈"，但两者均未触及北岩银行在融资战略和风险管理上的致命缺陷。

（2）金融服务管理局没有对北岩银行施行适宜的监管，其监管程序对于一

---

① 这里的"大度与慷慨"是指北岩银行降低贷款标准、提高贷款与抵押物价值的比率——译者注。

家业务快速增长但财力明显不足的银行来说是不适当的。

（3）金融服务管理局对北岩银行执行压力测试所得的结果不甚满意，但未将这些关切的严重性传递给北岩银行董事会。

（4）金融服务管理局早就应该加倍关注的是，北岩银行的董事局主席和首席执行官并不具备任何金融从业资质。

（5）最终结论是，英国当前的银行业流动性监管体制存在重大缺陷，亟待应急评估。

北岩银行的商业战略必须辅以提醒住房市场价格何时可能逆转为下跌的早期预警系统，需要加强财务控制——剪报13-1表明，北岩银行似乎没有财务控制，还应该建立首席执行官认为大堪信赖、坚信不疑且能坚定执行的风险管理系统。在这一点上，北岩银行似乎全然一片空白。此间的关键在于，商业模式的风险越大，就越需要一个值得信赖、坚信不疑且能据以行动的风险管理的早期预警系统。当然，这还有赖于首席执行官能纳谏如流、充满信心。众多事例表明，公司高管的倨傲狂妄必将招致以公司惨败为表现形式的天谴。

布莱恩·沃尔特（Brian Walters）[3] 曾供职于北岩银行，因此他对北岩银行危机的叙述更加详细，也独具内部人的视角优势。

剪报13-1　　　　　　　　　　　　　　　　**《金融时报》**2010 年 4 月 14 日

北岩银行缺乏应有的财务控制

布鲁克·马斯特斯（Brooke Masters）和沙伦·戈夫（Sharlene Golf）

在市场繁荣时期，批评家们对于抵押贷款机构北岩银行的高速发展经常提出的质疑是，它何以既能激进地扩张贷款，又能令人瞩目地保持较低的贷款坏账率。

现在，金融服务管理局对这家已倒闭贷款机构的两位高管的指控表明，对北岩银行的一些批评是切中肯綮的。

2007 年 1 月，北岩银行未将近 2 000 笔问题抵押贷款纳入财务统计，而是将它们重新归为另一个从未对外公布的资产类别，金融服务管理局如是说。若将这些问题抵押贷款计算在内，该银行 2007 年 1 月的逾期贷款率将由 0.42% 增至 0.68%，而且，时隔六个月之后，这一谎报行为仍未纠正，金融服务管理局如是说。

虽然这一误导性的统计数据没有触发最终导致北岩银行被政府接管、发生于 2007 年 9 月的挤兑事件，但针对北岩银行前副总裁大卫·贝克尔（David Baker）和前信贷主管查德·巴克雷（Richard Barclay）的两项指控，却刻画了一家缺乏应有的财务控制，并在维护公共形象、维持资金流转上面临重压的金融机构。

金融服务管理局指出，在房地产泡沫最盛的 2006 年末——也就是北岩银行衰落前几个月——这家银行是英国第五大抵押贷款公司。

北岩银行向渴求贷款的借款人提供高收入倍率和高贷款－价值比率的贷款。北岩银行贷款总额中占比 1/4 的"大组合"抵押贷款额，通常是借款人年收入的近六倍，且可高达抵押物价值的 125％。

贷款规模的急剧膨胀意味着银行无法积累足够大的存款基数，而且必须严重依赖于批发货币市场进行融资。北岩银行在崩溃前，大约 70％ 的抵押贷款资金是从批发货币市场融入的，其中 20％ 的资金是 3 个月或 6 个月的短期融资。

这也就意味着，2007 年末批发货币市场瘫痪时，北岩银行无法重新配置到期债务，它的流动性几乎在一夜之间完全枯竭。告贷无门困扰着整个银行业，但北岩银行最先跌倒，而且跌得最惨。

北岩银行对货币市场的高度依赖原本应该激励它竭力确保财务状况稳健、降低逾期贷款率，但北岩银行喜欢定期吹嘘它的逾期贷款率仅为抵押贷款机构协会平均值的一半。

"贷款质量将影响融资成本，而贷款质量的关键性指标就是逾期贷款率。"抵押贷款经纪公司约翰·查可公司（John Charcol）的雷·博尔格（Ray Boulger）说。

金融服务管理局表示，北岩银行部分贷款的逾期申报问题始于 2005 年，当时该行债务管理部门的职员感到"要实现既定的逾期率目标，……他们面临很大的压力。"于是，他们为那些已经拿到法院签发的住房收占裁决令但未强制执行的问题贷款创设了一个新类别，金融服务管理局的最终公告说道。

公开披露的数据撇开了这些"悬置收占型"贷款（"pending possession" loan），它们的数额在 2006 年猛增。然而，在 2007 年初之前，巴克雷先生一直没有提请上级部门注意此事。

金融服务管理局说，为修饰表现不佳的贷款，并将它们撇除在逾期统计之外，北岩银行广泛使用了自行酌定的"资本化"过程，但巴克雷先生对此毫无察觉。

"资本化"过程就是对贷款进行重组，将拖欠的偿付额及罚金转为新增债务，这样，这些贷款就可计为正常债务。贷款重组通常仅在定期偿付重新开始后才能实施，但在某些情形下，即便达不到普通的偿付要求，也可对贷款实行资本化。

金融服务管理局表示，北岩银行每月实施了 6 870 笔贷款资本化，其中许多资本化违背了该行的担保贷款规定。巴克利先生的律师拒绝对此置评。

贝克尔先生的发言人表示，贝克尔先生对资本化事项并不知情，而且他直到 2006 年 12 月末才获悉"悬置收占型"问题。然后，贝克尔先生决定让债务管理部门在六个月内解决这一问题，但未告知首席执行官亚当·普尔加斯和董事会。因此，他在 2007 年 1 月该行的网络直播中向投资者和分析师提供了错误的数据。

"我现在意识到，当时做出的这一决定即着手消除且不隐瞒数据披露失误，并不能立即提高这些贷款的透明度。我出现了判断失误，我对此深表后悔。"贝克尔先生在一份声明中说。

现归由政府所有的北岩银行在一份声明中说，"公司全力配合了金融服务管理局的调查……不会受到任何处罚。公司的领导团队和风险控制制度得到了显著加强。"

金融服务管理局表示，它无法量化人为低报逾期贷款率对投资者的影响，这一事件对于北岩银行股东采取法律行动，要求政府向他们赔付 2008 年接管引致的损失，没有直接影响。

但北岩银行股东集团诉讼小组的一名董事会成员罗杰·劳森（Roger Lawson）认为，对于那些在北岩银行倒闭前不久才购买股票的投资者来说，准确的逾期贷款数据"事关重大"。

"我们认为这项业务十分稳健，而且我们获悉它的违约率低于同类机构。这虽然只是一个因素，但事关重大。"

13.3 案例 13－2 苏格兰哈利法克斯银行

13.3.1 引言

苏格兰哈利法克斯银行是英国一家银行和保险企业。2009 年 1 月，作为金融危机救助计划的一部分，它被劳埃德银行集团（Lloyds Banking Group）接管，如今，苏格兰哈利法克斯银行是劳埃德银行集团的全资附属公司。本书下笔之际，英国政府持有劳埃德银行集团 57％的股份。苏格兰哈利法克斯银行是苏格兰银行有限公司（Bank of Scotland）的控股公司，拥有哈利法克斯抵押贷款品牌，苏格兰哈利法克斯银行澳大利亚分部，苏格兰哈利法克斯银行保险与投资集团（HBOS Insurance & Investment Group）。

苏格兰哈利法克斯银行成立于 2001 年，是由哈利法克斯有限公司和苏格兰银行合并而来。合并后，它成为英国银行业的第五大行，催生了在规模上可与既有的英国四大零售银行——汇丰银行、劳埃德银行、苏格兰皇家银行、巴克莱银行——相媲美的银行集团。它还是英国最大的抵押贷款银行，哈利法克斯在一段时间内曾夺得抵押放贷人的头魁。

实际上，在经历 1995 年与利慈恒远住房互助协会（Leeds Permanent Building Society）的早期合并，且于 1997 年上市后，哈利法克斯是英国最大的纯住房互助协会。2001 年与苏格兰银行合并后，房地产贷款业务仍是这家规模不断扩大的银行极其重要的业务。随后，曾担纲一家基金公司经理和一家主要财富管理公司发起董事的保险精算师詹姆斯·克罗斯比（James Crosby），加盟哈利法克斯，并在 1999 年成为苏格兰哈利法克斯银行的首席执行官。

同年，哈利法克斯将超市公司阿斯达（Asda）的前零售管理总监安迪·霍恩比（Andy Hornby）招致麾下，让他负责哈利法克斯的抵押贷款业务。两家银行合并为新集团后，他仍然出任这一职位。2005 年，他升任首席运营官，并在 2006 年詹姆斯·克罗斯比从集团卸任后，出任首席执行官。克罗斯比由于在金融服务方面的突出贡献而被授予爵位，在 2001—2005 年的任职期间，他实现了苏格兰哈利法克斯银行的会计利润翻番。在离任之际，克罗斯比说，"现在，我知道自己该做什么了，我要是胆子更大些就好了。"[4] 后续发生的系列事件表明，他不仅仅是大胆而已。

13.3.2　业务模式的变化

在顶峰时期，苏格兰哈利法克斯银行实现税前利润 57 亿英镑，股票市值超过 350 亿英镑，它拥有 1 000 万名客户，占据了英国 13% 的活期存款市场份额，雇用了 74 000 员工，设有 1 200 个分行，零售存款高达 2 580 亿英镑（截至 2008 年 7 月的数据），占全英消费者存款总额的 15%。这一盛景的背后则是消费者贷款的强劲增速远远超过储蓄的增速。由于大肆发放买后出租类抵押贷款和无须就业和收入证明的自我证明类贷款，苏格兰哈利法克斯银行在抵押贷款市场的占有率达到 20%。苏格兰哈利法克斯银行抛弃了存款、贷款相匹配的业务模式，在该集团的资产负债表中，零售存款和公司存款约占其负债的一半，剩余的一半则通过批发货币市场和资产证券化来筹集。后一类交易由苏格兰哈利法克斯银行的财务管理部门负责打理，这个部门由各种债务、衍生品和货币的交易员构成，他们在从事其他业务之余，主要执行对抵押贷款的打包和再打包、购买和出售信用违约互换和债务担保证券，还负责苏格兰哈利法克斯银行的对外筹资和流动性管理。它最核心的职责之一是管理融资缺口——内源资金供给与资金总需求之间的差额。截至 2008 年 9 月，这一缺口高达 2 000 亿英镑，当年的再融资需求为 200 亿英镑。

1998 年底，英国前八大银行吸收的存款大于它们的对外贷款。2007 年底，它们的贷款超出存款 5 000 亿英镑，这是十分明显的业务模式转变。这种转变的起因是银行业监管的放松和证券化的发展，这种转变的结果是，像美国的投资银行一样，英国各家银行杠杆率高企，且严重依赖货币市场来填补资金缺口。

英国众多银行借鉴了美国投资银行使用的各种技巧。其中包括：将它们自己发放的抵押贷款、对不同行业的公司（当然也包括在投资组合中权重很高的房地产公司）发放的其他贷款，再加上将它们的私募股权贷款，打包成债务担保证券，然后通过结构化投资机构或其他"导管"向投资者出售——正如第 5

章所描述的那样。和美国的银行一样，它们逐步放松了严密而又严格的信用评估程序和贷款筛选标准。有人甚至建议完全摒弃银行业在数十年间逐步成型的一套贷款评估程序，其基本论调：如果贷款将被再打包成债务担保证券，并卖给其他机构，而且仍能获得 AAA 的评级，那还有必要耗费时间进行贷款的信用分析吗？如果贷款能售卖给第三方，为什么还要制定那么严格的信用分析标准——或不折不扣地执行这些严格标准呢？这一论调屡被银行家们接受，最终给银行带来十分严重的负面后果。银行在业务活动中，为已经逾期且可能变为坏账的贷款创造了"拖欠贷款"的专用术语。我们认为，降低信用分析标准无异于银行自身渎职，我们在第 7 章对此略有阐述。

与此同时，英国众多银行声称，它们通过在美国市场上买卖抵押贷款证券，提高了利润，降低了融资成本。它们动用自有资本和借入资金，投资于美国的抵押贷款证券，其中一部分证券保留在账面上，剩余部分的证券则再打包进债务担保证券中，然后交由结构化投资机构卖给外部投资者。它们坚称，以一定的利率借入资金，再以更高的利率贷放给购房者及其他人，就可以降低融资成本。然而，一旦购买了美国的抵押贷款证券，它们也就持有了美国住房市场的风险敞口。自然而然地，它们一定能获得更高的投资收益，因为它们承担了更大的风险。

2001—2006 年间，这一策略在英国银行界运转良好，但它具有风险，而且风险很大。如果任何原因导致银行对结构化投资机构的债务偿付出现问题，或货币市场的流动性枯竭，那么按照承销协议，银行必须全力支持结构化投资机构。2007—2008 年，这些情形都发生了：美国房地产市场快速衰落，银行部门赖以为其结构化投资机构融通资金的商业票据市场出现流动性枯竭。

13.3.3　大限来临

2007 年 2 月，美国房地产市场危机出现了第一个预警讯号，汇丰银行的交易明细表披露了大量与次级抵押贷款相关的信贷损失。汇丰银行在美国开展了庞大的消费者信贷业务，但市场对这一报告的反应平淡。

2007 年 8 月，苏格兰哈利法克斯银行决定合并它的表外融资机构格兰平（Grampian）。格兰平持有 370 亿美元的资产，包括大量美国的抵押贷款证券，但当商业票据市场出现困境时，苏格兰哈利法克斯银行认为，向格兰平提供投资更具成本效益。投资者感到诧异，他们对格兰平了解极少。根据会计准则，苏格兰哈利法克斯银行无须在年报中披露此事，它将其称为"没有重大不利影响"的事件。

2008 年 2 月，金融市场出现了更多的预警信号。当月，苏格兰哈利法克斯银行在 2007 年的利润报告中，减记了 7.26 亿英镑的抵押贷款证券价值，4 月，它再次减记了 28 亿英镑的价值。报告显示，截至 2008 年 3 月底，苏格兰哈利法克斯银行持有价值 207 亿英镑的抵押贷款证券，其中一半是美国的抵押贷款证券。

北岩银行事件、汇丰银行的问题和苏格兰哈利法克斯银行案例，促使投资者对英国各家银行在证券化、短期融资以及信用违约互换、债务担保证券市场中面临的潜在问题保持高度警觉。2008 年上半年，房价下跌和信用违约互换、债务担保证券、抵押贷款证券市场走弱引发的担心是：资产价值的减记可能导致各家银行缺乏足够的资本来满足银行监管部门所要求的资本充足率水平。2008 年 3 月，英国各大银行的股价遭到抛压，苏格兰哈利法克斯银行以及抵押贷款机构联合莱斯特银行（Alliance and Leicester）和布拉德福—宾利银行的股价遭受重创。4 月，有关英国各家银行将配售新股和发布盈利预警的传言四起。

2008 年下半年，苏格兰哈利法克斯银行的融资需求引发了大问题。银行业的监管规则要求银行的资本价值至少应为账面加权风险资产价值的 4%，也就是一级资本充足率为 4%，市场境况日益艰难。格兰平事件、资产减值、增资配股（2008 年 7 月按每股 275 便士配股 15 亿股共筹资 41 亿英镑）、全球房地产市场及信贷市场的各种问题以及还会出现更多资产减值的预期，使得苏格兰哈利法克斯银行成为股市抛售的对象之一，交易对手方都不愿同该行进行交易。2008 年 9 月，由于对冲基金有针对性的出售，苏格兰哈利法克斯银行股票遭遇了卖空抛售，市场怀疑它将对冲基金列为卖空对象。雷曼兄弟破产后，苏格兰哈利法克斯银行的信用违约互换的价格飞涨，这表明它很可能倒闭，它的股价从 9 月 12 日周五的每股 283 便士下跌到三个交易日之后的每股 88 便士，而六个月前的股价为每股 450 便士。

13.3.4　收购和救助

2008 年 9 月起，苏格兰哈利法克斯银行不再是自主独立的经济实体。英国政府反复研究的结论是，像苏格兰哈利法克斯银行此等规模和重要性的银行，绝对不容倒闭。由于部分国家如爱尔兰由政府对银行存款提供担保，其他国家如冰岛对银行实行国有化，美国则出现了银行破产（如雷曼兄弟）和政府救助（美国国际集团），因此，英国政府决定必须将苏格兰哈利法克斯银行收归国有，或对其进行收购，就毫不足奇了。最佳收购主体是劳埃德 TSB 集团——一家运行良好、财力雄厚并且实行低风险业务模式的零售银行和保险集团。在前任掌舵人布莱恩·彼特曼爵士（Sir Brian Pitman）以及 2003 年以来接任的前花旗银行家艾瑞克·丹尼尔斯（Eric Daniels）的先后领导下，劳埃德 TSB 集团潜心经营自己的核心业务，而且与其他英国同行不同的是，它不设投资银行部，也不允许它的计财部门从事高风险业务。这样，2008 年 6 月，劳埃德 TSB 集团披露，在美国的次级资产支持证券上，它没有直接敞口，仅有通过资产支持的债务担保证券而持有的有限间接敞口，在结构化投资机构及资产支持的商业票据上有适度的风险敞口。它的资金缺口约为 670 亿英镑，为苏格兰哈利法克斯银行的 1/3，年度再融资额约为 100 亿英镑。

坊间一直传言，苏格兰哈利法克斯银行和劳埃德 TSB 集团已就合并事宜磋商了多年，但每次磋商的结论是，两者合并后将在英国占据 28% 的抵押贷款市场份额、35% 的活期账户市场份额以及 22% 的储蓄存款市场份额，从而引发市场垄断的诸多担忧。

现在，苏格兰哈利法克斯银行的处境岌岌可危，因此，在英国首相及财政大臣的干预下，并经金融服务管理局批准，英国政府同意放弃对两者合并后市场竞争合法性的关注。2008 年 9 月 27 日，两家金融机构宣布，劳埃德 TSB 集团将以全额换股方式收购苏格兰哈利法克斯银行，收购条款在苏格兰哈利法克斯银行的股价继续深跌后有所订正。苏格兰哈利法克斯银行董事局主席史蒂文森（Stevenson）勋爵和执行总裁安迪·霍恩比将在合并完成后去职。

2008 年 10 月 13 日，英国政府宣布，由于前所未有的银行业危机，为防止金融部门崩溃，财政部将注入 370 亿英镑的新资本来救助苏格兰皇家银行、劳埃德 TSB 集团和苏格兰哈利法克斯银行。但为防范银行已发放的贷款和手持有毒资产出现损失，政府需要提供的准永久担保（银行必须每年缴付担保费）总额为 4 000 亿英镑，较之这一数字，370 亿英镑的注资真是小巫见大巫。为此，就必须安排公开发行和配售股票（主要是向英国政府发行，但原有股东也可参与——但因发行价高于市价，因此原有股东不可能参与）。两者合并后，英国政府持有劳埃德银行集团 40％的普通股，还按照政府担保计划的规定，大量持有该集团的优先股，股息率为每年 12％。在类似的担保计划下，英国政府持有苏格兰皇家银行 60％的普通股。

此后，随着市场紧张态势的缓和以及金融体系完全崩溃的可能性下降，劳埃德 TSB 集团的管理层认为，退出代价高昂的政府担保计划和优先股持有方案，具有实质意义。该集团通过再次配售新股，实现了这一目标，英国政府遂持有该集团 57％的普通股。

13.3.5　风险管理

2002—2007 这五年间，苏格兰哈利法克斯银行的资产基数从 3 550 亿英镑增至 6 660 亿英镑，几乎翻了一番，其中的大部分增长来源于批发货币市场的融资。这种快速增长及其融资支持模式增大了苏格兰哈利法克斯银行的风险，2002—2004 年时任该行风险监管部主管的保罗·摩尔（Paul Moore）发现了这一问题。2008 年 10 月接受英国广播公司《货币纵谈》栏目的访谈时，摩尔先生说，这种增长速度反映了一种新的主导性的销售和营销文化。"我认为，这是一个重大变化——将银行从刻板守旧、陈腐发霉的老形象，转变为一家购物中心，一种超级市场类型的文化，"他说，"零售银行的发展速度惊人，但其内部风险和合规检查职能严重滞后，就像小船上的人们试图劝告一艘游轮减速"。他进一步指出，大家都关心的问题之一是银行业务是否还能得到控制。

随后，2009 年 2 月，保罗·摩尔继续向下议院财政特别委员会检举。他说，"任何人，只要双眼没有被金钱、权力和自高自大蒙蔽，只要真正用心观察，就知道事情不大对劲……，最终，它只能带来灾难。"他继续说，"无论金融危机的具体的、终极的和直接的原因是什么，但我坚信，所有问题背后真正的根本原因其实很简单：银行在所有关键领域的公司治理全盘失灵。"他没有就此打住，"此次危机的成因并不是许多绝顶聪明者没有预见到危机的来临，而是由于经理层、决策层和监督者之间的权力划分和制衡机制完全不合理，其中的内部控制功能涉及融资、风险管理、合规检查和内部审计、非执行主席和董事、外部审计、金融服务管理局、股东和政治家等层面。"摩尔在书面证词中写道，"2004 年初，苏格兰哈利法克斯银行的监管类风险水平不仅高于既往任何时候，而且超出了董事会预期的风险偏好水平"。摩尔先生补充道，他下定决心要让董事会了解这一风险，并提出了降低风险的设想。他在证词中写道，"我必须指出许多实际已经违背或潜在可能违背金融服务管理局规定的问题，并直面那些无法接受的业务操作的挑战……这必定要激怒一些人"。最终，摩尔先生将他的报告提交给了苏格兰哈利法克银行的审计委员会。事隔不久，摩尔先生被革职了。

金融服务管理局发表了一项声明，大意是"摩尔先生的陈词已被郑重采纳，并为此展开了恰当而又专业的调查"。回忆一下第 7 章便知，银行实际风险管理中的内在问题确实相当复杂。

13.3.6 错在何处?

苏格兰哈利法克斯银行主要通过短期批发货币市场融资来支撑其高速增长，它忽略了集团风险管理者的若干警告。该银行巨额投资于信用违约互换和债务担保证券，持有大量美国抵押贷款的风险敞口，2007 年底、2008 年初的损失使它面临资本充足率不足的风险。2008 年 7 月，40 亿英镑的新股配售遭遇惨败，股东认购率仅为 8.3%。2008 年 9 月中旬雷曼兄弟破产后，市场陷入恐慌，苏格兰哈利法克斯银行面临巨大的压力，卖空抛售致使该行股价跌至更低。

英国政府决定，苏格兰哈利法克斯银行要么被另一家银行收购，要么对它实施国有化。首选的收购方是劳埃德 TSB 集团，为促成收购，英国政府主动放弃了市场竞争规则要求。此后，欧洲委员会认为这一轻率的决策超越了权限，要求劳埃德集团分阶段进行收购。这一时期英国政府向苏格兰哈利法克斯银行秘密提供了 250 亿英镑的贷款，但一年之后才对外披露。

政府斥资 40 亿英镑购买劳埃德 TSB 集团 12% 的优先股，条件是新的劳埃德银行集团在完全赎回优先股之前不得派发普通股的股利。苏格兰哈利法克斯银行和劳埃德银行集团的股价随即暴跌。为了提高资本比率，政府又注资130亿英镑持有其普通资本。在此背景下，劳埃德集团押注苏格兰哈利法克斯银行，但损失惨重。在政府的压力下，一家以谨慎乏味闻名的银行最终收购了全英国银行中（或许除苏格兰皇家银行之外）风险最高的一家银行。

13.4 案例 13-3 苏格兰皇家银行

13.4.1 引言

苏格兰皇家银行是根据国王乔治一世签发的皇家特许状而于 1727 年成立。与其他英国商业银行不同，苏格兰皇家银行受权在苏格兰发行纸币，并通过旗下的阿尔斯特银行（Ulster Bank）在北爱尔兰发行纸币，阿尔斯特银行的历史比苏格兰皇家银行还要久远，可上溯到 1650 年。

在饱经磨难地度过 2007—2008 年的金融危机后，苏格兰皇家银行 84% 的股份现由女王陛下的财政部持有，但为保留在证券交易所的上市资格，财政部只能拥有该行 75% 的投票表决权。

在巅峰时期，苏格兰皇家银行是市值排名全球第五的银行，是福布斯 2000 年排行榜上的全球第十大公司。它在陨落之前，经营着众多银行业品牌业务，在欧洲、北美和亚洲提供个人服务与小微企业银行服务、私人银行服务、保险业务以及公司银行业务。它在英国和爱尔兰的主要附属机构是苏格兰皇家银行、国民西敏寺银行（National Westminster Bank）、阿尔斯特银行、杜蒙德和顾资银行（Drummonds and Coutts & Co.）。在美国，它拥有国民金融集团；2004—2009 年间，它是中国银行的第二大股东。2008 年 2 月，它的总市值位居全球第五。此外，它还拥有多家品牌响亮的保险公司。

13.4.2 收购国民西敏寺银行

20 世纪 90 年代，金融服务领域掀起了一股合并浪潮。1999 年，苏格兰银行对它在英格兰的竞争对手国民西敏寺银行发起了要约收购。苏格兰银行计划通过低价出售国民西敏寺银行的附属机构，包括阿尔斯特银行和顾资银行，来筹集交易资金。苏格兰皇家银行提出了反要约（counter-offer），打响了这场恶意收购战。这两个竞争性要约收购的关键区别在于苏格兰皇家银行打算保留国民西敏寺银行所有的附属机构。尽管国民西敏寺银行的规模明显大于任何一家苏格兰银行，但它在收购前几年的财务绩效不佳。2000 年 2 月，苏格兰皇家银行最终取得了这场收购战的胜利，并由此晋升为英国银行联盟中规模仅次于汇丰银行的第二大银行。但收购后的精简机构、裁撤冗员使得仅在英国就削减了 18 000 个工作职位。

13.4.3 投资银行业务

在收购国民西敏寺银行之前，苏格兰皇家银行一直远离投资银行业务，尽管它提供的公司贷款业务、利率交易业务和外汇交易业务享有赞誉。收购国民西敏寺银行后，它承继该行的附属机构格林威治银行资本公司（Greenwich Capital），这是一家美国国债、抵押贷款和其他资产支持证券的承销商和交易商。售出格林威治资本是国民西敏寺银行返还股东现金计划的一部分。苏格兰皇家银行取消了出售计划，并着手建立全球银行与市场分部。"建立全球银行与市场分部的战略……将从英国开始实施，它将巩固我们在英国资本市场、在英镑债券市场上的地位，……然后推向欧洲……在欧洲的贷款与债券市场上占据一席之地。然后，挺进美国，谋取在贷款市场和债券市场上的地盘，最后进军亚洲。"[5]

全球银行与市场分部的战略是利用苏格兰皇家银行作为一家大型商业贷款机构的地位，向客户提供其他服务，并扩大业务的国际覆盖面。这些业务立足于英国，然后在法国和德国积累向私募股权集团提供贷款的运营经验，并在此过程中成为欧洲杠杆融资的最大参与者。在美国，格林威治资本公司为苏格兰皇家银行提供了美国国债、资产支持证券、投资级公司债券和抵押贷款证券等证券的交易平台。苏格兰皇家银行也在杠杆融资方面进行全球扩张。事实上，苏格兰皇家银行在 2007—2008 年全球银行业大漩涡中心的许多业务领域中正在积累巨额敞口。当然，它也为此付出了惨重的代价。

约翰尼·卡梅隆（Johnny Cameron）于 1998 年从德利佳华投资银行加盟苏格兰皇家银行，在他的领导下，截至 2006 年的六年间，全球银行与市场分部的年均利润增速为 17％。2007 年 3 月，全球银行与市场分部创造了苏格兰皇家银行集团 40％的利润，卡梅隆据此吹嘘："这是个巨大的数字，它比可口可乐公司的利润还要高！与其他银行相比，也是如此。比如，这个数字是巴克莱资本所赚利润的两倍——我们团队的人数仅为巴克莱资本的一半多一点，但我们创造了几乎是它两倍的利润。"[6] 此时，全球银行与市场分部是全球第二大次级抵押贷款提供商，旗下配备了结构化投资机构，创设了所有其他在未来的灾难中为虎作伥的金融工具。

2007—2008 年金融危机重创了苏格兰皇家银行在投资银行领域的不懈努力，并带来了惨重损失。这一重创又恰好发生于它不合时宜地收购荷兰银行（ABN Amro）并自寻无穷烦扰的倒霉时刻。像许多银行业同行一样，苏格兰银行也将自身的杠杆（它的负债－权益比率）达到最大化，由此放大了损失，加剧了问题。

13.4.4　收购荷兰银行

在裁减了国民西敏寺银行 18 000 个工作职位后，苏格兰皇家银行的首席执行官弗雷德·古德文爵士亟需另一个项目来大展拳脚。他大刀阔斧地裁撤国民西敏寺银行冗员的巨大成功，为他赢得了"剪刀手弗雷德"的美称。因此，他也希望能优化荷兰最大的银行——荷兰银行的运营。像被苏格兰皇家银行收购前的国民西敏寺银行一样，荷兰银行的财务状况羸弱不堪。苏格兰皇家银行再次收购成功。在这场自 2007 年 4 月持续到同年 10 月、以巴克莱银行为收购竞争对手的激烈争夺战中，以苏格兰皇家银行为首、包括比利时银行富通集团（Fortis）和西班牙桑坦德银行集团（Banco Santander）的收购财团，取得了在所不惜、志在必得的胜利。有关本次收购的更多细节请参阅副标题为"荷兰银行收购案"的富通银行案例研究，这里不做赘述。当时没有评论员认为，耗资 490 亿英镑收购买荷兰银行是拣了大便宜，甚至还有人认为，这是有史以来最大的收购败笔。

在苏格兰皇家银行开展对荷兰银行的收购之前，这家荷兰银行已经将苏格兰皇家银行最为珍视的资产——它旗下以芝加哥为总部的拉萨尔银行部门（La Salle banking unit）——出售给了美国银行。因而，总部位于爱丁堡的苏格兰皇家银行只能购得荷兰银行在伦敦地区表现欠佳的投资银行特许权和一些小型亚洲业务。更糟的是，2007 年夏天金融危机来袭，收购荷兰银行显然不能实现预期收益。但苏格兰皇家银行仍执意进行收购，且不修正任何收购条款。

收购完成后，许多目标银行股份的交易价格回落到账面净值附近。这使苏格兰皇家银行的初始收购报价——三倍于账面净值——更加显得愚蠢至极。在巨额的收购成本和从荷兰银行购得的有毒资产的双重巨压下，苏格兰皇家银行苦苦挣扎。荷兰银行将其总部位于美国的拉萨尔银行出售后，以苏格兰皇家银行为首的收购财团为何仍不放弃此次收购，至今仍是个谜团。有人可能会推断，由于收购追逐战过于惊险、过于紧张，因此听任多巴胺驱使的苏格兰皇家银行等收购方的高管们均沉醉于追逐猎物，完全丧失了理智。在收购战中，这类事情屡屡发生。此外，收购荷兰银行造成了苏格兰皇家银行大约 200 亿英镑的商誉价值损失。这将对其资产负债表中的股东权益产生不利影响，也会对银行至关重要的关键财务比率造成负面影响。在收购之前，苏格兰皇家银行的高管们本应对此一清二楚。苏格兰皇家银行－荷兰银行之间这宗交易的最不寻常之处是，它导致的不是一个买家的倒闭，而是两个买家的倒闭：为避免流动性危机，荷兰政府对比利时－荷兰的富通银行实施了国有化。剪报 13－2 从饶有趣味的角度解读了苏格兰皇家银行－荷兰银行之间的并购交易及其他事项。

剪报 13－2　　　　　　　　　　　　　　　　　《金融时报》2009 年 8 月 26 日

新的彼得原理导致银行倒闭

约翰·凯

40 年前，劳伦斯·彼得（Lawrence Peter）博士阐明了一种学说，并毫不谦虚地将它称为"彼得原理（Peter Principle）"。每个人都会发现自身不能胜任之处。如果你在某一职位上表现突出，你就会一直提升到某个你不擅长的职位上。

近来金融机构的接连倒闭表明，彼得原理可类推于各类组织。金融机构的多元化经营一定会涉足自身难以胜任的业务领域。它们将业务范围拓展至所知甚少的众多领域，最终它们在某一无法驾驭的业务上栽了跟头。因此，当切尔西住房互助协会（Chelsea Building Society）宣布，它因受抵押贷款欺诈之害而蒙受巨额亏损时，人们觉得十分新奇。银行的许多问题与它的核心业务有关。大多数濒临倒闭的金融机构之所以陷入如此窘境，主要原因是边缘业务造成了巨大损失。

贪多必失、无法驾驭的原理适用于大小各异的所有金融机构。美国国际集团是美国保险业的龙头公司。该集团不仅承接信用保险，还是信用违约互换市场最大的交易商。这就是为什么它旗下雇员仅120人、位于伦敦的金融商品部门，能够拖垮一家拥有12万名雇员的大企业。

邓福姆林住房互助协会的公司名称本身就让人想起谨慎有加，其总部所在地邓福姆林是最精明的苏格兰人安德鲁·卡耐基（Andrew Carnegie）的故乡。一百多年来，该协会吸纳储蓄，再贷给小心谨慎的购房者。真不知道，他们在断定2007年是大举拓展商业性贷款组合的绝佳时机时，究竟在想些什么？

裕宝地产银行（Hypo Real Estate）是德国最大的房贷银行：这种支配地位枯燥无味，但利润丰厚，很难寻得出其右者。因此，该银行收购了一项专门在批发货币市场融资再贷给公共机构的业务。该行的顾问们毫无疑问地解释了应如何从中获取丰厚利润。但无论他们作何解释，这些解释都是错误的，还导致了欧洲代价最为高昂的银行救助。

审慎刻板这个因素很重要。传统的银行业务大多相当乏味。寻求新挑战的愿望是值得赞誉的人性特点。然而，对于银行的股东而言，任凭银行高管们放纵挑战欲望的代价则是非常高昂的。

公共部门机构的行为通常受到约束，因此，放松管制往往会引发各种代价高昂的试验。在英国，私有化所释放的众多效益收益都被多元化经营挥霍一空：我注意到，高管们将80％的时间投入到仅能创造1％的营业额和－10％的利润的业务之中。因为，去布宜诺斯艾利斯寻欢作乐可比维修漏水管道有趣多了。

在不了解拍卖品的情况下赢得竞拍，往往会导致失利。收购败笔背后也常存这种"赢家的诅咒"，因为胜出的买家总是那些最乐意支付过高价格的竞标人。因此，苏格兰皇家银行与巴克莱银行之间竞争的看点是，哪家银行会因收购荷兰银行而招致破产。对金融商品一无所知也是个大问题。如果你是个新手，知之甚少，那么送给你的业务就是其他任何人设法逃避的业务。

然而，最主要的驱动因素还是倨傲自大。吉姆·柯林斯（Jim Collins）恰逢其时的著述《巨人的衰败》适用于上述每一家企业。金融服务行业特别容易骄傲自大，因为该行业各个部门的竞争性不太激烈，而随机性又对投机交易的结果有重大影响。因此，金融机构的从业者特别容易形成的错误思维是，他们的成功是技高一筹所致，而非鸿运当头之福。才智卓绝者方能在另一道彩虹下觅得大笔金子①，还有比这更自然的想法吗？我觉得，除非战胜虚荣心理，否则涉足自身不能胜任的业务领域仍将是影响商业行为的重大因素。

13.4.5　2008 年金融危机

收购荷兰银行的灾难似乎仍在延续，市场纷纷传言，苏格兰皇家银行全球银行与市场分部因发售信用违约互换、持有债务担保证券和其他有毒资产而损失惨重，这就导致苏格兰皇家银行自身的信用违约互换不断升值——这也意味着它违约的概率增大。2008 年 4 月，苏格兰皇家银行宣布配股筹集 120 亿英镑的新资本，以填补因持有有毒资产而造成的 59 亿英镑损失，并弥补因收购荷兰银行致使资产减记所造成的储备不足。这是当时英国公司史上最大的配股发行。该银行还宣布，为筹集更多资金，它在考虑出售旗下的附属机构，尤其是其保险业务。但这仍不足以填补苏格兰皇家银行资产负债表上的资金缺口。

2008 年 10 月，由英国政府包销的配股发行再次失败后，苏格兰皇家宣布，英国政府将增持其股份至 58%，以提高该行的一级资本比率。由于对老股东的配股发行没有达到最低认筹额，英国政府最终持有该银行近 60% 的股权资本。

英国财政部向苏格兰皇家银行、苏格兰哈利法克斯银行和劳埃德 TSB 集团注入了 370 亿英镑的新资本，以力避银行业崩溃。但英国政府强调，这并不是标准的公有制，这些银行将在适宜之时交还给私人投资者。苏格兰皇家银行

---

① 本句是指，金融高管们大多自命不凡，自认为超迈群伦，因此，只有他们才能另辟蹊径（寻找"另一道彩虹"），好运连连（"觅得大笔金子"）——译者注。

用它的普通股和股息率为 12％的优先股，换得了英国政府的本轮注资，以及英国政府对苏格兰皇家银行有毒资产所致专项损失提供担保。担保是"政府资产保护计划（Government Asset Protection Scheme)"的重要构成，这很像美国的问题资产处置救助计划。

在经历了这些惨痛失败后，弗雷德·古德文提出辞呈并被接受，董事局主席汤姆·麦基洛普爵士（Sir Tom McKillop）表示将在 2009 年 3 月去职。古德文的职位由英国地产公司（British Land）前首席执行官史蒂芬·海斯特（Steven Hester）接任，他于 2008 年 11 月执掌苏格兰皇家银行。

在与苏格兰皇家银行协商后，2009 年 1 月 19 日，英国政府宣布它于 2008 年 10 月获得的苏格兰皇家银行的优先股，将转换为普通股。这将解除苏格兰皇家银行每年 12％的优先股股息支付负担（每年 6 亿英镑），但将提高政府对该行普通股的持股比例。同日，苏格兰皇家银行发布营业损益表，预计全年的营业亏损（在资产减值之前）为 70 亿～80 亿英镑。同时，该银行集团还公告将进行大约 200 亿英镑的商誉减值（主要由收购荷兰银行引起）。总计 280 亿英镑的亏损是英国公司史上最大的年度亏损。苏格兰皇家银行的股价在一天内下跌了 66％至每股 10.9 便士，与每股 354 便士的年度最高价相比，股价已下跌 97％。本书撰写之际（2010 年 7 月），苏格兰皇家银行的股票已从最低点开始上扬，52 周内的交易价格区间为每股 28 便士到 59 便士。

13.4.6　错在哪里

菲利普·奥格[7]对苏格兰皇家银行的崩溃进行了总结："欲速则不达。在古德文的领导下，苏格兰皇家银行实施了激进的收购战略，包括 1999 年恶意收购国民西敏寺银行和 2007 年参与集体拆分荷兰银行。这些战略依托的根基是低资本比率和高财务杠杆。在市场风平浪静时，这一战略运转良好，然而，2007 年的突变暴露了市场分工中面临的各种风险，以及收购导向战略的高波动性所具有的风险。收购荷兰银行是压死骆驼的最后一根稻草。苏格兰皇家银行用最高的市场价格买了一家二流的投资银行……这宗交易的时机选择也糟糕透顶，恰逢与市场低迷、抵押贷款相关的资产减值和融资困境相重叠。"

新任首席执行官史蒂芬·海斯特是一位声誉极佳的银行家，他承认苏格兰皇家银行扩张过度了。海斯特决定返璞归真地评估这家银行，将它改造为一家主营业务突出、资本消耗较少、核心业务风险较低的银行，并大幅削减投资银行的工作职位。

第 14 章　欧洲的银行倒闭案例

14.1　引言

　　本章有两个案例重点考察单个银行，另两个案例主要研究影响两个国家银行业的若干问题。两个银行案例涉及的银行分别是以经营比荷卢业务为主的富通集团，以及以瑞士为中心的国际性银行——瑞士联合银行。富通银行是荷兰银行竞标收购财团的成员，第 13 章最后一节案例 13－3 着重考察了这一竞标收购案。瑞士联合银行的案例重点分析了纷繁复杂的衍生品市场中的大玩家之一。另外两个案例考察两个不同国家的银行。第一个案例考察冰岛的银行，在冰岛，极不专业的银行业标准、裙带贷款以及货币问题共同造成了严重后果。正如第 13 章所言，如果银行家们具备最基本的经济学基础和信贷分析常识，并将它们应用于实际业务，那么他们的银行就会毫发无损地存续至今。最后一个案例即爱尔兰银行的案例十分有趣。当时，爱尔兰的经济正处于一项资产泡沫即将终结所有资产泡沫的转折时期，某些金融机构执行的银行业标准似乎也糟糕透顶。除此之外，裙带贷款、降低标准的监管必然带来致命打击。这些案例按顺序依次为：

　　案例 14－1　富通集团

14.2　案例 14－1　富通集团

14.2.1　引言

　　富通集团是一家从事银行业、保险业和投资管理的企业，比荷卢国家是它的大本营。富通集团的银行业务包括零售银行、商业银行和商人银行业务；它的保险产品有人寿保险、健康保险和财产保险。富通集团的股票同时在阿姆斯特丹、布鲁塞尔和卢森堡的股票交易所上市。

　　富通集团成立于 1990 年，是荷兰保险公司（AMEV）、荷兰银行集团（VSB）、比利时保险公司（AG）跨国合并的产物。富通集团于 1996 年从荷兰银行手中收购了荷兰投资银行 Mees Pierson。1999 年富通集团又进行了多项收购，包括收购比利时通用银行（Generale de Banque），并将触角伸至波兰、土耳其、亚洲和非洲。2006 年，富通集团的利润为 45.6 亿欧元，市值超过 450 亿欧元。

　　2007 年 10 月 8 日，由苏格兰皇家银行、富通银行和桑坦德银行（总部位于西班牙）组成的财团宣布它们成功收购了荷兰银行。这场以荷兰银行为目标的收购战从四月一直持续到十月，竞争对手是英国的巴克莱银行，收购的具体细节如下。

14.2.2　收购荷兰银行

　　2005 年以来，荷兰银行的高管们一直在认真思考该行的前途。荷兰银行一直未能实现它的目标，即取得能让它跻身同行前五名的股权回报率。这一目标是由 2000 年上任的首席执行官雷杰克曼·格勒宁克（Rijkman Croenink）设定的。2000—2005 年，荷兰银行的股票价格滞涨，利润虽在缓慢增长，但远远落后于人们的期望。

2006 年的财务结果没有多大改观。营业成本的增长速度超过了营业收益，不良贷款较上年增长 192％；净利润有所增加，但仅应归功于资产售让。

数年前，一些激进的投资者（尤其是 TCI 等对冲基金）呼吁荷兰银行实行分拆①，或合并，或对外出售。2007 年 2 月 21 日，TCI 曾要求董事局主席就荷兰银行的合并、收购或分拆进行调查。TCI 注意到，荷兰银行当前的股价并没有反映出其标的资产的真实价值。TCI 要求董事局主席将这一提议纳入 2007 年 4 月年度股东大会的议程。此后，事态进展很快，2007 年 3 月 20 日，英国巴克莱银行和荷兰银行共同证实它们已经数次专门磋商了两行合并事宜。2007 年 3 月 28 日，荷兰银行公布的股东大会议程，纳入了 TCI 要求审议的事项，并建议大会不讨论分拆的提议。

2007 年 4 月 18 日，英国的苏格兰皇家银行与荷兰银行取得联系后，提出了一项收购交易，即由苏格兰皇家银行、比利时的富通银行和西班牙的桑坦德银行组成银行财团，共同竞标荷兰银行，然后按地理区划分割荷兰银行的业务。根据这项提议，苏格兰皇家银行将接管荷兰银行设在芝加哥的拉萨尔银行业务以及全部批发业务，桑坦德银行将接管巴西地区的业务，富通银行将接管荷兰地区的全部业务。

2007 年 4 月 23 日，荷兰银行和巴克莱银行进一步公布了巴克莱银行收购荷兰银行计划的内容。此宗交易价值 670 亿欧元，并将拉萨尔银行以 210 亿欧元卖给美国银行。2007 年 4 月 25 日，苏格兰皇家银行牵头的财团给出的收购报价是 720 亿欧元，但条件是荷兰银行放弃向美国银行出售拉萨尔银行的计划。第二天召开的股东大会以 68％的大多数票数支持 TCI 提出的收购计划。

显然，出售拉萨尔银行的提案是一项阻扰策略，它是阻止苏格兰皇家银行竞标的方式之一，因为苏格兰皇家银行一直四处谋求深入美国市场的通道，这家集团在美国的现有业务品牌包括国民银行和渣打第一银行。2007 年 5 月 3

---

① TCI 是儿童慈善投资基金管理公司（The Children Investment Fund Management）的首字母缩略词，是总部位于伦敦的欧洲对冲基金，在欧洲金融界有"破坏大铁球"之称。该基金每年都会将基金资产净值的 0.5％捐给基金创办者霍恩妻子的儿童慈善基金，故名——译者注。

日，在代表荷兰银行 20%股份的股东支持下，荷兰投资者协会向阿姆斯特丹的荷兰商业法庭提起诉讼，要求强令禁止出售拉萨尔银行。法院的裁决是：出售拉萨尔银行是当前巴克莱银行和荷兰银行合并谈判的有效组成，荷兰银行的股东应该能在股东大会上审批其他可能提议。2007 年 7 月，荷兰最高法院判决美国银行可继续收购拉萨尔银行，从而排除了所有影响出售的不确定性。2007 年 10 月 1 日，美国银行吸收合并了拉萨尔银行。

7 月 23 日，巴克莱银行将荷兰银行的收购价提高至 675 亿欧元（也就是收购不包括拉萨尔银行的荷兰银行，但加上售卖所得的总额为 675 亿欧元），这一报价仍低于苏格兰皇家银行牵头的财团的出价。巴克莱银行给出的新报价折合每股 35.73 欧元，其中 37%用现金支付，但仍低于一周前苏格兰皇家银行牵头财团给出的每股 38.40 欧元的报价。自从荷兰银行得以继续向美国银行出售拉萨尔银行后，这些报价均不包括拉萨尔银行的业务。苏格兰皇家银行牵头的财团只能勉强接受荷兰银行的投资银行部门及其亚洲地区网络，但不包括拉萨尔银行。2007 年 7 月 30 日，荷兰银行拒绝了巴克莱银行的收购计划，因为它的报价低于苏格兰皇家银行财团的报价。荷兰银行董事会声称，巴克莱银行的报价符合荷兰银行的战略设想，但在财务角度上得不到支持。苏格兰皇家银行、富通银行和桑坦德银行的报价比巴克莱银行高出 9.8%。2007 年 10 月 5 日，巴克莱银行撤回了它对荷兰银行的收购报价，此举为苏格兰皇家银行牵头的财团扫清了收购障碍，也使它们拆解荷兰银行业务的计划得以顺利进行。富通银行将接管荷兰银行在荷兰和比利时的业务，桑坦德银行将接管巴西的雷亚尔银行（Banco Real）和意大利的安东维内达银行（Banca Antonveneta），苏格兰皇家银行将接管荷兰银行的批发业务和其他业务部门，包括亚洲地区的业务。

2007 年 10 月 8 日，在代表荷兰银行 86%的股份的股东接受收购报价后，苏格兰皇家银行财团宣布成功收购了荷兰银行，成功收购中 93%的价款是用现金支付的。此前曾全力支持巴克莱银行进行收购的荷兰银行管理委员会（Management Board of ABN Amro）主席雷杰克曼·格勒宁克（Rijkman Froenink）决定隐退。

为筹集本次收购所需资金，富通银行在 2007 年 10 月安排了 130 亿欧元的配股发行。2008 年 4 月，苏格兰皇家银行宣布了英国公司史上规模最大的配股发行，旨在筹资 120 亿英镑来抵消由于投资失败造成的 59 亿英镑资产减值，同时加强收购荷兰银行后的资金储备。

2008 年 10 月，英国总理戈登·布朗宣布，英国政府决定救助英国金融体系。为避免金融体系崩溃，英国财政部向苏格兰皇家银行、劳埃德 TSB 集团和苏格兰哈利法克斯银行注入了 370 亿英镑的新资本。这项举措使得英国政府持有苏格兰皇家银行 58％的股权，苏格兰皇家银行的首席执行官弗雷德·古德温爵士辞职。

2009 年 1 月，苏格兰皇家银行宣布亏损 280 亿英镑，其中 200 亿英镑是由于荷兰银行的资产减记价值高于收购价所致。此时，英国政府持有苏格兰皇家银行的股份已达 70％。

但问题并未就此了结。作为此次要约收购的主要推动者，苏格兰皇家银行在获悉荷兰银行已将拉萨尔银行卖给美国银行后，就应该及时取消由它牵头的收购竞标，因为，它们多次声称，拉萨尔银行才是竞标收购的重点目标。它们没有这么做的合理解释是，它们要向外界释放不惜代价地赢得收购战胜利的强烈讯号，为此可以置苏格兰皇家银行的股东利益于不顾。为求收购成功而在所不惜，这种事情经常发生。在公司收购中，必须明确设定最高收购价格，必须明确规划收购交易的各项安排——不能恪守这些原则，是导致众多收购灾难的根本原因。以收购成功为表征的倨傲自得，很快就招致了公司的惨痛报应。苏格兰皇家银行董事会尤其是顶层决策人，一定会对事态如此突变大为不解。

14.2.3　收购荷兰银行后富通银行面临的问题

支付给荷兰银行的收购总价为 700 亿欧元，人们普遍认为这个价格偏高。收购结束后，根据协议，富通银行将接管荷兰银行在比荷卢三国的零售业务、公司业务以及国际投资公司。合并到富通银行的零售业务必须获得荷兰中央银行（De Nederlandsche Bank）的批准，并且根据欧盟关于市场份额的竞争监管规定，富通银行必须出售某些公司业务。只有这样，富通银行才能在荷兰继续使用荷兰银行的品牌从事零售业务。为筹集它应承担的那部分荷兰银行收购款，富通银行以每股 15 欧元的价格通过配售新股（从而富通银行的老股东也可认购）募集了 130 亿欧元。

　　像苏格兰皇家银行一样，富通银行因收购荷兰银行而必须冲销大量坏账。富通银行支付的收购款项中就包含按照现行会计准则，不能计入富通集团资产负债表的巨额无形资产购置费。因此，在减记了资产价值后，富通银行面临着资本充足率不达标的危险。同时，根据欧盟规定必须出售的公司业务，还会带来 3 亿欧元的损失。

　　此外，截至 2008 年 6 月，随着金融危机日渐逼近，富通银行必须额外筹集高达 83 亿欧元的权益资本，这就要求富通银行以每股 10 欧元的价格再次配售新股。在 83 亿欧元的筹资总额中，富通银行由于取消了股利分配，从而节省了 15 亿欧元。在此之前，富通银行的首席执行官让·福特伦（Jean Votron）已经声明并反复强调必须向股东派送股利。数年来，有（股）利必派一直强劲地支撑着富通银行的股价，人们普遍认为，富通银行就像住房一样安全可靠（原话的确如此）。停止派发股利动摇了投资者对富通银行的信心，6 月 26 日，它的股价由每股超过 12 欧元跌至每股刚好站上 10 欧元（公司的市值因此缩水 40 亿欧元，此后还会缩水更多）。

　　许多评论员认为，在谋划对荷兰银行的收购方案时，富通银行和苏格兰皇家银行的管理层都忽略了这项收购对股东权益（股本总额＋未分配利润＋各项储备－各项亏损）的影响。富通银行在第一次增资发行后不久又需筹集更多的资金，这让投资者十分震惊，也感觉到它不可靠，从而不愿继续认股投资。许多股东是借用银行贷款来支付第一次配股缴款，他们急切地盼望派发股利。因此，停止派发股利后，用"暴怒"都不足以形容这些投资者了。

　　2008 年 7 月 11 日，富通银行的首席执行官让·福特伦辞职。当时，富通银行股价所反映的公司价值仅为收购荷兰银行之前公司价值的 1/3，比富通银行购买荷兰银行比荷卢地区业务的价款还要略低。富通银行的股价一直在每股 10 欧元以下徘徊。赫尔曼·福威斯特（Herman Verwilst）接替福特伦担任富通银行的首席执行官，他让股东确信富通银行经营稳固、值得信赖，集团董事局主席马里斯·利本斯（Maurice Lippens）在股价低于 9 欧元时就大量购买富通银行的股票。但市场大势向下，富通的股价也未能幸免。2008 年 9 月 25 日星期四，富通银行的股价跳水至每股 5.5 欧元。暴跌的起因是市场传言富通银行恳请荷兰的拉博银行（Rabobank）援助其走出困境，富通银行和拉博银行双双辟谣。富通银行的首席执行官福威斯特举行记者招待会，给证券分析师和投资者打气，他并没有列举具体数字，但再三强调富通经营稳固，没有任何理由去听信富通即将破产的传言。尽管如此，富通的股价再次下挫，报收 5 欧元附近。当晚，履新不久的首席执行官辞职，菲利普·迪尔克斯（Filip Dierckx）受任候补首席执行官。但富通银行的股价再次下跌，一周跌去了 35％。当时比利时流传着一个段子，大意是：你应该在家静候电话，因为下一个电话可能邀请你担任富通银行的新任首席执行官。

11 月 20 日，富通银行发布股东通告指出，2008 年 9 月 26 日星期五，由于富通银行即将倒闭的谣言四起，公司客户大肆提取存款，富通银行的确面临流动性困境。9 月 26 日星期五，客户提存 200 亿欧元，而且预计下周一还要提存 300 亿欧元。富通银行宣称，它不存在偿付能力问题，只有流动性问题。

比利时政府当时正在敦促富通银行与更强大的伙伴结盟，但说起来容易做起来难。在接触性的磋商中，荷兰国际集团（ING）提出了每股 1.5 欧元的收购价格，法国巴黎银行的收购报价为每股 2 欧元，后来由于多国政府的干预，这些谈判终止。2008 年 9 月 28 日，比荷卢三国注资 112 亿欧元后，富通银行收归国有。当时的新闻报道是，比利时、荷兰、卢森堡政府分别对富通银行在比利时、荷兰、卢森堡的分支机构注资 47 亿欧元、40 亿欧元和 25 亿欧元。与此同时，富通银行宣布，荷兰银行的零售业务不再并入富通银行，而是对外出售。不到 120 亿欧元的该笔交易售价将负面影响富通银行的一级资本充足率。

2008 年 11 月 20 日所在的那一周，公司客户仍在持续地大规模提存，富通的流动性问题由此继续恶化。为力挽狂澜，三国政府启动了 660 亿欧元的紧急贷款援助。

在救助富通银行的过程中，三国政府之间的纷争不断，由此催发的法律诉讼让三国的法院在随后数年不得消停。尽管如此，富通银行仍在出售资产。实际上，2009 年 6 月，荷兰政府以 3.5 亿欧元的价格售让了富通银行的保险部门。

2008 年 10 月，在一桩极为复杂的交易中，法国巴黎银行取得了富通银行在比利时和卢森堡的银行分支机构的绝大部分股权，比利时和卢森堡政府则降格为少数股东，同时以它们拥有的否决权换取法国巴黎银行的股份。实际上，比利时和卢森堡政府向法国巴黎银行出售了富通银行75％的股份，富通银行总市值按110亿欧元计算，法国巴黎银行用自己的股份来支付对价款，最终比利时政府以12％的持股比例成为法国巴黎银行的最大股东。

但与法国巴黎银行的谈判过程并不轻松，法国人强硬地坚持只收购富通银行的银行业务，不接受它持有的有毒资产。最终，富通银行的政府股东同意让残存的富通集团继续处置有毒资产——富通引起的问题就得让富通自个儿解决，而将剥离了有毒资产的富通银行卖给法国巴黎银行。

14.3 案例14-2 瑞士联合银行集团

14.3.1 引言

总部位于瑞士苏黎世和巴塞尔的瑞士联合银行集团（以下或简称"瑞银集团"）是一家多元化的国际银行和金融服务提供商。它是全球第二大私人财富资产管理者、欧洲第二大银行。瑞士联合银行拥有覆盖全美的零售业务部，并在其他50个国家设有零售分支机构。UBS是瑞士联合银行集团的简称，它于1998年由其前身瑞士联合银行（Union Bank of Switzerland）与瑞士银行公司（Swiss Bank Corporation）合并而成。瑞士联合银行集团的雇员大约38％在美国工作，34％在瑞士工作，15％在欧洲其他国家工作，13％分布在亚太地区。它所经营的业务包括财富管理、投资银行、资产管理、零售银行和商业银行。2007年年中，瑞士联合银行集团股票的总市值为1 510亿瑞郎。

此前的2006年，瑞银集团和苏格兰皇家银行等其他许多投资银行持有大量的债务担保证券，结果造成了巨大损失。瑞银集团向新加坡政府求助，获得了110亿美元的资金注入。2008年11月，由于继续发生巨额亏损，瑞银集团接受了瑞士政府的财务援助。

如前所述，瑞银集团是1998年6月瑞士联合银行和瑞士银行公司合并的产物。在合并之前，瑞士银行公司通过购买纽约的迪里安瑞德证券（Dillion Read）和伦敦的华宝证券（S. G. Warburg），建立了全球投资银行业务网络。2000年，瑞银集团收购美国著名的投资银行普惠集团（Paine Webber Group），成为世界上最大的私人客户财富管理企业之一。2003年6月，瑞银集团旗下的所有企业集团统一采用UBS（瑞士联合银行集团）的名称，原来的瑞银普惠（UBS Paine）、瑞银华宝（UBS Warburg）、瑞银资产管理（UBS Asset Management）和其他集团都更名为UBS。

14.3.2 诡谲变化的历程

厚重档案资料中的若干金融史片段均记载了瑞银集团盛衰无常、跌宕起伏的既往，以下所列仅为部分例证。例如，1997年1月，瑞银集团的安全长官克里斯托弗·梅里（Christoph Meili）发现公司雇员正在销毁一家曾与纳粹德国存在广泛交易的附属机构的档案。此举违反了瑞士于1996年12月生效的保护此类档案的一项法律。瑞银集团承认，它曾"犯下不可饶恕的错误"，但声称已被销毁的档案与大屠杀无关。瑞银集团迅疾以涉嫌违反银行保密法，对档案部门的职员和梅里启动刑事诉讼程序，因为违反银行保密法在瑞士属于刑事犯罪。但在1997年9月，所有的诉讼程序都被终止。

1997年，世界犹太人大会发起了针对瑞士多家银行的诉讼，要求追索在二战之前及二战期间受纳粹迫害者在瑞士各家银行的存款。卷入这场诉讼调解的银行有瑞银集团及其竞争对手瑞士信贷集团（Credit Suisse），最终以1998年两家机构赔偿12.5亿美元收场。

2005年4月，瑞银集团在一场性别歧视的诉讼中败诉。原告罗娜·朱卜雷珂（Laura Zubulake）是在美国工作的一名推销机构股票的女职员，她诉称她的经理削弱了她的职权，解除了她的专业职责，并在同样的岗位上与男雇员区别对待。这场诉讼的关键点是瑞银集团没有保存与案件相关的电子邮件，但联邦法官对此不予采信，2005年10月，原被告双方一致同意在庭外和解。

2007年2月26日发表于美国《商业周刊》的一篇文章披露，瑞银集团正在接受调查,有关当局在发现两家或多家身份不明的对冲基金交易员因提前获悉即将发布的股票评级变动结果,而向瑞银集团一名雇员支付信息费后,正对瑞银集团进行调查。2007 年 3 月,由于涉嫌从事金额超过 1 500 万美元的内幕交易欺诈,瑞银集团权益证券研究部的一位执行董事以及来自其他公司的 13 名个人被起诉。

2008 年 2 月 23 日,路透社发表的一篇文章指出,一位巴西检察官宣布,瑞银集团、瑞士信贷集团和美国国际集团的数名雇员正在接受联邦当局的调查。2007 年初,在发现洗钱、逃税、银行业务欺诈和无照经营等非法行为后,警察已经逮捕了 20 人,包括瑞银集团、瑞士信贷集团和美国国际集团私人银行的银行家。

2008 年 6 月,美国联邦调查局正式请求赴瑞士调查一件瑞银集团牵涉其中的数百万美元的逃税案。《纽约时报》报道称,这起案件涉及大约 2 000 名美国公民。2006 年一位瑞银集团客户在接受美国逃税行为审查时所提供的信息触发了这项调查。紧接着,2009 年 2 月,美国政府起诉瑞银集团,要求公布 52 000 名美国客户的名单,诉称瑞银集团和这些美国客户合谋欺骗美国国家税务局和联邦政府,以逃避依法应缴的美国税收。2009 年 8 月,瑞银集团宣布了一项终结与美国税务局官讼的和解方案,内容包括:公布众多违法的美国公民名单,支付 7.8 亿美元的罚款和赔偿。

为打破上述窘境并力图实现变革,2010 年 1 月,瑞银集团颁布了新的《行为和职业道德准则》,要求所有员工必须遵守。这项新准则突出了金融犯罪、市场竞争、商业机密、公民权利以及环境保护等事项,还制定了雇员违反准则的惩戒措施,包括警告、降职或免职。瑞银集团董事局主席和集团首席执行官认为,这套准则是"改变 UBS 运营方式的有机构成"。

14.3.3 金融危机重创瑞银

像花旗集团、苏格兰皇家银行和美林证券一样,瑞银集团是债务担保证券市场上最激进的参与者,而且它不仅仅活跃在债务担保证券市场。金融危机爆发后,瑞银集团的资产—权益资本比率为 46.9 倍,美国各家银行这一比率的中值为 35 倍。瑞银集团的激进表现还体现在 2005 年成立对冲基金迪隆·瑞尔资本管理公司（Dillon Real Capital Management），而且同样是在 2005 年，还涉足证券化业务，两者增长迅猛。

由于超级优先级债务困境的出现，瑞银集团最初决定在市场上转嫁这一风险，但后来却改变了主意，成为债务担保证券风险的净持有方。与《巴塞尔协议》的规定相一致，瑞银集团对于超级优先级风险资产等高信用评级的资产秉持一种宽松立场。巴塞尔协议允许各银行采用自己的模型测度风险，并估算需要持有多少资本作为保护屏障。瑞银集团的风险管理团队借助在线值（VaR）和高斯分布（Guassian analysis）对风险进行模型估计，这也是其他众多银行采用的风险估计方法。瑞银集团借助模型分析的结论是：即使在最糟糕的情形下，超级优先级资产的价值损失也不会超过 2%。因此，它决定仅持有少量资本来覆盖风险。从此，瑞银集团变得更加激进。瑞银集团的高管们意识到，如果能向专业保险机构购买保险来覆盖这 2% 的损失风险，那么超级优先级资产就变为无风险资产，这将免除保有资本来覆盖风险的需要。于是，瑞银集团的会计账簿上增持了海量的超级优先级资产，且不存在任何问题，至少他们是这么认为的。

瑞银集团的团队在债务担保证券的前沿上走得更远。瑞银集团的内部规则要求交易性资产实行盯市计值法——也就是必须根据当前的市场价格重新计算交易账户上的资产价值。但由于优先级债务担保证券票据很少在市场上交易，故而很难得到它们的市场价格。于是，瑞银集团的交易团队决定，利用自身构造的内部模型来估算债务担保证券应该价值多少，由此得到的价格必须随时进行调整。在市场持续上扬时，这类交易资产在不断增加获取利润。按百分比度量，这类利润很小，但若账面上持有 500 亿美元的超级优先级资产，且大多可在债务担保证券交易席位上进行交易，那么整体利润还是十分可观的。

吉莲·邰蒂注意到[1]，"随着超级优先级资产大山越堆越高，风险经理者时常表达了他们的惊讶，但没人理会他们的担忧。墨守成规而又官僚作风十足的瑞银集团管理者们特别看重的事实是超级优先级票据悬挂着 AAA 的评级标签。由此造成的结果是，数量庞大的风险资产在瑞银集团内部的风险管理报告销声匿迹了。"邰蒂进而指出，瑞银集团一位董事会成员说，"我们的风险管理人员刚刚告诉我们，这些金融工具是 AAA 级的，就像国债一样；他们没有提出更多的问题。"

由于这些债务担保证券风险产品均被视为资产计入账簿，因此当市场动能衰竭、资产价值下跌时，问题便迅速膨胀。2008 年 4 月，瑞银集团宣布，它对所持有的债务担保证券、与美国次级贷款和其他抵押贷款相关的投资进行了 190 亿美元的资产减记。结果，它的信用评级被调降。瑞银还说，为支撑一级资本充足率，它还拟向股东募股集资 150 亿瑞士法郎。2008 年 5 月，瑞银集团宣布，由于经济危机的冲击，2009 年上半年前将裁减 5 500 个岗位。

2008 年 10 月，瑞银集团宣布拟通过向瑞士联邦政府发行强制性可转换票据，筹集 60 亿瑞士法郎的新的资本金。瑞士国家银行还和瑞银集团达成协议，将瑞银集团 600 亿美元的非流动性证券和各类资产转交给一家独立的基金实体。

2008 年 11 月，瑞银集团宣布，从 2009 年起，每个盈利年份不再派发高于 1/3 的现金奖励，其余的都留做储备；股权激励将在三年后实施，而且高管们必须持有 75% 的此类受赠股份；股票奖励也需接受惩戒——惩戒是奖赏的反义词，意即后续若有亏损就扣减股票奖励数量。

2009 年 2 月，瑞银集团宣布 2008 年亏损近 200 亿瑞士法郎，这是瑞士公司史上最大的年度亏损，这一亏损后来订正为 210 亿瑞郎。由于全球金融危机的影响，瑞银集团被迫减记了 500 亿美元的资产价值，并自 2007 年起裁员 11 000 人。

2009 年，瑞银集团通过面向机构投资者发行 2.93 亿的股份进一步巩固了资本实力。2009 年 8 月，瑞士政府公告，它正在出售瑞银集团 60 亿瑞士法郎的股份，且获利丰厚。

这里顺带值得指出的是：从风险敞口规模和最终惨败的角度看，瑞银集团在金融危机期间所面临并在本节中复述的众多问题，与美国的花旗银行、美林证券及英国的苏格兰哈利法克斯银行、苏格兰皇家银行遭遇的难题极其相似，但苏格兰皇家银行将长期背负鲁莽收购（也就是它牵头收购荷兰银行）的包袱。

14.4 案例 14－3　冰岛的银行业

14.4.1　引言

冰岛是个小国家，人口仅 30 万。就在爆发金融危机之前，冰岛的通胀率高达百分之十几，而且此类通胀还不是第一次出现。除了渔业和温泉，冰岛鲜有已经勘验的自然资源，它的经济总量仅为卢森堡的 1⁄3。但在信贷危机爆发前，冰岛经历了巨大的经济泡沫。冰岛的人均经济产出曾在短暂的时期内高于美国，而且，无论采用何种购买力平价（PPP）标准，它的货币冰岛克朗都出现了高估。购买力平价理论揭示了通货膨胀和汇率走势之间的反向变化关系。从经验的角度看，它在长期内有效，但短期存在较大偏离——亦即短期内会出现汇率高估或汇率低估。

2007 年初，冰岛克朗被视为全球高估程度最严重的货币之一。根据巨无霸汉堡指数（Big Mac Index），即便迟至 2008 年 7 月，一个汉堡包在美国的售价为 3.57 美元，在冰岛的售价等值于 6 美元。冰岛克朗如此过于坚挺，主要导因是套利交易，尤其是四处追逐高利率的热钱投机交易。但套利交易是风险很大的投资策略，套利交易是指借入低利率的某种货币，转存为高利率的另一种货币。根据经济学基本原理可知，某种货币的报价利率、国际实际利率和一国通胀率之间存在某种关系。发达经济体没有限制币种转换的外汇管制，故而有如下公式：

X 货币的报价利率＝国际实际利率（剔除了通货膨胀）＋ X 货币发行国的通胀率

严格说来，上式等号右边还应加上一项，即国际实际利率乘以 X 货币发行国的通胀率。但由于国际实际利率通常数值较小，它与通胀率的乘积通常非常小，故而省略。

因此，根据上面的公式可以推断，冰岛的利率高是因为它的通胀率高。由于日本的通胀率低，从而借入日元所需支付的利率也较低。以每年 2％的利率借入日元，再将日元按每年 16％的利率转存为冰岛克朗，这乍看起来颇具吸引力——因为，你每年能获得 14％ 的收益。但获得 14％ 的收益的前提是，冰岛克朗兑日元的汇率不变，这样你才能按照最初将日元兑换为冰岛克朗的同一汇率，将你的克朗存款兑换为借入的日元。当然，如果冰岛克朗兑日元升值，那么你获得的年收益率将超过 14％。若冰岛克朗兑日元贬值呢？比方说，如果克朗兑日元贬值了 14％，那么你就只能保本，毫无收益。请牢记，在本案例所涉时期，克朗汇率是被严重高估了。根据购买力平价（用巨无霸汉堡指数衡量），克朗兑美元的汇率贬值 40％ 自不足奇，兑日元的汇率也应有类似幅度的贬值，但这取决于美元和日元之间的汇率走势。无论如何，套利交易的风险是显而易见的。银行或对冲基金的套利交易参与者——他们为数众多——不断地将他们低利率借入的某种货币，转存为克朗，并指望克朗的汇率永远不会下跌。显然，这些套利交易投机者面临巨大的风险。他们需要时刻提防自己的投资遭受可能的汇率损失，一旦市场动向对自己不利，还要时刻准备迅速应对可能不利于自己的市场变动，这就是热钱交易，而热钱会迅疾消失。在克朗汇率发生贬值前，这些套利者们必须抛售他们持有的克朗头寸。理解这一背景对全面把握冰岛的局势尤为重要，因为 2008 年来临时，投机者突然改变了对克朗汇率走势的判断。

冰岛一度吸引了大量以本币存入的套利交易资金，而且借乘此势，冰岛各家银行的流动性十分充裕。冰岛的各家银行还以极其诱人的利率对外推销欧元、英镑等币种的存款账户，它们对欧元、英镑等币种的存款支付的利率高于它们的国际竞争同行。

受冰岛高利率的吸引，30 万英国存款人将自己的资金存进在线英镑存款账户（例如，由冰岛国民银行创办的冰岛储蓄），全然忘记了高利率必然伴随着高风险。与此同时，许多薪资以克朗计付的普通冰岛民众，用美元、欧元和日元借用贷款－价值比为 100％ 的按揭贷款，完全没有意识到未来的购买力平价会自我纠偏。到时，一旦克朗贬值，等额的外币抵押贷款需用更多的冰岛克朗来偿付。他们认识到了货币错配的本质吗？薪资用克朗计付，但抵押贷款用美元、欧元或日元进行偿付。在此背景下，2008 年的冰岛注定是危机四伏。

14.4.2 问题的根源

1998 年和 1999 年，冰岛实行国有银行私有化，冰岛国民银行、格里特利尔银行（Glitnir）、考普辛银行（Kaupthing）在本土的股票市场上市。2001 年，冰岛放松对银行业的管制，此后，由于新增涉外业务，冰岛银行业的债务急速膨胀。

2008 年，由于众多银行无法通过再融资来偿付债务，冰岛的银行业危机骤然加剧。上述三家大银行持有的外债超过 500 亿欧元，相当于每位冰岛居民负债 16 万欧元，这与冰岛 85 亿欧元的国民生产总值形成了强烈对比。即使迟至 2008 年 3 月，冰岛国民银行、考普辛银行的存款保险成本仍比其他欧洲银行的存款保险总成本高出 6%～8.5%。

冰岛各家银行支撑规模膨胀的融资来源，是银行同业借贷市场的借贷，以及新近兴起的吸收外国存款——前文已有描述。居民户借用的巨额债务约为可支配收入的 213%，这就推高了通货膨胀。冰岛中央银行根据新发行的无担保债券向各家银行发放流动性贷款，则对高通货膨胀无异于火上浇油。换言之，中央银行在有求必应地印制货币。

2008 年 9 月，消费者物价指数升至 14%，而当年冰岛政府设定的物价目标为 2.5%，冰岛中央银行设定的克朗存款利率为 15.5%。截至 2008 年 9 月的 12 个月里，冰岛的货币供应量（M3）增长了 56.5%，实际国内生产总值仅增长 5.0%。冰岛身处泡沫之中，也深陷麻烦丛中：冰岛克朗被严重高估，冰岛人民正在享受举债消费的狂欢，套利交易的方向在 2008 年发生突然转变，实际上，2008 年 1—9 月，冰岛克朗兑欧元的汇率贬值幅度超过 35%。

冰岛三大银行当时正忙于向中央银行融入资金，吸收欧元、英镑、美元等币种的存款，并从银行同业批发市场拆入资金，这些资金的币种同样是欧元、英镑、美元。如果冰岛银行贷出和融入的资金数量相等，货币币种和到期期限相同，那么现金流入和现金流出在数量、期限和币种上都相同。然而，这些银行的经营绝对不会如此精密，它们在借贷币种、期限和数量存在错配，它们的净资产头寸又以克朗为持有币种。故而此间蕴藏的风险是不言而喻的，因为，被高估的货币在未来某一时点必定贬值。冰岛银行的若干难题现已演变为三重灾难：银行资产以潜在贬值的货币为币种者居多，而银行负债又多为外国币种；它们必须在银行间市场不断进行债务展期；它们普遍存在着期限错配。因此，另一场灾难必将发生。金融界对这些潜在问题的关注不断升级后，这场灾难的发生更具必然性。

14.4.3　事件频仍

冰岛的银行似乎既没有持有次级债券，也没有持有有毒金融工具，但它们的确体验了信用违约互换的威力——它们不是信用违约互换的持有人，而是信用违约互换影响的受动者。正如考普辛银行英伦大区的前任 CEO 托瓦尔德森（Thorvaldsson）[2] 评论的那样："考普辛发售第一张信用违约互换时，其保险费率是 20 个基点或 0.20％。如果你持有考普辛发行的 100 万美元债券，又想投保避免可能的违约风险，那你每年需要缴纳的费用为 100 万美元乘以 0.2％，也就是 2 000 美元，当然，信用违约互换的价格与你所发行债券的价格高度相关。如果考普辛的信用违约互换以 0.2％的费率进行交易，那么你会希望银行以高出伦敦银行间同业拆借利率（LIBOR）0.2％的利率出售债券。在支付一小笔钱（在本例中为 2 000 美元）后，一旦考普辛银行破产，对冲基金就会赚得百万美元。"他接着说："……信用违约互换价差逐步演变为根据价差大小判断银行风险的指标。这在理论上没错，但实际上，有很多因素影响信用违约互换价差，比如人为的操控，所以它很不靠谱。然而，当报纸想要证明市场认为冰岛的银行业面临多大的风险时，它却是极好的量化指标。"此后，人们对风险的认识提高了，信用违约互换的价差也扩大了。早在 2006 年，在金融危机爆发前，由于人们对冰岛的货币和银行部门的信心普遍下降，冰岛就发生一场微型危机——毫无疑问，公众是事后才得知这场危机的。市场报道中充斥着"冰岛正在融化"之类的标题，还有人认为"考普辛银行的资产负债规模是冰岛 GDP 的 2.5 倍，它规模太大，政府无法施援"。此外，考普辛的信用违约互换价差扩大至 1％及 1％以上。对冲基金的投资大师们均对冰岛及冰岛克朗持负面评价。2006 年在接受《泰晤士报》的采访时，休·亨德利（Hugh

Hendry）坦言①，他渴盼能以"让冰岛破产者"的身份名垂青史。

冰岛的金融机构侥幸躲过了 2006 年、2007 年的危机，但未能逃过 2008 年的大劫。像全球许多银行一样，冰岛各家银行发现它们无法在银行间市场进行贷款展期，债权人坚持按期收回贷款，而其他银行又不愿发放新的贷款。在此处境下，商业银行通常只能向作为最后贷款人的中央银行商借贷款。但在 2008 年的冰岛，由于银行的债务规模比国内经济总量大很多，冰岛的中央银行和冰岛政府无力为银行偿付债务提供担保，故而冰岛银行业的崩溃在所难免。

2008 年 9 月末，冰岛政府宣布，格里特利尔银行将被国有化，次周，冰岛国民银行和格里特利尔银的控制权移交给冰岛金融监管局指定的托管人。随后不久，同样是这家机构对冰岛最大的银行考普辛银行实施了托管。2008 年 10 月 6 日，冰岛总理盖尔·哈尔德（Geir Haarde）在阐述采取紧急措施的必要性时指出，在最坏的情形下，冰岛经济可能与银行业一起卷入漩涡，最终导致国家破产。他进而强调，政府实施的这些措施至少可以保证冰岛这个国家不会破产。截至 2008 年上半年，冰岛的外债达 9.553 万亿冰岛克朗（约合 500 亿欧元），占银行系统外债总额的比例超过了 80%。与此形成鲜明对比的是，2007 年冰岛的国内生产总值仅为 1.293 万亿冰岛克朗（约合 85 亿欧元）。

紧接着，冰岛克朗的价值急剧下降，外汇交易连续暂停了数周。冰岛股票交易所的总市值跌去了 90% 以上。正如人们所料，密切关注冰岛动向的四家国际评级机构立即对此做出负面反应，降低了冰岛的评级结果，具体见表 14-1。

表 14-1　　　　　　　　　　冰岛的主权债务评级

	2008 年 9 月 29 日	2008 年 10 月 10 日
惠誉	A+	BBB-
穆迪	Aa1	A1
格付投资情报（R&I）②	AA	BBB-
标准普尔	A-	BBB

---

① 休·亨德利（Hugh Hendry）是英国 Eclectica 资产管理公司的掌门人、欧洲著名的对冲基金经理，他秉性坦率，直言不讳，故有正文中的戏谑言谈——译者注。

② R&I 系日本评级机构"格付投资情报有限公司"（Rating and Investment Information Inc）的简称，系 1998 年 4 月由日本债券研究所（JBRI）、日本投资者服务有限公司（NIS）合并而成。它与日本信用评级公司（JCR）是日本两大本土评级机构——译者注。

2008 年 10 月 8 日，周三晚上，冰岛中央银行放弃了 131 克朗兑换 1 欧元的钉住汇率。10 月 9 日，冰岛克朗兑欧元的汇率跌至 340∶1，此后逐步上扬至 11 月 28 日的 280∶1。但冰岛中央银行执行的汇率为 182.5 克朗/欧元。造成这种报价差异的原因是冰岛中央银行采取了新的外汇管制措施。

外汇管制新规明确，冰岛居民必须将他们收得的外币存入冰岛银行的克朗账户。但有证据表明，冰岛出口商一直在暗中从事离岸外汇市场交易，用英镑和欧元兑换冰岛克朗，以逃避冰岛的外汇管制，或将钱存入英镑或欧元账户。2008 年 11 月 28 日，冰岛中央银行施行一套新的货币管制措施，未经中央银行许可，严禁资本流入和流出。

为维护冰岛国民银行和格里特利尔银行在国内的平稳运行，冰岛金融监管局多策并举：2008 年 10 月 9 日设立新的冰岛国民银行（最初称为 Nyi Landsbanki），股本为 2 000 亿克朗，资产为 2.3 万亿克朗；10 月 15 日设立新的格里特利尔银行（Nyi Glitnir），股本、资产分别为 1 100 亿克朗、1.2 万亿克朗。2008 年 10 月 17 日，为实现考普辛银行的持续经营，而与冰岛养老基金公司进行的售让谈判破裂，10 月 22 日新的考普辛银行（Nyja Kaupping）设立，股本、资产分别为 750 亿克朗、7 000 亿克朗。这三家新银行的所有股本都由冰岛政府投资，在国有化后，三家新银行还必须向原来的老银行偿付转接资产的净值。

要提振冰岛羸弱的经济局势，就必须借助国际货币基金组织的贷款。据说，冰岛的银行业、渔业和农业在 2009 年已经破产，大多数公司就更惨了。2009 年、2010 年普通冰岛民众的凄惨境遇在两年前是无法想象的。由于 25%以上的抵押贷款违约，政府又严重依赖外国紧急贷款救助，冰岛的前途暗淡无光。

在这类情形下，国际货币基金组织的贷款支持极为常见。同时，俄罗斯由于战略需要，也愿提供国际援助。由于北极冰盖的融化速度比预期的要快，有人预计被冰雪覆盖的那些海上航线可能会在 2015 年得到疏通，还有一些研究表明，到 2040 年整个夏季冰盖会完全融化。此外，据说世界上 25%的未探明石油、天然气埋藏在北冰洋下，而且，冰层下有大量的矿藏和金刚石。美国、加拿大、俄罗斯、挪威以及其他北极圈国家（包括冰岛）享有这些丰富的潜在资源的所有权。因此，从更长的时期来看，冰岛或许是个大赢家。但在短期内，它对国际资金的依赖在很大程度上已经抵押了它的未来，它苦渡难关的能力仍将接受严峻的检验。

在结束冰岛的案例之前，必须分析冰岛金融崩溃提供的其他教训，这一金融崩溃暴露的外行（即便参照其他各地采用的尺度来判断也很业余）程度令人震惊，下文简要论述。

14.4.4 裙带主义

在概要总结冰岛商业体系中的极端裙带主义时，博伊斯（Boyes）[3] 估计，冰岛全国的金融精英仅由 30 人构成，他还描述了一宗冰岛银行并购案的相关场景。

（1）资质不太靠谱的冰岛银行借入资金，投标竞购成熟的外国银行；

（2）目标银行急于拿到收购定金，声称一定会"利为股东谋"，（但随后）又向本国金融监管局或其他监管主体反映它对冰岛银行的质疑；

（3）目标银行所在国的金融监管局与冰岛监管机构沟通，并由后者提供保障；

（4）冰岛监管机构与冰岛银行家结成亲密联盟。

这种裙带主义的操作模式已经渗透到考普辛银行的业务实践中，这在该行的贷款文件中得到具体反映。2009 年 8 月 4 日的《每日电讯报》[4] 披露了考普辛银行内部泄露的数份文件，这些文件表明，考普辛银行向其一位主要董事和几个大股东的关联公司发放了数十亿欧元的贷款。

14.4.5 考普辛银行泄露的文件

这些泄露的文件让人了解了考普辛银行极不寻常的贷款操作。这些文件显示，考普辛银行总额高达 64 亿欧元（合 54.5 亿英镑）的多笔大额贷款，是贷给仅与六位客户相关的数家公司，其中的四位客户是考普辛银行的大股东。这些大额贷款中的部分贷款只提供了部分抵押品，甚至没有任何抵押品，其中最大的一笔贷款贷给了考普辛银行持股比例超过 20％的最大股东艾克塞斯达（Exista）金融公司。

考普辛银行向许多个人和持股公司提供数百万英镑的贷款，用于购买考普辛银行的股票，从而强力推高该行的股价。这份在互联网上曝光、长达 205 页的泄密文件，据说曾提交 2008 年 9 月 25 日举行的考普辛银行内部会议讨论，它还详细列举了关联公司和凯文·斯坦福（Kevin Standford）、罗伯特·腾圭兹（Robert Tchenguiz）、坎迪兄弟（Candy Brothers）和西蒙·哈拉比（Simon Halabi）等高端人士的贷款情况。

考普辛银行大额贷款的部分借款人是下述人士的关联公司：

（1）雷铎·古德蒙德森（Lydur Gudmundsson），他创立了巴卡沃（Bakkavor）食品帝国，有 20 000 名雇员，大多在英国工作。古德蒙德森是考普辛银行和艾克塞斯达公司的董事，他和他弟弟阿古斯特的几家关联公司获得价值 18.6 亿欧元的贷款。

（2）与艾克塞斯达公司获得 7.912 亿欧元贷款相关的一张便条本身也说明，"大部分贷款是无担保贷款，且无贷款合约"。

（3）罗伯特·腾圭兹，是考普辛银行最大的客户，他是一位经营地产的伦敦企业家，也是艾克塞斯达公司的董事。考普辛银行贷款 17.4 亿欧元支持他的私人投资。

（4）凯文·斯坦福，是零售企业家和英国高端连锁百货公司弗雷泽之屋（House of Fraser）的董事、考普辛银行的第四大股东。考普辛银行为他提供贷款 5.19 亿欧元购买股票，且主要是购买考普辛银行的股票，并用所购股票作为贷款抵押品。

除此之外，考普辛银行第二大股东奥拉弗·奥拉弗森（Olafur Olafsson）的关联公司获得了 6.36 亿欧元的贷款，而且这笔贷款的担保资产之一竟然是考普辛银行 9.71% 的股份。另一个大股东苏库利·托瓦尔森（Skuli Thorvaldsson）从考普辛银行获得贷款 7.9 亿欧元，用于购买考普辛银行 2 200万股的股份和艾克塞斯达金融公司 9 400万股的股份。

没有任何迹象表明上述股东的行为违法，但必须认真反思银行经营的财务稳健性与商业价值问题。显然，该行的信贷分析和银行监控系统一定是形同虚设。

考普辛银行大肆向客户发放巨额贷款，用于购买本行的股票，并用所购股票作为贷款抵押品——这些做法必然会推高该行的股票价格，也意味着该行许多大股东不是用全额自有资金持有该行股份。此外，大笔贷款没有或鲜有抵押品也暴露了考普辛银行风险管理的杂乱无章。泄露文件中关于信贷评级的一节内容显示，考普辛银行数位关键借款人的多笔贷款都打上了"例外类"或"担保情况不详"的标记。详细说明艾克塞斯达公司一笔贷款的一份记录承认，"大部分贷款是无担保贷款，且无贷款合约。"

更有甚者，很多贷款是所谓的"子弹贷款"，也就是借款人平时无须付息、到期一次性还本付息的贷款——这种贷款也经常需要展期。这种做法就为"子弹贷款"赋予了新的含义，因为，"子弹贷款"的本义是指本金到期一次性偿还、利息按年支付的贷款。

根据 8 月 11 日《每日电讯报》[5] 的报道，表 14－2 梳理了考普辛银行股东的贷款额与持股比例情况，它雄辩地论证了该行的运营近乎癫狂。

表 14－2　　　　　　　**考普辛银行股东的贷款额与持股比例**

对关联公司的贷款 或对股东的贷款	贷款额 （百万欧元）	持股比例 （％）
艾克塞斯达公司和罗伯特·腾圭兹 （伦敦企业家及房地产开发商）	3 200	23.00
苏库利·托瓦尔森（冰岛投资家）	790	2.96
奥拉弗·奥拉弗森（冰岛运输业投资家）	636	9.88
凯文·斯坦福（英国零售业企业家）	519	4.30
乔恩·赫尔吉·古德蒙德森（冰岛零售商）	255	3.70
穆罕默德·本·哈立法·阿勒萨尼（卡塔尔酋长）	194	5.01
合计		49.00

14.4.6　真相大白

那么，是什么导致冰岛泡沫的破裂呢？事实上，为什么泡沫终将破裂呢？这里最好还是再次引述金德尔伯格[6]对海曼·明斯基[7]论述的总结。金德尔伯格的阐释更加通俗易懂，但海曼·明斯基的思想更为深邃，"明斯基认为，引爆危机的诸多事件一般肇始于'冲击'，亦即一些外生的、来自外部的宏观经济体系冲击。这种冲击的本质因投机热潮之不同而不同。它可能是一场战争的爆发或结束，一次特大农业丰收或谷物歉收，某一广被采用、影响深远的发明——运河、铁路、汽车，部分政治事件或令人惊讶的财务业绩"——或财务亏损。比如，套利交易的失败。再比如，可资劳莱与哈代或弗兰克·斯宾塞或憨豆先生等滑稽剧大腕进行完美演绎的银行业的超级愚笨与外行。如此类比，是不是还有点抬举冰岛的银行家了？

14.5 案例 14—4 爱尔兰的银行业

14.5.1 引言

爱尔兰共和国是个人口 400 万左右的小国，大部分国民（约 98％）是天主教徒。作为欧盟的成员国，爱尔兰是欧元区的发起国之一，1999 年 1 月它用欧元取代了原来的货币爱尔兰镑。据估计，2005—2007 年爱尔兰的 GDP 大约每年增长 6％。

像其他欧洲国家一样，爱尔兰也经历了 20 世纪 90 年代中期到 2006 年的房地产繁荣期。但在 1980—1990 年期间，爱尔兰的房价实际是下跌的。

爱尔兰的房价上涨始于 1994 年，有三个主要因素推动房价暴涨。第一个因素是人口增加。20 世纪 60 年代末至 20 世纪 70 年代，爱尔兰出现了一场婴儿潮。20 世纪 80 年代末，由于经济停滞导致爱尔兰人对外移民，婴儿潮对总人口的影响逐渐减弱。但自 1994 年起，爱尔兰的经济重新起飞，婴儿潮时期的那代人已经成年，同时爱尔兰移民大批回归祖国。这就导致爱尔兰年轻的成年人口迅速增加，并强力推动了住房需求。第二个因素是实际可支配收入快速上涨，这是实际工资不断上升、就业人数迅速上升、大幅调降所得税的综合结果。的确，1994—2001 年间，就业人数增加了 50％，这主要应归功于已婚妇女加入就业大军。1987—2000 年间，爱尔兰的税后实际支出水平上升了 50％以上。第三个推动房价上涨的因素是按揭贷款利率的下降以及贷款与抵押物价值之比达到 100％的抵押贷款不断增多。爱尔兰先后加入欧洲货币联盟、欧元区后，国内的实际利率（即剔除通胀后的利率）就经常处于净负利率水平。

这三大因素如同烈火烹油，因此 1994—2002 年间，爱尔兰的实际平均房价上涨了 2.3 倍——若考虑总体通膨情况，房价就上涨了 3 倍。2003、2004 年，每年的房价均上涨 13％。2000—2006 年间，房价翻了 3 倍，但在 2007 年出现回调。"凯尔特之虎"正在恣意享受房地产的繁荣①。

爱尔兰首都都柏林的平均房价，从 1994 年的 8 万欧元上涨到 2002 年的 30 万欧元，再到 2005 年的 42 万欧元，都柏林的房价一般比爱尔兰其他地区高出 35％。

14.5.2 银行业背景

爱尔兰的银行家、监管者和政客之间长期保持和谐温馨的关系——他们像亲密好友一样，一起打高尔夫球，一起参加聚会，一起骑马，一起喝酒闲聊。罗斯（Ross）的书[8]对金融危机进行了精彩绝伦的评述，开篇就描述了银行业精英和所谓的监管者，这段描述以入木三分的语句作结："这就是爱尔兰实际的贵族统治方式，正值本地火山在眼前喷发之时，银行家们却在酣畅奢华地盛情款待监管者。"当然，本地的火山就是泡沫四溢的金融危机。

唯恐有人将监管者和被监管者之间的这种亲密关系误解为作者的杜撰，罗斯继续说："耍滑弄巧的银行家并不是在 2008 年突然降临爱尔兰，银行家们款待监管者也不是什么新鲜事。爱尔兰政府曾对银行业进行过多次救助，一些小团伙屡屡掌控着各家银行——这些救助和掌控都损害了纳税人的利益。当今的银行家也不是第一批倡导不择手段地追求暴富之风的鲜廉寡耻者，他们是这种风气的继承者。爱尔兰的银行业史让人不齿……30 多年来，爱尔兰一直饱受银行业丑闻的诅咒……银行欺诈已经成为爱尔兰的地方病。"与此相关的两类例证分别是《存款利息税代缴法案》（Deposit Interest Retention Tax）和开曼群岛的背对背贷款。

---

① "凯尔特之虎"特指 1995—2000 年（一说是 1995—2006 年）的爱尔兰共和国。这一时期，由于外商直接投资猛增、住房价格飙升，爱尔兰经济年均增长 9.4％，此后直到 2007 年的增长率为 5.9％——译者注。

爱尔兰 1986 年执行的《存款利息税代缴法案》规定，银行必须先行代扣它向存款人所付利息的利息税，再将利息税上缴税务机关。非居民可以填写一张表格，声明自己一般不在爱尔兰居住，从而免缴此税。这样一来，填写表格似乎成为爱尔兰的全民爱好，到 20 世纪 90 年代中期，非居民的银行存款占比已达 17%。奥·屠尔（O'Toole）[9] 说，财政部官方文件中的备查资料指出，"约有一半的非居民存款账户应该是伪造的"。财政部估计，1993 年以非居民账户持有的存款总额为 20 亿爱尔兰镑（约合 18 亿英镑）。这些存款财富的真正持有者是那些资产净值极高的爱尔兰男人和妇女，税务机关实际上也不想对这些爱尔兰精英进行严格征缴——这是极易想象的。

上段文字的"怜悯"同样适用于开曼群岛的骗局，这种骗局主要用于向爱尔兰税务机关隐瞒收入和财产，同时向客户提供在计算应缴税款时可以扣减的利息支付。这项交易涉及商人银行吉尼斯·马荷的开曼信托公司（Guinness Mahon's Cayman Trust）和商人银行安斯巴切尔（Ansbacher）的爱尔兰分行。以吉尼斯·马荷银行的都柏林分部为中介，存款人的资金交付这些中转站并做短暂停留后，便汇往开曼群岛，并最终存进开曼群岛。反过来，安斯巴切尔银行在爱尔兰境内向这些初始存款者提供与存款数额相同的贷款，这就是背对背贷款。对安斯巴切尔银行贷款所支付的利息在爱尔兰共和国是可以抵扣应税收入的，同时，又可向爱尔兰税务机关隐瞒来自开曼群岛的存款利息收入。奥·屠尔披露，在开曼群岛的存款中还包括三度担任爱尔兰总理的查尔斯·豪伊的资金。爱尔兰的精英人士一直采用背对背贷款的形式逃税，或者说，爱尔兰税务机关没有全心追查开曼群岛的存款，也就毫不足奇了。奥·屠尔关于银行舞弊欺诈的其他例证请参见他的正文。

爱尔兰两大主要银行是爱尔兰银行集团（Bank of Ireland Group）和爱尔兰联合银行（Allied Irish Banks），切勿将后者与业界新秀——盎格鲁爱尔兰银行（Anglo Irish Bank）弄混了。这两家大银行面临极其轻微的外国银行竞争，但事实是，新入市者的市场地位十分微弱。

2007、2008 年金融危机爆发前，许多小型爱尔兰银行倒闭，上文提到的主要银行之一爱尔兰联合银行则在 1985 年由政府实施救助。按照爱尔兰的标准，这家银行规模太大，所以不能让它倒闭。罗斯的著作饶有趣味地描述了众多相当含混的小型银行集团。

在对爱尔兰的金融危机进行评述之前，有必要明确的是，爱尔兰住房市场繁荣导致抵押贷款业务不断膨胀，但大量房地产贷款不仅提供给自住的房屋业主或买后出租的房东，还向房地产开发商和建材公司发放。尽管如此，免税优惠和欧盟补贴还刺激相当数量的跨国公司在爱尔兰共和国开拓业务。如果认为是爱尔兰完全宰执了房地产市场，那就大错特错了——事实远非如此。

14.5.3　盎格鲁爱尔兰银行

本节可用"西恩·菲兹帕特里克（Sean FitzPatrick）的兴衰沉浮"作为副标题，他现在可是爱尔兰的知名人士了。罗斯指出："他曾是一个小人物，经营着一家小银行，这家小银行后来发展成为一家很大的银行。"菲兹帕特里克出生卑微，在都柏林大学学习商科，后取得注册会计师资格。人们常将他称作南都柏林的查理·豪伊（Charlie Haughey），以区别于北都柏林的查理·豪伊，因为两人具有相似的大学经历和专业背景，尽管后来两人分道扬镳，豪伊还三度出任爱尔兰共和国的总理。"Taoiseach"意即爱尔兰总理，相当于英国首相或其他国家的总统。豪伊生于 1926 年，2006 年去世。

西恩·菲兹帕特里克生于 1948 年，据说他像其他小人物一样，具有阿德勒学派（Adlerian）的特质，过分追逐权势和地位。在一家执业会计师事务所进行时间较短的任职资格见习后，西尼（他成名后的昵称）加入了爱尔兰商业银行（Irish Bank of Commerce），这家银行的规模虽小，但却是证券交易所的上市银行。他担任这家银行的会计，由于该行进行了系列并购，规模不断膨胀，他的职位逐步提升。他出任财务总监后，职业生涯平步青云，1980 年他担任银行的首席执行官。1986 年，在与另一家银行进行合并后，新创建的盎格鲁爱尔兰银行正式成立，仍由西恩·菲兹帕特里克担任首席执行官。此后，盎格鲁爱尔兰银行又继续进行兼并，同时贷款规模狂增，贷款主要投向房地产业，尤其是房地产开发商，2007 年的利润高达 9.98 亿欧元，因此盎格鲁爱尔兰银行似乎取得了超级巨大的成功。菲兹帕特里克立足微薄利润，构筑业务大厦，现在成为该行董事局主席，拥有银行股份，坐享 53.9 万欧元的薪资，在国内媒体久负盛名，并被评为"年度商界人物"，还获得了其他类似荣誉。罗斯对菲氏成长经历的描绘匠心独具，技巧高超，很是让人玩味。

然而，盎格鲁爱尔兰银行的房地产贷款都是以在建房地产为抵押，它的资产负债表是不平衡的，数额巨大的贷款余额主要集中于少量几位特别客户。根据罗斯的说法，一家伦敦投资公司将盎格鲁爱尔兰银行视为房地产业的沉醉者——一家危机四伏的住房互助协会。

2007年是爱尔兰住房市场开始遭受巨大报应，房价下跌了7.3％。但爱尔兰几家大银行的股利仍然处在上升通道中。2008年美国和英国出现了银行倒闭浪潮，2008年3月贝尔斯登宣布破产。此后不久，爱尔兰的形势显然变得云谲波诡了。

一位新角色登场了。他是西恩·奎因（Sean Quinn），爱尔兰最富有的人，白手起家赚了几十亿。1973年，他开始在自家农场里采掘砂砾，众所周知，砂砾是建材的材料之一。由于爱尔兰的房地产开始繁荣，采掘沙砾是一笔相当好的买卖。奎因不断扩张规模，并拓展多元业务领域。奎因集团经营的业务包括水泥、房地产、玻璃、塑料、宾馆、股票经纪、金融服务、保险，当然还包括砂砾采掘业务。但让人瞩目的是，奎因的商业帝国不是股票交易所挂牌上市的公司，而是一家私人持股集团。2007年初，奎因投资了大量盎格鲁爱尔兰银行的股份，但他不像通常的途径那样，购进股份并以自己的名字或被指定人的名义登记在盎格鲁爱尔兰银行的股东名册中，他持有盎格鲁爱尔兰银行股份所采取的方式是差价合约。合约的基本规定是，如果在特定时期内股价上涨，则投资者获益，如果股价下跌，则投资者亏损。

2007年逝去、2008年来临后，由于房地产市场日益疲软，盎格鲁爱尔兰银行的股价迅速下跌。通过差价合约交易，奎因取得了盎格鲁爱尔兰银行25％的股份，也就是该行1/4的股份。奎因将其中60％的股份转换为盎格鲁爱尔兰银行的普通股票，此举让他遭受了10亿欧元的损失。盎格鲁爱尔兰银行的高层获知了这一消息。那么，奎因的下一步会怎么走？如果他卖掉全部剩余的差价合约（它代表了盎格鲁爱尔兰银行10％的股份），那对盎格鲁爱尔兰银行的股价又会产生什么影响呢？

于是，盎格鲁爱尔兰银行设法找到了10位富有的支持者，他们计划以4.51亿欧元收购奎因持有的股份，但从哪儿筹集这笔收购款呢？盎格鲁爱尔兰银行贷给他们 4.51 亿欧元，其中 3/4 的贷款以它们购买的盎格鲁爱尔兰银行的股份为抵押，另 1/4 的贷款则以他们的个人财产为担保。这十名支持者被冠以"金圆圈"的美名。当然，所有的这些操作都是违法的，因为盎格鲁爱尔兰银行向他人提供贷款，用以购买该行的股票，从而人为推高股价。但让人难以置信的是，2008 年 8 月盎格鲁爱尔兰银行在披露中期报表时仍十分看好年度前景，认为该行当年每股收益会大幅上涨，且不存在次级贷款和表外工具的风险敞口。

全球银行业危机的负面新闻频频发布后，银行（无论绩优行还是绩差行）股价均急剧下跌。《金融时报》的"Lex 专栏"对盎格鲁爱尔兰银行及其房地产市场的敞口进行了猛烈抨击。2008 年 9 月雷曼兄弟倒闭后，另一场大萧条即将来临的悲观预期笼罩全球，人们的感受难以言表。但从华尔街人士到普通民众，从伦敦金融城精英到一般人群，从冰岛首都雷克雅未克到意大利的米兰，都能感知临近深渊的绝望情绪：金融业的末日大决战，经济大崩溃，公司大量倒闭，工人大批失业。

西恩·菲兹帕特里克一直渴盼出现金融救世主。他公开建议与羸弱不堪的爱尔兰全国银行（Irish Nationwide）合并，后者的账面贷款约为盎格鲁爱尔兰银行的 15%。西尼与爱尔兰财政部长布赖恩·勒尼汉（Brian Lenihan）举行了会谈。菲兹帕特里克的主张是，通过合并来救助陷入困境的小银行，同时，政府应向爱尔兰全国银行注资以助其渡过困境。他得到的回应是，主意不错，但有待完善，毕竟，合并几乎不是爱尔兰财政部长的首选途径。

2008 年 9 月 29 日，盎格鲁爱尔兰银行的股票市值蒸发了 46%。此时，政府官员们预见的末日景象之一是，盎格鲁爱尔兰银行倒闭，并通过银行间同业贷款拖累爱尔兰银行和爱尔兰联合银行倒闭。爱尔兰银行的贷款账面价值为 1 350 亿欧元，爱尔兰联合银行的贷款账面价值为 1 300 亿欧元，盎格鲁爱尔兰银行的约为 720 亿欧元，EBS 住房互助协会（EBS Building Society）的为 170 亿欧元，爱尔兰全国银行的约为 100 亿欧元。或许是回想起英国北岩银行的挤兑情形，爱尔兰政府的部长们预见到，在爱尔兰各家银行门前，储户排起长队，急切地希望尽快取回存款。为避免这种灾难，爱尔兰政府决定为爱尔兰六家大银行的所有债务——即储户的存款、银行间的拆入款和债务性负债——

提供担保。股票市场对这一决定的反应自然可想而知，第二天，盎格鲁爱尔兰银行的股价上涨了 60%（从每股 2.30 欧元上升至每股 3.84 欧元），爱尔兰银行、爱尔兰联合银行的股价分别上涨了 21%、18%。

紧接着，爱尔兰政府开始紧缩财政预算，并对爱尔兰各大银行进行再注资。此时，灾难已悄然降临。就在 2008 年爱尔兰股市市值跌去 66% 之后，当年的住房价格下跌了 9%，银行股全线崩溃。2008 年，爱尔兰银行的股价从每股 10.19 欧元跌至每股 0.83 欧元，爱尔兰联合银行的股价从每股 15.67 欧元跌至每股 1.73 欧元，盎格鲁爱尔兰银行的股价则从每股 10.94 欧元跌至每股 0.17 欧元。此时，我们那位缩头主角西恩又在哪呢？

局势越来越糟糕。事后方知，西恩·菲兹帕特里克在过去 8 年里从盎格鲁爱尔兰银行陆续获取贷款 1.22 亿欧元，且从未对外公开。盎格鲁爱尔兰银行的年报也未披露这些贷款，它们本应列示在"董事贷款"科目下。每年临近 9 月 30 日（盎格鲁爱尔兰银行的会计年末）时，菲兹帕特里克都会将这些贷款由盎格鲁爱尔兰银行名下转移至爱尔兰全国银行，他把这些贷款在哪儿存放一段时间，然后再调回盎格鲁爱尔兰银行。银行的审计人员能够识破这套把戏吗？

在盎格鲁爱尔兰银行 2008 年的会计年末，人们普遍认为这家银行会遭遇存款挤兑。该行矢口否认，但多笔巨额存款被提取的谣言仍四处流传。这些谣言并非空穴来风，只是盎格鲁爱尔兰银行隐瞒了这场挤兑。盎格鲁爱尔兰银行与爱尔兰人寿银行（Irish Life and Permanent）达成 75 亿欧元的存款协议，具体操作套路是爱尔兰人寿银行以客户身份向盎格鲁爱尔兰银行存入 75 亿欧元，盎格鲁爱尔兰银行将这笔钱以投资存款的方式偿还给爱尔兰人寿银行。这就增大了盎格鲁爱尔兰银行当年的客户存款基数，从而，或许能掩盖存款枯竭的真相。

爱尔兰政府为银行提供担保数天后，西恩·菲兹帕特里克在爱尔兰广播里说，"对我而言，说声'对不起'很容易。但我们面临的问题的成因是全球性的，所以我不想诚恳而又体面地向大家道歉，但我的确要（对爱尔兰的纳税人）说'谢谢你们'"。2010 年 3 月，菲兹帕特里克被逮捕，并就金融渎职的多项指控接受了讯问。

绝无悬念的是，2008 年 12 月 18 日，盎格鲁爱尔兰银行接受了菲兹帕特里克的辞呈。奥·图尔[10]客观尖锐地评述了整个事件，他估计，"至少需要两代爱尔兰人为这些破产精英们的盲目愚蠢行为和贪婪买单。"他接着说，"政府决定为盎格鲁爱尔兰银行的所有债务提供担保，这着实令人振奋。爱尔兰银行和爱尔兰联合银行等银行毫无疑问是爱尔兰实体经济的关键组成部分。盎格鲁爱尔兰银行是一家泡沫银行，它多年来荒诞不经地制造着自鸣得意与自欺欺人。"奥·图尔得出的观点是，"从送呈案头的每日流动性报告中，金融监管当局理当十分清楚正在发生的情况……"

2009 年 1 月，盎格鲁爱尔兰银行被彻底国有化。截至 2009 年 12 月 31 日为止的 15 个月里，这家银行亏损了 127 亿欧元——创下爱尔兰公司史上的最高亏损纪录。

14.5.4 爱尔兰全国银行

爱尔兰银行业和房地产市场的荣枯循环充斥着个性鲜明的众多人物，罗斯、奥·图尔、库珀（Cooper）、墨菲（David Murphy）和德尔文（Martina Devlin）、麦克唐纳德（Frank McDonald）和薛瑞丹（Katy Sheridan）在撰写"凯尔特之虎"的历史沿革时，都描述了这些人的事迹，我们在此扼要描摹爱尔兰全国银行的迈克尔·芬格尔顿（Michael Fingleton）。西恩·菲兹帕特里克在盎格鲁爱尔兰银行的每个会计年末，都要借助爱尔兰全国银行以便从盎格鲁爱尔兰银行的账簿上转移他获取的贷款。

迈克尔·芬格尔顿，也称"芬格斯"（Fingers），毕业于都柏林大学，获得商科学位。他被爱尔兰实业界住房互助协会录用，后升任总经理。1975 年，他取得高等法院出庭律师资格。20 世纪 70 年代初，爱尔兰实业界住房互助协会（1975 年更名为"爱尔兰全国银行"）只有 5 名员工、等值 200 万欧元的资产。2004 年，它的资产已达 85 亿欧元，报表利润为 1.35 亿欧元，2007 年的利润增至 3.91 亿欧元。

芬格斯为自己塑造了名流银行家的形象，他从不错过任何一次与政要会晤的机会，四处打探名人或政要发起的拍照聚会。他把政治家们当成建功立业的有效途径，把媒体当做向大众宣传自己和爱尔兰全国银行的良好平台。住房互助协会向政要、记者和社会名流提供住房抵押贷款，芬格斯还经常为那些联系紧密者提供快速及时的贷款。于是，他成功地步入了权力走廊、媒体核心圈。一时间，芬格尔顿和爱尔兰全国银行家喻户晓，芬格尔顿还能随时接触政要。

爱尔兰全国银行在住房互助协会界的两家竞争对手（于 1994 年、1998 年）先后对外公开募股上市后，每家协会的成员都获得了额外的溢价收益。受此诱惑，投资者在仔细斟酌哪家住房互助协会或将如此行事后，纷纷把目光转向爱尔兰全国银行，大量存款遂潮水般涌入。投资者的谋算是，每存进 1.5 万欧元就获得一份认股资格。坊间传闻则是，为扩大股本基数，该行已吸收了 12.5 万位储户的存款。为排挤众多的趁机谋利者，爱尔兰全国银行引入了两年内最低存款 2 万欧元的门槛规定。

爱尔兰全国银行若要如愿以偿地把自己卖给某家银行，就必须修订现有法律。因为，根据现有法律，住房互助协会只有在放弃互助属性五年之后，才能对外出售。2006 年，爱尔兰通过了《住房互助协会法案》，据此法案，爱尔兰全国银行可对外出售，这让迈克尔·芬格尔顿欣喜若狂。然而，售让事宜很快变得十分棘手。2007 年，全球各地许多金融机构倒闭。在爱尔兰全国银行的众多潜在竞购者中，有多家冰岛的银行，但当它们自身需要冰岛政府救助时，竞购的兴趣便迅疾消失。

芬格尔顿面临着两个紧迫难题。首先，对于何时能够获得公募发行的额外收益，爱尔兰全国银行的投资者日益心烦意乱。其次，贷款向房地产开发商倾斜所形成的失衡型组合策略，似乎正日渐演化为一场灾难。这些地产开发商过去是银行利润不断增长的源泉，现在却蜕变为制造坏账的祸根。

芬格尔顿，昔日媒体骄子，如今众皆怨谤，由此引发了很多问题。怎么能批准住房互助协会——用投资者的存款满足购房者贷款需求的一家互惠型机构——转制为房地产开发商的银行呢？芬格尔顿坐享几百万欧元的薪资，爱尔兰全国银行却面临清盘，这种局面是怎样造成的，又是什么原因造成的呢？许多昔日的猛虎如今被爱尔兰媒体称为"过街的老鼠"（这是比较客气的一种辱骂了）。

从表 14-3 可知，爱尔兰全国银行的账面有 100 多亿欧元的贷款，其中，超过 80 亿欧元的贷款归为损失类或可疑类贷款，它在 2010 年得到爱尔兰政府

100％的注资救助。

表 14-3　　　　　　　　2010 年爱尔兰共和国对银行的救助

银行	贷款总额 (10 亿欧元)	剥离给 NAMA 的 贷款的账面价值 (10 亿欧元)	剥离贷款 的折扣率 (％)	2010 年救助 前的政府 持股比例	2010 年救助 后的政府 持股比例
爱尔兰银行	135.5	15.5	35	15％	40％*
爱尔兰联合银行	129.0	24.1	43	25％	70％*
盎格鲁爱尔兰银行	72.3	28.4	50	100％	100％
爱尔兰全国银行	10.5	8.3	58	0％	100％†
EBS 住房互助协会	17.0	0.8	37	0％	100％†
其他银行	？	约 4.0	？		

⇩

银行向国家资产管理局（NAMA）出售了账面价值为 810 亿欧元的贷款

国家资产管理局则以 513 亿欧元的折扣价向银行提供政府担保贷款

* 2010 年 3 月 31 日《金融时报》的经纪人估计比例。

† 通过特殊股份实施控制。

14.5.5　政府救助

"凯尔特之虎"失去了往昔威风后，爱尔兰政府面临的主要难题是如何消解国内主要银行账面上累积的一批房地产贷款坏账。由于股票市值遭受毁灭性暴跌，爱尔兰各大银行的资本充足率严重不足，故而这些银行需要再次注资。爱尔兰政府实施了两轮救助。一是短期再注资，即向爱尔兰联合银行和爱尔兰银行注入资本，这两家银行都向已破产的地产开发商发放了巨额贷款；二是将盎格鲁爱尔兰银行全盘国有化。2010 年 3 月 30 日宣布实施的第二轮政府救助，则要求相关银行将总额大约 771 亿欧元的账面贷款剥离给爱尔兰的国有坏账资产处置银行（也就是国家资产管理局），而且必须立即移交 85 亿欧元的资产——这部分资产代表的是本金总额为 160 亿欧元的 1 200 笔贷款。总额更大的那部分资产（即 771 亿欧元的贷款）预计将在 2011 年 2 月剥离给国家资产管理局，以换得等值 430 亿欧元的政府担保贷款。表 14－3 从政府对爱尔兰几家大银行的预计控股程度，揭示了政府救助的影响。

在政府宣布实施救助的当日，爱尔兰财政部长布赖恩·勒尼汉在议会上说，爱尔兰的银行在房地产繁荣时期"做出的贷款决策骇人听闻"，但他挑选爱尔兰银行作为银行业仍有望"创造美好未来"的例证。他还说，金融监管机构"完全失职"。因为，要达到规定的监管比率要求，爱尔兰联合银行还需向股东再次增募大约 74 亿欧元的资本金，爱尔兰银行的增募资本额为大约 27 亿欧元。

在结束对爱尔兰的银行案例分析前，有必要指出，2009 年爱尔兰的 GDP 下滑了大约 7.1％，财政赤字占 2009/2010 年财政年度 GDP 的比重约为 11.8％，因此爱尔兰政府开始施行紧缩政策。请牢记，爱尔兰是欧元区成员国，若不退出欧元区，就不能进行单方面的货币贬值。紧缩政策包括减薪、增税以及缩减总额约占 GDP6％的公共支出。这个计划雄心勃勃，但鉴于爱尔兰经济的开放性，这些政策必定能够奏效——但切勿期许过高。希望银行业的闹剧从此成为爱尔兰的历史印记，希望他们谨记中国的那句成语——骑虎难下。

以爱尔兰银行为主题的其他著述值得一读，如墨菲和德尔文[11] 合著的《银行家们》（*Banksters*），麦克唐纳德和薛瑞丹[12] 合著的《建造师》（*The Builders*），以及库珀独自撰写的《谁在挤兑爱尔兰?》（*Who Runs Ireland?*）。读者们还可参阅剪报 14－1。

剪报 14－1　　　　　　　　　　　　　　　　　　　《金融时报》2010 年 6 月 14 日

爱尔兰的金融教训

政府惯于恣意挥霍，且被肆无忌惮的房地产开发商俘获，故为保持税收不断增长，慷慨赐予建筑行业大量优惠政策。众多银行漫无章法，在批发货币市场筹集资金，然后降低贷款标准，对自己垂青的房地产开发商发放贷款。金融监管者温顺有加，作壁上观。概而言之，政府、银行、监管者这三个方面的因素足以说明，爱尔兰金融危机——它是除冰岛外最严重的金融危机——的种子何以在 2003—2008 年播下。

现在，两篇关于爱尔兰本轮惨败的调研报告充实了既有报道，它们各自得出的结论不谋而合，即上述恶性循环意味着，这场危机几乎全为爱尔兰自作自受。早在雷曼兄弟破产之前，爱尔兰银行部门的许多机构——尤其是金融危机的两个主要受害者盎格鲁爱尔兰银行和住房互助协会爱尔兰全国银行——就已濒临清偿力危机的边缘。

由爱尔兰中央银行行长帕特里克·霍诺翰（Patric Honohan）提交的报告，以及由银行业专家克劳斯·雷格林（Klaus Regling）、马克斯·瓦特森（Max Watson）提交的报告，让每位当事人读后很不自在。直言不讳地叙述此类危机，实乃家常便饭。对于凯尔特之虎何以如此摧枯拉朽、与众不同地轰然倒塌，这两篇报告未必披露了我们并不知晓的隐情，但它们提供了客观冷静的分析，并为全面而深刻的反思做了良好铺垫。

为矫治本国经济，爱尔兰人虽极不情愿，但还是全面执行了紧缩政策。与此类似，金融危机的众多阐释提供了值得汲取的重要全球启示。第一，不同国家发生金融危机的方式不同，解决方案也需要量体裁衣。第二，监管当局的温顺放纵是灾祸。爱尔兰的监管机构对所辖每家大型信贷机构执行审慎监管的职员不超过 2 人，从而出现了重过程轻结果的监管格局。第三，需要对金融危机进行全面的阐释。或许，爱尔兰的案例会激励其他国家对本国银行业倒闭进行同样完善充实的解释，这是全体纳税人的最低要求。

第 15 章　大萧条

15.1　引言

本章将简要概括大萧条的一些关键事项，章末通过比较大萧条与2007—2008年肇始的经济危机的异同，提炼了相应结论。

米尔顿（Milton Friedman）和罗斯·弗里德曼（Ross Friedman）[1] 对大萧条的研究，系以如下导言为开篇："始于1929年中期的大萧条对美国来说是一场规模空前的大灾难。1933年经济触底之前，美国的美元收入削减了一半，总产出下降了1/3，失业率达到25％的空前水平。大萧条对世界其他国家也是一场大灾难。它在蔓延过程中，所到之处均产出下降、失业上升、饿殍载道、民不聊生。在德国，大萧条致使希特勒窃取政权，埋下了二战的祸根。在日本，大萧条增强了军国主义的势力，它们妄图建立大东亚共荣圈。"利亚卡特·艾哈迈德（Liaquat Ahamed）[2] 认为，"和平时期的任何一次经济扰动在深度和广度上均不能与此次危机相提并论。"

人们普遍认为，大萧条开始于1929年10月24日的"黑色星期四"，当日纽约股市下跌9％。随后，10月28日"黑色星期一"，股指狂泻13％；次日，"黑色星期二"，股指再次跌去12％。经过数轮上下震荡后，1933年的股指仅相当于 1929 年的 1/6。股市崩盘令人触目惊心，但这是大萧条开始的标志吗？显然，答案之一是你如何定义开始。因为，米尔顿和罗斯·弗里德曼[3]指出，"经济活动在股市崩盘 2 个月前的 1929 年 8 月达到顶峰，随后便明显下挫。"工业产出的持续下降比华尔街股灾领先数月，金融市场的骤然暴跌刺破不可持续的投机泡沫，股市崩溃的直接后果就是凯恩斯所言的"动物精神"广泛消失[4]。它给投资者、商人和消费者的心理带来了不确定性，他们缩减开支，以规避风险。这就抑制了人们的投资意愿和消费意愿，导致人们为应对不时之需而储存现金资源。

图 15-1 来源于弗里德曼和施瓦茨（Anna Schwartz）[5]的著作，它提供了一系列有趣的数据。一战结束后不久，美国出现了许多衰退迹象，这些迹象一直持续到 1921 年。那时，实际收入、货币供给和工业产出都在下降。随着 20 世纪 20 年代的来临与向前推移，情况发生了改变。截至 1929 年，美国的实际收入、货币供给和工业产出都在平稳上升。"喧嚣的 20 世纪 20 年代（Roaring Twenties）"的确一片繁荣。然而，人们发现，进入 20 世纪 30 年代后，局势开始恶化，但这是后话。首先还是让我们考察"喧嚣的 20 世纪 20 年代"，即大萧条之前的那段岁月。

15.2　喧嚣的 20 世纪 20 年代

"喧嚣的 20 世纪 20 年代"在北美、英国、法国和德国表现得尤为明显，这个词涵盖了十年间社会、艺术和文化的变化。一提到"20 世纪 20 年代"，许多词就会蹦入脑海，如"爵士时代"、"小野禽"、禁酒令和地下酒吧、装饰艺术和"华尔街崩溃"等。这个时代也因新式消费品、强劲的工业增长、旺盛的消费需求、人们志向抱负和生活方式的改变而出名。

一战结束后，士兵们揣着战时津贴返回祖国，并用津贴购买了许多新式商品。最初，与战时产出水平相比，各国的产出水平出现过短暂而严重的下降，此即著名的"一战后衰退"。但是，由于回国复员的士兵们重新加入劳动力大军，大量工厂重新转产消费品，北美的经济迅疾复苏。民主党总统伍德罗·威

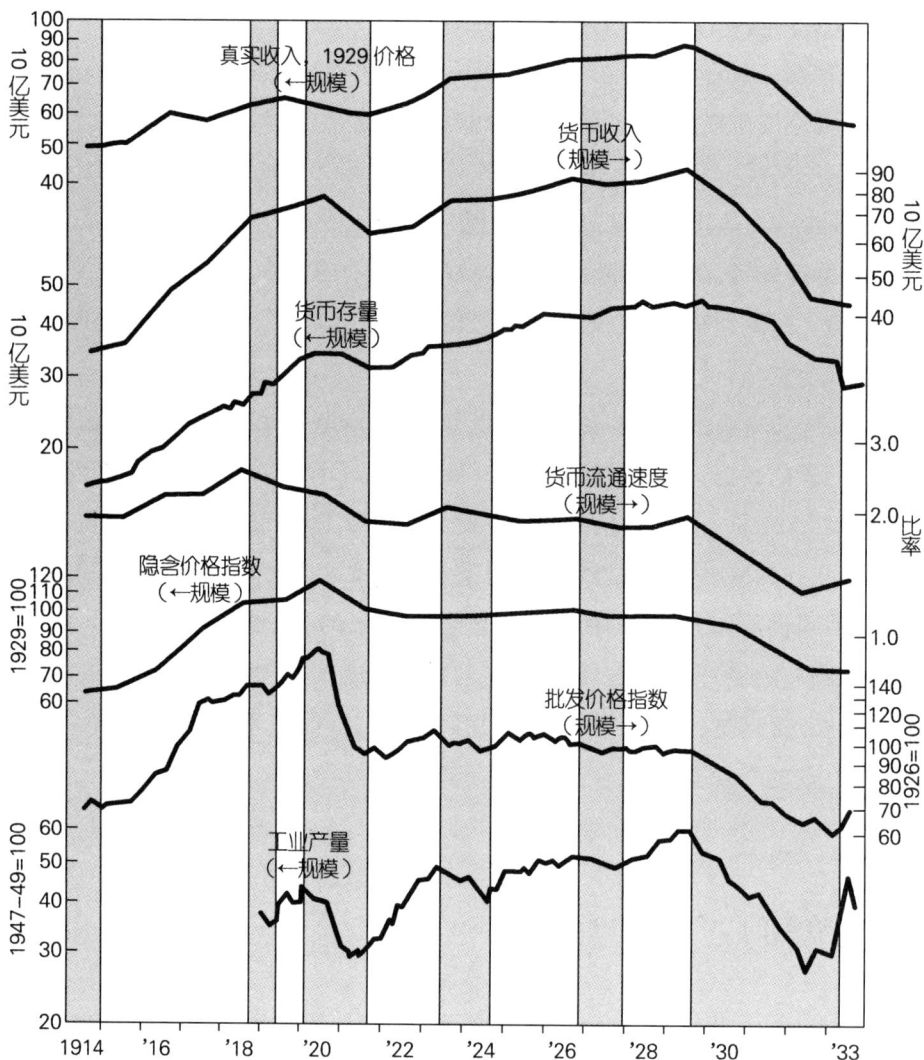

图 15-1　1914—1933 年经济扩缩周期中的货币存量、货币收入价格和货币流通速度

注：图中阴影部分代表经济衰退时期，非阴影部分代表经济扩张时期。

资料来源：米尔顿·弗里德曼和安娜·雅各布森·施瓦茨合著的《大紧缩（1929—1933）》，普林斯顿大学出版社，1963 年版。

尔逊（Woodrow Wilson）带领美国取得了一战的胜利，并连任至 1921 年，他的继任者连续三届都是共和党政府，他们都谋求与美国商界保持密切关系。1921 年沃伦·G. 哈定（Warren G. Harding）接任时，美国经济衰退，失业率高达 20%，通胀率高居不下。哈定主张缩减国家债务规模、削减税收、保护农场利益，并减少移民数量，但他还未及看到这些改革带来的全部效果，便于1923 年在办公室溘然长逝。然而，正是哈定政府时期的政策转变造就了 20 世纪 20 年代的持续繁荣。

一战前，美国的最高边际税率是 7％。1916 年为筹措军费，边际税率提高至 77％。1925 年，最高边际税率调降至 25％。哈定政府和柯立芝（Calvin Coolidge）政府的主要决断之一是降低富人的所得税，柯立芝总统实施了大幅度的减税措施。他们的共同经济政策目标是在 20 世纪 20 年代绝大多数年份实现可持续增长。

这两任政府推行的经济政策引领美国经济摆脱严重衰退，步入可持续的复苏阶段。美联储通过相对压低利率水平、执行较低的准备金资产要求来扩张信贷。1923—1929 年间，美国的货币供给量实际增加大约 60％。于是，美国经济进入大发展、大繁荣时期。

技术进步通过批量生产导致的价格下降，让中产阶层有能力购买众多新产品。汽车、收音机、电影以及化工行业产品的销售量在 20 世纪 20 年代迅猛增长。其中，汽车产业尤为重要。一战前，汽车是奢侈品，而在 20 世纪 20 年代，批量制造的汽车成为北美的普通商品。1927 年，福特（Ford）公司累计销售 T 型汽车 1 500 万量，此后决定停产这款汽车。汽车产业的影响极为广泛，它带动了高速公路、汽车旅馆、加油站、二手车交易和新住房等行业的发展，新住房市场则将城镇的范围扩展到新的区域。

收音机的销量可与汽车销量相媲美，电台广告成为大众营销的主要方式，也对大众文化的发展产生了重大影响。虽然电影早在 1895 年就已诞生，但好莱坞电影蓬勃发展，进而形成一种彻底颠覆传统歌舞演出的全新娱乐形式，却是在 20 世纪 20 年代。电影票价低廉、容易接受，因而电影院前总是排起购票长队，1927 年更是迎来了有声电影。

新技术推动着新基础设施的快速膨胀，公路建设对汽车产业的发展至关重要。泥泞的道路改造为公路，也建造了多条高速公路。美国民众手持闲钱、甘愿消费，从图 15－1 可知，1921—1929 年间，美国的实际收入增加了大约 55％。所有这些因素都刺激了日用消费品的销售。电气化设施在战争期间发展滞缓，但在战后的欧美发展迅猛，许多产业逐渐采用电力取代煤动力，新电厂如雨后春笋般兴建，电力生产开始腾飞。美国许多地区迅速铺设了纵横贯穿美国，而且埋进家庭下水管道和现代污水处理系统的电话线。中央政府和地方政府承担了这些基础设施项目的绝大部分建设费用，所有这些建设都加速了城市化进程。同时，美国逐步偿还了战争债务，并削减了税收。

　　1925 年起，国民不断富裕呈现出新的表现方式，这就是"佛罗里达地产热潮 (Florida land boom)"。加尔布雷斯[6]告诉我们，"20 世纪 20 年代中期，在迈阿密、迈阿密海滩、珊瑚阁市 (Coral Gables)、最北远至棕榈滩镇的东海岸以及其他海湾城市，都深受佛罗里达房地产热潮的影响。佛罗里达热潮包含所有传统投机泡沫的因素……佛罗里达冬季的气候比纽约、芝加哥、明尼阿波利斯好，收入水平的提高和交通条件的改善致使大量游客蜂拥而至……1925 年全年，对意外横财的追逐使得奔赴佛罗里达州的人数持续增长。每周用于分割出售的土地不断增加，原来的海滨现在泛指与最近的海岸相距 5 英里、10 英里、15 英里的地区，郊区与市区之间的距离远得令人诧异……但到 1926 年春，对于推动房价不断上涨至关重要的新买家数量开始下降。"难道是那些购房者逐渐意识到距离海岸几英里远的地方不是严格意义上的海滨了吗？加尔布雷斯继续说："农场主们以可观的价格卖掉土地，后来土地以 2 倍、3 倍甚至 4 倍于它们的售让价而转手卖出时，他们也曾后悔不已；但现在，由于后来的一连串违约事件，他们有时仍能以原价买回他们的土地……佛罗里达州地产投机狂潮第一次昭示了 20 世纪 20 年代的情绪，也张扬了'上帝希望美国中产阶级富裕起来'的信念。佛罗里达地产泡沫崩溃后，这种情绪仍在蔓延就更加值得警惕了。"加尔布雷斯提醒我们，佛罗里达的土地都是购买人仅仅缴付 10％ 的定金进行赊欠交易的，他进而指出，"这种交易其实是一种临时契约交易。交易的对象不是土地本身，而是以标明的价格购买土地的权利。这种支付 10％ 的购价款即可获得的购买权利可以再次售让，投机者据此可以获得土地价值上升的全部收益。一块地的价值上升后，投机者可再次卖出土地购置契约，拿回它支付的 10％ 的购价款，外加土地价格上涨后的全部款项"。然而，土地价格只要仅仅下降 10％，土地购买者就会丧失其全部投入。1926 年，佛罗里达州的土地价格不再疯涨——于是泡沫逐渐缩小。

20世纪20年代的美国有一个现象确实很怪异：一个崇尚自由的国家居然禁止一切酒类的制造、贩卖和进出口。为缓解各种社会问题，《美国宪法第18次修正案》通过了禁酒条例，并自1920年起执行，这就是"禁酒令"。颁行禁酒令得到了教会和戒酒团体的支持，但事实证明，人们在禁酒时期难以自拔的饮酒欲望成为有组织的犯罪团伙获取利润的不竭源泉，阿尔·卡彭（Al Capone）、拉克·卢西阿诺（Lucky Luciano）等黑帮老大的名字如雷贯耳。在施行禁酒令时期，许多著名的美国家族都因非法经营地下酒店而迅速发迹。这些地下酒店基本是非法经营的酒吧，通常都与有组织的犯罪团伙和酒类走私者关系密切。尽管美国特工经常突击搜查这些酒吧，逮捕很多违禁的普通民众和走私者，但很少抓到幕后操控者。经营地下酒吧利润丰厚，因此，小酒吧在美国各地十分繁盛。地下酒吧通过提供各种食品、现场乐队和综艺表演，实行差异化市场营销。酒吧经营者经常贿赂警察，以便他们能照常经营，或提前获悉警方突击检查的消息。禁酒令直到1933年才解除，它是喧嚣的20世纪20年代如此激动人心的又一佐证。

　　狭隘无聊的禁酒令逼迫许多伟大的作家，特别是那些嗜酒如命的作家，选择自我流放。欧内斯特·海明威（Ernest Hemingway）和斯科特·菲茨杰拉德（Scott Fitzgerald）都长期移居欧洲。说来悲切，斯科特·菲茨杰拉德44岁便英年早逝，但他在鼎盛时期创作的《了不起的盖茨比》[7]和《夜色温柔》[8]使他成为美国最伟大的小说家之一。如果你没读过这两部小说，花点时间读读吧。你在欣赏小说的谋篇布局和作者的独特风格时，还能品赏喧嚣的20世纪20年代的浓郁气息。

　　在结束这个喧嚣的十年前，必须交代一下"保证金交易"，我们在叙述佛罗里达州地产泡沫时对它略有涉及。在繁荣时期，相当一批美国人对股市的关注度不断提高。于是，股票经纪人推出了融资交易技巧，客户缴纳10％的保证金就能购买全额股票。这对那些市场感觉极好的普通民众极具吸引力，因为美国大约15％的公民是股票投资者。而且，1926—1929年间，美国股市攀升了近400％，显然是宽松的信贷条件推动了股市飙升。同时，投资上市公司的投资信托公司也颇受投资者的欢迎。投资信托公司发现了保证金交易的杠杆作用，并大举使用。如果投资者有10％的保证金，而投资信托公司的资产有

70％系向银行融资购得，30％系向股东募资购得，那么一旦市场逆转，后果就不堪设想，一如1929年实际发生的情形。如果投资信托公司价值1 000美元的资产组合价格下跌30％，那么公司就必须卖掉全部资产组合，将剩下的700美元还给银行。这样，投资信托公司300美元的股本就完全亏光了。如果这家投资信托公司的投资者以100美元购买了某种股票，其中10％为现付（即初始保证金比例为10％），90％为后继支付——哦，这可真要命。在股价下跌30％时，它将持有一文不名的股票，但还倒欠信托公司90元（因为他只付了10％的保证金）。你也许会说，如果投资者是在两年前按25美元而不是100美元的价格购入股票，问题就不会如此严重了。但即便这样，投资者仍将持有毫无价值的股票，而且还是赊欠信托公司22.5美元。所以，问题依然存在。而且，大多数投资者实际上都是最近才买进股票的。顺便说一下，如果你觉得投资信托公司的资产组合价格不大可能迅速下跌33％，那就再认真想想吧。因为，在本章第一页我们提到过，华尔街股灾时股指的单日跌幅分别达9％、13％、12％，而且，这些下跌均发生在1929年10月不到一周的时间里。

更糟糕的是，投资信托公司经常互相进行股权投资。故而，在保证金交易如此盛行的情形下，这无异于建造了一座倒置的债务金字塔，这种金字塔一推即倒。普通民众都发现了负债投资的神奇功效，他们熟悉债务和杠杆的运作方式，并将历史教训抛在脑后。随着一声巨响，喧嚣的20世纪20年代远逝。难道，这是一种崩溃的声响吗？

15.3　华尔街股灾

在正式讲述华尔街股灾之前，首先插入对20世纪20年代美国总统的简要回顾。股灾发生于卡尔文·柯立芝总统任期之后不久——实际发生在赫伯特·胡佛（Herbert Hoover）的任期内。共和党人柯立芝在他的前任共和党总统沃伦·哈定死后接任总统之位。由于社会秩序井然，经济繁荣昌盛，他轻而易举地赢得了1924年的竞选。1924年2月12日柯立芝发表就职演说，这是美国历史上第一次由电台直播的总统就职演说。从图 15－1 可知，柯立芝执政的时期是美国大繁荣的时期。有些人认为，他主政时期创造了经济的和社会的巨大成功——但有些人会说这太夸张了。他的任期是从 1923 年（尽管就职仪式举行于 1924 年）到 1929 年 3 月 4 日。柯立芝在 20 世纪 20 年代的绝大多数年份宰执美国，许多美国人将这一时期视为一生中最美好的时光。他当选后不久，便因主张小政府的保守主义而声名鹊起。正如柯立芝的传记作者之一克劳德·福尤斯（Claude Fuess）[9] 所言，"他承载着中产阶层的精神和希望，他能理解他们的憧憬，并代表他们表达主张。他是普通民众精神特质的集中代表，这一事实最为雄辩地证实了他强大的执政能力。"费雷尔（Robert Ferrell）[10]、格林伯格（David Greenberg）[11]、麦考伊（Donald McCoy）[12] 等人后来都抨击了柯立芝的自由放任作风，他的名誉直到罗纳德·里根（Reagan）政府时期才得以恢复——见索贝尔（Robert Sobel）[13] 和格林伯格[14]，但对他在任期内的评价仍存有争议。支持者肯定他施行的各个政府规划，反对者则认为，他领导的政府未能调节和控制经济运行，也请参阅格林伯格[15]。

柯立芝的继任者是赫伯特·胡佛。在 1928 年的总统选举中，他轻松地获得了共和党的提名。当时，全国经济一片繁盛，他以压倒性优势赢得大选。

1929 年华尔街股灾来袭时，胡佛履新不到 6 个月，他力图借助发放农业补贴和大兴公共工程等项目来力挽颓局。事实上，他在四年总统任期中兴建的公共工程数量比此前 30 年的总和还要多。为满足预算需要而大幅提高税收，既得罪了全体选民，又没有解决经济难题。哎呀，讲得太快了，就此打住，让我们书归正传，阐述 1929 年的华尔街崩溃/股灾。

1926—1928 年，美国股市大涨，市场指数上升了近 400％。前面已经提到，银行和股票经纪人提供的宽松信贷条件助长了抢购热潮——就像它催发了佛罗里达房地产热潮一样。但到 1929 年 10 月，市场恢复了理智。

1929 年 10 月 24 日，"黑色星期四"，市场开始重挫，事实上，市场暴跌持续了 5 个交易日。"黑色星期四"那天显现了势头不妙的第一个征兆。当时，股票交易所每个交易日的交易量通常为 400 万股，但"黑色星期四"那天却创下了换手 1 290 万股的新纪录。股市行情跟踪系统（The systems for tracking the market prices）的更新速度远远跟不上交易量的增长速度，由此导致了恐慌性抛售。电传打字机纸带上显示的股市行情一度滞后市场 90 分钟。当天收盘时，股市下降 33 点，跌幅为大约 9%。

第二次大的市场调整发生在 1929 年 10 月 28 日，当日被称为"黑色星期一"。"黑色星期四"之后，周五的股市略有上涨。这就导致了周末的安全意识，因为投资者认为市场会反弹。然而，黑色星期一的市况再次迅速恶化，高企的交易量再次严重阻滞了股市行情传送。"黑色星期一"的交易量接近 925 万股。市场信心很快崩溃。当日收盘时，市场再次下挫 13%。

1929 年 10 月 29 日，"黑色星期二"，很多人认为，当日给了喧嚣的 20 世纪 20 年代致命的最后一击，并由此成为大萧条的开端。这一天，1 640 万股的股票换手再次刷新纪录，电传打字机纸带上显示的股市行情较市场行情滞后近 3 小时。股指将反弹的希望破灭后，恐慌抛盘蜂拥而至，股指再挫 12%。

次月，市场持续下跌，股指直到 1932 年 7 月才触底，此时，道·琼斯指数从 1929 年 381 点的高点跌至 41 点，几乎跌去了 90%。此后，道·琼斯指数历经 22 年才恢复了 1929 年的高点。

为什么泡沫破灭之后，股价下跌如此迅疾呢？一般而言，在泡沫发酵过程中，股票价格稳步上升。但泡沫一旦破灭，股票价格就会开启与上升过程相对称的下跌过程。然而，下跌过程中的收益损失强度与下跌幅度并不对称。投资者在股价上行时大量借入资金购买股票，就会发生这种情形。因为，股票价格下跌后，投资者要么必须追加保证金，要么面临抵押股票的价值不足以偿还银行贷款的窘境。无论出现何种情况，借款人都会成为被动型卖家。培普尔（Gordon Pepper）和奥利弗（Michael Oliver）[16] 总结了这一过程中的阶段性变化，并按各自的严重程度依次排列如下：

（1）借款人被迫出售资产。

（2）有人开始破产。

（3）破产的窘境让其他人紧缩开支。

（4）银行遭受坏账损失。

（5）银行在发放新贷款时更加谨慎。现有贷款的坏账就够它们烦的了，它们绝不希望新的贷款又在制造新的坏账。信贷员唯恐失去饭碗，在发放新贷款时谨小慎微。

（6）新的贷款需求和供给都在减少。

（7）坏账大量增多后，银行没有资金发放新贷款。

（8）坏账如果继续上升，银行必须催收现有贷款，否则它们便无足够的资金来维持现有业务。

（9）贷款坏账吞蚀了银行全部资本，银行倒闭。

（10）银行倒闭后，储户的存款蒙受损失。

这个过程既阐释了市场下跌的危害性，也一定程度上说明为何泡沫破灭会导致经济活动迅速衰退。

15.4　大萧条来袭

大萧条是一场自1929年延续至二战爆发，历时十年、极其严重的全球经济衰退。实际上，它在各国家爆发的时间并不一致。在大多数国家，它爆发于1929年左右，持续到20世纪30年代末甚至40年代初。它也是迄今为止20世纪持续时间最长、影响最大、波及范围最广的全球经济衰退。

大萧条给每个国家，无论富国还是穷国，都带来了毁灭性的打击，各国的所得税收入、利润、价格下降，国际贸易锐减了60%。美国的失业率升至25%，部分国家的失业率甚至高达33%。全球各大城市遭受沉重打击，那些严重依赖重工业的城市尤甚。很多国家的房屋建造停止。农作物价格因需求剧降而下跌了60%，同时在农业地区其他工作资源又极为有限，因此，农场主受害至深。那些依赖农场、采掘和伐木等初级部门产业的地区一片荒芜。对许多国家而言，大萧条的负面影响一直持续到二战爆发。

一些人将美国股市自1929年10月24日"黑色星期四"直至10月29日"黑色星期二"的突然崩盘，认定为大萧条的起始时间。其他人则认为，喧嚣的20世纪20年代中的若干过度征兆早已埋下了大萧条的伏笔。我们把自己归为后一类人。

大萧条爆发后，经济一直备受打击。到1930年5月，汽车销量已经降到比1928年还低的水平。从图15-1可知，坏消息一直在袭扰20世纪30年代的美国经济：货币收入持续下降，实际收入持续下降，工业产出持续下降，货币流通速度持续下降，商品价格持续下降。

如果你欠债 100 元，且有通货膨胀，那么你的债务的实际价值下降。如果你欠债 100 元但出现了通货紧缩——物价负增长，你的债务的实际价值上升。此时，借有债务的居民户必定会丧失信心——他们的"动物精神"委靡不振。如果消费者丧失信心、工业产出明显下降（见图 15-1），那对企业家的"动物精神"有何种影响呢？他们的"动物精神"肯定也会委顿。然而，不幸的是，胡佛政府似乎也是如此。因此，商品价格、农产品价格下跌与失业率上升之间出现了紧缩式螺旋，1932 年美国的失业率逼近 25%。

美国经济下滑是拖累其他国家经济下滑的关键因素。为提振本国经济，各国纷纷推行贸易保护主义政策和报复性关税，这些举措反倒加重了全球贸易的困境。全球贸易量开始稳步下降，直到 1933 年 3 月触底。那么，怎样辨析华尔街股灾的因和果呢？

华尔街股灾之后，很多银行发生倒闭。同样请牢记，投资者购买价格为 100 元的股票是今天支付 10 元，以后再支付 90 元。股票价格下跌后，银行和经纪人要求投资者追缴 90% 的保证金。为此，投资者只得抛售股票，抛售股票又进一步加剧了市场低迷。银行在不停地核销坏账，并停止放贷，现金枯竭，工资拖欠，民众失业。此时，如果中央银行能及时增加货币供给，那么一些最坏的局面就能得到缓和。但中央银行没有这么做。事实上，从图 15-1 可知，20 世纪 30 年代美国的货币存量实际上是在缩减，这也是屡被提及的大萧条的成因之一。当然，大萧条还有其他成因，这里不妨逐一探讨。大致说来，是有两大主因。

首先，除凯恩斯主义经济学提供的需求驱动理论解释外，还有人认为，国际贸易崩溃、消费不足和此前的过度投资导致了早期的泡沫。范围广泛的信心丧失导致消费及投资支出减少，总需求下降，加之货币政策与财政政策都无助益，需求长期处于较低水平。在此基础上，再加上恐慌情绪和通货紧缩，我们就得到一幅经济严重崩溃，且因政府毫无作为而每况愈下的图景。

其次，货币主义者认为，大萧条最初只是普通的经济衰退，但货币当局尤其是美国中央银行的错误政策导致货币供应量缩减，货币供应量缩减加剧了经济形势恶化，致使经济衰退恶化为巨大的经济萧条。除此之外，债务－通缩的螺旋加重了债务人的实际债务负担，并使问题更加严重。

进一步来看，约翰·梅纳德·凯恩斯[17]在《就业、利息和货币通论》指出，经济体系中总支出下降，必然导致收入和就业的大幅下降。在这种情形下，经济运行实现了低经济活动、高失业率的均衡。凯恩斯提出的解决方法很简单，即经济衰退时，政府应实行赤字财政政策，以促进充分就业，并借此弥补私人部门投资和消费支出的不足，驱动产出回升至正常水平。凯恩斯呼吁各国政府扩大政府支出以及/或者削减税收，以应对衰退。

大萧条期间，为促进经济复苏，民主党总统富兰克林·D. 罗斯福（Franklin D. Roosevelt）（任期自 1932 年至 1945 年）推行了大兴公共工程、增加农业补贴和其他措施，但他从未完全放弃平衡财政收支的努力。这一举措改善了经济运行，但在二战爆发前，罗斯福政府的开支规模均不足以使美国摆脱经济衰退。

许多人认为，1930 年后国际贸易量的锐减加重了各国的经济衰退，特别是那些严重依赖对外贸易的国家的经济衰退。大多数经济学家将此部分归咎于美国的《斯穆特－霍利关税法案》（Smoot-Hawley Tariff Act），1930 年通过的这一美国法案建立了保护主义的关税体制。德国和英国等其他国家采取的报复性措施不仅降低了国际贸易额，还将美国的萧条输送到全世界。对外贸易是美国总体经济活动的微小部分，也仅集中于农业等少数领域，但它是影响众多其他国家的重大因素。1921—1925 年，美国应税进口品的平均关税为 26％，《斯穆特－霍利关税法案》通过后，1931—1935 年的平均关税跃升至 50％。美国的出口额从 1929 年的 50 余亿美元降至 1933 年的 17 亿美元，出口品价格也下降了。事实上，出口量下降了一半，损失最惨重的是农产品——小麦、棉花、烟叶和木材。农产品出口的骤降造成许多美国农民无法偿还贷款，导致许多村镇银行的存款挤兑，这是大萧条初期数年的特征之一。约翰·斯坦贝克（John Steinbeck）的小说《愤怒的葡萄》[18]就描绘了大萧条时期农民的悲苦困境，那是一部了不起的小说。

债务－通缩是大萧条的又一重大不利因素。欧文·费雪（Irving Fisher）认为，过度负债和通货紧缩是大萧条的主要特征之一。在费雪[19]看来，宽松的信贷和过度负债是资产泡沫和投机时期的两大特征。为阐述繁荣走向衰退之间的内在机理，他总结了在债务和通缩条件下交互作用的九大因素：

(1) 债务清偿和廉价售卖；

(2) 偿还银行贷款导致货币供给紧缩；

(3) 资产价格水平下降；

(4) 更大幅度的企业资产净值下降，进而加剧企业破产；

(5) 公司的利润下降；

(6) 产出、贸易量和就业下降；

(7) 悲观情绪弥漫和信心缺失；

(8) 货币窖藏行为；

(9) 通货紧缩导致名义利率下降、实际利率上升。

请回忆一下大萧条之前购买股票的保证金要求，初始保证金比例仅为10％，投资者每存入1美元保证金，证券经纪商就贷给投资者9美元。一旦市场下跌，经纪商必须催收这些贷款，但这些贷款通常无法归还。由于债务人违约，储户又争先恐后地提取存款，银行开始破产。这就会触发更多的银行挤兑。为防止此类恐慌，政府提供存款担保以及美联储加强银行业监管要么无效，要么效果不大。华尔街股灾爆发后到1933年前10个月期间，美国有744家银行倒闭，整个30年代总共有9 000家美国银行倒闭。由于坏账不断增多，未来前景惨淡，劫后余生的银行惜贷、慎贷、保守有加。银行增加储备、削减贷款，又进一步加大了通缩压力。这就形成了一个恶性循环，加剧了下跌式螺旋。

奇怪的是，债务清偿的速度赶不上它所引起的价格的下跌速度。人们蜂拥清偿债务的总体效应反而导致价格降低，个人为减轻债务负担所做的努力客观上却增加了他人的负担，这个过程致使危机恶化。大萧条的债务－通缩效应的确十分显著。

货币主义者认为，大萧条主要导源于货币紧缩，而货币紧缩又是由美联储的决策失误和银行系统中的持续危机引起的。这种观点认为，1929—1933年间美联储放任货币供应量缩减1╱3，从而将一次正常的经济衰退加剧为大萧条。弗里德曼和施瓦茨[20]认为，如果美联储采取在逻辑上合乎理性的举措，那么，华尔街股灾之前的经济下行趋势，原本仅仅只是另一次经济衰退。美联储当时没有采取足够充分有效的行动，原因在于，根据部分黄金准备制的放贷法律规定，它可以提供的信贷额度是有限的，这就十分自然地将我们的论题转向金本位制。鉴于金本位制现在很少提及，有必要对它做些基本介绍。

15.5　金本位制

恰好在一战以前采用的国际货币体系被称为金本位制。当时，各国的国际债务清算主要使用两类主要资产——黄金和英镑。所以，使用"黄金/英镑本位"这个词或许更为贴切。

当时的主要国家大多采用金本位制。在金本位制下，一国的货币单位均有规定的含金量（以盎司为单位）；各国还可动用国库中的黄金兑换相关国家的货币和硬币。

一英镑的含金量为 113.0015 格令，一美元的含金量为 23.22 格令。因此，英镑的含金量是美元的含金量的 113.0015/23.22 倍，也就是 4.8665 倍。这样，按照铸币平价，一英镑就价值 4.8665 美元，这一数量的美元被称为英镑的"金平价"。

如果一国中央银行收兑货币时必须给付黄金，则可认定该国为金本位制国家。1914 年前，英国实行金本位，任何人都可到英格兰银行将银行券兑换黄金。1914 年，英国暂停实行金本位制，但在 1925 年恢复实行改造后的金本位制即"金块本位制"。在金块本位制下，私人持有的银行券不能兑换为黄金，英格兰银行买进和卖出金条的最低额度为 400 盎司。其他国家要么采取这种金块本位制，要么选择金汇兑本位制。在金汇兑本位制下，一国中央银行用本国货币兑换某一金本位国家的货币，而不是兑换黄金本身。1931 年，英国完全废除了金本位制。

金本位是传统国际贸易均衡经济理论的基石。金本位国家的货币可按固定比率自由兑换为黄金，所有国际债务都用黄金进行清算。国际收支顺差导致黄金流入顺差国的中央银行，中央银行可据此扩大国内货币供给，无须担心没有足够黄金偿付债务。货币供应量增加会推高价格，降低出口竞争力，从而导致出口品的需求下降，最终使国际收支顺差减少。如果一国出现国际收支逆差，则后续情形刚好相反：黄金流出必然导致货币供给相对紧缩，从而提高出口竞争力，最终自动消除逆差。

一战对国际货币体系造成了严重影响。由于出现了战时国际收支逆差，且不愿用黄金弥补国际收支差额，英国被迫放弃金本位制。或许正是从那时起，各国对英镑作为国际储备资产的信心发生了动摇。

其他许多国家也暂时放弃了金本位，但它们的影响均不及英国显著，这是因为，英镑是90％的国际贸易结算货币。英国政府在认识到英镑和英国金融机构在国际金融中的重要性后，转而希望尽快恢复金本位制。但由于1920年、1921年美国发生经济衰退，加之疾起快落的战后通货膨胀的冲击，英国推迟了这一恢复进程。美国经济开始复苏时，英国也实现了一定程度的复苏。德国在经历了灾难性的恶性通货膨胀，即德国马克兑美元的汇率从1921年5月60∶1贬值为1923年末的4.2万亿∶1后，通过实行币值稳定化计划，也于1924年恢复金本位。有趣的是，1923年10月，德国的恶性通货膨胀率高达每月29 500％，也就是物价每天上涨20.9％，倘以复利计算，那就相当于物价每3.7天就翻一番。德国在魏玛共和国时期经历的恶性通货膨胀，可参阅亚当·弗格森（Adam Fergusson）[21]的评述。

主要国家在20世纪20年代中期恢复实行的金本位制与一战前即已存在的金本位制存在重大区别。最主要的区别是，一战前只有黄金和英镑两种国际储备资产，一战后则有很多种储备资产。美国和法国在国际金融中的地位不断提高，很多国际融资普遍使用美元和法郎。

另一个重大区别是，一战前所具备的成本和价格灵活性现已不复存在，对于依据一战前的金平价恢复金本位制的英国而言，这一区别尤为重要，因为，国际社会人为高估了英镑。而要长期维持一战前英镑的金平价，唯一的办法是降低英国的相对成本和价格。但由于这种成本和价格灵活性的缺失，英镑的信用急剧下降，最终导致英国于1931年废除金本位制。大多数其他国家效法英国，废除了金本位制。

1922年，美国施行进口限额，1930年再度施行。那些严重依赖出口的国家发现，它们的收入急剧减少、失业率上升、消费下降，但它们既不能通过出口，也不能动用储备，来满足必需的进口资金需求。

世界经济体系困境重重，但雪上加霜的是，以相对较小的黄金保有量为支撑、像倒金字塔一样勉强维持平衡的国际货币体系摇摇欲坠。因此，全球经济结构脆弱不堪。没有大量持有黄金的国家面临巨大诸多压力，进而可能加剧金汇兑本位国家的困境。而且，金本位制国家面临黄金储备流向另一国的巨大压力，这一压力极易触发金融危机。许多经济学家坚信，那时的黄金供应量根本不足以支撑当时的国际金融结构。

不同国家汇率的成本结构是不一致的。英国恢复英镑原先的金平价毫无疑问地是个重大失误。20 世纪 20 年代，法国法郎的人为贬值幅度过大，于是，国际汇率体系出现了根本失衡，但现行体系又难以消除这些根本性失衡。在经济深度衰退而英镑严重高估的情形下，废除金本位制，允许英镑汇率自由浮动，便是英国的应对策略之一。

15.6　富兰克林·D. 罗斯福

本章前文简要介绍了 20 世纪 20 年代的几任美国总统。胡佛总统卸任后，由于美国经济深陷大萧条，共和党执掌的白宫改由民主党入主。

1932 年，罗斯福赢得了四届任期中的首任总统竞选。他伴随美国度过了二战的大部分岁月，却在二战结束前夕因脑溢血倒在了办公室。

在他的第一届任期（1933—1936）里，罗斯福推行了"新政（New Deal)"。这是一系列旨在摆脱大萧条的经济举措，主要集中于"3R"，即救济（Relief)、复兴（Recovery)、改革（Reform)。具体而言就是，救济失业和贫困人口，将经济恢复到正常水平，改革金融体系以防大萧条重演。

罗斯福上任后的举措之一，是实施美元对黄金贬值，将每盎司的黄金价格从 20.67 美元提高至 35 美元，35 美元的黄金官价延续了 35 年。《紧急银行法》还授权他管制外汇交易；他还要求所有美国公民除少数硬币外，向银行交出所有金币、黄金券。

1933 年后，经济有所恢复，但速度缓慢，而且，1937—1938 年又出现了一次经济衰退。实际 GDP 直到 1937 年才恢复到大萧条前的水平，直到 1942 年才恢复到危机前的上升趋势。在此前历次经济衰退最糟糕的时期，失业率很少达到 10%。但在大萧条期间，失业率在 1933 年一度超过 25%，自此直到 1939 年的 6 年间，一直高于 15%。1941 年 12 月美国参加二战后，美国的失业率才开始下降。

15.7 简要总结

在扼要回顾大萧条的过程中，我们自然而然提出的最有趣的问题之一是，大萧条何以如此明显地与 2007—2008 年的金融危机高度相似。至少就截至 1929 年 10 月的酝酿阶段而言，两者是高度相似的。但危机过后的情况又大不一样，故而，我们试图通过表 15-1 来探寻两者之间的相同点，并将这一相同点与图 1-1 进行对比。

表 15-1　　**喧嚣的 20 世纪 20 年代及随后之大萧条的主要特征**

截至 1929 年 10 月

- 信贷供给扩张
- 危险债务产品（信托投资产品和保证金交易）出现
- 实际收入提高
- 货币存量增加
- 工业产出增加
- 股市猛涨且出现泡沫
- 系统冲击——工业产出逆转

1929 年 10 月起

- 股市崩溃
- 银行倒闭
- 货币供应收缩，1931—1933 年的收缩力度更大
- 通货紧缩
- 贸易保护主义
- 大范围的失业

我们发现，在两次危机的酝酿阶段，某些重大经济变量存在惊人的相似之处。例如，在两次危机爆发前，都出现了信贷扩张、经济强劲增长、实际收入

提高和某类资产暴涨——大萧条爆发前是股市暴涨，而在本轮金融危机中则是房地产价格疯涨。在两次危机中，经济体系都遭遇了巨大冲击：1929 年是工业产出增长趋势迅速逆转，进而导致投资者抛售股票、退出股市；2007 年则是房价上涨逆转导致投资者狂减信用违约互换的头寸。两次危机爆发前，都出现了危险性债务产品的迅猛发展：1929 年是杠杆化的投资信托产品和条件十分优渥的保证金交易；2007 年则是由金融机构承销的有毒债务以及个人债务猛增。

但危机之后的情况又有些不同。大萧条爆发后的情形是大量银行倒闭、货币供应紧缩、通货紧缩、贸易保护主义和大量失业。而在 2007—2008 年金融危机爆发后，各国政府似乎充分吸取了 20 世纪 30 年代的众多教训：银行得到政府救助；为避免信贷紧缩，中央银行向经济体系注入大量货币；各国多策并举，竭力避免通货紧缩、贸易保护主义和过高的失业率。

有趣的是，在描述 1907 年的恐慌时，布鲁纳（Robert Bruner）和卡尔（Sean Carr）[22]发现，那次危机与上述两次危机之间存在许多共同点，即：

（1）金融体系内部极其复杂的交互关联性，导致人们很难发现正在发生的实际情况。交互关联性还使危机从一个市场蔓延至另一个市场。

（2）市场崩溃前经济出现强劲增长。

（3）金融系统负债过度。

（4）达官显要们没有采取必要措施纠偏救弊。事实上，它们的一些昏招反倒让事情变得更糟。但我们觉得，这一点适用于 1907 年和 1929 年的危机，但不适用于 2007—2008 年的金融危机——除非各国政府向市场注入大量货币时，通胀居高不下，且各国政府未能快速回收货币。

（5）意外的经济冲击致使人们对未来的预期突然逆转。

（6）民众情绪由乐观向悲观的转变，以及与之伴生的信心丧失，造成了下行式螺旋。同样地，在新近的 2007—2008 年经济倒退中，各国政府迅疾的政策响应有效阻遏了事态的继续恶化。

（7）集体行动失灵，亦即各项政策均无法应对经济挑战。同样地，在新近的 2007—2008 年经济危机中，各国政府及时推出的举措成功地避免了最坏的情形。

在结束本章之前，有必要再次回顾一下米尔顿·弗里德曼和罗斯·弗里德曼的观察[23]，"为抵消货币紧缩，美联储应该超常规地主动增加货币供给，但与此相反，整个 1930 年，美联储一直都在默许货币供给量缓慢下降。较之 1930 年末到 1933 年初大约 1／3 的货币供给量降幅，大萧条爆发直至 1930 年 10 月货币供给量的下降幅度尚属温和——仅为 2.6％……但相对于此前仅有少数例外的所有经济衰退期间或经济衰退之前出现的货币量降幅而言，这一降幅仍然较大。1930 年股市崩溃和货币量缓慢下降的综合后果就是极其严重的经济衰退。尽管经济衰退最终于 1930 年底、1931 年初结束，就像倘无货币供应量锐减它早该终结一样，但它仍是有记录以来最严重的衰退之一"。

我们祈望，弗里德曼和施瓦兹[24]的著作（上述引文的来源著作）已经教导我们必须铭记教训：在经济衰退时不要削减货币量，否则经济衰退将演变为经济萧条。提醒一下，经济衰退通常是指持续两个季度的经济负增长（实际 GDP 下降），萧条则是泛指持续较长时期的经济低迷和奇高的失业率。

可能有读者想了解如何判定大萧条，我们认为它是指持续多年的经济衰退。如果存在经济学意义上的"大萧条"定义，那就只能怪我们查阅不周。但有趣的是，的确存在比 20 世纪 30 年代更为糟糕的时代，剪报 15－1 引领我们追溯。

剪报 15－1 　　　　　　　　　　　　　　　　　《金融时报》2009 年 12 月 23 日

经济衰退？至少不是在中世纪

布莱恩·沃德－珀金斯（Bryan Ward-Perkins）

在即将迎来不可预测而又令人忧虑的新年时，我们至少可以庆幸自己不是生活在 1 600 年前，即公元 410 年。这一年罗马被攻陷，罗马帝国放弃了对英国的统治。尽管这标志着"英国历史"的辉煌开端，但由于盎格鲁撒克逊开始无情地征服低地英国，它也标志着一场衰退的肇始，这场衰退让新近所有的危机黯然失色。

有关公元 5 世纪英国的经济信息极为有限，而且全部来自考古发现。然而，这些信息揭示的含义高度一致而且极其凄凉。在罗马帝国统治时期，英国因使用金、银、铜三种币材的成熟铸币而获益匪浅——这种币值稳定、币材充裕的交换媒介，有效滋养了英国的经济活动。在 5 世纪的头 10 年，位于欧洲大陆的帝国造币厂不再向英国输送新铸币，英国境内有人试图铸造本土货币，但很快就放弃了。公元 420 年以来的大约 300 年间，英国经济一直在没有铸币的背景下运行。

核心制造业也以类似的方式衰落。武士贵族阶层用来炫耀财富和地位的高级金属制品的生产略有延续，但纯实用产品的制造却出现了意外变化，而且所有变化都是越来越糟。罗马墓地中挖掘的许多铆钉靴和棺材钉子表明，罗马帝国时期的英国拥有大量的简单铁制品。5 世纪初，这些铁制品像铸币一样消失了，同时消失的还有生产了大量美观、实用的轮制陶器行业。从 5 世纪初开始的大约 250 年间，陶工的轮具——最基本的工具，能大批量制作光滑的薄壁器皿——也从英国完全消失了。仅存的陶器由手工捏制，在露天以"砖垛"状（用以形容火堆里的一摞陶器的妙词）烧制，而不是像罗马时代那样在窑内烧制。

我们无法确知所有这些变化对农村人口的影响，因为从公元 5 世纪到 8 世纪，农村人拥有的商品量很少，在考古记载中很难寻得蛛丝马迹，但是，我们的确知道它们对城市人口的影响。罗马时代的英国城镇密集，既包括伦敦和赛伦塞斯特（Cirencester）之类的大型定居点（它们还承担行政管理功能），也包括依傍陆路和水路发展起来的小型商业中心。但截至公元 450 年，所有这些城镇都已消失，或濒临消失。坎特伯雷是唯一有底气宣称从罗马时代至今一直有人聚居的英国城市，但它在 5 世纪至 7 世纪之间由大量棚户区所呈现的暂时景观，远较它们实际内蕴的城市特征更加让人印象深刻。此后，直到公元 8 世纪，随着伦敦和撒克逊—南安普顿等贸易城镇的（重新）兴盛，英国才重新恢复城市生活。

5 世纪初伊始的两三百年里，英国经济倒退到了公元 43 年罗马入侵之前以来从未有过的低迷水平。5 世纪英国经济崩溃最惊人的特征，是其突然性和大规模。如果英国脱离罗马帝国后，经济水平倒退到类似前罗马铁器时代，我们或许就不会感到意外了。但在罗马入侵前，英格兰南部在经济上比 5 世纪、6 世纪的英国更发达：它拥有本地的银铸币，产生了生产轮制器皿且销路广泛的制陶业，甚至出现了可以视为城镇雏形的定居点。所有这一切在 5 世纪和 6 世纪均不复存在，直到 8 世纪，英国经济才真正缓慢恢复到了罗马皇帝克劳迪亚斯一世（Emperor Claudius）入侵前的水平。我们无法确切地判定英国经济的复杂程度最终是在何年恢复到了罗马占据时代的鼎盛水平，但很可能是迟至大约公元 1000 或 1100 年。倘若如此，则后罗马时期的经济衰退就持续了六七百年。

这个凄惨的故事多少让我们有些慰藉——在一定程度上，我们自己的难题黯然失色、无足轻重。但幸灾乐祸从来就不是值得称道的情绪，而且在这个案例中绝对应予摒除。我们应该停下来，静心思考罗马统治时期英国经济骤然崩溃的原因。几乎可以肯定的是，危机爆发时机之突然、灾难规模之庞大，是由罗马统治时代经济的复杂性和专业分工程度引起的。罗马占据时期的英国人逐渐习惯于向专业制造商——通常在数英里之外——购买陶器、铁钉和其他基本商品，这些制造商反过来又依赖广阔的市场来维持他们的专业生产。当 5 世纪的社会变得不安定时，这间令人惊叹的"纸牌屋"寂然倒塌，结果，人们无法买到自己想要的商品，也缺乏本地生产所需的技术和基础设施。几个世纪之后，英国人才重新建立了与罗马统治时期相当的专业分工和交易网络。

经济结构越复杂，经济运行就越脆弱，经济崩溃造成的灾难就越深重。我们的经济复杂性当然和罗马时代的英国不是一个等级的。我们使用的陶器和金属制品的产地很可能是在地球的另一端，而不是几英里之外。我们的主要交易媒介是电子货币，有时还是虚无缥缈的乌有。但如果我们的经济真的崩溃，那它产生的后果就会让 5 世纪的英国经济崩溃看起来更像一次轻松惬意的野餐会。

第 16 章　危机的政府响应

16.1　引言

本章着力考察各国政府对后金融危机时期各种难题的反应。信贷紧缩即雷曼兄弟破产后银行间借贷的立即冻结，将全球金融体系带到了崩溃的边缘。美联储、英格兰银行和欧洲中央银行立即对此做出迅速而强烈的响应，这些响应旨在通过救助实现下述目标：

(1) 结束恐慌；

(2) 缓释银行间借贷市场的紧张状况，以恢复正常的资金流量；

(3) 阻遏经济活动崩溃；

(4) 确保各家银行资本充足；

(5) 奠定可持续复苏的基础；

(6) 实施货币政策刺激，以提供足够的流动性，并防止通货紧缩；

(7) 通过财政政策刺激，以维持需求水平，防止或减轻衰退的影响。

实现以上目标需要大规模的政府干预，简而言之，就是要注入货币来解决此问题，并在问题解决后及时回收货币。在本书撰写之际（2010 年 6 月），第一阶段的任务即注入货币已经完成，第二阶段的任务即回收货币即将开始。后文将依次考察美国、英国和欧元区的政府干预；我们的初衷是，不再复述在第12、13、14 章中专门叙述的各个银行救助。

16.2 美国的响应

美国制订了一系列方案来支持银行体系，最先付诸实施的方案是问题资产救助计划。问题资产救助计划准许美国财政部购买总量达 7 000 亿美元的问题资产，或为其进行投保，这些问题资产被称为有毒资产，包括信用违约互换、住房抵押贷款和商业地产贷款，以及美联储认为确系促进金融市场稳定之必须购买的任何证券、债务和其他金融工具。问题资产救助计划要求，纳入计划的资产必须发行于 2008 年 3 月 14 日或当日之前。这就意味着，美国财政部可从银行或其他金融机构手中购买难以估值的非流动性资产。

问题资产救助计划不允许银行使用出售资产所得资金来弥补问题资产导致的损失。美国政府官员预计，这些资产一旦恢复交易，它们的价格将趋于稳定，并最终上升。问题资产必将获得未来收益这一理念所依据的假设是：这些资产被超卖了，而不是出现了大范围的潜在违约。问题资产救助计划实行循环购买便利的运行机制。财政部在计划实施之初，设定了 2 500 亿美元的支出限额，并规定，如有必要并征得总统和国会的同意，这一限额可以提高。这一计划要求，向美国财政部出售资产的金融机构，必须同时向财政部发行认股权证或优先级债务证券。问题资产救助计划的重要目标之一是推动各家银行将同业拆放、企业贷款和消费者贷款恢复到危机之前的水平。

财政部长亨利·保尔森提出的初始计划是，政府购买银行持有的问题资产，然后在金融市场复苏后转售给私人投资者或私营公司。保尔森会见英国首相戈登·布朗后，这个初始计划搁浅。为使英国摆脱信贷紧缩，布朗采取了一种不同的策略。英国政府通过购买普通股和优先股的形式向银行注入资金，以清理它们的资产负债表。这个计划似乎比问题资产救助计划更有吸引力，因为如果美国财政部按当前市价购买问题资产，银行可能拒绝出售，否则银行必然要锁定损失。此间的关键在于，即使按照盯市计值的会计准则，商业银行仍可按账面价值在资产负债表上保留部分资产，即便这些资产无法按照账面价值出售。而出售资产必然迫使银行在财务报表上确认损失。

美国政府最终选择以资金换优先股的方式，向多家银行注资，还将因应时势的需要向花旗集团、美国银行和其他商业银行提供后续担保。在救助的接受者方面，许多美国金融机构实施了配股募资，现有股东借此为深陷困境的银行再次抱注了资金。

美国政府对美国国际集团、房地美和房利美的救助，在第 12 章中已有详细说明，该章还叙述了贝尔斯登和雷曼兄弟的破产经过。

在放松了盯市计值会计规则的执行尺度后，各家银行继续持有有毒资产。2009 年春，美国对商业银行进行压力测试（测试结果于 2009 年 5 月公布）后，事态有所改善。这一被官方称为"监管资本评估项目（Supervisory Capital Assessment Program)"、在 19 家主要银行进行的项目，旨在测试银行能否承受严重的经济衰退，测度它们在最坏情形下所需的资本数量，并促使它们筹集资本。但它最重要的成就在于，它或多或少地恢复了公众对金融体系的信心。当然，此举或许另有深意。由于美国政府已经掌握了各大银行的财务情况，各大银行又必须按照项目要求筹措资本，因此，美国政府估计可能没必要实施进一步的救助。

雷曼兄弟、贝尔斯登、美林证券、华盛顿互惠银行、美联银行等许多银行，以及大量的非银行抵押贷款机构退出市场后，市场竞争降低了。幸存的银行由此获得更大的市场份额，赚得更高的费用和利润。此外，美联储不断地向经济体系注入廉价资金。所有这些都意味着幸存金融机构的收益更高、成本更低——更不要说滚滚而来的奖金了。

在利率较低时，银行可以用很低的成本吸收储户的存款，可以低成本地进行同业拆放，可以低成本地向美联储的贴现窗口借入资金，可以凭较低的利率销售债券，可以凭资产担保证券从美联储换取资金，也可以将它们的抵押贷款出售给房地美和房利美——再由它们出售给美联储。

银行可以随时获得如此充裕的资金，因此它们不会面临资金枯竭。由于短期利率降至长期利率水平之下，银行经营的基本规则——短借长贷——现已成为必定成功的秘籍。银行可以利用当前的业务利润重新补充资本，同时偿还政府提供的紧急融资。

压力测试结果及紧急救助清晰地表明，美国政府不会让任何一家大型银行倒闭，政府还会对这些银行的后续管理和业务结构进行救助。它们可以恢复往常的业务。如果事态趋于严峻，华盛顿将提供坚强的后盾支撑。从雷曼兄弟破产后开始弥漫的恐慌，最终转化为政府不会让其他大银行倒闭的坚定信念。这就增大了道德风险。一旦经济触底回升，银行就能更加轻而易举地大赚其钱了。美国政府不仅注入货币来解决问题，而且——有些人认为——还向华尔街签发了一张空白支票，但索要的回报甚微：执掌各大银行的还是原来那批人；各家银行还在大肆派发奖金。华盛顿—华尔街的旋转门依然运转，大部分的银行都收到了一张"免死金牌"。

美国政府救助银行体系的总成本有不同估计，大致在 1.5 万亿～2 万亿美元之间。这远远低于事前的估计，救助成本下降似应归功于金融市场的改善。救助美国金融体系的成本虽然高昂，但任其崩溃的代价必定更加高昂。

16.3　英国的响应

如前所述，英国政府采取向问题金融机构购买有毒资产之外的其他方式充实银行资本，这一举措促使美国政府启用类似的计划来代替问题资产救助计划。但是，就像大西洋彼岸的邻居一样，英国特别重视本章第一页提出的那些目标。在金融市场恐慌不已、银行间拆放停滞的信贷紧缩环境下，当务之急显然是恢复信心。

2008 年 9 月雷曼兄弟的倒闭让众多银行和金融市场陷于瘫痪。银行家们不知道其他银行在多大程度上，它们潜在的债务人中又有谁，会因持有有毒资产及与之相关的衍生产品，而蒙受巨大损失。市场困顿不仅仅只是流动性的问题，而是市场信心荡然无存。没有人知道哪些银行——即便是大银行——最终会因潜在的且尚未发觉的各种损失超过了股权资本而资不抵债。

2008 年秋，全球银行在满足巴塞尔协议 II 所规定的一级资本充足率要求时，面临着双重困境：银行股份的市值严重缩水，而银行资产的潜在风险正在急剧加大。为此，它们要么从表内剥离风险资产，要么去筹集更多的股权资本——或二者兼施。截至 2008 年 10 月 10 日星期五，在一周时间内，道琼斯指数下跌了 20％。这种幅度的暴跌让人不禁想起 1929 年 10 月的华尔街股灾。

一些监管机构要求银行增加权益资本。与此同时，银行自身也通过配售新股要求股东携手增强银行的股本实力。英国的四大银行即巴克莱银行、汇丰银行、劳埃德集团和苏格兰皇家银行均采取了增资配股方式。

在某些情况下，政府本身也会投资购买配股发行失败的银行的股份。英国政府在劳埃德集团救助式收购苏格兰哈利法克斯银行之后，最终拥有劳埃德集团 43％ 的股份，以及苏格兰皇家银行 84％ 的股份。英国政府公开声明，它会在适当时候将所持股份出售给公众。但若政府卖出所持股本的所得低于购买股本的投资额，纳税人最终必须承担相应损失——尽管这类投资的确前景诱人、获利丰厚，毕竟英国政府是在较低价位买进银行股份的。即便在政府大举斥资购买银行新股本之际，此举是否足以解决问题的质疑之声仍持续了数月。这部分导因于有毒资产的最终损失具有持续的不确定性，部分起因于监管机构面临必须进一步提高银行资本充足率要求的强大压力。

更为重大的另一难题是，银行自身也急于降低它们资产负债表中高企的杠杆率。它们希望借助新增的股权资本——无论是股东增资配股还是政府投资入股——来降低债务水平，而不是向零售和批发客户提供更多贷款，从而扩大资产规模。与仅仅几个月前相比，潜在借款人目前财务状况的风险要大得多，信誉度也在下降。但就在此时，英国政府一直敦促商业银行放贷，而在新的严峻条件下，客户提出的各种要求通常显得极不合理。

在本轮危机中，除采取一些财政刺激措施外，各国政府还通过大幅降息和公开市场操作，实行了强力的货币政策刺激。后者的官方名称为"量化宽松"政策，但媒体更倾向于称之为大肆印刷钞票。

在英国，英格兰银行将利率从 2008 年 10 月的 5％ 下调至 2009 年 3 月的 0.5％——仅仅六个月间就下调了 4.5 个百分点。在美国，美联储（开始降息的时间更早）在更长的时段里——2007 年夏末到 2008 年底——将利率下降了 5 个百分点。欧元区的 16 个国家不能直接采用这一解决方案，但位于法兰克福的欧洲中央银行，相当谨慎地将利率下调了 3 个百分点。当年早些时候，欧洲中央银行于 2008 年 7 月反倒将利率上调 0.25 个百分点至 4.25%。见图16－1。

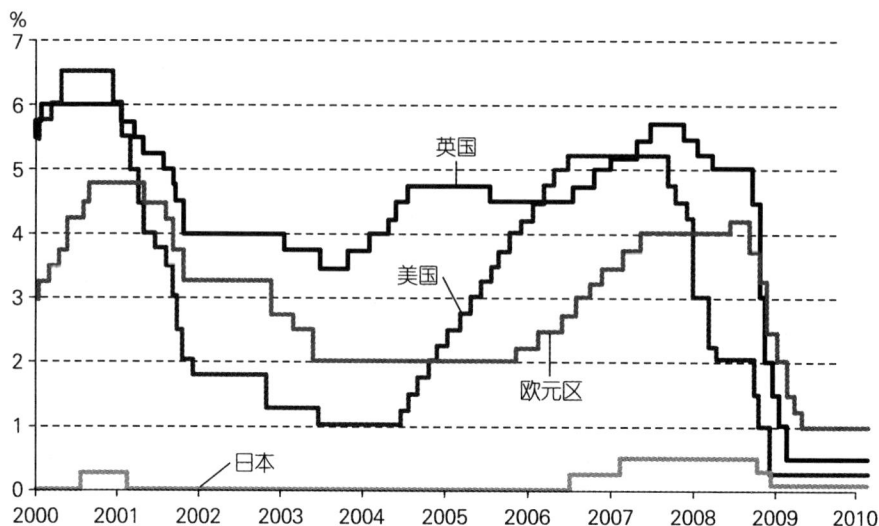

图 16－1　2000—2010 年各经济体的官方利率

像其他政府举措一样，利率对经济发挥作用必须经过一段时间——这段时间为 12～18 个月。如果出现通货紧缩——这是人们普遍担心的事情，即使名义利率为 0.5% 甚至是 0，实际利率还会很高。一个显而易见的难题是，一旦名义利率降至 0，当局就无法为启动经济而进一步降低利率。尽管如此，从历史上看，一些国家就是因利率为负而闻名于世。

量化宽松政策要求中央银行拿出资金购买银行或金融机构持有的政府债券或其他债券。旨在增加银行的放贷能力——尽管银行的放贷意愿仍不确定。在美国，这种刺激涉及的数额为 8 000 亿美元（超过 GDP 的 5%）；在英国，其数额为 2 000 亿英镑（约占 GDP 的 13%）。当时，美国的 GDP 约为 14 万亿美元，英国的 GDP 约为 1.5 万亿英镑。

实施量化宽松政策还兼有抵消通货紧缩威胁的意图。因此，通货紧缩在加重实际债务负担（以及企业支付的工资负担）的同时，还会由于价格水平将持续下跌的预期，导致人们推迟当期消费。同样地，量化宽松政策必须经过一段时间才能对经济发挥发挥作用。这一政策即便在实施一年多后，也很难判定它对消费者支出产生了多大的影响——但它的确推高了资产价格和股票价格。当然，要评价政府举措所取得的效果，必须注意分辨的问题是：倘无这些举措，又会如何？

隐忧之一是，当货币流通速度回升时，有关当局是否愿意而且能够在恰当的时机逆转这一进程。金融危机爆发后，货币流通速度确实下降了。如果忽略了这一点，量化宽松政策必将推高通货膨胀——而且，推高的幅度不小。纵观历史，通货膨胀一直是各国政府削减过多债务负担的诱人方式之一。一些犬儒主义者间或包括现实主义者提醒我们，除了实现经济繁荣外，还有其他颇受欢迎也广被使用的逃避政府债务的方式——也就是，先制造通货膨胀，然后实行本币贬值（这通常适用于政府债务的面值货币是债务国货币的情形），以及/或者进行债务违约。

认为政治领导人在处心积虑地制造通货膨胀的想法是否过于愤世嫉俗？他们是否痴迷量化宽松政策而刻意延续这一政策呢？足不出户的老爷们鲜有洞悉实务者，他们倘能纠偏救弊，自然善莫大焉。

英国政府实施了增值税削减政策，自 2008 年 12 月到 2009 年底的 13 个月里，将增值税率由 17% 降至 15%。此举将减税 20 亿英镑（不及 GDP 的 1%），但广被视为浪费。原因在于，即使零售商向消费者让渡减税的福利，如此小的零售价格降幅与零售商提供的巨大折扣相比，真是小巫见大巫——在季节性库存高企时，零售商们很难将库存商品卖给那些力图规避风险、信心丧失殆尽的消费者，提高售价折扣实属无奈。此外，对于零售商而言，要在圣诞季的旺销阶段，在几乎一夜之间调整数以百计的商品价格（然后在一年后的新年大甩卖的旺销阶段恢复原价），还真是费力不讨好的烦心事。另一方面，这一旨在改善零售消费者现金流的微小资助至少将贯穿 2009 年全年。这是一种实质意义不大的告示。

16.4 欧元区的响应

首先介绍一些背景。1999 年 1 月 1 日，11 个欧盟成员国开始导入欧洲统一货币即欧元，此后新的成员不断加盟这一阵营。欧元区的最初成员国为奥地利、比利时、芬兰、法国、德国、爱尔兰、意大利、卢森堡、荷兰、葡萄牙和西班牙。两年后，希腊加入欧元区，新近加盟的会员国有斯洛文尼亚、塞浦路斯、马耳他和斯洛伐克，截至2010年6月欧元区共有16个会员国。

最早加入欧元区的11个会员国逐步废除它们本国的货币，并于2002年1月1日用欧元取而代之。当日，欧元纸币和硬币正式流通，各成员国原来的纸币和硬币限期退出流通。欧元区成员国执行欧洲中央银行制定的统一利率，当然，还采用统一的汇率。欧洲中央银行负责所有欧元区国家的货币政策——但不负责制定财政政策。

现在需要讲点经济学常识：这就是购买力平价理论，它非常简单。简单来说，这个理论认为，汇率通常会抵消通货膨胀的变化。举例来说，假设不存在货物运输成本。如果美元/英镑的汇率是1英镑兑换1.7美元，并且一件英国饰品的价格是10英镑，那么按照汇率，一件美国生产的饰品价格应为17美元。如果最初的价格如此，且英国和美国的年通货膨胀率分别为8%、4%，那么一件饰品在英国、美国的售价（假设它们的变动幅度与通货膨胀一致）各为10.8英镑、17.68美元。因此，考虑了相对通货膨胀率变动后的汇率变化将确保英国的持续竞争力，这时的汇率必定为1英镑＝1.6370美元。

购买力平价理论存在许多不足。首先，单个商品或服务的价格变动很少能与总体的通货膨胀水平恰好一致，无论通货膨胀是用零售价格、批发价格还是其他价格进行度量。其次，此时最相关的物价指数应以出口品价格为基础。

再次重申，购买力平价表明，汇率变动可以补足两国通货膨胀率的差异。因此，如果A国的通货膨胀比贸易伙伴高，那么前者的汇率就会走弱，以补足这一相对差异。如果A国汇率下跌，而且下跌的幅度恰好等于两国通胀率之差，那么实际有效汇率将保持不变。因此，购买力平价表明，实际有效汇率将永远保持不变。

但正如经济学中经常发生的情形一样，我们碰到了一个问题：采用经济统计数据进行检验的结果是，在长期内，购买力平价相当有效，但在短期内，它存在很大的偏差，这个偏差幅度太大了，故而采用购买力平价作为汇率变动的短期指标是完全失效的。尽管如此，用它预测长期汇率变动却得到了各种证据的强力支撑。如上所述，购买力平价认为汇率变动可补足两国之间的通胀率差异。

此间含义对于欧元区来说再简单不过了。由于欧元区成员国拥有共同货币，因此，欧元使用国的通货膨胀率应该相同。如果它们的通货膨胀率不同，那很可能是因为，与高通胀率的欧元区成员国相比，低通胀率的欧元区成员国的成本更低，且出口更多。如果通货膨胀率的差异相对较小，这个问题可能也不太严重——但若通胀率的些微差异演化为巨大差别，由此引发的经济问题也更严重。

共同货币发起后，按照确保各成员国竞争力的原则，欧洲中央银行确定了各成员国货币与欧元之间的转换比率。用专业术语来讲，这个汇率就是均衡利率。尽管经济学家对均衡汇率的认定存在微妙差别，但通常认为能实现经常账户收支差额为零（在技术上不可能恰好如此，但大致不应相差太远）的汇率就是均衡汇率。这也意味着商品和服务的进出口额是相等的（同样地，是大致相等）。顺便说一下，这个理论以及部分国家的具体实际还存在其他问题。例如，挪威的石油和天然气出口量极其巨大，购买力平价理论完全不适用于该国，像这样的国家还有很多。

无论如何，要想在欧元区维系均衡汇率，不同成员国的通货膨胀率应当相同——或大致相同。但实际上，一国不同地区的通货膨胀率也难免不一致。英国东南部、东北部的通货膨胀率很可能不同，纽约的通货膨胀率可能有别于美国中西部的通胀率，这是因为各地的实际生活成本和工资率存有较大差异。因此，我们只能祈望实际通货膨胀率之间的差异不致太大。

反观欧元区通货膨胀的实际情况，问题的严重性一目了然。2000—2008年间劳动力成本的上升幅度，德国为7%，爱尔兰为34%，西班牙、葡萄牙、意大利为30%，希腊与荷兰为28%，法国为20%。同一时期，德国的贸易顺差为12 610亿欧元，西班牙的贸易逆差为5 980亿欧元，希腊也积累了2 730亿欧元的贸易赤字。

如果掌握了欧元区特定成员国自欧元计划开始实施直至2009年底的实际有效汇率的变动趋势，上述图景就会让人大为放心。记住，实际有效汇率等于实际汇率乘以国外物价与国内物价之比。还请记住，如果购买力平价理论成立，实际有效汇率将保持不变。图16-2显示了欧元区部分成员国的实际有效汇率，从图16－2中可以得出的结论是，西班牙、爱尔兰、葡萄牙和希腊由于通货膨胀率大大高于德国，它们在欧元汇率体系中的竞争力相对较弱，而德国成功遏制了通货膨胀，从而具有比其欧元区伙伴更为强大的竞争力。

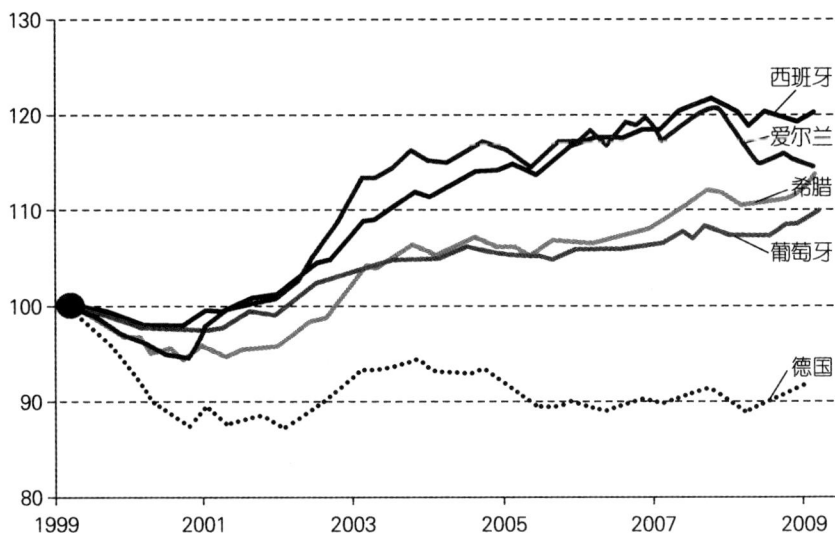

图16－2　1999—2009年的实际有效汇率

资料来源：欧洲中央银行（European Central Bank）。

欧元区国家相对竞争力状况变化的影响见图16－3，图16－3揭示了1999—2009年间欧元区五个成员国的出口占GDP的百分比。显然，德国是大赢家，希腊则是最大的输家。

通过绘制表格，可以进一步剖析上述所有因素（即实际有效汇率、出口占GDP的比重）对经常项目差额（占GDP的比重）、各国财政赤字（政府收入减去政府支出，占GDP的比重）的影响。这些影响见表16－1，该表标列了上一个数据可得年份（即2009年）的消费者价格涨幅、失业率和利率，所得数据的涵盖范围包括美国、英国以及部分欧元区国家。在表16－1中，欧元区成员国之间通货膨胀差异的巨大影响昭然若揭。其中，希腊和西班牙的困境尤为深重，表现为财政赤字数据的负值极高。英国和美国也存在同样的情形。同样令人瞩目的数据，还有德国、荷兰国际收支平衡表中的经常账户顺差。此外，在利率方面，欧元区成员国的十年期利率也存在巨大差

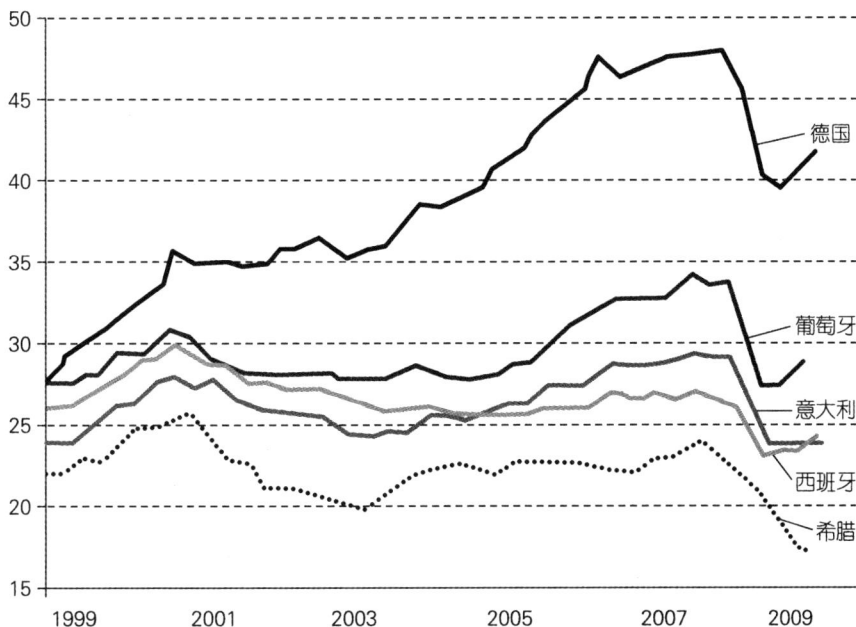

图 16-3 欧元区五国的商品和服务出口（占 GDP 的%）

资料来源：Thomson Reuters Datastream。

异。这一点耐人寻味。因为欧元区国家使用同样的货币，执行欧洲中央银行制定的统一利率，为什么长期利率的差别如此之大呢？毕竟，它们的短期利率都恰好相同。那么，德国的长期利率就应该与希腊的长期利率不同吗？答案是肯定的……但若发生一些特殊事件，比如希腊退出欧元区，又会怎么样呢？如果希腊真的退出欧元区，恢复使用原希腊货币——德拉克马，德拉克马兑欧元的汇率完全有可能贬值，希腊会借此获取出口竞争力。对希腊索取的市场利率比其他欧元区国家更高，难道是由于预期希腊会退出欧元区吗？市场向希腊索取的风险溢价跟政治风险有关吗？可能与两者都有一点关系——但更可能是与希腊或将退出欧元区有关。顺便提醒注意的是，欧元区以外的其他欧洲国家的确享有的便利是，将本币贬值——例如，英国——作为助力化解本国经济困境的方式之一。

在希腊面临最严峻的借贷危机时，欧元区谋定了救助希腊的一揽子计划，表 16-1 恰好编制于这一计划制定之后。在表 16-1 编制前数周，希腊支付的十年期借贷利率为 14%；后来，这一利率降至 7.7%。

表 16-1　　　　　　　　各国的经济数据（2010 年 5 月制表）

	消费者 物价指数（%）	失业率 （%）	利率（%）		经常项目差额占 GDP 的百分比 （%）	财政赤字占 GDP 的百分比 （%）
			3 个月	10 年		
奥地利	+1.9	4.9	0.70	2.99	+1.6	-5.0
比利时	+1.8	11.6	0.70	3.16	-0.1	-6.0
法国	+1.7	10.1	0.70	2.91	-2.1	-8.4
德国	+1.0	7.8	0.70	2.64	+5.3	-5.6
希腊	+4.8	12.1	0.70	7.70	-7.0	-10.2
意大利	+1.5	8.3	0.70	4.01	2.6	-5.3
荷兰	+1.1	5.6	0.70	2.88	+5.5	-6.2
西班牙	+1.5	19.1	0.70	4.20	-3.9	-11.5
欧元区	+1.5	10.0	0.70	2.59		-7.1
美国	+2.2	9.9	0.29	3.23	-3.3	-11.0
英国	+3.7	8.0	0.72	3.54	-1.0	-12.8

　　再看上段提及的救助希腊的一揽子计划。部分投机者通过信用违约互换，对希腊债务可能违约或希腊或将退出欧元区进行投机和赌博。这个主权债务危机同样危及葡萄牙、西班牙、爱尔兰，可能还有其他国家。

　　2010 年 5 月 7 日，由于疲弱的欧元区国家政府债券收益率的急剧飙升，这些国家面临对外筹资即将终止的实际威胁。这就引发了众多银行对持有四个欧元区国家风险敞口的担忧，这四个国家是"欧猪四国"（PIGS），即葡萄牙、意大利、希腊和西班牙，也被称为"地中海俱乐部"。首字母缩写词如果是PIIGS，那就自然包括爱尔兰。

　　欧元区由于自身不是一个国家，故而没有设计一个经济框架来化解这类难题。但欧盟各国的财政部长迅速采取措施阻遏危机——至少在当前如此。他们决定设立总值高达 5 000 亿欧元的平准基金，其中的 600 亿欧元可通过发行欧盟债券迅速完成募集——这一规模的债券数量可以连续发行三年以上，而且不会超过欧盟规定的预算上限。但这个计划需由不使用欧元的英国等欧盟成员国批准，因为，如果这笔钱到期不能如数归还，它们的纳税人就被套牢了。国际货币基金组织还将为这一平准基金提供高达 2 500 亿欧元的增补资金。

　　此外，欧洲中央银行表示，为稳定市场，它将购买政府债券。欧洲中央银行还重启了 2008 年秋与美联储、英格兰银行、加拿大银行和瑞士国家银行一起实施的备用信贷。

对此，金融市场反响积极。2010 年 5 月 10 日，德国股市收盘涨幅超过 5％。法国的股指上涨了近 10％。法国大银行深陷希腊债务危机之中，但将从救助型担保中受益。十年期希腊政府债券的收益率从超过 12％暴跌至低于 8％，爱尔兰、意大利、葡萄牙、西班牙同类政府债券的收益率也急剧下降。

然而，救助计划也伴随着若干疑点。它没有披露更为具体的诸多细节。并且，一揽子计划仅仅只为那些深陷困境的成员国政府削减财政赤字、实施结构性改革，以增强它们本已丧失的出口竞争力优势，争取了时间。如果它们接受援助后做不到这一点，后续困境会更加深重。迄今为止，我们尚未听说这一困境仍在延续。或许，还需筹集更多的欧元区银行救助基金。而且，在未来 10 年里，全部欧元区现有成员国是否依旧留在欧元区，仍属悬而未决的议程。

摆脱这一困境的可能路径是：

（1）高通胀的国家继续实施紧缩计划。在最好的情形下，紧缩政策的风险是引发社会紧张。但在最糟糕的情况下，其风险是可能引起政治动荡和现有政权垮台——换句话说，就是发生革命。

（2）高通胀国家可能退出欧元区，重新启用本国原来的货币。资本市场将因此出现短期动荡，但嗣后将渐趋平稳。

（3）第三种方法是政治上可以接受的折中方案，即疲弱的欧元区国家采用新的"软欧元"，它对现有的欧元即"硬欧元"贬值。我们觉得，这种方案终将导致疲弱的欧元区国家恢复使用该国原来的货币。

（4）推迟——甚至永久终止——其他国家加入欧元区。

我们排除了另外一种路径，它特别适用于德国的一种路径，即在数年内刻意维持高通胀率，直到本国的通胀率赶上"欧猪四国"已有的通胀率。这在理论上可行，但在实践中极不可能——这种想法真有点痴人说梦。

上述窘境造成的压力可能导致全部欧盟项目缩减，难道也是痴人说梦吗？请注意，我们使用的字眼是"缩减"——而不是"放弃"。一些"离经叛道者"一直怀疑欧盟是否会扩张项目，现在，他们的呼声更高了。如果欧盟项目缩减，就会真的那么糟糕吗？

16.5 总救助的规模

在对银行进行一揽子救助中，各国政府耗资总额巨大。表 16－2（2010 年 1 月绘制）通过计入资本注入额、资产购买额和债务担保额（可能仅有部分债务需要担保），剔除在任何情况下均可能无人申请采用的存款担保，试图用数字分析耗资总额。由于涵盖了债务担保额，表 16－2 中的数据比本书其他各处所做的政府救助估计值要高。但必须牢记，表中列示的统计数据是不可靠的，因为新的情况在不断发生。尽管如此，表 16－2 中的一些数据——特别是救助额占 GDP 的比重——是相当让人震惊的。按照救助额占 GDP 的比重进行排序，爱尔兰位于榜首，对于已读过第 14 章案例分析的读者而言，这毫不奇怪。英国位居第二也并不奇怪，因为，金融服务部门是英国最大的经济部门，而且，在并不了解且未能控制风险敞口的金融市场上，英国两家主要银行曾是资产规模巨大的玩家。英国的困境之所以得到缓解，是因为它的大部分债务的期限长于其他国家，这就为英国消解问题赢得了时间，还意味着债权人不会立即敲门逼债。此外，需要顺带指出的是，表 16－2 没有囊括所有国家的数据。但我们确信，倘能得到冰岛的数据，那么英国在表中榜单上的次序会下挪一位，爱尔兰可能也应如此。

显然，最初仅影响各家银行的金融危机，最终演化为导致全球衰退的经济危机，进而衍化为许多主权国家在出现违约风险时的政治危机。各国政府会及时回收它们注入流通中的货币吗？各国政府会刻意不回收货币，故意制造通货膨胀，从而更轻松地偿还债务吗？我们对此极为担心。鲁比尼和达斯（Arnab Das）也很担心——见剪报 16－1。马丁·沃尔夫（Martin Wolf）同样也很担心——见剪报 16－2。

表 16—2 **部分国家一揽子政府救助的成本**

（含债务担保但不含存款）

国家	占 GDP 的％	10 亿美元
爱尔兰	244	648
英国	69	1 476
瑞典	49	196
荷兰	43	339
斯洛文尼亚	39	18
奥地利	37	139
芬兰	30	75
西班牙	26	374
加拿大	22	361
德国	20	669
挪威	20	71
美国	18	2 684
韩国	16	160
葡萄牙	15	34
希腊	12	39
卢森堡	8	4
法国	7	183
比利时	6	27
丹麦	6	19
日本	4	225
意大利	3	73

注：表中所示为截至 2010 年 1 月的数据。

剪报 16—1 　　　　　　　　　　　　　**《金融时报》**2010 年 6 月 1 日

主权债务危机的出路

努里埃尔·鲁比尼　　　阿那布·达斯

有史以来规模最大的金融危机正在从私人部门向各主权实体蔓延。在最好的情况下，这将损害欧洲的复苏，欧元的大幅贬值将削弱欧洲主要贸易伙伴的经济增长。最糟的结果，则是欧元这一共同货币土崩瓦解，或者一波混乱无序的主权违约致使金融体系分崩离析，并引发双底的经济衰退。

事情是怎么发展到这一地步的？始于 20 世纪 70 年代的金融自由化与金融创新放松了对公共部门和私人部门的信贷限制。发达经济体的家庭部门——它们的实际收入增长疲软无力——可以通过举债，进行超出自己财力的消费。监管日趋松弛，各国政府和国际货币基金组织为应对日益频繁、成本日渐高昂的各种危机，所进行的同样频繁且成本高昂的救助行动，以及 20 世纪 90 年代延续至今的廉价货币政策，均助长了这一举债消费的进程。2000 年之后，各国政府在政治上支持信贷及住房所有权的民主化，进一步加剧了这种趋势。

为了证明这种债务驱动型全球增长的合理性，人们求助于范式转变：冷战思维为"华盛顿共识"所取代，新兴市场被重新纳入全球经济，高增长与低通胀这种恰到好处的"金发女孩组合"（Goldilocks combination)①，在欧洲货币联盟建立之前大肆吹捧趋同进程，以及金融创新发展迅猛。

其结果是，赤字国出现了消费狂潮，盈余国则出口激增，而且由售卖方为盈余国的低价出口提供融资。全球经济产出与增长、公司利润、家庭收入与财富、公共收入和开支，短期内都激增至均衡水平之上。人们一厢情愿的想法将资产价格推升至荒谬的高度，也将风险溢价压至难以置信的低点。当信贷和资产泡沫破灭时，全球经济增长的下限将降至我们预期的水平之下。

现在，各国政府正通过再杠杆化，将私营部门的损失社会化，并刺激私人需求回升。但公共债务终归是一种私人负担：政府维持运转的方式，一是向私人收入和财富开征税收，二是采取通货膨胀或公然违约这种极端的资本征税形式。最终，政府也必须去杠杆化，否则公共债务将出现爆炸式增长，进而引发更为严重的公共部门及私人部门危机。

这种情况已经发生于危机的最新领域，也就是欧洲主权债务危机。希腊最

---

① 本处的典故出自童话故事《金发女孩与三只熊》。金发女孩闯进了三只熊在森林里的小木屋，她坐过三把椅子、喝过三碗汤、睡过三张床，最终选择了恰好适合的椅子、不烫不冷的汤、不硬不软的床——译者注。

先濒临绝境，爱尔兰、葡萄牙和西班牙紧随其后。意大利尚未完全丧失流动性，但已面临偿付力风险。即便是法国和德国，财政赤字也在不断增加。英国已着手削减财政预算，最终日本和美国也必须如此。

在危机的初期阶段，各国政府共同携手恢复市场信心和经济活动。2008—2009 年的经济重创促成了 20 国集团（G20）的精诚合作：我们现在都在同一条船上，而且这条船正迅速下沉。

但到了 2010 年，国别要务重拾上风。目前，全球缺乏协调合作：德国单方面禁止裸卖空行为，美国正在推进本国的金融部门改革；盈余国不愿刺激消费，而赤字国则在积累难以持续的公共债务。

欧元区就如何避免不恰当地应对系统性危机提供了生动的反面案例。2008 年，欧元区成员国在根据国家利益瓜分各大泛欧银行时，就已开始各行其是。对于希腊，欧洲领导人始则优柔寡断、竭力否认，继而一致重拳出击：7 500 亿欧元的救助计划，仅仅支撑了一天的市场信心。但规则完全被抛诸脑后。"不救助"规则中的例外条款赋予主权救助行动以合法性，但这个例外条款的适用情景是不可抗拒因素，而非人为造成的债务困境。欧洲中央银行开始买入政府债券，而在此之前数天，它还坚称不会如此行事。人们已经能够觉察到法德轴心之间的紧张关系。

我们必须为这一全球性难题探寻全面消解之道，而不是零星的局部应对之策。

第一，欧元区必须团结协作、一致行动。必须对南欧国家放松管制、推行自由化、实施改革；必须刺激北欧国家的需求，以恢复经济活力与增长。欧元区还必须采取宽松的货币政策，以防止通缩、增强竞争力；施行主权债务重组机制，以限制政府救助中的道德风险；同时暂缓欧元区扩张计划。

第二，债权国必须承担一些损失，债务国则需要进行调整。这涉及债务偿付能力，需要一套宏大的解决方案。希腊只是冰山一角，不良贷款的泥沼没过了西班牙及欧洲其他国家的银行的膝盖，与此同时，美国住宅市场和全球商业地产市场的问题依然存在。

第三，必须恢复财政的可持续性，其重点应为收入及支出的时间安排和情景分析、人口老龄化的相关成本研究、未来冲击的应急预案，而不是若干财政规则。

第四，是时候彻底实行金融改革了。现有的大多数改革提案，都有失允当，或未切中肯綮。必须对大型金融机构进行分拆：它们的规模过于庞大，交互联系过于紧密，结构过于庞杂，故而很难进行管理。投资者和客户可从各种专业性金融机构那里，获得他们所需的一切金融服务，包括传统银行、投资银行、对冲基金、共同基金以及保险服务。我们必须欣然恢复《格拉斯－斯蒂格尔法案》。

最后，必须实现全球经济的再平衡。赤字国必须增加储蓄与投资，盈余国则必须刺激消费。赤字国在实施财政与金融改革的过程中，必须放松对产品、服务和劳动力市场的管制，如此方能换得盈余国的收入增长。

剪报 16－2　　　　　　　　　　　　　　《金融时报》2010 年 5 月 29 日

金融危机和财政余震启蒙课
马丁·沃尔夫

"爸爸，危机结束了吗？"

"哦，博比，还没真正结束呢。看看那些有关市场动荡的新闻就知道了。"

"那为什么还没结束呢，爸爸？"

"这次危机始于 2007 年 8 月，到 2008 年秋最为惨烈。以历史标准衡量，对于像这么大规模的危机而言，这个时间不算太长。"

"爸爸，还不算太长？你不是说那些担保和注资、央行大肆印钞——你称之为'非常规政策'——以及政府当局借贷，已经化解了危机吗？"

"博比，你没认真领会我的意思，"父亲有点儿不耐烦地答道："我当时说的是，这些举措将阻止一场危机演化为一场萧条。我说的总是对的。"

博比意味深长地笑了。

"别傻笑了，"他父亲说道："就拿富裕的西方国家来说吧，去年它们的产出缩减了 3.3%——是二战以来最糟糕的。你听说过二战，对不对？"

"噢，是的。我们在学校至少学到过三次。"

"那好，经济合作与发展组织——我知道，这个名字够长的——本周表示，今年这些富裕国家的产出可能会增长 2.7%。全球经济在 2009 年下降了 0.9% 之后，预计今年将增长 4.6%。即使与半年前相比，这也超出了几乎所有人的预期。"

"如果这是真的，"孩子答道："那为什么所有人都在谈论'不稳定性'呢？不稳定性是指什么啊？"

"你知道地震之后会有一些余震。这么说吧，财政危机可能是金融危机之后的余震。然后它们反过来又会引发金融余震。"

博比开始觉得这个话题有点意思了，这让他觉得惊讶。"那么，爸爸，这一切到底是怎么回事呢？"

"唔，想想2007—2009年金融地震之前发生的事件：地产价格大幅上涨，建筑行业一片繁盛；私人债务出现爆炸式增长；金融业的复杂性明显增加。于是，当地产价格下跌的时候，我们感到非常恐慌。但还发生了另外两件事情：各国政府的财政收入超出预期，并花掉了其中的大部分；同时，它们还能很轻松地借到钱。"

"在新出现的欧元区，所有成员国政府都发现它们都能轻松地借到钱，就像德国政府一样。它们国内的家庭和企业也能够按照'德国'举债的条件借到钱。所以，它们大肆消费、大举投资。在光景好的时候，工资也大幅飙升。"

博比打了个哈欠。他爸爸接着说了下去。

"那么，危机之后发生了什么呢？财政赤字膨胀到了和平时期从未见过的水平，这在一些深受泡沫危害的国家——美国、英国、爱尔兰和西班牙——中表现得尤为明显。于是，出现了财政危机的威胁。"

"引发这场余震的，是有人爆料，希腊在自身财政状况问题上撒谎，欧元区又未能对此做出及时回应：对于德国应该救助那些不负责任的挥霍者的观点，德国人颇多怨怒，而其他人则认为德国人冥顽不化、恃强凌弱。因此，在对金融困境的政策响应上，欧洲人就犯下了与美国人同样的错误：他们坐视不管，任由危机在眼前发展。"

"但他们出手拯救了希腊啊，"博比说道："那怎么还有那么多动荡呢？"

"这里的关键在于，投资者并不全是傻子：他们知道这些救助只是暂时救急，他们知道希腊债务问题还会恶化，他们知道欧洲其他外围国家将发现自身难脱困境，他们也知道欧元区成员国之间的团结正摇摇欲坠，他们知道德国人很生气，他们还知道资本金不足的银行在主权风险的冲击下脆弱不堪。所有这一切，让欧元看起来像糟糕的赌注。所以，欧元贬值了。"

"这我懂，"博比回答，"但这些对欧元区没有一点帮助吗？"

"是的，"他爸爸答道。"但这会影响其他地区——比如美国和英国——的前景，然后，人们又会担心这些国家也存在巨大的财政问题。目前，市场似乎并不在意。但他们的看法有可能改变。更糟糕的是，他们不知道该担心什么：最终的结果会是通缩、违约、通胀、金融危机，还是统统都有？市场和小孩子一样，是无法预测的。"

博比决定不回应这种取笑。"那么，"他若有所思地问道，"接下来会发生什么事情呢？"

"如果我知道的话，就不会只是一个财经记者了，"他爸爸答道。

博比笑了——这话有些耳熟。

他爸爸没有注意到这一点。"没准儿，美国以及大型新兴市场——特别是中国——获取的动能将引领世界走出危机。经合组织对经济前景的提法是'适度乐观'"。

"或者，你可能会说，庞大的财政赤字是不可持续的，欧元区和英国削减赤字的努力，将触发新的衰退和政治纷争。同时，我们才刚刚开始削减私人债务，这需要好多年的时间。那些银行规模太大了，而且它们的资产负债表上挂着太多的可疑资产。此外，新兴国家规模太小，实力也太弱，不足以担当世界经济的火车头。还有些人担心中国目前经济过热，或正面临巨大的资产价格泡沫——不过，我不这么认为。还有，在朝鲜和伊朗问题上还存在地缘政治的不确定性。简单地说，市场之所以动荡，就是因为存在所有这些不确定性。"

博比开始觉得这些话又有些耳熟了：爸爸喜欢看悲观的一面。但就像妈妈总说的那样，他有可能是错的。

"不管怎么说，"爸爸总结道，"这些余震可能要持续数年，财政方面的担忧会打击人们对金融业的信心，并产生反作用力。你也会受它影响：未来几十年，西方国家政府手头会很紧，日子会很苦。不过，你可以学习中文，然后去东方发展。"

博比呻吟着。这可是个苦差事。但他静静地上床睡觉。不知叨扰他的，将是何种噩梦？

第 17 章　主要启示和待决议程

17.1　引言

本章首先总结从我们的分析中得出的若干总体经验教训，然后向金融危机中的不同市场主体提供若干警示，我们向各国政府、银行、监管机构、家庭借款者和学者界等提出了具体建议，最后概述值得详加探究的主要议程和可能采取的举措。

17.2　金融危机

查尔斯·金德尔伯格对金融狂热和崩溃的学术研究肇始于他撰写的一章题为"金融危机：一个亘古难题"书稿[1]。他很清楚的是，金融危机是经济世界的常规特征。莱因哈特和罗格夫详述了经济繁荣和萧条的规律性[2]，他们分析了经常失灵的一种体制。正如第 9 章和第 11 章所述，在金融危机爆发前，全球存在多种广被接受的经济模式。在此背景下，市场失灵似乎源自集体失忆。但也可能是众多参与者沉醉于狂欢，不愿清醒与自拔——也许是贪婪作祟，他们对于怀疑者的忠告充耳不闻。

金德尔伯格发现[3]，"金融危机通常与经济周期的峰值阶段相关"。我们没理由不同意这一观点。金德尔伯格接着说，"市场通常会发挥作用，但偶尔也会失灵。当市场失灵时，就需要政府干预来提供稳定性这一公共品。"在该书的结尾，金德尔伯格告诉我们，"经济学家认为他们知道如何应对金融危机，即先投放货币，待危机结束后收回货币……中央银行可以创造货币，当最后贷款人由中央银行充当时，应对危机通常只是一个技术难题，而不是一个政治难题。"我们赞同金德尔伯格的忠告，但在美国，由于共和党和民主党在行动的优先方向上存在分歧，因此，应对危机到底是技术难题还是政治难题，的确呈现了鲜明的政党政治特质。

对于经济中的泡沫问题，加尔布雷斯发现[4]，"繁荣与萧条可视为商业周期可以预测的表征。"如果"可以预测"是指可以推断从繁荣到萧条这一转折时机的大致发生日期，那就确实如此，但这种推断实则很难进行。经济泡沫遵循相当常规的路径，第 9 章对此已有概述。我们不妨回忆凯恩斯的论述[5]，即"投机仅为企业洪流中的一点泡沫，也许没有什么危害，但若企业成为投机漩涡中的泡沫，情形就严重了"。从我们对银行倒闭的案例分析来看，此种情形确实以这种或那种方式发生于我们所有的案例当中。对政府、银行家、监管者和商人而言，这段引文本身就是一个经验教训，值得永远铭记。但实际事实却是，这些人都希望延续能使他们富裕和强势的亢奋阶段，他们还一致希望呵斥质疑者，或将他们边缘化。

根据我们的经验，当你听到人们反复念叨"这次不一样"、"新范式"、"新经济"、"我们已经征服了经济周期"，或此类行话的一些变体时，你就应该明白，你正在享受的大好时光已经不可持续了，泡沫的破裂也为时不远了。在泡沫时期，人们的假设是，金钱可用以度量资本家的成就，由此必然形成的推断是金钱代表着卓越的才智。在这一点上，加尔布雷斯的一段文字值得引述[6]，"我们不禁要将非凡的才智与大型金融机构的领导人联系在一起。……他们控制的资本资产和收入流越大，人们就越认为他们对于金融、经济以及社会的洞见就越深刻"，他继续指出，"只有发生惊天动地的崩溃之后，真相才会大白……金融天才必然惨败。"

从萧条到繁荣再到萧条的经济周期表明，各国政府、商业银行和投资银行、中央银行和监管机构在消解经济运行、资金借贷、内部控制、游说冲击等问题，以及痴迷债务膨胀和金融创新上，屡屡重犯同样的错误。上述所有主体以及经济界、学术圈的专业人士必须汲取的主要教训之一，是应高度重视海曼·明斯基的跨周期金融模型[7]。本书第11章阐释了这一模型，并根据我们的理解做了若干扩展。在繁荣时期，银行竞争十分激烈，这极易造成宽松的监管环境，导致实际利率为负，致使银行信贷约束废弛，包括信用分析尺度放松、对个别产业部门的放贷比重过高。由此，"裙带"贷款成为欠发达市场上银行业的特征之一，即使在发达市场上，银行业以及部分非金融企业的债务达到了难以承受的高水平。在经济周期的峰值时期，整个经济呈现的图景是贷款规模急剧膨胀，银行的内部控制杂乱无序。而且，这还不仅仅是零售银行和批发银行存在的问题。由于放贷人降低贷款标准，尤其是放宽次级抵押贷款的标准，抵押贷款业务恣意扩张。加尔布雷斯指出[8]，"金融世界通常以略显更不稳定的语调，一再呼吁创新驱动。所有的金融创新都会以充足性或多或少的实物资产为担保，采取这种或那种方式来扩大债务。"

在撰写本书时，笔者日益认识到，有一种方式可让银行家们操纵他们的股东，以便他们（银行的高管们）能够依据既未实现、实际上也不可能赚得的不大靠谱的短期利润，获取与他们的投入极不匹配的巨额奖金。罔顾事实的各种奖金结构大行其道，这真让人诧异。这些奖金结构将导致过度的风险承担，过度的风险承担有利于增加银行的奖金，但可能导致银行破产清算和股东权益消失。斯蒂格利茨对此有精辟论述[9]，他说，"银行高管们"获受的激励措施与其他股东的目标、更广义的社会目标之间存在冲突。我们在第11章概述了这一问题的若干例证。

幼稚可笑的会计准则对于阻遏金融体系的危机毫无进益，因为它准许银行十分随意地对结构性投资机构和类似的杠杆型基金进行表外处理，从而让银行披露的杠杆倍率低于实际水平。在此基础上，银行在发布财务报表时默许资产价值膨胀（见第8章），还预先在内部管理账目上根据更长期限的交易来确认利润，并据以计算各类奖金（也见第8章）。显然，不恰当的会计准则应承担大量咎责。会计准则制定者应该吸取的重大教训之一是，必须勒令禁止大量的报表粉饰行为。

监管者应该汲取的主要教训之一是，在新近的经济崩溃中显得特别突出的金融机构倒闭实际涉及风险监控问题。我们赞同博森的忠告[10]，即金融风险监控应重点关注四大关键因素——房地产价格膨胀、金融机构的高杠杆率、资产负债的错配、金融产品或金融机构的迅猛增长。到目前为止，应予吸取的所有这些教训都与雷萨洛兹归纳的金融灾难成因是一致的[11]，这些成因包括：

（1）大量使用杠杆；

（2）过度的风险承担；

（3）松懈的监管肆意泛滥；

（4）表外会计处理；

（5）风险管理水平低下；

（6）急功近利（和贪婪）的激励举措；

（7）金融业务的互联性和复杂性大大增强，其复杂性向任何一位愿意倾听的决策者发出了"系统性风险"的强烈警告。

这些因素若同时发力，则经济体系必将面临某类冲击，这类冲击将造成巨大量级的经济崩溃。

经济崩溃之后的第一个阶段是，银行业精英试图将这一事件的责任推卸给其他机构或银行业市场之外的力量——如次级贷款人与借款人。但真相很快（而非拖至更晚）大白，银行业不太靠谱的高风险策略才是罪魁祸首——见第11章。这一阶段之后进行的金融改革和监管形成了彼此对立的两种思路——华尔街倾向于宽松的监管，但政府钟情于严厉的监管及其实效。

其他学者通过分析总结了另外一些经验教训。例如，布鲁纳和卡尔探寻了1909年股市崩盘的主要推动因素[12]，并将它们与新近的金融危机进行比较。较之2007—2008年的金融危机，两者之间有七大推动因素显著相同，但最后一个因素即缺乏一致行动，则在本轮危机中表现得不明显；若将"一致行动"理解为政府在危机爆发后未能采取响应行动，就更是如此了。事实上，在本轮危机中，各国政府在实施救援方案中的行动时相当迅速和果断，它们似乎已从大萧条中吸取了深刻教训。布鲁纳和卡尔在其大作的第16章详列了他们认定的七大关键因素，包括：

（1）致使各种事件晦涩不明的复杂性；

（2）经济蓬勃增长；

（3）过度负债；

（4）组织、领导不力；

（5）意外的经济冲击；

（6）情绪从乐观转向悲观；

（7）缺乏一致行动。

斯蒂格利茨从最近的危机响应举措中，搜集、整理了在采取有效刺激，驱动经济走出困境时应该遵循的七个原则[13]。各位读者应该记得，金德尔伯格曾经说过，治理危机的方法是在危机爆发时投放货币，并在危机结束后回收货币。斯蒂格利茨的建议主要着眼于如何注入资金，主要包括：

（1）反应速度要快。当务之急是迅速将资金注入经济当中。

（2）投入方式应有效。这意味着要四两拨千斤，每一美元的支出都应促使就业和产出大幅增加。斯蒂格利茨提醒我们，"每一美元支出所导致的国民收入增量称为乘数，在标准的凯恩斯主义分析中，1 美元的政府支出将使国民产出增加超过 1 美元。"但乘数效应可能仅在短期内有效，也可能存在滞后反应。斯蒂格利茨解释道，"通常，美国经济的短期乘数大约是 1.5。如果政府现在支出 10 亿美元，今年的 GDP 将增加 15 亿美元。长期乘数更大。但并非所有支出的乘数都相同：对外国承包商的支出……的乘数较低，因为外国承包商的大部分消费都发生在美国境外，对将大部分所得用做储蓄的富人进行减税的乘数也较低。提高失业救济金将增大乘数，因为那些发现自己突然收入短绌者，几乎将花掉他们得到的每一美元……投入资金救助银行却得不到回报，就好像将钱发给最富有的美国人，而且几乎不会产生乘数效应……"

（3）它应该设法解决国家的长期难题。

（4）它应该着眼于投资。一揽子刺激计划将增大一国的财政赤字，但由于实施刺激计划，一国的长期面貌将大为改观，而且，短期产出和就业也会增加。

（5）它应该是公平的。斯蒂格利茨指出，与那些处在社会顶层的人士相比，美国中产阶级近年来的境况糟糕得多。在他看来，刺激计划应以那些不富裕的群体为目标。当然，对"公平"的认定均带有主观性。

（6）它应该化解危机引致的短期迫切难题。斯蒂格利茨如是说，在经济低迷时期，国家经常资金短缺，不得不裁减职位。失业者没有医疗保险。那些勉为其难地缴付抵押贷款月供者，一旦自己失业，或家人生病，就会落入破产境地。筹划周密的刺激计划应该尽可能多多化解这类难题。

（7）刺激计划应该关注潜在的失业行业。

我们认同这些原则和建议。

最后，我们在本节必须重申，新近的金融危机提供的最惨痛教训之一，就是本书第 10 章、第 11 章在论述将高斯模型应用于"肥尾"金融市场、有效市场假说和理性经济人时所总结的所有告诫。我们在这些问题上自欺欺人已经有一段时期了。如果我们认为未来不会再次发生金融危机，那也是自欺欺人。因为，市场的记忆是短暂的。

本人不揣冒昧，在此重申金融危机提供的经验教训；下文将以不同主体为标题，扼要归类总结与它们最为相关的若干启示。

17.3 对政府的启示

毋庸置疑，在金融危机的蕴积期间，各国政府犯了大量的错误，前面各章对此有明确的阐释。现在我们认为，应该逐条总结各国政府必须吸取的主要经验教训，即：

（1）金融危机并非新鲜现象。各国政府已多次忽略这一现象，并且未能预见危机来临。金融危机一般发生于经济周期的繁盛阶段。因此，要想阻止危机，就必须在经济繁盛时期倾心关注、倾力作为。

（2）市场通常运行很好，但偶尔也会失灵；一旦市场失灵，倘要恢复稳定性，政府就必须进行干预。

（3）恢复稳定性的途径是在危机时期投放货币，但同样重要的是，危机结束后应切实收回货币，以免出现过度通胀的必然结果。然而，既往实践的常规结果表明，向经济体系注入货币加剧了政府债务困境。尽管此后各国政府大多及时偿付了债务，但它们通常借助通货膨胀降低债务的实际价值来消解债务负担。而且，债务违约也时常发生。我们一般不会建议各国政府采取后一做法。

（4）政府喜欢受人拥戴。它们追逐民众支持，却鲜有意识到，它们必须在"在宴会渐入佳境之前拿走什锦酒杯"。

（5）若企业成为投机漩涡中的泡沫，就该谨小慎微了。微利企业随处可见，资源配置效率低下。政府必须阻遏这类局势。而且，如果这类局势变得十分显著，那就是我们已经进入泡沫后期阶段的最佳标志。任何冲击很快就会戳破泡沫。

（6）高度警醒"这次不一样"这五个字以及本章前文提及的其他陈词滥调。听到这些词汇后，肯定应该拿走"什锦酒杯"——而且是迅速拿走。

（7）若银行和实业界在资产负债表上积累了大量债务，若平均债务－股本比率远超正常水平，并且金融创新势不可挡，这无疑是经济繁荣已经失控的表现。因此，有必要采取行动。但是政治家们经常发现很难选择必经的纠偏路径，因为友好游说者携礼造访、攻势强大，因为谄媚者和奉承者曲意逢迎，深信巧舌如簧的魔力，坚信在推动经济成功上他们大有作为。此次此刻，必须多加提防。

（8）各国政府永远不能忘记海曼·明斯基的金融模型，并恪奉始终。

（9）本章详述了约瑟夫·斯蒂格利茨的系列建议，它们是拯救濒危经济大船的明智之举。

（10）我们还认为，在整个经济周期中推行保守的经济政策是值得推崇的，其中包括建立平准机制以防经济低迷的审慎国家财政政策。在通货膨胀的度量上，建议认真考察所有类型的通货膨胀，包括在更常规的度量方式上纳入住房成本的通货膨胀，以便更全面地了解经济运行。

（11）将利率定在太低的水平是赢得广泛赞誉的绝佳方式，但极易导致住房市场和股票市场的价格飙升，这必定会加剧经济困境。那么，我们所说的"利率太低"是指什么呢？我们认为，有一个指标可以很好地衡量利率水平的高低，即：

利率 ＝ 通货膨胀率 ＋ 1～2 个百分点

（12）这就为公允价值的无风险利率提供了合理指标。对公司和个人借款者而言，这个利率还需增加一个风险因素——以反映借款者的财务状况和到期偿还的可能性。当然，在很多时候，上述基本原则屡遭忽视。例如，一旦预期会出现经济衰退或萧条，风险溢价将急剧下降。

（13）必须对银行和金融机构进行严厉监管。设立数量众多的监管机构不能增强它们履行力避系统性倒闭、维护经济平稳运行的职责。不同监管机构之间极易滋生有效监控的漏洞，最终我们发现它们彼此指责。听起来有点耳熟吧？它就发生在2007—2008年的危机期间。

（14）在金融系统中，信心是不可或缺的。因此，各国政府应在所有可能的场合提振公众对金融体系的信心。

（15）各国政府必须力戒敦促相关机构向低信用等级的高风险借款人提供抵押贷款，它破坏了放贷人应遵循的贷款准则，也打破了借款人应恪守的借款约束。否则，此举迟早会铸成大祸。

（16）对政府行为的意外后果视而不见是极其危险的。道德风险就是最佳例证。政府有时不得不救助银行，一旦银行对此心知肚明，就会承担过高的风险。鼓励金融机构向费埃哲评分较低的借款人提供贷款也很危险。一旦经济运行出现些微逆转，实力较弱的借款人因承担过高风险就会遭遇严重困境，这样的例子不胜枚举。而且，所有与此相关的举措都会让政府备受拥戴，但也可能触发未来的财务难题。

17.4　对银行业的启示

（1）在贷款过程中坚持原则是毋庸赘言的。大量的裙带贷款，尤其是在市场欠发达国家中发放的裙带贷款，则将部分银行带入需要救助的边缘。

（2）信用分析极其重要，没有捷径可走，而且，谨防对于单个客户和某一行业的风险敞口过大尤为重要，这一点无论怎样反复强调都不过分。

（3）银行的债务绝不允许达到危机前持续高企的水平，必须控制它们的债务—股本比率。任何其他或将加速金融危机重演的因素也应受到控制。

（4）必须坚决摒弃糟糕透顶的银行贷款和控制模式。在经济周期的鼎盛阶段放松公司贷款、抵押贷款的内部贷款标准和控制尺度，这种情形屡见不鲜、反复出现。

（5）银行家根据不大靠谱的短期利润获得与其投入极不匹配的巨额奖金，这一机制应予废止。此举有赖于各家银行的自我革命。否则，政府监管就会加速介入。一旦如此，银行家们就只能自我归责了。

（6）以价值疲软的资产为担保，依托高债务的产品变体进行金融创新，是繁荣时期金融的特征之一。由于银行之间彼此售卖有毒资产，它们可在音乐停止前将包袱甩给更傻的下家。这是一个高风险的战略（其驱动因素是过高的交易员奖金以及这笔交易的丰厚收益），且可能以惨败收场。不合理的奖金结构很可能是此类做法的推手。银行家们别再指望政府永远都会救助银行，下一轮危机来临时，政府可能就不愿这么做。

17.5　对监管者的启示

（1）必须控制粗略草率的表外处理方式和结构性投资机构，监管机构必须对它们保持高度警惕，进行密切管控。

（2）必须像监管商业银行一样，监管影子银行机构的债务－股本比率。如果影子银行机构看似一家银行，那就像监管银行一样监管它。

（3）应考虑制定相关规则，防止投资银行违背代理交易原则，用自己的账户从事自营交易。

（4）必须高度关切地严密监测滥用盯市计值的会计规则。

（5）必须禁止公司和银行的大量报表粉饰行为。

（6）监管机构必须时刻警惕房地产价值膨胀、财务杠杆率高企、资产负债错配和金融产品和机构的迅猛增长。在本轮金融危机中，监管机构在这些方面疏于警醒、麻痹大意。倘要避免危害程度更大的下一轮危机，监管当局就必须改进这方面的监管实践。

（7）在任何时候，所有监管者都必须牢记雷萨洛兹关于潜在金融危机的七大发酵成因。本章引述了这些因素。

（8）必须永远禁止评级机构在金融危机爆发前无知无畏、极不专业的执业表现。评级机构的业务应由中央政府在向评级机构征税后出资聘请的监管机构进行监管（1/5 左右的评级机构）。

（9）永不采纳宽松监管、自我监管以及进一步放松管制的呼吁。

17.6 对家庭借款者的启示

（1）许多国家对家庭借款者债务违约的惩罚极轻。但家庭借款者应当引以为戒，因为政府和银行不可能——而且在我们看来也不应该——为那些家庭举借却又无法偿还的债务承担偿还义务。它们下一回也不会这么做。

（2）骗子贷款是 2007—2008 年金融危机爆发前夕的特征之一。这是犯罪，也极其愚蠢——如果各国政府下次不再救助说谎者，那就更是如此。

（3）家庭借款者不应假定事无拂逆、一切安顺，最好能居安思危、未雨绸缪。房价上涨确实会逆转为下跌，自然不能对其单向押注。借款人最好能在这方面保持清醒，切忌根据房价将年复一年地持续上涨的假定而大肆负债。而且，最好还能谨记，房价由上涨逆转为下跌的年份，经济运行很可能遭遇困境，个人就业或将面临风险——一定要谨防此类双重打击。

17.7 对学者们的启示

（1）经济学和金融学领域的教师长期以来一直在向学生讲授以正态分布为基础的各种模型。尽管各种模型适用于大多数情形，但一旦爆发危机，它们必定"惨败"。这一局限必须广泛宣讲、深入人心，这样所有学生才能理解各种模型的缺陷。我们不能永远指望金融市场会产生高斯模型的运行结果，应牢记——"肥尾"效应。

（2）经济学家和金融学的教师经年累月地一直在与他们的学生探究有效市场假说和理性预期模型。但此类模型在部分主流商学院、名牌大学以及许多知名教授那里赢得的尊崇，很难在现实金融市场的既往表现中寻得支撑。

（3）理性经济人是我们在研究决策方式时屡屡言过其实的说辞。行为经济学领域的著述已经表明，经济决策或许应当遵循冷静的缜密逻辑，即选择注重未来结果、忽略既往成本（沉没成本）的行动最大化方案，但这绝对不是实际经济决策的具体方式。

（4）注重线性关系但排除非线性关系和异常值的经济模型构造，已将太多的研究推向碎片化。威勒姆·布伊特（Willem Buiter）为此创造了短语"线性化"和"碎片化"[14]。与这一趋势相伴随的，则是学界自愿接受根据短期数据所得的研究结论（一如有关信用违约互换的研究），两者很可能导致商学院和大学的研究资源正日益滥用于求解诸多琐碎不已、不切实际的论题。商学院的研究最终应关注现实世界的实际运作方式，不应单纯求解形式漂亮、高度简化的若干命题。因为，这些命题在推演逻辑上似乎极具诱惑力，但用经验数据进行检验则毫无说服力。因此，布伊特关于各种模型线性化和碎片化弊端的警告以及我们应力避排除异常值的忠告值得谨记，必须下大力气严密深究非线性关系和异常值数据本质的原因与理由。

17.8　待决议程

在表17-1中，我们标列了在采取行动防范未来的金融危机方面亟待解决的一些主要事项。从表中可知，我们列示了20个问题领域。表17-1共分三个行动列：一个是极端冒险的行动列（表中最右列，在我们拟制的表列标题中，它反映了危机期间的实际情形），与其形成对比的，则是厌恶风险的行动列（即左边列，但它的保守性通常超过了绝对必要的程度）和中间行动列，后者展现了更有可能的实际进程。

但我们绝不是说，在某一时期，我们列示的所有议程都应执行中间路线。我们的意思是，凡事需从大处着眼。值得谨记的是，"不作为"路线总是简便可行、易于辩解的。我们还认为，应当根据成本-效应的分析标准制定完备的监管规则；"杀鸡用牛刀"的做法实不足取。

表 17—1　　　　　　　　　　　　　　　　　　待决议程

议程	极端规避风险	中间路线	极端冒险
(1) 信用违约互换 (CDS)	CDS 需有可保权益。实际上，这将使 CDS 市场降格为单纯的保险市场，且仅适用于对冲风险——而非投机	所有 CDS 合约都应像金融期货一样，以清算所为中央交易对手进行交易。这意味着必须像金融期货一样实行持续盯市计值制和保证金要求。同时，要求银行保有100％的一级资本来覆盖 CDS 头寸，从而限制风险	放任不管
(2) 格拉斯－斯蒂格尔式法案	恢复实施这类法案，以资解决"大而不倒"难题。投资银行不能获得最后贷款人的融资保护；鉴于投资银行更容易倒闭，应对它们施行更加严格的管控	对各类银行分而管之。只有商业银行能获得最后贷款人的融资保护；对投资银行执行更高的比率要求	放任不管
(3) 拆分银行	分拆大型银行。与上述第 (2) 项相联系，拆分的标准是所有银行的规模，而不考虑商业银行、投资银行的业态之分	这是"大而不倒"论调的必然逻辑，但实行银行拆分的规模标准高于"极端规避风险"行动列	放任不管
(4) 影子银行系统	如果它像一家银行，那就像监管银行一样监管它	同左列	放任不管
(5) 奖金	设置奖金额上限或限制奖金额，采用绝对最大值来度量。若奖金额较小，将其与集团公司（而非分支机构）的利润结果进行比较。设限可与中间路线列的举措相配套。奖金总额应根据收入实现原则和审慎性原则而编制的并经审计的收入损益表来计算	像左列一样限定奖金额。或者，对超过 100 万美元的奖金，征收很高的边际税率；对更高额度的奖金，则可适用最高为80％的税率	放任不管

议程	极端规避风险	中间路线	极端冒险
(6)追缴奖金税	追溯对象为截至 2007 年的三年间已经发放的奖金；应税奖金的起征点为每年 100 万美元。此举要求国际协作	不作为	放任不管
(7) 评级机构	为避免各种利益冲突，对评级机构实行国有化	定期随机审计单家评级机构。最初的审计比例可以高达 1/5	放任不管
(8) 征税或征缴最后贷款人税	根据银行承担的风险水平征税。也为弥补 2007—2008 年危机造成的损失而征税。此举要求国际协作	A 同左列	放任不管，也就是不征税
(9) 次级抵押借贷	使用费埃哲（FICO）标准来界定"次级"。设置最高贷款额为抵押物价值的 75%、借款人年收入的三倍。禁止"诱惑性贷款"。禁止（收入由借款人）自我证明型贷款。必须对贷款台账进行独立审计。禁止通过贷款中介机构放贷	与"极端规避风险"列极为相似，但尺度略显宽松。不许发放"诱惑性贷款"；不许发放自我证明型贷款。政府必须停止通过鼓励向低信用等级的少数族裔发放贷款来迎合民众——这是本轮金融危机的主要驱动因素，也是必须吸取的重大教训	放任不管
(10)包括 CDOs（债务担保证券）和 CLOs（贷款担保证券）的证券化	Ban.	或将禁止次级抵押贷款和其他次级贷款的证券化，但更倾向于要求所有证券化贷款的创设银行与投资者共担风险，例如银行自身留存 10% 到 15% 的 CDO（债务担保证券）。这就意味着，可供证券化的风险资产仅为 85% 到 90%	放任不管

议程	极端规避风险	中间路线	极端冒险
(11) 会计	禁止任何程度的所有报表粉饰（包括回购105和类似的伎俩）——比如虚增1%的利润或3%的营业额，以较低者为准。禁止表外会计处理。把各类结构性投资机构的账目并表。认真斟酌使用盯市计值会计规则。进行某些临时的专项审计，以确保合规	同左列	放任不管
(12) 银行债务—权益比率	加强标准要求，设定更高的比率标准。定期进行专项审计	尤其应对投资银行的债务—权益比率执行更严格的管控。	放任不管
(13) 衍生品	除外汇远期和部分简单的互换合约外，所有的衍生品都必须实行与金融期货相同的交易结构，执行类似的保证金制度。这包括CDSs（信用违约互换）、CDOs（债务担保证券）和CLOs（贷款担保证券）等	除一两个例外情形外，对衍生品市场进行广泛的监管，这既适用于私人间的交易市场，也适用于公开的交易所市场。它与左列的行动大体类似	放任不管
(14) 风险监控	指定一家机构专司监测系统性失灵的主要指标，例如高杠杆率、不动产和股票价格膨胀、资产负债错配和金融产品和机构的过快增长	同左列	放任不管
(15) 银行贷款	监管机构对贷款程序和台账状况进行审计和随机检查，审计、检查的重点是各客户群、各个行业的风险敞口集中度和国家风险敞口。监管者还应抑制过度的房地产贷款——见下文	同左列	放任不管

议程	极端规避风险	中间路线	极端冒险
(16) 准备金资产要求	重新导入法定准备金资产要求，规定各家银行在经济高涨即将到来时，必须向中央银行缴存一定数额的存款	同左列。这种做法曾是银行管理体制的构成之一，部分国家至今依然推行	对银行系统放任不管
(17) 银行的秘密储备或者审慎储备	银行可在经营良好时期提取部分利润作为秘密储备或审慎储备，以便银行在困顿时期能更好地渡过难关	同左列。这种做法曾是银行管理的内容之一	对银行系统放任不管
(18) 保护储户	将个人零售存款的政府担保额度提至极高的水平。国家应保护个人储户；批发储户也应保护。政府通过向银行征税获得担保资金	政府对个人零售储户存款的担保额设定上限。对批发性存款的担保比例则低得多。政府通过对银行征税筹集担保资金	放任不管
(19) 游说	游说可能禁绝吗？很可能不会	对遭遇游说的国会议员进行登记，对游说所涉利益进行公告、审计，并跟踪据以形成的议案。国会议员们不应投票决定游说过的事项	放任不管
(20) 监管	监管当局众多，但无一统揽监管全局。这是非常危险的，因为这意味着在各家监管机构的监管真空地带存在着巨大的监管漏洞	监管机构的数量可以增加，但监管的最终责任（并借此高居监管层级的顶端）必须由一家指定监管机构来承担，这个机构应为中央银行——但也不一定	放任不管
(21) 银行的国有化	对所有银行施行100%的国有化	读者可能认为银行的国有化是戏谑之谈。发达国家很少将此作为长期选择，但在部分欠发达市场，它是确保获得某种流动性的常规路径	放任不管

议程	极端规避风险	中间路线	极端冒险
(22) 投资银行及其自营交易	禁止自营交易。投资银行只能代理客户交易。如果它们要做自营，那就将自营业务剥离给另设的对冲基金	将自营部门剥离为一只与投资银行无关的独立的对冲基金。对冲基金可在股票市场上挂牌交易	放任不管
(23) 欧元	欧元区的疲弱成员退出单一货币区。这对资本市场产生巨大的短期冲击，但这种冲击终将平息	较疲弱的欧元区成员国采用"软欧元"。"软欧元"必须对当前的欧元即"硬欧元"贬值。也许这是疲弱的成员国退出欧元区的前奏	放任不管。但这极其冒险，除非紧缩政策发挥作用

　　需要特别指出，我们认为至关重要的议程是信用违约互换市场。投机企业可借助信用违约互换对某一债务工具发动卖空袭击，从而危及承担债务偿付义务的企业（或国家）的生存。就在撰写本章之前，对希腊信用违约互换的卖空袭击在七天内将希腊从债券市场的筹资成本从5％推高到16％。此间的原因在于，信用违约互换价格和实际的债券发行利率之间存在套利关系，套利行为理当而且的确推动着两者同步变动。设想一个类似场景，X公司正处在艰难时期，但完全有可能起死回生。由于急需筹集新的资金，X公司制订了债务发行计划。然而，一家投资银行听到相关谣言后得出的结论是，这家公司的生存面临严重威胁。于是，这家投资银行在信用违约互换市场大肆抛售X公司债券。由此产生的后果是，其他市场参与者会据此认为，这意味着X公司违约的可能性比此前预想的还要大。信用违约互换的承保成本上升，通过套利机制的传导，X公司的债务融资成本也会上升。但根据X公司的"救亡图存"方案，最初利率为5％的债券发行计划是可行的。但若信用违约互换的投机行为将X公司的债务成本推高，比如推至12％，那么X公司的生存就面临重大威胁。或许有人认为，这正是于资本主义自动发挥作用的另一标志。其他人可能会说，这似乎表明实体经济受驱于金融市场的投机活动。X公司的未来前景是依凭运气支撑，还是屈从于投机压力？我们曾在其他章节指出，对通用汽车公司（GM）和克莱斯勒公司的救助似乎表明，公司的命运部分决定于类似的短期

状况。

如果保险可用以对冲风险，如果信用违约互换是金融危机的罪魁祸首，并且今后可能再次祸国殃民，那我们不禁要质疑它存在的合理性。信用违约互换这一产品就好比一种核设施；我们希望法律禁止普通人携带核武器闲逛，那为什么银行可以拥有这些"核武器"呢？在加强金融监管、严防 2007—2008 年金融危机重演的全部论争中，这必定是最为紧迫的问题。剪报 17—1 强调了这一观点。

剪报 17—1 　　　　　　　　　　　　　　　《金融时报》2010 年 3 月 1 日

应该禁止无实体的信用违约互换交易

沃尔夫冈·明肖

我通常不大喜欢提议设禁。但我无法理解为何我们仍允许从事无须持有标的证券的信用违约互换（CDS）交易。特别是在目前遭受一系列投机性攻击的欧元区，全面禁止所谓的无实体 CDS 应该是自不待言的。

无实体 CDS 是那些大举押注欧洲各国政府（最近是希腊）的投机者所选择的攻击工具。美联储主席本·伯南克上周表示，美联储正在调查"高盛公司和其他公司与希腊的衍生产品安排中的有关问题"。他说，利用 CDS 来破坏一个政府的稳定是"事与愿违"的。但不幸的是，此举是合法的。

CDS 是由双方商定的场外交易合约。他们向打包的标的证券的买家提供保险，价值 1 000 万欧元的希腊政府债券就是典型的打包的标的证券之一。为防范违约风险，CDS 的买方向卖方缴付保费，保费的价值用基点标示。上个星期四，5 年期希腊国债的 CDS 合约报价为 394 个基点。这意味着为防范希腊政府违约，该合约的买家在 5 年期间每年须支付 39.4 万欧元的保费。如果希腊政府违约，CDS 的买家将获赔 1 000 万欧元或其他等值的外汇。但何为违约，法律的界定十分复杂。

购买无实体 CDS 意味着，你在为实际并未持有的债券进行投保。这是纯粹的投机赌博。无实体 CDS 不会带来任何社会福利或经济效益，即便"铁杆投机者"也同意这一点。特别是由于无实体 CDS 在所有 CDS 交易中占据很大比例，禁止无实体 CDS 交易和禁止抢劫银行一样具有充分的理由。

从经济方面考虑，信用违约互换属于保险产品的理由很简单，即它们为其购买者提供了标的证券违约风险的保险。在保险监管中广被接受的实践是，你只能为你实际拥有之物投保。保险不是赌博工具，而是投保人用以降低无法预料之风险的工具。即使是自由派的极端人士，也不会接受你为邻居的房子或老板的生命进行投保的做法。

从技术方面看，CDS的归类不是保险，而是互换合约，因为它们涉及现金流交换。CDS的游说者充分利用这些技术特征，力主维持现状。但这类说辞具有误导性。即使一张传统的保险合约也可视为互换合约，因为它也涉及现金流交换。但任何思维正常者都不会利用保险合约的这种类互换特征，作为保险业无须监管的理由。与保险合约不同，CDS是可交易合约——这一事实不会颠覆基本的经济逻辑。

现代金融产品的根本理念是复制其他更传统工具的支付流，同时提供更好的条件。售卖CDS合约就像购买债券，购买CDS合约是一种做空债券——或防范债券违约风险——的方式。但这不会改变的事实是：一旦剥离复杂的技术属性，你最终所得只是一份提供保险的产品——尽管它比一张标准的保险合约灵活得多。

一位游说者告知我的另一论调是，无实体CDS可让投资者更有效地对冲风险。这就好比说，抢劫银行会让抢劫犯获益良多。反对施行禁令的另一个公开理由是有禁难止。毫无疑问，禁止交易像CDS之类的复杂产品，必然会牵涉到吾辈评论员很可能会低估的技术复杂性。例如，可以想象的场景是，这一行业很快就会找到合法门径，规避禁令。然而，我们绝不能因为抢劫犯难以抓获，就考虑让抢劫银行的行为合法化。

那么，我们为何如此谨小慎微？根据我与监管机构和立法者的访谈——说得客气点——我怀疑他们不太了解这些产品，而且，要监管不能理解的产品，他们心存忌惮。他们明白，或自以为明白，对冲基金是什么。限制对冲基金是他们可向选民兜售之物。对冲基金不是此次危机的祸根，但它们在政治上是可以利用的把柄。禁止使用无人理解且词形难看的缩略语产品，似乎是费力不讨好的麻烦事。

我不想夸大实施禁令的理由。这种投机既不是全球金融危机的根本原因，也不是欧元区经济紧张的祸根。但无实体CDS对于金融体系动荡产生了重要而直接的作用，它们至今仍在发挥着作用。其股东和职员曾从公共纾困计划中受益的各家银行，正在利用 CDS 来豪赌政府债务违约。

政治上的响应在哪里？德国人希望将问题提交 20 国集团（G20）商议，他们不愿单方面采取任何行动。法国财长克里斯汀·拉加德的话最近广被征引，她说："我们正在从本轮危机中吸取的教训，肯定是重新审视主权（信用违约互换）的有效性和可靠性。"

重新审视？我不禁要问：第一次审视时，他们看了些啥?!

第二项主要议程涉及重新引入《格拉斯－斯蒂格尔法案》的利弊；该法案在其他规定之外，隔离了投资银行业务和商业银行业务。赞成重新引入该法案的群体担心，投资银行部门承担的风险体量太大，投资银行有能力挤占同一集团内部商业银行的业务。2007—2008 年的金融危机中就出现了这种情形。这里的赞同理由与表 17－1 第（3）项议程下的内容是彼此联系的。如果"大而不倒"的银行数量缩减，主张重新引入《格拉斯－斯蒂格尔法案》的论调也就无足轻重了。另一种方案是，拆分（第三项议程①）大型复杂银行可与分离商业银行、投资银行的业务协同推进。

影子银行系统是第四项待决议程。2007—2008 年金融危机爆发前夕，许多国家的影子银行都是不受监管的，但它们在本轮危机中危害不小。影子银行应予监管的理由是显而易见的，表达精炼的监管对策也很简单：如果影子银行看似一家银行，那就像监管银行一样监管它。

奖金问题是必须解决的第五大难题。本书前面的章节即已指出，华尔街和伦敦金融城显然广泛存在过度风险承担行为和负盈不负亏的扭曲奖金体制。我们认为，银行与其坐等，不如自己解决这个问题；如果它们解决不了，各国政府必定应该介入。银行有大量充裕的时间来设计一种不再非对称性地奖赏系统性风险制造者的奖金制度。鉴于它们没有做此设计，现在该由监管机构来承担这一职责了。那么，应该采用何种方案呢？在推行盯市会计准则之前，业界通行现实性、稳健性两大会计原则。它们各是什么呢？一般而言，现实性原则涉

---

① 原文用"next"等词汇暗示诸多议程的次序。为符合中文表达习惯，译文根据表 17－1 添加了对应序号——译者注。

及利润实现问题；这一原则认为，一旦完成销售或交易，通常就应计为利润实现。稳健性理念认为，所有损失——无论是已经造成的损失，还是尚未发生的损失——都必须在利润中冲抵。银行（及其他机构）应根据会计中的现实性原则和审慎性原则，计算总利润中应该计发的奖金额。如果重新使用这些方法计算奖金额，则由此发放的奖金会更合理。当然，现实性原则要求必须与第三方进行真实交易——而非进行回购型交易。记得回购协议吗？第12章雷曼兄弟的案例研究曾提到过回购协议。简而言之，在计算奖金时，应摒弃盯市会计准则；而且，不仅金融机构应该如此，所有工商企业也应如此。这样，银行和企业就能设立一个奖金池，并在职员之间进行奖金分配，高管们就可根据员工的贡献给予相应的奖金。按照部分最大的薪酬总额来度量，我们不得不说，要计提3亿美元的奖金是有相当难度的。故而，人们从未看到理查德·福尔德开心过：姑且接受并且享受3 000万美元的奖金吧，另外2.7亿美元奖金的效用不可能有那么大——如此想法，纯属自欺欺人。

在结束奖金问题之前，还需考虑的议题是，国际社会是否应当对截至2007年的三年期间所发放的全部银行奖金进行协同一致的税收追溯（第六项议程）？应税奖金的起征点或许应为每年100万美元。当然，随着时间的流逝，这种税收能够征取的可能性越来越小。

第七项议程事关评级机构。2007—2008年金融危机爆发前，由于明显的利益冲突的负面影响，它们的执业表现糟糕透顶。我们无法想象的是，它们的庸懦无能仍将再现。因此，完善对评级机构的监管具有充足的理由。我们在"极端规避风险"列中提出的国有化可能不是一个备选项，但要想恢复人们对金融系统的信心，定期随机审查评级机构的评级体系和决策标准肯定大有裨益。对评级机构和/或评级结果的使用者征税可以满足此类审计的付费要求。

征收救助税（第八项议程）是表17－1中尚无定论的另一备选项。如果银行继续承担极高的风险，实行这一政策的可能性就越大，因为在风险高企的背景下人们越有可能呼吁征收救助税。查阅表17－1可知，第九大议程是次级借贷。我们唯愿各界吸取了新近危机的深刻教训，但若轻信各界会铭记教训，必定会自取其辱。根据表中所设定的标准，监管当局应该能以相对较低的成本轻松自如地实施某些监管。

证券化尤其是次级贷款和信用违约互换的证券化（第十项议程），在2007—2008的金融危机中危害甚巨。从表17-1中可知，要力避将低质量的资产纳入证券化的混合资产，其实是很容易做到的。这一做法的基本要求是证券化资产的创设银行共担风险。换言之，创设银行必须留存一定比例的证券化混合资产。这一比例可能是10%～15%，也就是用于证券化的资产占比只有85%～90%。然而，还有更好的选择：鉴于危机爆发前，债务担保证券（CDO）之标的资产的质量极差，种类庞杂（包括商业抵押贷款、住宅抵押贷款、信用卡债务、汽车贷款、学生贷款等，且多为次级贷款），一些评论员提议禁止发行证券化资产，或至少应提高证券化资产的标准化程度和透明度（如果可能的话）——参阅鲁比尼和米姆[15]。

在危机中，会计准则（第十一项议程）当然不是毫无咎责。尽管银行和其他金融机构公开表达了若干担忧和保留立场，盯市计值的会计准则仍被强硬推行。它们明确表示的担忧是，盯市计值法将导致利润和股东权益的大幅波动，从而意味着在市场触底、股价最低时，股东必须出资配股。我们猜测，盯市计值法不会废除，但我们仍为银行的财务报告担忧。此外，当尚未实现的利润（变成现金和应收账款）计入损益表，进而计入资产负债表中的价值时，必然会产生众多担忧。从简便可行的角度看，我们有充足的理由要求禁止大量的报表粉饰行为、表外会计处理，并将所有的结构化投资机构及类似机构的账目并表。

此外，提高对所有银行和类似银行的金融机构（影子银行机构）的各种比率控制要求（第十二项议程），也是值得认真考虑的。

衍生品（第十三项议程）是危险的。它们既可用于转移风险，也可用以承担风险。如果想要驯服这些狂野动物，就必须付出更多的努力。值得考虑的做法是推行这样一种体制：先对所有衍生品（最简单者例外）交易采用金融期货的交易规则，再将衍生品纳入交易所集中交易，交易双方都与居间的清算所签订合约，并根据实时盯市规则设定保证金要求。

组建一家风险监控机构（第十四项议程），专司监测潜在的系统性失灵领域，是大有裨益的。制定一套程序，定期随机审计银行的贷款台账（第十五项议程），也是如此。

笔者在60年代（我曾经多次被逼向比我更幽默风趣的学生们解释，这是指20世纪60年代，而不是19世纪60年代）取得了注册会计师资格，至今仍然记得当时银行运营普遍具备的两大特征。它们是表17—1中的第（16）项和第（17）项，亦即银行的法定准备金资产要求和审慎准备金（又称秘密储备）要求，表中概述了它们的作用机理。前者通过强制银行向中央银行缴纳一定比例的存款、降低它们的放贷能力，让各国政府可随时拿走"嗜酒过度"的银行手中的"什锦酒杯"；后一建议则准许银行提取部分收益用做秘密储备，以便在利润丰厚时期积累储备，应对不测之需。这是利润跨期平滑的方式之一吗？是的，但它也是一项审慎政策。

毫无疑问，政府担保可在某一特定比例上保护小额存款人，对大额存款人的保护也是如此。我们在爱尔兰银行的案例研究中指出，大多数国家已经建立了这样的存款人保护体制（第十八项议程），而且担保比例可以高达存款的100%。

银行对政治家的游说（第十九项议程）显得特别重要，在美国且专门针对共和党的游说尤其如此。因此，一国不能立法禁止游说，但为此必须建立极其完备的游说登记制。

表17—1中还标列了其他两项议程。我们认为，要避免界限模糊的多头监管，就应设立一家统摄全局的监管机构（第二十项议程）。一国设有授权范围不同的众多监管机构，但未设立一家机构统领监管全局，那迟早是要出问题的。在英国，各家监管机构至今仍在吵嚷不休的是，究竟是哪家监管机构失职，从而导致2007—2008年金融危机爆发前没有任何机构发出预警讯号。赋予中央银行以统揽职责很可能是最明智的方法，中央银行比其他监管机构更加了解各种经济事件，而且它们通常对金融体系具有重大影响。

在我们的议程清单中，银行国有化（第二十一项议程）被单独列出。这绝非戏谑之谈。在美国、英国、法国、荷兰、德国等国家，实行银行国有化几乎毫无裨益，但在欠发达国家，银行国有化作为获得大量流动性流量的长期方法，却是值得认真考虑的重要议程。

此外，值得考虑的另一监管是防止投资银行从事自营交易（第二十二项议程），也就是用自己的账户自行买卖，而非代理客户交易。如果它们意欲从事自营交易，那就将这类交易业务剥离给一家独立实体——该实体不由投资银行拥有，这在事实上是单独设立一家对冲基金。如果它是一家上市的实体，投资者可通过购买股票向该实体投资。此类业务不会取得任何支持或需要最后贷款人的支撑。

在前面的第 16 章中，我们指出了欧元区的问题（第二十三项议程），并针对其当前的紧迫问题提出了各种解决方案。表 17－1 重申了这些方案。

解决上述议程后，政府面临的主要问题之一是它们的退出策略：它们为解决问题投放了大量资金，由此引发了诸多难题，例如：

（1）**巨额预算赤字**。经济一旦复苏，就必须消除这些财政赤字。

（2）**公共债务状况严重恶化**。这一难题，从长远看是持续的偿债义务；对部分国家而言，它是潜在的债务管理困境；它最糟糕的情形是债务违约。

（3）**大量未清偿的政府和中央银行贷款**。这反映了已经向信贷市场提供支持的力度，这些贷款可在适当时候售让给金融体系中的其他机构。

（4）**范围广泛的担保**。这些政府担保相当于政府的公共债务，必须逐步解除。与此同时，这些担保应该吸引了很多现实价格。

（5）**部分银行系统国有化**。一旦市场环境改善，可向投资者出售这些用于银行国有化的投资。

但在短期内，各国政府必须扩大财政收入，主要方式包括：增加税收，减少各种补贴，实行紧缩政策，或有的本币贬值（在最糟糕时实行，但必须避免保护主义），削减公共部门开支，重新规划重大基础设施项目，削减半官方机构，实施政府所有企业和财产的私有化，以及采取其他多种举措。当然，当读者阅读本书时，表 17－1 中提出的部分——甚至全部——议程或已通过了相关立法。

既往的历次危机对于推动全球力量变化具有重大影响。正如哈罗德·詹姆斯（Harold James）所言，大萧条加速了英国的没落和美国的崛起[16]。本轮危机会促进远东的突起与美国的衰落吗？这一问题显然尚无定论，但的确值得深思。

最后，我们转向另一重大问题。经典的侦探小说在故事收尾之前，侦探一般都会揭晓谁是真凶。现在，我们希望各位已经做出自己的决断。而且，在阅读阿加莎·克里斯蒂（Agatha Christie）著名的推理小说时（我们不说出故事名，以免与你正在捧读的故事雷同）①，我们的大脑（小灰质细胞）已经得出了结论。谁是本轮危机的真凶呢？是各国政府，是个人借款者——你或许还有我，是各家银行，是次级贷款的借贷双方，是所有的监管机构，是他们制造了危机。我们遗漏了前科累累的嫌疑犯吗？谁是罪魁祸首？你的推测是银行家和各国政府吗？笔者就是这么认为的。银行家们拥有自我毁灭的武器——信用违约互换。而且，全球各国政府利用宽松有利的经济环境，精心制造经济繁荣，并在相当长的时期刻意维持经济繁荣——恰如美国政府在华尔街崩盘和大萧条爆发之前的所作所为。各国政府何时才会彰往察来，以史为鉴呢？

---

① 阿加莎·克里斯蒂（1890—1976）是英国著名女侦探小说家、剧作家、三大推理文学宗师之一，《东方快车谋杀案》和《尼罗河谋杀案》是她的代表作——译者注。

后　记

1. 导言

任何试图预测当代若干历史事件发展趋势的著述，都不可避免地必须承担事与愿违的风险。本书也不例外，故而有此简要后记。后记着力阐述本书正文撰写之际发生的四个重大事件以及欧元区的最新动向。四个重大事件按时序依次为：

(1) 美国的《多德－弗兰克华尔街改革和消费者保护法案》（2010 年 6 月）

(2) 欧洲银行业的压力测试（2010 年 7 月）

(3) 巴塞尔协议 III（2010 年 9 月）

(4) 爱尔兰银行的最新动向（2010 年 9 月）

我们先解读上述四大事件，再专论（5）欧元区的危机。

2.《多德－弗兰克法案》

该法案由美国众议院议员巴尼·弗兰克（Barney Frank）和参议院银行委员会委员克瑞斯·多德（Chris Dodd）提出，2010 年 7 月 21 日由巴拉克·奥巴马签署为法律。

金融危机导致人们普遍呼吁改革美国的监管体系。2009 年 6 月，奥巴马提出的一份建议主张"对美国金融体系进行影响深远的彻底改革，实行在大萧条之后所有改革中前所未有的大规模改组"。奥巴马总统初始提议的主要内容包括：

（1）合并金融监管机构，取消对国民储蓄机构的特许权；建立新的监察委员会，专司评估系统性风险；

（2）对金融市场进行全面监管，包括提高金融衍生品的透明度（也就是将金融衍生品纳入交易所的场内交易）；

（3）实行消费者保护改革，包括建立新的消费者保护机构，统一普通金融商品的标准，同时加强对投资者的保护；

（4）构建应对金融危机的工具箱，其中包括：完善现有的联邦存款保险公司的结构，考虑为破产企业提供有序缓冲，并提议美国财政部在紧急情况下授权美联储扩大信用；

（5）多策并举完善国际标准、增进国际合作，其中包括改进会计准则、加强对信用评级机构的监管等建议。

2010年1月，奥巴马总统还将沃克尔规则纳入上述建议。沃克尔规则禁止存款类银行从事自营交易（也就是为自身利益而交易），但允许它们在套期保值交易之外，将不超过一级资本3%的资金投资于私募基金和对冲基金。

这项立法的公开目标是"通过提高金融体系的问责制与透明度，促进美国的金融稳定；化解'大而不倒'难题；停止救助银行以保护美国纳税人；保护美国消费者免受欺诈性金融服务业务之害，以及其他目的"。《多德－弗兰克法案》则旨在设立严格的监管标准、执行严格的监管，以保护美国经济及美国消费者、投资者及工商企业；终止动用纳税人资金救助金融机构，为经济稳定提供先进的预警体系，建立高管薪酬及公司治理的若干规则，修补导致金融危机的若干漏洞。为此，美国增设了数家金融监管机构，这些新设及拟设的监管机构均须定期向国会报告。新设立的监管机构包括金融稳定监察委员会、金融研究办公室及消费者金融保护局。

储蓄机构监理局将被废止，它的职责移交给其他机构，包括联邦存款保险公司和美联储。一些非银行金融机构也交由美联储监管。

该法案中的绝大部分条款将在美国总统签署法案之日起的18个月后生

效。这一时间跨度反映了正式制定各种具体实施规则的实际需要，这些规则包括：

（1）**消费者保护**。这是新创设的消费者金融保护局的职责，它必须对违规推销抵押贷款、信用卡及其他贷款实施处罚。

（2）**衍生品交易**。衍生品的柜台交易必须转变为以中央清算所为中央对手，纳入电子化的交易所集中交易，以提高其透明度。非金融类公司用以对冲风险的衍生品合约可以例外。各类银行必须将衍生品交易部门剥离给附属机构。

（3）**问题机构处置**。一旦某家金融机构行将倒闭，并危及整个金融体系稳定，美国政府必须接管这家金融机构，并对其进行清盘处理。该机构的原有股东应予遣散，经理层应予解雇；政府承担对该机构债权人的偿付义务，但通过向银行业征税来筹集债务偿付资金。

（4）**系统性风险监管**。由监管机构组成、财政部牵头的金融稳定监察委员会负责识别系统重要性金融机构，并监控市场泡沫。被认定的系统重要性金融机构必须执行更为严格的资本充足率、杠杆率和流动性比率标准，还必须订立用以防范机构倒闭的"生前遗嘱"。

（5）**沃克尔规则**。商业银行必须剥离其自营交易部门，但可为此创设独立的对冲基金和私募股权投资公司。美联储前主席保罗·沃克尔发现，享有政府存款保险的商业银行不宜从事带有赌博性质的金融业务，沃克尔规则即由此而来。

（6）**对银行课税**。美国政府决定，在未来五年内，对资产超过 500 亿美元的银行和资产超过 100 亿美元的对冲基金课税 190 亿美元。课税依据是大型金融机构引致的风险权重，故而大型互助基金的税负比小型对冲基金轻，理由在于它的经营风险显然较低。此类课税旨在弥补预算资金之不足，由此征得的资金还将用于缓解财政赤字。

《多德－弗兰克法案》的复杂性在于，仅衍生品就需制定 100 多项专门规则。因此，在 2011 年 7 月前，监管机构必须制定众多实施细则。就衍生品而言，待决事项包括：

（1）谁有资格担任互换交易商？在互换交易中，银行、石油集团的衍生品交易部门、小型贸易企业各自的分工是什么？从事互换交易必须保有多少资本？

（2）何种类型的互换应予清算？监管机构或将对主要金融工具或各种金融工具进行强制清算，也可能酌情决定清算与否。同时，银行可以设立清算所吗？

（3）能否进行电话交易，抑或全部采用电子交易？大宗交易必须立即报告吗？多大范围的交易信息必须公告？

（4）互换交易商和投资者应向监管机构报送多少数据？报送的时效应有多快？谁将获取并使用这些数据？

显然，监管机构任重而道远。

有趣的是，《多德－弗兰克法案》包含诸多鼓励检举的条款，这一激励将使检举者挣到数百万美元的奖金，还将诱使人们更多地指控美国的上市公司和华尔街银行。美国证券交易委员会预计，在潜在的七位数奖金的重赏之下，来自公司高级雇员及第三方的揭秘举报将大量增多。

3. 欧洲银行业的压力测试

2010 年 7 月，欧洲银行监管委员会对 91 家欧洲银行进行压力测试，以便掌握在经济二次探底，且增速比欧盟的预测还低 3%——这是相当温和的衰退——的情景下，这 91 家银行将面临何种结局。测试的好消息是，84 家银行通过了压力测试。在这一压力情景下，所有的欧洲大银行在 2010—2011 财年将蒙受 5 660 亿欧元的损失，但它们都通过了测试。未通过测试的 7 家银行，要么是正在破产的银行，要么是西班牙和希腊的弱小银行。

然而，欧洲银行监管委员会仅对交易账簿进行了测试，而未解决欧洲银行部门的主权债务的风险敞口问题。因而，监管机构假定欧洲主权国家都不会违约——在欧元区债务危机愈演愈烈之时，这一假定不仅大胆，更兼莽钝之至。

为使一级资本充足率达到至少 6%，七家没有通过压力测试的欧洲银行必须增募资本金，或已经开始增募资本金。一年前，美国对 19 家银行进行了压力测试，其中 10 家银行未通过测试，并被要求追加认缴 750 亿美元的资本金。

欧洲实行压力测试的主要目的是为了消解银行部门稳健性方面的不确定

性。但在过于宽松的假设条件下，这种压力测试能否暴露新的问题令人质疑。

4.《巴塞尔协议 III》的资本要求

新巴塞尔协议（即《巴塞尔协议 III》）发布于 2010 年 9 月，它要求银行必须依据风险加权资产的一定比例，保有更多的资本金。图 A－1 列示了一些主要的资本金要求。

普通股本（各项扣减后）占风险加权资产的比例

	《巴塞尔协议 II》	《巴塞尔协议 III》
最低普通股 强制规定。银行必须达到这一资本水平。 否则，不得开业	2.0%	4.5%
储备资本缓冲 不是银行运营的必备条件。但最低普通股比率与储备资本缓冲比率之和低于 7% 的银行，将限制股利分配及奖金发放。监管机构希望银行能达到这一比率		2.5%
逆周期资本缓冲 细则不详。由各国监管机构在市场火爆时执行，以缓冲泡沫破灭的负面效应		0~2.5%
系统重要性机构的额外缓冲 特大型银行极易诱发全球性风险，此举是为消解这一风险而提供考虑的建议之一。一旦采纳这一建议，大型银行将额外增加 1%~2% 的资本缓冲		1%~2%

图 A－1　《巴塞尔协议 III》的资本金要求

资料来源：《金融时报》，2010 年 9 月 13 日。

除了新的资本金要求外，核心一级资本的认定更加严格，剔除了此前曾得到认可的递延所得税资产等顶级资本。因此，新的核心一级资本基本上由普通股和留成收益构成。

颇有意思的是，新的实施规则并未切中银行高管们最大的痛楚，即在2012 年底之前强制施行《巴塞尔协议 III》。相反，新的资本金要求直到 2019年 1 月 1 日方完全生效，在此之前银行尚有足够的适应余地——见图 A－2。看来，银行部门的游说再获厚报。

毫不奇怪的是，笔者力挺的观点是，各类资产的风险赋权理念存在重大缺陷——除非低等级的证券化债务具有 100% 的流动性资产支撑。

普通股本比例（%）

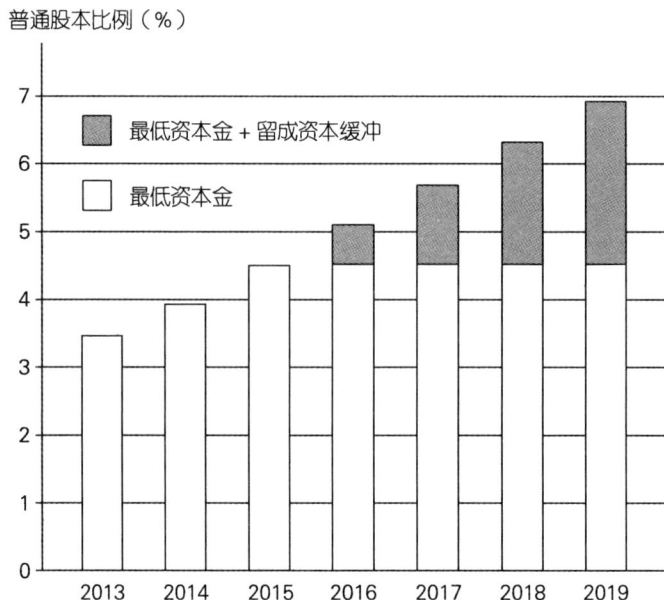

图 A－2 《巴塞尔协议 III》的实施时间表

资料来源：《金融时报》，2010 年 9 月 13 日。

5. 爱尔兰银行的最新动向

2010 年 9 月底，爱尔兰财政部长布赖恩·勒尼汉向外界提供了爱尔兰银行的最新动向，但情势并不令人乐观。爱尔兰决定向其羸弱不堪的金融部门进一步注入资本，原因在于，人们日益担心爱尔兰银行的救助总成本将高达 500 亿欧元（430 亿英镑），比该国 2009 年的国民收入高出 1／3。

除已采取的一系列紧缩措施外，爱尔兰政府承诺继续加大力度缩减公共支出。这位财政部长承认，要清理房地产推动的虚假经济繁荣所留下的乱摊子，必定要付出巨大的代价。他说，该国已向银行和住房互助协会注资大约 326 亿欧元。他还补充道，盎格鲁爱尔兰银行需追加注资 64 亿欧元，其中新增的 50 亿欧元是为了防止意外损失；爱尔兰全国住房互助协会需要再次注资 27 亿欧元。爱尔兰银行危机会就此终结吗？当然不会。因为，消解危机还须仰仗欧盟和／或国际货币基金组织的一揽子救助方案。否则，干脆退出欧元区。

6. 欧元区危机

除第16章的详述外，这里附加两个插图来概要说明欧元区的经济窘境。第一个插图即图A—3是欧洲委员会对各成员国2010年财政赤字的预测；从图中可知，"欧猪四国"（即葡萄牙、意大利、希腊和西班牙）赤字的严重程度不言自明。第二个插图即图A—4刻画了若干货币在2010年初的实际有效汇率。各位读者应该记得，实际有效汇率可以反映一国货币高估或低估的程度。之所以如此，那是因为一国的通胀率相对较高，且未被本币汇率的对外贬值所抵消；反之，亦然。例如，根据图A—4可知，如果爱尔兰决定恢复本国原来的货币爱尔兰镑（而不是欧元），那么要使它与其他欧元区国家保持一致，爱尔兰镑必须贬值13％。类似地，西班牙的本币必须贬值大约11％；相反，德国的货币必须升值大约5％。

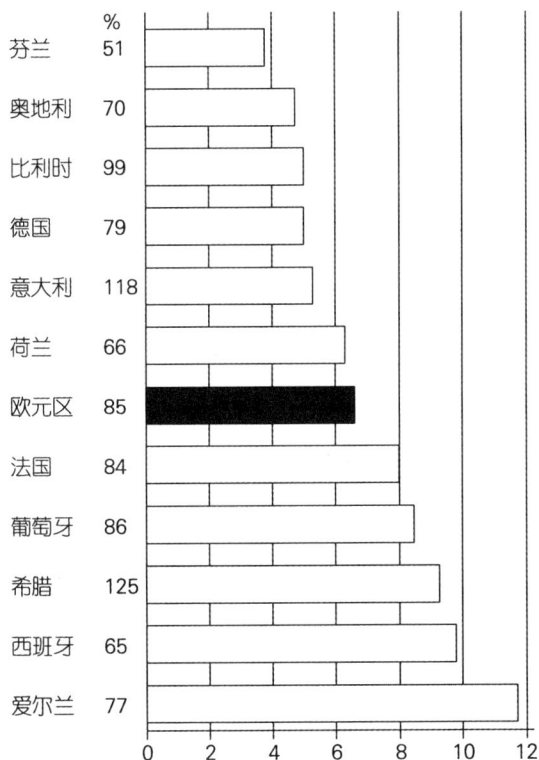

图A—3 欧元区成员国财政赤字占GDP的百分比（2010年预测数）

资料来源：欧洲委员会及《经济学人》。

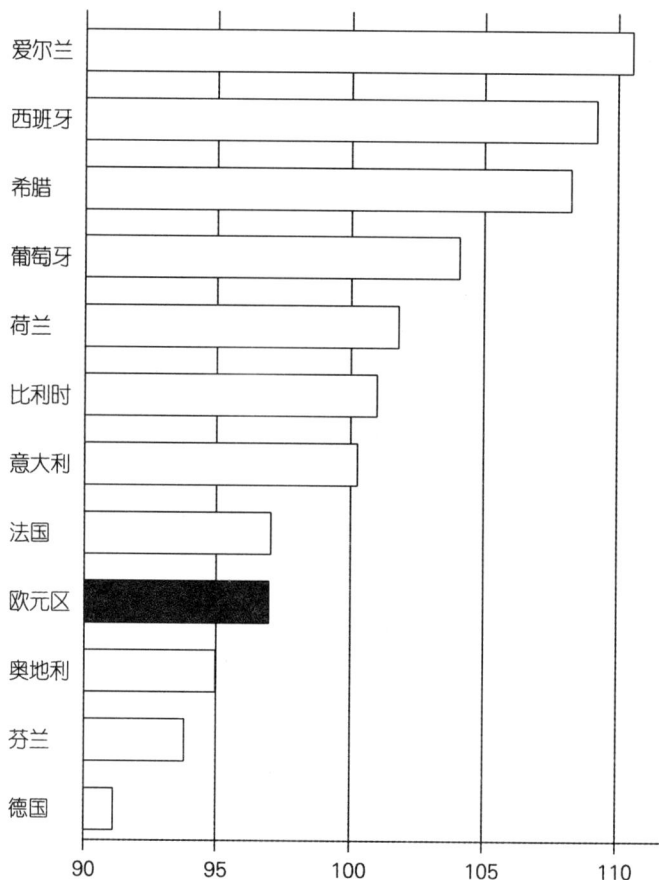

图 A—4 2010 年第一季度（Q1）欧元区的实际有效汇率（1999 年 Q1＝100）

资料来源：欧洲中央银行及《经济学人》。

如果有人据此判定，欧元区已陷入危机，笔者自当赞同。如果有人据此断定，欧元来日（来年）无多，笔者亦深表同意。问题在于，欧元已经存续了多久？欧元区隐藏的点点星火，很可能燎燃为一场全新的金融火海。

7. 结束语

金融危机爆发后，各国立法者迅疾推动了一些重大变革。但在本书撰写之际，他们仍未拔掉可能引爆隐形炸弹的关键导火索，这就是信用违约互换。当下的隐患关乎主权债务，与次级抵押贷款无涉，但它会助长火势，引发弥天灾难。为此，祈愿现在采取行动，在为时不太晚之前断然采取行动。在笔者撰写本书时，有关国家制订了一揽子救助方案，以力避主权债务违约，这一举动本身又是为了避免银行因提供主权债务违约互换而蒙受更大的损失。

注　释

第 1 章　2007—2008 年金融危机回顾

1. Viral Acharya and Mathew Richardson, *Restoring Financial Stability*, John Wiley and Sons, Inc. , 2009

2. Paul Mason, *Meltdown*, Verso, 2009

3. Vince Cable, *The Storm*, Atlantic Books, 2009

第 2 章　政府与金融危机

1. Thomas Hobbes, *Leviathan*, Oxford World's Classics, 2008（first published 1651）

2. Thomas Hobbes, *Leviathan*, Oxford World's Classics, 2008（first published 1651）

3. Jean-Jacques Rousseau, *The Social Contract*, Oxford World's Classics, 2008（first published1762）

4. Charles Kindleberger, *Manias, Panics, and Crashes*, 3rd edition, John Wiley and Sons, Inc. , 1996（5th edition by Charles P. Kindleberger and Robert Z. Aliber）

5. Carmen M. Reinhart and Kenneth S. Rogoff, *This Time is Different*,

Princeton University Press，2009

6. Simon Johnson, 'The Quiet Coup', *The Atlantic Magazine*, May 2009

7. Simon Johnson and James Kwak, 13 *Bankers*, Pantheon Books, 2010

8. Simon Johnson and James Kwak, 13 *Bankers*, Pantheon Books, 2010

9. Simon Johnson, 'The Quiet Coup', *The Atlantic Magazine*, May 2009

第3章 个人理财、住房与金融危机

1. Raghuram G. Rajan, *Fault Lines*, Princeton University Press, 2010

第4章 银行的业务

1. Philip Auger, *The Creed Merchants*, Penguin Croup, 2005

2. John Kay, 'What a Carve Up', *Financial Times*, 1/2 August 2009

3. Frank Partnoy, *F. I. A. S. C. O*, Profile Books, 1997

4. Geraint Anderson, *Cityboy*, Headline Publishing Group, 2008

5. Robin L. Marris, *The Economic Theory of Managerial Capitalism*, Macmillan, 1964

6. Quoted from Robin L. Marris, 'Profitability and Growth in the Individual Firm', *Business Ratios*, Spring 1967

7. Frank Partnoy, *F. I. A. S. C. O*, Profile Books, 1997

8. Michael Lewis, *Liar's Poker*, Hodder and Stoughton, 1989

9. Geraint Anderson, *Cityboy*, Headline Publishing Group, 2008

10. Seth Freeman, *Binge Trading*, Penguin, 2009

11. Tetsuya Ishikawa, *How I Caused the Credit Crunch*, Icon Books, 2009

12. William Golding, *Lord of the Flies*, Faber and Faber, 1954

13. Satyajit Das, Traders, *Guns & Money*, Revised edition, FT Prentice Hall, 2010

14. Kevin Dowd and Martin Hutchinson, *Alchemists of Loss*, Wiley, 2010

15. Laurence Kotlikoff, *Jimmy Stewart is Dead*, Wiley, 2010

16. Tim Congdon, 'Central Banking in a Free Society', Institute of Economic Affairs, Monographs, Hobart Paper 166, 2009

第 5 章 次级贷款的贷款人与借款人

1. Richard Bitner, *Confessions of a Subprime Lender*, John Wiley and Sons, Inc., 2008

2. Frank Partnoy, *F. I. A. S. C. O*, Profile Books, 1997

第 6 章 信用违约互换与有毒资产

1. John Kenneth Galbraith, *A Short History of Financial Euphoria*, Whittle Books, 1990

2. Larry McDonald, *A Colossal Failure of Common Sense*, Ebury Press, 2009

3. John C. Hull, *Risk Management and Financial Institutions*, 2nd edition, Pearson, 2007

4. Gillian Tett, *Fool's Cold*, Little Brown, 2009

5. Felix Salmon, 'Recipe for Disaster: The Formula that Killed Wall Street', *Wired Magazine*, 23 February 2009

6. David X. Li, 'On Default Correlation: A Copula Function Approach', *Journal of Fixed Income*, 9, pp 43—54, 2000

7. Simon Johnson and James Kwak, 13 *Bankers*, Pantheon Books, 2010

8. Frank Partnoy, *F. I. A. S. C. O*, Profile-Books, 1997

9. Benoit B. Mandelbrot, *The (Mis) Behaviour of Markets*, Profile Books, 2005

10. Nassim Nicholas Taleb, *The Black Swan*, Penguin Group, 2008

11. Pablo Triana, *Lecturing Birds on Flying*, John Wiley and Sons, Inc., 2009

12. International Monetary Fund, *Global Financial Stability Report*,

IMF Publications, April 2010

13. John Cassidy, *How Markets Fail*, Penguin Group, 2009

14. Michael Lewis, *The Big Short*, Penguin Group, 2010

第 7 章　银行贷款与控制系统

1. Roger H. Hale, *Credit Analysis*, John Wiley and Sons, Inc. , 1983

2. Michael Hammer and James Champy, *Reengineering the Corporation*, Harper Collins, 1993

3. Benoit B. Mandelbrot, *The (Mis) Behaviour of Markets*, Profile Books, 2005

4. Nassim Nicholas Taleb, *The Black Swan*, Penguin Group, 2008

5. Pablo Triana, *Lecturing Birds on Flying*, John Wiley and Sons, Inc. , 2009

6. Yves Smith, *Econned*, Palgrave Macmillan, 2010

第 8 章　金融监管

1. Charles P. Kindleberger, *Manias, Panics, and Crashes*, 3rd edition, John Wiley and Sons, Inc. , 1996

2. Carmen M. Reinhart and Kenneth S. Rogoff, *This Time is Different*, Princeton University Press, 2009

3. Nouriel Roubini and Stephen Mihm, *Crisis Economics*, Allen Lane, 2010

第 9 章　经济周期、繁荣、萧条、泡沫与欺诈

1. In fact, real returns have varied. Looking at actual achieved returns from Treasury bonds and gilt edged securities, real returns in the USA and UK both achieved around 1 per cent over the last century. However, real returns pre-1980 were very low—not even 0. 5 per cent—and post-1980 they were much higher (nearer 3 per cent) . These data are extracted from Elroy

Dimson, Paul Marsh and Mike Staunton, *Triumph of the Optimists*, 2002, Princeton University Press. Elsewhere (see Jeremy j. Siegel *Stocks for the Long Run*, 4th edition, McGraw Hill, 2008) real returns for the USA are recorded as around 1 per cent for the period from World War II to 2006, again with much higher real returns from the mid-1980s to 2006. Siegel records real returns from government fixed-interest investment from 1871 to 2006 at just above 2 per cent. If we were to look at index-linked government securities, our figure of 1 to 2 per cent is about right.

2. This accords with Irving Fisher, *The Theory of Interest*, Augustus M. Kelley, 1930

3. John Maynard Keynes, *The General Theory of Employment*, *Interest and Money*, Macmillan Paperback,! 964 (first published in 1936)

4. D. R. Myddelton, *They Meant Well*, Institute of Economic Affairs, 2007

5. George A. Akerlof and Robert J. Shiller, *Animal Spirits*, Princeton University Press, 2009

6. John G. Matsusaka and Argia M. Sbordone, 'Consumer Confidence and Economic Fluctuations', *Economic Inquiry*, 33 (2), 1995

7. Charles P. Kindleberger, *Manias*, *Panics*, *and Crashes*, 3rd edition, John Wiley and Sons, Inc. , 1996

8. Hyman P. Minsky, *Stabilizing an Unstable Economy*, McGraw Hill, 2008 (first published by Yale University Press, 1986)

9. Stephen Vines, *Market Panic*, 2nd edition, John Wiley and Sons (Asia Pte) Ltd. , 2009

10. John P. Calverley, *When Bubbles Burst*, Nicholas Brealey, 2009

11. Stephen Vines, *Market Panic*, 2nd edition, John Wiley and Sons (Asia Pte) Ltd. , 2009

12. Stephen Vines, *Market Panic*, 2nd edition, John Wiley and Sons (Asia Pte) Ltd. , 2009

13. Frederic Mishkin, 'Not all Bubbles Present a Risk to the Economy', *Financial Times*, 9 November 2009

14. Charles Mackay, *Extraordinary Popular Delusions and the Madness of Crowds*, Wordsworth Editions Limited, 1995 (first published 1841)

15. Charles P. Kindleberger, *Manias, Panics, and Crashes*, 3rd edition, John Wiley and Sons, Inc. , 1996

16. Charles P. Kindleberger, *Manias, Panics, and Crashes*, 3rd edition, John Wiley and Sons, Inc. , 1996

17. Bethany McLean and Peter Elkind, *The Smartest Guys in the Room*, Penguin Books, 2004

18. Mimi Swartz and Sherron Watkins, *Power Failure*, Doubleday paperback edition, 2004

19. Howard M. Schilit and Jeremy Perler, *Financial Shenanigans*, 3rd edition, McGraw Hill, 2010

20. Edward Chancellor, *Devil Take the Hindmost*, Penguin Group, 1999

21. Niall Ferguson, *The Ascent of Money*, Penguin Group, 2008

22. Harry Markopolos, *No One Would Listen*, John Wiley and Sons, Inc. , 2010.

23. Erin Arvedlund, *Madoff: The Man who Stole $65 billion*, Penguin, 2009

第 10 章　金融理论

1. Niall Ferguson, *The Ascent of Money*, Penguin Group, 2008

2. Bethany McLean and Peter Elkind, *The Smartest Guys in the Room*, Penguin Books, 2004

3. Mimi Swartz and Sherron Watkins, *Power Failure*, Doubleday paperback edition, 2004

4. Howard M. Schilit and Jeremy Perler, *Financial Shenanigans*, 3rd edition, McGraw Hill, 2010

5. Eugene Fama and Kenneth French, 'The Cross-Section of Expected Stock Returns', Journal of Finance, 47 (2), June 1992

6. Robert A. Haugen, *The New Finance*, 4th edition, Prentice Hall, 2010

7. Benjamin Graham and David L. Dodd, *Security Analysis*, McGraw Hill, 1934. More recent edition by Benjamin Graham, David L. Dodd, Sidney Cottle and Charles Tatham, McGraw Hill

8. Frank H. Knight, *Risk, Uncertainty and Profit*, (first published in 1921), Harper Torchbooks, New York 1965.

9. Nouriel Roubini and Stephen Mihm, *Crisis Economics*, Allen Lane, 2010

10. Benoit B. Mandelbrot, *The (Mis) Behaviour of Markets*, Profile Books, 2005.

11. Pablo Triana, *Lecturing Birds on Flying*, John Wiley and Sons, Inc. , 2009

12. John Lanchester, *Whoops*, Penguin Croup, 2010

13. Fischer Black and Myron Scholes, The Pricing of Options and Corporate Liabilities', *journal of Political Economy*, 81 (3), pp 637 — 59, 1973

14. Nassim Nicholas Taleb, *The Black Swan*, Penguin Croup, 2008

15. Pablo Triana, *Lecturing Birds on Flying*, John Wiley and Sons, Inc. , 2009

16. Robert Haugen and Nardin Baker, 'Commonality in the Determinants of Expected Stock Returns', *Journal of Financial Economics*, pp 401 — 39, 1996

17. S. Benartzi and R. Thaler, 'Myopic Loss Aversion and the Equity Premium Puzzle', *Quarterly Journal of Economics*, 110 (1) pp 73 — 92, 1995

18. Brad M. Barber and Terrance Odean, 'The Courage of Misguided

Convictions', *Financial Analysts Journal*, 55, November-December, pp 41 —55, 1999

19. D. Kahneman and A. Tversky, 'On the Psychology *of* Prediction', *Psychological Review*, 80, pp 237 — 51, 1973 and D. Kahneman and A. Tversky, 'Prospect Theory: An Analysis of Decisions Under Risk', *Econometrica*, 47, pp 263—91, 1979

20. R. H. Thaler (ed.), *Advances in Behavioural Finance*, Volume II, Princeton, NJ, Russel Sage Foundation, 1993

21. Hersh Shefrin, *Beyond Creed and Fear*, Harvard Business School Press, 2000

22. Andrei Schleifer, *Inefficient Markets*, Oxford University Press Inc., 2000

23. James Montier, *Behavioural Finance*, John Wiley and Sons Ltd., 2002

24. Richard A. Posner, *A Failure of Capitalism*, Harvard University Press, 2009

第 11 章　其他学术理论

1. John Cassidy, *How Markets Fail*, Penguin Group, 2009

2. Gillian Tett, *Fool's Cold*, Little Brown, 2009

3. John Kenneth Galbraith, *A Short History of Financial Euphoria*, Penguin Group, 1994 (first published by Whittle Books)

4. Solomon E. Asch, 'Effects of Croup Pressure upon the Modification and Distortion of Judgement', in H. Guetzkow (ed) *Croups, Leadership and Men*, Pittsburgh, PA, Carnegie Press, 1951

5. Stanley Milgram, *Obedience to Authority: An Experimental View*, HarperCollins, 1974

6. Craig Haney, Curtis Banks and Philip G. Zimbardo, 'Study of Prisoners and Guards in a Simulated Prison', *Naval Research Review*, 9, pp

1 — 17, 1973 and Craig Haney, Curtis Banks and Philip C. Zimbardo, 'Interpersonal Dynamics in a Simulated Prison', International Journal of Criminology and Penology, 1, p 69—97, 1973

7. Karen Ho, *Liquidated*, Duke University Press, 2009

8. Pierre Bourdieu, *Outline of a Theory of Practice*, Cambridge University Press, 1977

9. Gillian Tett, *Fool's Cold*, Little Brown, 2009

10. Steve Fraser, *Wall Street*, Faber and Faber, 2005.

11. Michael Lewis, *Liar's Poker*, Hodder and Stoughton, 1989

12. Frank Partnoy, *F. I. A. S. C. O*, Profile Books, 1997

13. Geraint Anderson, *Cityboy*, Headline Publishing Group, 2008

14. Tetsuya Ishikawa, *How I Caused the Credit Crunch*, Icon Books, 2009

15. Alex Preston, *This Bleeding City*, Faber and Faber, 2010

16. Philip Auger, *Chasing Alpha*, The Bodley Head, 2009

17. Jonah Lehrer, *The Decisive Moment*, Canongate Books Ltd, 2005

18. Adam Smith, *The Wealth of Nations*, Chicago University Press, 1977 (originally published 1776)

19. Adolf A. Berle and Gardiner C. Means, *The Modern Corporation and Private Property*, Transaction, 1932

20. M. C. Jensen and W. H. Meckling, 'Theory of the Firm: Managerial Behaviour, Agency Costs and Ownership Structture', *Journal of Financial Economics*, 1976 (3)

21. John Cassidy, *How Markets Fail*, Penguin Croup, 2009

22. George Akerlof and Paul Romer, *Looting: The Economic Underworld of Bankruptcy for Profit*, NBER Working Paper No. R1869, available at Social Science Research Network

23. John Kenneth Galbraith, *The Economics of Innocent Fraud*, Allen Lane, 2004

24. Paul Samuelson, *Foundations of Economic Analysis*, Harvard University Press, 1983 (originally published 1947)

25. Robert Lucas, quoted in Kenneth Arrow in William Breit and Barry T, Hirsch (eds) *Lives of the Laureates*, 4th edition, MIT Press, 2004

26. John Muth, 'Rational Expectations and the Theory of Price Movements', *Econometrica*, 29, 1961

27. Willem Buiter, 'The Unfortunate Uselessness of Most "State of the Art" Academic Monetary Economics', www.ft.com/buiter

28. Joseph A. Schumpeter, *Capitalism, Socialism and Democracy*, Routledge, 2010 (originally published in the UK in 1943)

29. Hyman P. Minsky, *Stabilizing an Unstable Economy*, McGraw Hill, 2008 (first published by Yale University Press, 1986)

30. Robert J. Barbera, *The Cost of Capitalism*, McGraw Hill, 2009

31. Kevin Dowd and Martin Hutchinson, *Alchemists of Loss*, Wiley, 2010

第 12 章　美国的银行倒闭案例

Introduction

1. Alistair Milne, *The Fall of the House of Credit*, Cambridge University Press, 2009

2. Andrew Ross Sorkin, *Too Big to Fail*, Penguin Group, 2009

3. Henry Paulson, *On the Brink*, Headline Business Press, 2010

Case 12.1 Bear Stearns

4. William D, Cohan, *House of Cards*, Penguin Group, 2009

Case 12.2 Lehman Brothers

5. Larry McDonald, *A Colossal Failure of Common Sense*, Ebury Press, 2009

6. Allan Sloan and Roddy Boyd, 'How Lehman Brothers Veered Off Course', *Washington Post*, 3 July 2008

Case 12. 3 AIG

7. Gillian Tett, *Fools Cold*, Little Brown, 2009

8. Gillian Tett, *Fools Cold*, Little Brown, 2009

9. Gillian Tett, *Fools Cold*, Little Brown, 2009

10. lain Dey, 'London Trader Quizzed over AIG', *Sunday Times*, 27 June 2010, p B3

第13章　英国的银行倒闭案例

Case 13. 1 Northern Rock

1. Charles P. Kindleberger, *Manias, Panics, and Crashes*, 3rd edition, John Wiley and Sons, Inc.,

2. 1996 (5th edition by Charles P. Kindleberger and Robert Z. Aliber)

3. Niall Ferguson, *The Ascent of Money*, Penguin Croup 2008

4. Brian Walters, *The Fall of Northern Rock*, Harriman House Ltd., 2008

Case 13. 2 HBOS

5. Quoted in the*Financial Times*, 28 July 2006

Case 13. 3 Royai Bank of Scotland (RBS)

6. Philip Auger, *Chasing Alpha*, The Bodley Head, 2009

7. Philip Auger, *Chasing Alpha*, The Bodley Head, 2009

8. Philip Auger, *Chasing Alpha*, The Bodley Head, 2009

第14章　欧洲的银行倒闭案例

Case 14. 1 Fortis

No references

Case 14. 2 UBS

1. Gillian Tett, *Fool's Cold*, Little Brown, 2009

Case 14. 3 Icelandic banks

2. Armann Thorvaldsson, *Frozen Assets*, John Wiley and Sons

Ltd. , 2009

3. Roger Boyes, *Meltdown Iceland*, Bloomsbury Publishing, 2009

4. 'Kaupthing Loan Book Details Culture of the Collapsed Bank', *Daily Telegraph*, 4 August 2009, p. B4

5. 'Bank Finance Icelandic Style', *Daily Telegraph*, 11 August 2009, p B1

6. Charles P. Kindleberger, *Manias, Panics, and Crashes*, 3rd edition, John Wiley and Sons, Inc. , 1996

7. Hyman P. Minsky, *Stabilizing an Unstable Economy*, McGraw Hill, 2008 (first published by Yale University Press, 1986)

Case 14. 4 Irish banks

8. Shane Ross, *The Bankers*, Penguin Group, 2009.

9. Fintan O'Toole, *Ship of Fools*, Faber and Faber, 2009

10. Fintan O'Toole, *Ship of Fools*, Faber and Faber, 2009

11. David Murphy and Martina Devlin, *Banksters*, Hatchette Books, 2009

12. Frank McDonald and Katy Sheridan, *The Builders*, Penguin Books, 2008

13. Matt Cooper, *Who Runs Ireland*? Penguin Group, 2009

第 15 章　大萧条

1. Milton Friedman and Rose Friedman, *Free to Choose*, Martin Seeker and Warburg, 1980

2. Liaquat Ahamed, *Lords of Finance*, William Heinemann, 2009

3. Milton Friedman and Rose Friedman, *Free to Choose*, Martin Seeker and Warburg, 1980

4. John Maynard Keynes, *The General Theory of Employment, Interest and Money*, Macmillan Paperback, 1964 (first published in 1936)

5. Milton Friedman and Anna Schwartz, *The Great Contraction* 1929—

1933, Princeton University Press, 2008

6. John Kenneth Galbraith, *The Great Crash* 1929, Hamish Hamilton, 1955

7. F. Scott Fitzgerald, *The Great Gatsby*, Charles Scribner and Sons, 1925

8. F. Scott Fitzgerald, *Tender is the Night*, Charles Scribner and Sons, 1934

9. Claude M. Fuess, *Calvin Coolidge: The Man from Vermont*, Little Brown, 1940

10. Robert H. Ferrell, *The Presidency of Calvin Coolidge*, University Press of Kansas, 1998

11. David Greenberg, *Calvin Coolidge*, The American Presidents Series, Times Books, 2006

12. Donald R. McCoy, *Calvin Coolidge: The Quiet President*, Macmillan, 1967

13. Robert Sobel, *Coolidge: An American Enigma*, Regnery Publishing, 1998

14. David Greenberg, *Calvin Coolidge*, The American Presidents Series, Times Books, 2006

15. David Greenberg, *Calvin Coolidge*, The American Presidents Series, Times Books, 2006

16. Gordon Pepper with Michael j. Oliver, *The Liquidity Theory of Asset Prices*, john Wiley and Sons Ltd. , 2006

17. John Maynard Keynes, *The General Theory of Employment, Interest and Money*, Macmillan Paperback, 1964 (first published in 1936)

18. John Steinbeck, *The Grapes of Wrath*, Penguin, 2000 (originally published in 1939 by the Viking Press)

19. Irving Fisher, 'The Debt-Deflation Theory of Great Depressions', *Econometrica* 1 (4), 1932 and Irving Fisher, *Booms and Depressions: Some*

First Principles, Adelphi, 1937

20. Milton Friedman and Anna Schwartz, *The Great Contraction* 1929—1933, Princeton University Press, 2008

21. Adam Fergusson, *When Money Dies*, Old Street Publishing, 2010 (originally published in 1975 by William Kimber & Co. Ltd)

22. Robert F. Bruner and Sean D. Carr, *The Panic of* 1907, John Wiley and Sons, Inc., 2007

23. Milton Friedman and Rose Friedman, *Free to Choose*, Martin Seeker and Warburg, 1980

24. Milton Friedman and Anna Schwartz, *The Great Contraction* 1929—1933, Princeton University Press, 2008

第16章 危机的政府响应

No references

第17章 主要启示和待决议程

1. Charles P. Kindleberger, *Manias, Panics, and Crashes*, 3rd edition, John Wiley and Sons, Inc., 1996

2. Carmen M. Reinhart and Kenneth S. Rogoff, *This Time is Different*, Princeton University Press, 2009

3. Charles P. Kindleberger, *Manias, Panics, and Crashes*, 3rd edition, John Wiley and Sons, Inc., 1996

4. John Kenneth Galbraith, *A Short History of Financial Euphoria*, Whittle Books, 1990

5. John Maynard Keynes, *The General Theory of Employment, Interest and Money*, Macmillan Paperback, 1964 (first published in 1936)

6. John Kenneth Galbraith, *A Short History of Financial Euphoria*, Whittle Books, 1990

7. Hyman P. Minsky, *Stabilizing an Unstable Economy*, McGraw Hill,

2008 (first published by Yale University Press, 1986)

8. John Kenneth Galbraith, *A Short History of Financial Euphoria*, Whittle Books, 1990

9. Joseph Stiglitz, *Freefall*, Penguin Group, 2010

10. Robert Pozen, *Too Big To Save*, John Wiley and Sons, Inc. , 2010

11. Barry Ritholz, *Bailout Nation*, John Wiley and Sons, Inc. , 2009

12. RobertF. Bruner and Sean D. Carr, *The Panic of* 1907, John Wiley and Sons, Inc. , 2007

13. Joseph Stiglitz, *Freefall*, Penguin Group, 2010

14. Willem Buiter, The Unfortunate Uselessness of Most "State of the Art" Academic Monetary Economics', www. ft. com/ buiter

15. Nouriel Roubini and Stephen Mihm, *Crisis Economics*, Allen Lane, 2010

16. Harold James, *The Creation and Destruction of Value*, Harvard University Press, 2009

术语汇编

ABCP：见"资产担保商业票据（或资产担保商业本票）"。

ABS：见"资产担保证券"。

Adjustable rate mortgage（ARM）可调整利率抵押贷款：根据调整时期通行的市场利率而将自身利率调至新水平的抵押贷款。

Alt-A Mortgage 准优级抵押贷款：对信用记录良好但不符合合规抵押贷款（见下文词条）标准的住房购买者发放的贷款。例如，借款人可能无法提供申请贷款所需的证明文件。

American Option 美式期权：一种在期权有效期内任一交易日均可行权的期权。美式期权在全球各地交易，而非仅限于美国，故"美国"一词没有地域含义。

APS：见"资产保护计划"。

Arbitrage 套利：在一个市场买进外汇、证券或商品，同时在另一市场立即卖出，以获取无风险价差利润的交易。套利交易的结果是促使同一商品在所有市场上的价格相同。"套利"现已拓展应用于买卖近似（almost similar）证券，此时的套利即为风险套利，而非无风险套利。

ARM 见"可调整利率抵押贷款"Adjustable rate mortgage。

Asset-backed commercial paper（ABCP）资产担保商业票据（或资产担保商业本票）：它与商业票据（或商业本票）相似，但其支撑资产是特殊目的机构（conduit）或结构化投资机构（SIV）持有的贷款、结构化信用证券或其他信贷资产。见"商业本票（或商业票据)"。

Asset-backed security（ABS）资产担保证券：由抵押贷款、信用卡债务、公司债务或汽车贷款等资产池担保的债务证券。

Asset Protection Scheme（APS）资产保护计划：英国政府与英国主要银行之间签订的、金融危机造成的损失超过某一限度即由政府承担超限损失的协议。

Asymmetry of Information 信息不对称：交易双方拥有的交易信息数量不同或/和存在质量差异。

At the money 平价期权：标的证券的价值（市场价格）与期权行权价（执行价）相等的期权。

Balance of payment 国际收支平衡表：反映一国在特定时期国内外商品、服务和资金流动的财务报表。

Basel Accord 巴塞尔协议：巴塞尔银行监管委员会采用的规范银行资本和资产标准的国际协定。

Basis point 基点：一个基点等于 1 个百分点的 1%，即 1 基点＝0.01%

Beta β 系数：衡量资产价值对市场价格变动的敏感度系数。β 系数为 0.5 意味着，市场价格平均变动 1%，资产的价值将变动 0.5%。参见 "系统性风险"。

Big Mac Index 巨无霸指数（大汉堡指数）：根据全球各地的巨无霸汉堡价格编制的外汇汇率指数，由《经济学人》杂志发布并定期更新。类似的指数还有 "iPod 指数"。参见 "购买力平价"。

Billion10 亿＝100 万×1 000

Bistro "小酒馆交易"：也称 BISTRO，系 Broad Index Secured Trust Offering（广义指数担保信托发行）的缩略词，最初由 J. P. 摩根银行家们用于信用违约互换（CDS）再开发。

Black and Scholes model 布莱克－斯科尔斯模型：一种期权合约的定价模型，该模型需要借助标的资产、行权价、（标的资产价格的）波动性、到期日和利率等信息。

Bond 债券：按期偿付的书面（under seal）承诺。"债券" 一般是指公共公司或私人公司或政府按期偿付的承诺，通常用于初始期限为至少 1 年的各种金融工具。

Bond rating 债券评级：信用评级机构根据债券发行人按期偿付债券本息的能力而评定的信用等级。

Bonus issue 红利股：根据现有股东所持股份的一定比例无偿转赠的股份；红利股增大了公司的发行股本，且通常采用公积金资本化的方式。也称 "发行红利股" 或 "资本化发行"。

BPR 见"业务流程再造"。

Business process re-engineering（BPR）业务流程再造：组织内部工作流程的分析和设计。

Bullet 一次性还本债券：利率固定、到期一次性偿还本金的普通债券（straight bond，也译为"直接债券"、"纯粹债券"）。

Callable bond 可赎回债券：一种设有赎回条款，允许发行人在正常到期日之前按特定条款赎回的债券。

Call Option 看涨期权：一种期权持有者有权（而非义务）按约定价格在约定时间或时期内购买约定证券的合约。

Capital Adequacy 资本充足性：银行、非银行金融中介和其他金融市场运营商依据它们的风险承担比例必须保有的最低资本量。

Capital asset pricing model（CAPM）资本资产定价模型：资产的预期回报率与其 β 值之间存在线性关系的一种模型。

Capital requirement 资本要求：银行为偿付债务和吸收非预期损失，根据平均资产而必须持有的资本量。

Capital structure 资本结构：债券、信用债券、优先股和普通股、盈余公积和留成收益在公司已发行股本中的构成及比例。

CAPM 见"资本资产定价模型"（Capital asset pricing model）。

CBO 见"债券担保证券"（Collateralised Bond Obligation）。

CDO 见"债务担保证券"（Collateralised Debt Obligation）。

CDO squared 双重债务担保证券（或二次合成债务担保证券）：其他 CDO 的 CDO。

CDS 见"信用违约互换"（Credit Default Swap）。

Central Bank 中央银行：负责监管一国或一组国家货币体系的实体。中央银行通常调控货币供应量和利率，是管理黄金和外汇储备的政府的银行，并履行最后贷款人功能。

Chapter 7 bankruptcy《破产法》第 7 章：美国《破产法》中适用于公司破产清算且卖出所有资产以偿还债务的条款。

Chapter 11 bankruptcy Protection《破产法》第 11 章"破产保护"：美国《破产法》中允许债务企业在重组时获得债权人保护的条款。

Chapter 15 bankruptcy《破产法》第 15 章：美国《破产法》中适用于破产企业的债权人和资产涉及多个国家时的条款。该条款曾用于贝尔斯登旗下的多家基金公司案，这些基金公司的破产诉讼程序涉及在其注册地开曼群岛的资产。《破产法》第 15 章禁止债权人（在向开曼法庭提起诉讼的）同时诉诸美国法庭索取这些资产。

Clearinghouse 清算所：负责交易结算和清算、收缴和监控保证金、提供交易簿记的实体。

CLO 见"贷款担保证券"（Collateralised Loan Obligation）。

Collateral 抵押品（或担保品）：向债权人提供、作为偿债保证的证券。债务偿还后，债权人立即返还抵押品（担保品）。

Collateralised Bond Obligation（CBO）债券担保证券：以公司债券的资产池为担保的分级证券（tranched security）。

Collateralised Debt Obligation（CDO）债务担保证券：由贷款和信用违约互换等多元证券提供担保，并从这些证券中收取现金流的资产担保证券。担保资产通常根据不同的利息收取和本金受偿的权利进行等级划分。

Collateralised Loan Obligation（CLO）贷款担保证券：一种由不同档级的分类证券组成，且包括贷款资产组合的信用结构。

Commercial Bank 商业银行：吸收客户存款并对客户发放贷款的银行。

Commercial Paper（CP）商业本票：其本质是一家公司的欠条（IOU），是公司发行的期限不超过 1 年的短期票据。发行商业本票通常要求商业银行提供在必要时随时购买票据的承销便利；如无此类承销便利保障商业本票的再融资能力，就很难吸引投资者持有商业本票。

Commodity Futures Trading Commission（CFTC）商品期货交易委员会：授权监管美国商品期货市场和期权市场的独立机构。

Common Stock 普通股："普通股"（ordinary share）的美语对应词。

Community Reinvestment Act《社区再投资法案》：为推动商业银行和储蓄协会满足各类社区（包括低收入地区）的借贷需求而制定的美国联邦法案。

Conduit 特殊目的机构：银行通常在避税天堂设立的持有和/或经其过手资产担保证券和抵押贷款担保证券的表外机构，这些工具造成的损失通常由发起这一机构的银行承担。

Conforming loan 合规贷款：不超过房地美和房利美设定的贷款额度上限且符合其放贷要求的抵押贷款。

Conservatorship 接管：美国术语，是法院判令某一实体或个人代替某一公司或金融机构进行法律决策的制度安排。

Contingent obligation 或有债务：银行或公司根据未来事件发生与否而或将履行的义务，如信贷损失发生时必须履行的担保义务。

Copula 联结函数。一种描述多变量之间的分布，反映它们之间的关系亦即多变量分布关系的方式（方程式）。Copula 是拉丁文中的名词词根，意即"联系或关联"。

Correlation 相关性：两个变量之间相关程度的标准化统计度量。

Cost of capital 资本成本：资金提供方预期的资本回报率。

Counterpart risk 对手方风险：在一项契约交易中，订约一方因另一方（对手方）不履行契约义务而承担的风险。

Country risk 国家风险：跨国集团的公司目标与东道国的国家目标并不完全一致（congruent），因此国家风险是某类国家行动妨碍契约履行或危及海外持有资产的可能性，包括政治风险和经济风险。

Coupon 息票：投资者从债券或类似证券中得到的定期支付。

Covered bonds 担保债券：以抵押贷款或其他资产的现金流为担保的债券。

CRA 见"信用评级机构"（Credit rating agency）

CRA 见"社区再投资法案"（Community Reinvestment Act）

Credit crunch 信贷危机：银行因恐惧过度而停止放贷，它首次出现于 2007—2008 年金融危机中，专指银行之间因高度怀疑对方的信用而终止彼此借贷。

Credit default swap（CDS）信用违约互换：债券或其他债务证券违约时违约风险的保护性买方有权获得一笔补偿的契约。为确保履约，保护性买方须按年向保护性卖方支付权利金，这与保险极其相似，但又略有不同。信用违约互换的交易双方均可在二级市场上卖出其权利、义务；信用违约互换的保护期通常有限。为确保 100％的正确，应该这样定义："信用违约互换"是持有者有权在债券发行人违约时按面值（向保护性卖方）卖出债券的金融工具。

Credit rating agency（CRA）信用评级机构：专事公司或国家发行的债券和债务以及类似金融产品之信用分析与评级的实体机构，主要有穆迪、惠誉和标准普尔。

Credit score 信用评分：对潜在借款人信用等级的量化评分（参阅 FICO）。

Credit spread 信用利差（或信用价差）：广被交易的安全性债券（如美国财政部、英德政府发行的国债）的市场利率与期限相同的高风险债券利率之间的差额。高信用利差的风险性债券包括公司债券。

Current account 经常项目：国际收支平衡表中记录国家间商品、劳务、利息和股息交易的账户；在银行账户中则是指活期（即期）提款账户。

Current account balance（surplus or deficit）经常项目差额（顺差或逆差）：一国商品、劳务出口额与利息、股利支出之和超过或低于商品、劳务进口额及利息、股利收入之和。

Debenture 债券。在英国是指期限固定或不可提前赎回的固定利率担保债务（loan），它有两种主要形式：以发行人的特定资产为担保的抵押债券；以发行人的全部基础资产（asset base）为担保的浮动利率债券。

Debt capacity 负债能力：公司能够借入的债务总量。

Debt security 债务证券：一种载明发行人按债务合约规定履行偿还义务的证券，如债券或票据。

Debt-to-income 债务－收入比率：通常是抵押贷款额除以借款人年收入的比率。

Default 违约：是指不能据约按期还本付息或及时付息，或不能依据债务合约规定履行其他义务；也就是违背契约（covenant）或债务协定中的承诺（warranty）。

Default risk 违约风险：借款人不能按期足额偿还贷款利息或本金的可能性。

Deflation 通货紧缩：价格水平的总体下降。

Deleveraging 去杠杆化：为降低债务在资本结构中的占比而偿还债务。

Department of Housing and Urban development（HUD）住房和城市发展部：美国政府机构之一，主要使命是提高住房自有率、促进社区发展、为国民提供更多经济适用房（affordable housing）。

Deregulation 放松管制：解除或放松对金融机构的证券交易范围、业务属性进行限制的壁垒或规则。

Derivatives 衍生品：自身价格决定于或来源于其他一种或多种证券或资产的金融工具，如期权等。

Devaluation 贬值：货币汇率下跌，在固定汇率制下，货币贬值完全取决于政府法令。

DCF 见"现金流贴现"。

Discounted cash flow 现金流贴现：通过应用一种基于预期利率、通胀率和风险的程序，将不同时期的预期现金流折算为现值的量化处理方法。

Dividend 股利（或股息）：分配给公司股东的部分公司盈利；股利分配政策由公司董事会决定。

ECB 见"欧洲中央银行"。

Efficient Market Hypothesis（EMH）有效市场假说：一种证券价格可反映所有公开信息的理论，但有效市场有不同类型之分。

EMH 见"有效市场假说"。

Equity 权益：扣除各种债务之后的所有权收益。

Equity Risk Premium 权益风险溢价（或市场风险溢价）：权益资本之投资收

益率超过无风险证券之投资收益率的差额。

Escrow account（第三方）托管账户：仅为偿还债务或潜在债务而存储资金，且无其他功用的独立专用账户。

Euro 欧元：16 个欧盟成员国的货币单位，参阅"欧元区"。

European Central Bank（ECB）欧洲中央银行：欧元区成员国货币政策的制定者。

European option 欧式期权：一种仅在约定到期日才能行权的期权，此类期权可在美国和其他各地交易，故"欧洲"一词并无地域含义。

Eurozone 欧元区：以欧元为货币的 16 个欧盟成员国组成的区域，它们是：奥地利、比利时、塞浦路斯①、芬兰、法国、德国、希腊、爱尔兰、意大利、卢森堡、马耳他、荷兰、葡萄牙、斯洛伐克、斯洛文尼亚、西班牙。

Exercise 行权：进行某项交易，通常用于期权市场。

Exercise price 执行价：期权被执行的价格（也称 striking price，即"行权价"）。

Exploding ARM 爆竹型可调利率抵押贷款：广泛应用于次级贷款借款人的一种可调利率抵押贷款，其中最初 2～3 年的抵押贷款利率为可调整利率，后续利率转为相对较高的固定利率。

---

① 原文将 Cyprus（塞浦路斯）误写为 Spain（西班牙）。

Face value 面值：由发行人标明的证券货币价值，它有别于"市值"。利息和股利通常按照面值的一定比例进行支付（又称 Nominal value，即"名义价值"）。

Fair market value（FMV）公允市场价值：一项资产售卖时能被买卖双方同时接受的大致价值。

Fair value accounting（FVA）公允价值法：依据市场价格计量资产负债表上部分资产、负债价值的会计处理方式。

Fannie Mae 房利美：见联邦国民抵押贷款协会（FNMA）。

Fat tail distribution 肥尾分布：与正态分布曲线相比尾部事件发生概率更高的一种分布。

Fed 参阅"美联储"（Federal Reserve System）。

Federal Deposit Insurance Corporation（FDIC）联邦存款保险公司：为美国的银行业和储蓄机构提供保险的联邦机构，它负责监管联邦储备体系会员银行之外的州立银行。

Federal funds rate 联邦基金利率：美联储会员银行出借联储账户余额时收取的利率。

Federal Home Loan Mortgage Corporation（Freddie Mac）联邦住房贷款抵押公司（房地美）：房地美是美国公共特许公司，主要使命是为住房担保贷款提供流动性、稳定性和偿付力（affordability），它是为与房利美（Fannie Mae）

竞争而于 1968 年设立并私有化①。

Federal National Mortgage Association（Fannie Mae）联邦国民抵押贷款协会（房利美）：主要使命与房地美相同的美国政府机构，1938 年设立，1968 年私有化。

Federal Reserve discount window 联储贴现窗口：美联储允许银行和其他合格金融机构获得短期贷款的融资便利。

Federal Reserve System（Fed）联邦储备体系（美联储）：美国的中央银行，负责制定全国的货币政策，监管属于联储会员中的州立银行和所有银行持股公司，维护金融体系稳定，提供金融服务。

Federal Trade Commission（FTC）联邦贸易委员会：负责执行某类消费者权益保护法并强力防止美国境内反竞争的商业行为。

FICO 费埃哲：即费奥－伊萨克公司（Fair Isaac Corporation，2009 年更名为 FICO），美国的借款人信用评分公司。

Financial Accounting Standards Board（FASB）财务会计准则委员会：美国负责制定公司财务报表之会计准则的机构。

Financial Bubble 金融泡沫：债券和股票、房地产和其他资产价格的持续上涨，这一上涨因缺乏坚实的基本面支撑或基本面分析而不可持续。

---

① 原文如此。1968 年，房利美拆分为私人持股的房利美和公共融资机构政府国民抵押协会（吉利美）。为与私有化后新的房利美竞争，国会通过《1970 年紧急住房融资法案》，设立了房地美。故"房地美"的设立时间应为 1970 年——译者注。

Financial Industry Regulatory Authority（FINRA）金融业监管局：在美国执业之证券公司的自律组织，其前身是全国证券交易商协会（NASD）和纽约证券交易所监管部。

Fiscal policy 财政政策：政府的支出和税收政策。

Fitch 惠誉公司：一家信用评级公司。

Fixed-rate mortgage 固定利率抵押贷款：利率在借贷期间内固定不变的抵押贷款。

Fixed-income security 固定收益证券：以偿付方式提供回报且各年付息额相等的投资品。

Freddie Mac 房地美：见"联邦住房贷款抵押公司（FHMC）"。

FT-SE100 富时 100 指数（或伦敦金融时报 100 指数）：伦敦证券交易所 100 家最大公司的股票总市值的实时加权算术值。

Fundamental analysis 基本面分析：通过预测公司未来利润和现金流而对各类证券进行估值的一种证券分析方法。

FVA 见"公允价值法"。

G8 见"八国集团"。

G10 见"十国集团"。

G20 见"二十国集团"。

GAAP 见"一般公认会计原则"。

GDP 见"国内生产总值"。

Generally accepted accounting principles（GAAP）一般公认会计原则：美国的公认会计原则是美国公司遵循的公司财务报表原则。

Ginnie Mae 吉利美：见"政府国民抵押协会"。

Glass-Steagall Act《格拉斯－斯蒂格尔法案》：1933 年制定、1999 年废止的美国法案，它禁止商业银行从事投资银行业务并实施相应监管。

Gold standard 金本位制：以黄金为货币发行保证、黄金可用于国际支付的货币制度安排。

Goodwill 商誉：企业无形资产价值超过有形净资产的差额。

Government National Mortgage Association（Ginnie Mae）政府国民抵押协会（吉利美）：美国政府担保机构，它向投资者提供联邦政府发行证券或担保贷款及时还本付息的担保。

Government sponsored enterprises（GSE）政府发起机构：美国国会特许设立的促进住房担保贷款市场流动性、稳定性和偿付力的私人持股公司（如房利美、房地美），或吉利美之类的政府机构。

Gramm-Leach-Bliley Act《格拉姆－里奇－布利雷法案》：废止《格拉斯－斯

蒂格尔法案》的 1999 年美国法案①。

Greenspan Put 格林斯潘对策：1987—2006 年艾伦·格林斯潘担任主席时期的美联储采取的货币政策，亦即面临金融危机时，美联储通过降低联邦基金利率进行救助，经常导致实际收益率为负；或美联储向市场注入流动性，以免金融局势继续恶化。1987 年 10 月股市暴跌、海湾战争打响、亚洲金融危机爆发、美国长期资本管理公司（LTCM）破产，网络泡沫破灭及 9·11 恐怖袭击之后，这一对策曾屡被采用。

Gross domestic production（GDP）国内生产总值（GDP）：一国在特定时期（通常为 12 个月）内生产或提供的商品和服务的市场价值。

Group of Eight（G8）八国集团（G8）：定期举行部长级经济、政治事务磋商并签订协议的八个主要工业化国家，包括：德国、法国、意大利、英国、加拿大、俄罗斯、日本和美国。

Group of Ten（G10）十国集团（G10）：1962 年一致同意随时向 IMF 提供本币借贷的十个主要工业国家——德国、法国、比利时、荷兰、意大利、英国、瑞典、加拿大、日本和美国。十国集团主导了国际货币基金组织后续的重大变革。

Group of Twenty（G20）二十国集团（G20）：20 个国家的财政部长和中央银行行长定期会商国际金融体系重大问题的制度安排。

Haircut 折扣：回购协议中的贷出货币量与证券卖出后再回购的市场价值之间的差额，这是一种保护货币贷放者的差额量。例如，10％的折扣意味着，只要

---

① 这一法案的全称为《格拉姆－里奇－布利雷金融服务现代化法案》——译者注。

证券价值的跌幅不超过 10%，即便借款人不回购证券，贷款人仍不会蒙受损失。

Hedging 对冲：为降低或消除某类特定风险而制定的投资策略。

Hedge fund 对冲基金：对高净资产的投资者和年金基金极具吸引力的投资基金，这些投资者希望借助对冲基金的高风险投资收益（包括资本利得）实现资产增值。对冲基金向投资者收取管理费，并运用杠杆、市场知识、交易技巧、数学模型、近似证券套利（也称"风险套利"）和其他工具实现收益目标。

Historical cost accounting 历史成本法：用资产原始买价减去折旧或永久价值损耗计算资产价值的一种会计方法。

Hubris 傲慢：亦即骄傲或狂傲。在希腊悲剧中，野心膨胀或倨傲过度常常导致违背戒律，自取灭亡。

IASB 见"国际会计准则委员会"。

IFRS 见"国际财务报告准则"。

Illiquid 缺乏流动性：某一证券或某一市场缺乏活力。

Illiquid market 非流动性市场：交投不活跃或很少出现踊跃交易，从而市场价格可能过时、失真或不可得的市场。

Inflation 通货膨胀：一个经济体中一般商品和劳务价格的上涨。

Inflation target 通胀目标制：旨在将通胀率控制在特定水平的政策，它通常是指中央银行在特定时期的核心通胀率超过预定通胀率之时提高利率。

Initial Public Offering（IPO）首次公开发行：公司股份首次在股票市场发行。

Instrument 金融工具：债务工具、可转让存单和债券等各类证券的通称。

Insurable interest 可保利益（或保险利益）：保险业中一般要求被保险人必须拥有保险利益，也就是被保险事故一旦发生，被保险人将蒙受损失。

Inter-bank rate 银行间利率：银行之间彼此借贷资金所形成的利率。

Interest rate 利率：一定时期内对借入或贷出资金进行补偿的年化比率，它由三部分构成：实际利率、通胀溢价，以及为补偿借款人可能违约之潜在风险的风险溢价。利率有固定利率、浮动利率之分，后者则可每天、每周、每月变动一次。

Interest rate risk 利率风险：广义上讲，利率风险是利率上升导致固定收益资产价值下降的风险。

Intermediary company 中介公司：为两个同类附属公司转移资金充当"导管"（conduit）的载体公司。

Internal risk models 内部风险模型：金融机构在测度投资风险时所采用的内部数学模型。

International Accounting Standards Board（IASB）国际会计准则委员会：全球独立的准则制定委员会，主要使命是为各国公司制定高质量、易于理解的财务报表准则。

International Financial Reporting Standards（IFRS）国际财务报告准则：已被

100 多个国家采用的一套财务报表会计准则。

International Monetary Fund（IMF）国际货币基金组织：致力于促进货币合作、金融稳定、国际贸易、经济增长和全球减贫，拥有 180 多个会员国的国际组织。

In the money 价内期权：行权价低于标的资产市价的看涨期权，或行权价高于标的资产当前市价的看跌期权。

Intrinsic value 内在价值：期权行权价与其标的资产当前市价之间的价差，可据以判断期权的实值价值。

Investment bank 投资银行：充当公司和其他实体的承销商、证券发行顾问，从事公司兼并和资产出售，提供投资建议并可自营证券交易的金融机构。

Investment grade bond 投资级债券：穆迪评级为 BAA 及以上，标准普尔评级为 BBB 及以上，惠誉评级为 BBB 及以上的债券。

IPO 见 "首次公开发行"。

Junk bond 垃圾债券：信用评级低于投资级别的债券，其利率和收益通常相对较高。

Lender of last resort 最后贷款人：特定数量的金融机构所拥有的、一旦陷于困境即由中央银行提供资金支持的特权。

Leverage 杠杆：个人、居民户或公司的负债杠杆或财务杠杆。杠杆率是债务占公司债务与权益之和的比例，财务杠杆是债务占债务及权益之和的比率。

LIBOR 见"伦敦银行同业拆借利率"。

Liar Loan 骗子贷款（或谎言贷款）：依据借款人或抵押贷款经纪人提供且被抵押放贷人认可的恶意或无意之不实信息所发放的贷款，通常发生在次级信贷领域。

Liquidity risk 流动性风险：某一证券或其他资产不能随时交易从而难以形成实质市场价格的风险。

Listed security 上市证券：在主要证券交易所挂牌、交易的证券。

Loan-to-value ratio（LTV）贷款－价值比率：抵押贷款额与为抵押贷款作担保的住房价值的比率。

London Inter-bank offered rage（LIBOR）伦敦银行同业拆借利率：伦敦主要银行之间拆放资金的利率，它是借款人、贷款人均同意据以加成进行贷款定价的基准，LIBOR 与加成之和即为贷款的有效利率。

Long position 多头：投资者因预期资产价值上升而持有资产。

Long term 长期：债券市场上的长期是指债券的初始期限为至少 7 年；而在公司的资产负债表上，1 年及以上期限的债务即为长期。

LTV 见"贷款－价值比率"。

Margin call 追加保证金通知。在期货合约和其他类似情形中追缴更多保证金（也就是更多资金）的要求。

Market Capitalisation 市值：公司发行在外股份的市场价值，它等于普通股的每股股价乘以已发行的股份数量。

Mark-to-market（MTM）盯市计值法：在公允价值法下，根据当前公允市场价格或其他市场指数对资产进行计值。盯市计值法就是这种计值程序。

Mark-to-model 模型计值法：根据财务模型得出的内部假设或估计，而非当前的市场价格，进行资产估值的一种方式。

Market risk（systemic risk）市场风险（系统性风险）：无法通过资产组合消除的风险。

Maturity 到期日：依据债券协议必须偿还债券本金的日期。

Maturity structure 到期日结构：描述借款人偿还义务的用语，既可专指一笔特定贷款，也可描述公司债务组合导致的混合偿还义务。

MBS 见"抵押贷款证券"。

Medium term 中期：债券市场上的"中期"是指债券的初始期限为 3～7 年（不含 7 年），货币市场上的中期是超过 1 年（不含 1 年）。

Merchant bank 商人银行：英国对"投资银行"的旧称。

Million 百万：1 000 个 1 000。

Monetary policy 货币政策：一国政府或中央银行或其他当局调控货币供应量和利率的行动。

Money market 货币市场：最长期限为 1 年的短期资金借贷市场。

Monoline 单线保险公司（单一险种保险）：专事市政债券或结构化信贷等金融证券保险的保险公司。

Moody's 穆迪公司：信用评级公司。

Moral hazard 道德风险：个人或机构因能完全免遭风险损失从而缺乏动力防范此类风险的情形。

Moral obligation 道义责任：不具法律约束力的强烈责任，比如美国政府救助房利美和房地美的道义责任。

Mortgage 抵押贷款：以资产为抵押（或担保）的贷款。

Mortgage-backed securities（MBS）抵押贷款证券。

Mortgage prepayment 抵押贷款提前还款：抵押贷款到期前的提前偿付行为。

Mortgagee 承押人：抵押贷款的放贷人，也就是为确保抵押贷款偿还而持有抵押资产者。

Mortgagor 抵押人：抵押贷款的借款人，也就是为获得一笔抵押贷款而提供资产抵押者。

MTM 见"盯市计值法"。

Mutual fund 共同基金：聚集储蓄者资金并由投资经理受托管理，投资于股票、债券或货币市场工具的集合投资机构（pooled vehicle）。

Nationalization 国有化：一国政府买断公司的全部股份或遣散公司全部股东，取得公司完全所有权。

Negative amortization loan 负分摊贷款：每月偿还额（月供）不足以偿还当月应付利息，拖欠利息计入本金的一种贷款。

Negative equity 负资产净值：担保资产的市场价值低于抵押贷款或其他贷款余额。

Nemesis 复仇女神：希腊神话中的惩罚与报复女神；如无字母大写，则指任何惩罚与报复机构。

Net position 净头寸：多头头寸（资产）减去空头头寸（负债）之后的总头寸。

NIMBY 邻避情结（或邻避者）：not in my back yard 的缩略词①。

NINJA 见"忍者贷款"。

NINJA Loan 忍者贷款：是借款人没有收入（No income）、没有工作（no job）、没有资产（no asset）的贷款。

Nominal value 名义价值，见"面值"。

Nonagency mortgage-backed security 非官方机构型抵押贷款证券：由金融机构而非政府资助机构承销或担保的抵押贷款证券。

---

① 邻避情结意即强烈反对在自己住处附近发展危险性（如核电厂、军事基地）、有碍观瞻（如监狱、收容所）及其他不宜项目（如焚化炉）的情绪或心理现象——译者注。

Nonbank lenders 非银行放贷人：信用卡公司、抵押贷款公司等非银行的贷款提供者。

Non-performing loan 不良贷款：借款人不再支付利息从而已经违约的银行贷款。

Non-recourse loan 无追索权贷款：借款人对未偿还余额不再承担个人偿还义务的贷款。因此，一旦贷款违约，借款人的损失就仅限于相关资产（如住房）的权益。

Normal distribution curve 正态分布曲线：随机变量分布在第一个标准差的区间内的概率为 68.3%，分布在头两个标准差的区间内的概率为 95.4%，且呈钟形的曲线（又称"钟形曲线"）。

OECD 见"经济合作与发展组织"。

Off-balance sheet 表外业务：一家公司通过资产、负债不计入该公司资产负债表（资产、负债不并表）的独立法人实体持有的资产和负债。

Office of the Comptroller of the Currency（OCC）货币监理署：对美国国民银行颁发特许执照、进行监管和检查的联邦监管机构①。

Office of Federal Housing Enterprise Oversight（OFHEO）：联邦住房企业监

---

① 货币监理署隶属于美国财政部，2011 年 7 月 21 日与储蓄机构监管办公室等机构合并——译者注。

察办公室：美国的联邦住房金融管理局，负责监管房利美和房地美①。

Office of Thrift Supervision 储蓄机构监理局对美国的储蓄机构（储蓄银行、储蓄－贷款协会）颁发特许执照、进行监管和检查的联邦监管机构。

Official reserves 官方储备：一国官方货币机构持有的黄金和外汇储备。

Open Market Operations 公开市场操作：中央银行为影响货币供应量而从或向其他机构（通常是银行或金融机构）买进或卖出证券的行为。

Opportunity cost 机会成本：最佳替代性投资的收益率，或资金因投向某一特定项目或证券而放弃的最高收益。

Option 期权：一种持有者有权（而非义务）在约定时期或时点按约定价格从或向对手方买进或卖出约定数量证券的合约。

Option premium 期权费：为购买相关权利而向期权合约卖方支付的价格，这一价格通常预先支付。

Organization of Economic Co-operation and Development（OECD）经济合作与发展组织：提供政府间经济、社会政策领域磋商的国际组织，该组织搜集并发布数据信息，预测成员国的短期经济运行。

Originate 发起：发放抵押贷款或其他贷款。

---

① 联邦住房企业监察（原文漏写了 oversight）办公室是美国住房和城市发展部（HUD）的内设机构，依据《1992 年联邦住房企业财务安全和稳健条例》设立，主要职责是监管"两房"的资本充足率、财务安全与稳健性，同时发布住房价格指数。2008 年 7 月 30 日通过的《2008 年住房和经济复苏法案》将联邦住房企业监察办公室、联邦住房金融委员会合并为联邦住房金融管理局（FHFA）——译者注。

Originate-to-distribute 发起－分销模式：基于向第三方售卖的初衷而发起抵押贷款或发放一笔贷款（又称"发起－卖出模式"）。

Originate-to-hold 发起－持有模式：基于持有到期的初衷而发起抵押贷款或发放一笔贷款。

Originate-to-sell 发起－卖出模式，见"发起－分销模式"。

OTC 见"柜台衍生品"。

Out-of-the money 价外期权：行权价高于标的资产市价的看涨期权，或行权价低于标的资产当前市价的看跌期权。换言之，价外期权就是没有内在价值的期权。

Over-the-counter derivatives 场外衍生品：条款由交易双方私下商议或决定而非标准化的衍生品，场外衍生品不在指定的交易所交易。

Parity 平价：两种货币的官方汇率。

Permanent impairment 永久损耗：资产的公允市场价值的永久减值。
Plain vanilla 普通证券：没有任何特殊条件的证券发行，亦即最基本的标准证券。
Policy rate 政策利率：一国政府或中央银行设定的短期利率目标。

Ponzi Scheme 庞氏骗局：用后续投资者新投入的资金向早期投资者支付全部或部分虚假收益的一种欺诈性投资骗局，以美国骗子卡洛·庞兹（Carlo Ponzi）来命名。

PPP 见"购买力平价"。

Preferred Stock 优先股：每年支付固定股息的公司股本，它与普通股不同，普通股的股利支付与否、股息率高低则均由公司董事会决定。

President's Working Group on Financial Markets（PWG）总统金融市场工作小组：美国金融领域政策协调的总统工作小组，它由财政部长牵头，成员包括美联储主席、证券交易委员会主席及商品期货交易委员会主席。

Prime loan 优先级贷款：对高信用等级的借款人发放的贷款。在抵押贷款市场上，这意味着借款人的费埃哲（FICO）信用评分高于 620 或 640。

Prime mortgage 优先级抵押贷款：达到房利美和房地美的信用评分、证明文件和其他标准等要求的优质抵押贷款。

Prime rate 最优惠利率：美国银行业用语，意即银行拟向最高信用等级的借款人发放贷款时所使用的利率。

Private equity fund 私募股权基金：购买公司的控制权或购买公司绝大部分股份，以提升公司价值并高价出让的组合投资机构。

Protectionism 保护主义：反对从国外进口的关税政策或其他保护措施。

Purchasing power parity（PPP）购买力平价：两国货币汇率的变动幅度将与两国通货膨胀率的差异趋于一致的理论假说。购买力平价在短期内失效，它是一种长期现象，通常用于测度均衡汇率。

Put option 看跌期权：一种持有者有权（而非义务）在约定的时期内按约定价格卖出约定数量的标的证券的合约。看跌期权的卖方如果未对冲风险，将损失全部期权费①。

QE 见"量化宽松"。

Quantitative easing（QE）量化宽松：中央银行从银行买入证券或向银行贷放
资金的公开市场操作，其目的是增加货币供应，推动经济中的信贷投入和消费
支出。"量化宽松"是 2007—2008 年金融危机后英国新创的词汇。

Random walk 随机游走：专指没有行走定式的术语。行走中的最后一步甚或
此前所有各步都不能用于预测下一步行动的力度与方向。

Rational expectation 理性预期：市场会形成符合现实经济学和市场结构的各种
预期的理念。例如，市场形成的各种价格反映了所有投资者的平均预期。

Real effective exchange rate 实际有效汇率：依据国外平均价格与本国价格的
比率调整本国实际名义汇率所形成的汇率。如果购买力平价成立，则实际有效
汇率将固定不变。

Real exchange rate 实际汇率：根据购买力平价计算的货币价值，其计算步骤
是先对两国假定的市场商品篮价格进行比较，再将商品篮的价格转换为当前汇
率体制下的同一货币。实际汇率有利于衡量本国商品在国际市场上的竞争力。

Real return 实际收益：剔除了通胀率的资产收益率。

Recapitalization 资本重组（再注资）：为使公司更强大、更稳健而改变公司债

---

① 原文如此。实际上，若一项资产的市场价格下跌，且看跌期权的卖方未对冲资产价格下跌的
风险，则在理论上，期权卖方面临无限风险，其损失也不仅限于它向期权买方收取的期权费——译
者注。

务与/或权益资本的构成比例。

Receivership 破产托管：法院或债权人任命第三方亦即接管人经营公司并代表债权人重组公司的公司破产方式。

Recession 衰退：实际 GDP 连续两个季度下降。

Repo 见"回购协议"。

Repurchase agreement（Repo）回购协议：金融机构向投资者或其他金融机构卖出证券，通常在次日以基本反映通行利率水平的价格赎回该证券的短期融资形式。

Reserve requirements or reserve asset ratio 法定存款准备金率或储备资产比率：银行必须按照不同存款或合规资产的一定比例向中央银行缴存的资金。

Resolution Trust Corporation（RTC）重组信托公司：负责清算破产的储蓄－贷款协会资产的美国政府所属资产管理机构①。

Revaluation 升值：货币的即期汇率上升（英国用法）；或者，货币即期汇率的变动，无论上升或下跌（美国用法）。

Rights issue 配售新股（"配股"或"供股"）：为增加股本而向公司现有股东发行并需用现金缴款的新股发行方式。股东如不愿行使缴款配售新股的权利，可在市场上交易。若股东既不缴款也不在市场卖出配股权，公司将代表股东卖出配股权并将转售收益交付股东。

---

① 从 1989 年 8 月成立到 1995 年 12 月解散的 6 年多内，RTC 成功重组了 747 家问题储蓄－贷款协会，涉及资产约 4 206 亿美元，估计重组成本约 875 亿美元——译者注。

Risk 风险：最终结果可以判定的或有损失概率，它有别于"不确定性"。

Risk premium 风险溢价：从事风险投资而非安全投资所获的预期额外收益。

Risk-weighted assets（RWA）风险加权资产：依据预期信用风险加权计算的银行资产，据此方式，公司贷款的风险权重大于政府证券。

Run on the bank 银行挤兑：大量银行储户同时提取他们的存款，且银行的全部资源不能满足储户的存款提取。

RWA 见"风险加权资产"。

S&P 500 见"标准普尔 500 指数"。

Sarbanes-Oxley Act of 2002（SOX）《2002 年萨班斯－奥克斯利法案》：安然公司和世界通讯公司倒闭后通过的法案，它提高了内部控制和财务报表等方面的公司治理要求。

Savings and Loan Associations（S&L）储蓄－贷款协会：美国专事吸收存款、发放抵押贷款和不动产贷款的存款类机构，也称储蓄机构（thrift）。

SEC 10-K 证交会 10-K 报告：美国证券交易委员会要求在美发行证券的公司必须发布的年度报告。

Secondary market 二级市场（或次级市场）：投资者交易"二手"证券（已发行证券）的证券市场。

Securitisation 证券化：将资产的现金流打包成证券并出售给投资者的过程。

将资产和负债打包以供市场转卖或交易，便利了发起贷款（抵押贷款、汽车贷款等）的金融机构向其他投资者转售贷款，从而将资本另作他用。

Securities and Exchange Commission（SEC）证券交易委员会：负责执行联邦证券法规、监管证券行业、保护投资者的美国政府机构。

Short 短期证券：期限不足 5 年的英国政府债券。

Short position 空头头寸：卖出借入而非自有的股票，以期借入股票者在股票价格下跌后低价买回股票从中赚取收益的行为。卖出并不拥有的股票就是开立空头头寸。

Short selling 卖空：借入股票并立即卖出，以便在股价下跌时低价买回从中赚取价差的行为。

Short term 短期：债券市场的短期是初始期限不足 2 年的债券，公司资产负债表上的短期是剩余偿还期不足 1 年的债务。

Sight deposits 活期存款：即期提取的存款、隔夜存款和通知存款。期限更长的存款是定期存款。

SIV 见"结构化投资机构"。

S&L 见"储蓄－贷款协会"

Solvency ratio 偿债率：银行资产与负债的比率，用来衡量银行偿还债务的能力。偿债率越高，银行就越稳健。

Sovereign risk 主权风险：一国政府借用或担保的债务（贷款）违约风险。

SOX 见 "《2002 年萨班斯－奥克斯利法案》"。

Special Purpose Entity（SPE）特殊目的实体：银行或公司通常为了特定的投资目的而创设、账目与创设银行或公司相分离的独立法人和财务实体。

Special Purpose Vehicle（SPV）特殊目的载体：为便于购买表外资产并通常在售卖给第三方之前持有这些资产而设立的法人实体。将这些资产转交特殊目的载体持有，可避免卖方的资产负债表上出现此类资产，这主要是为了粉饰公司财务报表；投资银行在危机爆发前和爆发期间对此尤甚，安然公司曾广泛使用 SPV。

Specific risk 特定风险："非系统性风险"的别称。

Spread 价差或利差：两个价格或两个利率之间的差额，例如证券竞买价和竞卖价之间的差额（也称竞买－竞卖价差）。信用利差（credit spread）中的利差是信用等级不同的两种债券收益率之差。

SPV 见 "特殊目的载体"。

Standard and Poor's 标准普尔公司：一家信用评级公司。

Standard and Poor's 500 Index（S&P 500）标准普尔 500 指数：以美国 500 只股票为样本股编制的指数，该指数的变动反映了美国 500 只大型上市交易股票的股价总水平。

Standard deviation 标准差：方差的算术平方根（正平方根），是衡量样本离散程度的标准统计指标。

Stock warrants 股票认购权（认股权证）：在约定期间内按约定价格购买约定数量股份的权利。

Strike price 行权价：期权买方可能行使权利的价格（也称"执行价"）。

Structured Finance 结构性金融：运用复杂的技术、结构和独立实体转移风险的方式，包括抵押贷款证券化、信用卡债务证券化。

Structured investment vehicle（SIV）结构化投资机构：通常由银行在避税天堂设立的持有和/或经其过手资产担保证券或抵押贷款证券的表外机构。创设银行在技术上不承担结构化投资机构的损失，但在实践中、在危机期间，这些损失须由银行承担。

Subordinated debt 附属债务：对公司收益的要求权和公司破产清算资产的受偿权排在其他债务之后的公司债务。

Subprime mortgage 次级抵押贷款：借款人的信用等级达到不优先级抵押贷款标准，且须为此支付更高利率的抵押贷款。

System risk 系统风险：一家高关联度的金融机构倒闭或信用违约互换等特殊金融产品的价格暴跌给整个金融系统造成的风险。

Systematic risk 系统性风险：与市场整体收益率的变动幅度相比，股票或投资组合收益率的波动程度。系统性风险也称"市场风险"，导源于战争、通货膨胀、衰退和高利率等不可分散的因素，这些因素同时影响所有企业，故而无法通过分散投资（组合投资）消除此类风险。

TAF 见"定期资金招标工具"。

TARP：见"问题资产救助计划"。

Tax Heaven 避税天堂：对本土注册的公司、个人或在本土经营者不征税或少征税的国家或地区。

Teaser rates 诱惑利率（或招徕利率）：持续时间较短（2 年左右）、初始水平较低的贷款利率，但过渡期结束后，利率将大幅提高。

Term auction facility（TAF）定期资金招标工具：专指美联储为缓解短期资金市场渐增的压力而向存款类金融机构拍卖定期资金的美国术语。

Term deposit 定期存款：期限长于活期存款的各类存款，包括大额定期存单。

Term loan or credit 定期贷款或放贷：有规定期限的银行贷款。

Term structure 期限结构：由现金流和到期期限或持有期限决定的货币市场利率架构。

Tier 1 Capital Ratio 一级资本比率：巴塞尔协议下的资本充足率要求，是银行资本与风险加权资产之间的比率。

Thin 交投清淡：市场成交量小、流动性差。

Thrift 储蓄机构：专事吸收存款、发放住房抵押贷款和其他不动产贷款的存款类机构，也称"储蓄－贷款协会"。

Time value 时间价值：期权费与期权内在价值之间的差额所决定的期权价值。期权的时间价值随到期日临近而递减。

Toxic asset 有毒资产：该词的最好例解是信用违约互换（CDS）。如果没有违约或违约概率很低，则依据保险式权利金提供的预期收益流，CDS 的价值可能为正，比如 100。然而，一旦实际发生违约，由于依据 CDS 协议的对外赔付概率大于收受流入（权利金）概率，CDS 的价值就会变动，甚至由正变负。本例中，原来价值 100 的资产可能变成 -500 的债务。这就描述了有毒资产，也称"有毒债务"。

Toxic debt 有毒债务，见"有毒资产"。

Traded option 交易期权：自身可在证券市场交易的期权（又称"交易所交易期权"——译者补注）

Tranche 档级（或券级、分级）：风险-回报特性不同的多档级证券中的档级之一。

Treasury bill or T-bill 国库券：通常贴现发行的英国或美国政府短期债务工具。

Treasury bond 国债：政府长期债券。

Treasury note 国库票据（或美国政府中期债券）：期限为 1～10 年（含 10 年）的美国政府息票证券。

Trillion 万亿：1 000 个 10 亿。

Troubled Asset Relief Program（TARP）问题资产救助计划：美国政府为增强陷入困境的金融机构的实力而购买其资产和股票的行动方案。

Umbrella regulator 伞形监管者：一个监管者负责全盘监管某一经济部门，或囊括某一经济部门的全部监管职能。

Uncertainty 不确定性：因缺乏未来信息而无法合理估算发生概率；这与风险不同，风险的概率是可以估算的。

Underlying Asset 标的资产：期权或权证赖以创设的资产。

Undervalued 估值过低：证券（也包括市场）价格低于根据基本面分析的应有水平。

Underwater mortgage "没顶"（沦负，或套牢）抵押贷款：到期贷款余额超过担保财产的市场价值的抵押贷款。

Underwrite 承销（余额包销）：承诺在规定日期按特定价格购买未被认购的证券，以确保借款人得到证券发行的全部款项。

Unique risk（residual risk，specific risk，unsystematic risk）特有风险（残余风险、特定风险、非系统性风险）：无法通过多元组合消除的风险。

Unsecured bond 无担保债券：债务发行人违约时持有人对特定资产无追索权的债券。

Unsystematic risk 非系统性风险：无碍整体经济运行的随机事件导所致的证券风险，也称特定风险，是指由罢工、营销策略成败、火灾以及其他特定企业的特有事件导致的风险。此类非系统性事件可通过多元投资组合来消解。

Value at risk 在险值：银行、金融机构、公司由于所持有资产（如固定利率债券、未抵补风险的应收货币或应付货币）的价格波动而可能蒙受损失的一个单一数值估计。更准确的表述是，在险值是在某些既定假设下潜在损失不超过某一特定水平的可能性。

VAR 见"在险值"。

Variance of the probability distribution 概率分布的方差：实际收益偏离预期收益之差的平方的期望值（预期值是以概率为权重的加权平均值——译者补注）。

Volatility 波动性：证券价格变动的易变性。

Window 窗口：在特定市场条件下可能产生某类交易的时间。例如，在主要投资者的悲观情绪不可持续之时，就可能发行某类证券。

Window dressing 报表粉饰：为使财务比率看起来更好的一种会计伎俩。例如，假定公司的资产为 100，债务为 60，所有者权益为 40，则公司的债务－权益比率为 60：40，也就是 1.5。若公司恰好在年底前临时出售某些资产偿还债务，并在年底之后立即进行反向交易（即借入债务购买资产），则其年末的债务－权益比率下降。假设公司报表粉饰中涉及的资产为 30，债务为 30，则年末的财务数据是 30 的债务、40 的权益支撑着 70 的资产，故债务－权益比率为 30：40，也就是 0.75；该比率下降了一半。这个比率显然很有面子，但它的确掩盖了事实，歪曲了真相。

World Trade Organization（WTO）世界贸易组织：制定并执行各种规则，促进跨境商品和服务交易的国际组织。

Yield 收益率：利息额占借贷金额的百分比。

Zero-sum game 零和博弈：赢家之收益等于输家之损失（从而各方的损益总和为零）的博弈或市场。

译者后记

翻译一部兼具现实指向与深邃见地的学术著作，是我研习与学步 20 余年的夙愿。

像大多数 60 后一样，英语伴随着我的青涩与成长，在我倍感蹉跎的岁月中窃取了要位，也为我拓展知识边界、增进人文理解、砥砺学术思维，提供了良好介质，打开了新的端口。23 年前，当我追随著名经济史学家赵德鑫教授、周秀鸾教授、赵凌云教授等恩师开始学术启蒙时，入门的课业之一便是翻检、精读经典的英文文献，并在他们的垂范与指点下，参与节译美国学者刘大中、叶孔嘉的著作《中国大陆的经济：1933－1959 年国民收入和经济发展》（后发表于丁日初先生主编的《近代中国》第 3 辑，上海社会科学院出版社 1993 年出版）。此举对我影响甚深，嗣后的点滴进步，均受此浸润。

2003 年我忝附研究生导师之列后，亦践迹而行，以借此引导学生熟悉科研程序，提升英文水准，增厚中文涵养，提高治学能力。10 年来，我与我的高足们发表译文多篇，其中数篇得到好评。聊可自安之余，总有零散之"一篇篇"不如系统之"一部"的落寞与不甘。最近 5 年，我在跟随拜读国内有关 2007－2008 年全球金融危机的一些著述时，囿于自身数理知识近乎空白，常觉"一头雾水，力不从心"；且因执拗的思维定势，每感"高端大气，缺乏底气"，屡屡因此陷入自责与归责的强烈冲突。为此，我一直渴盼天赐一部原始察终、洞彻远达而又深入浅出的平实之作，解我焦虑，释我疑惑……

天佑勤敬者。2011 年 11 月初，手机那端传来干练、悦耳的陌生女声，"王老师，我们有部《金融危机》需要翻译，它跨了几个学科，但更接近您的研究方向，不知尊意如何？"我没有犹豫，"没有问题，……，李季女士，请快递给我。"于是，有了这部遂我夙愿、恭请看官赏眼的译作。

遵照李季女士的建议，书稿翻译始于"术语汇编"及"索引"，继之以分工初译，再由译者逐句校译，润色文字，统一文风，并在两次通篇审读后，提交责任编辑吉扬先生。10 位承担初译的团队成员均系中南财经政法大学金融学专业的硕士生，他们是：陈明珏（第 1～4 章），王怡（第 5、17 章），黄哲（第 6、13 章），周梦露（第 7、15 章），彭佳旭（第 8、16 章），汪舟（第 9、12 章），史雯娟（第 10、14 章），阚喜蕊（第 11 章），孙碧莹（后记），刘杰（术语汇编）。

在校译过程中，中南财经政法大学金融学院李志生教授、刘向华副教授、鲁臻博士及金融学博士生刘方，耐心地解答了译者在数理统计、金融工程领域的弱智型问题，刘冬娇教授、袁辉教授、姚壬元副教授、余洋博士就"可保风险"或"保险利益"之类的保险术语，会计学院杨汉明教授、王清刚教授就会计计量规则的变迁等惠予了悉心解释。在待定译稿的交叉审读中，高云玲、王怡两位同学协助做了大量的文字校对、图表（初步）处理、原文录入。

2012 年暑假、2013 年春节及 2013 年酷暑，我都是在办公室里查阅词条、斟酌字句中度过的。遇到神交处，通体安泰、击键如飞；碰到棘手时，毛焦火辣、如癫似傻。但通过汇聚团队成员、学院同事、学校好友的智慧，清除阻梗，疏通思路，蓦然回首，不禁哑然。可以说，这三个假期是我摈除扰累、内心澄净、无比充实的幸福时光。

收官之时，喜固当然，但更多的则是惴惴不安。一则译者从事学术翻译，纯属好之、乐之，缺乏系统的专业训练，译文难免违拗、讹误甚或与原文舛驰。二则原著涉及的学科领域广泛，要求译介者的知识结构广博而又专深，译者虽不揣乌莸、多方"引智"，仍无法保证组合精巧、表达精准。三则原作者在金融界濡染多年，熟稔市场运作，语言鲜活灵动，新锐词汇不断，还不时爆出"古怪的"冷幽默（见作者序言），译者居间"中介"、"转换"尚较吃力，更遑论传神、出彩。因此，译者热望"就有道而正"，任何发送至 nearing5@

aliyun. com 的评论、意见和建议，都有益于反躬自揆，力争"内省不疚"。

书成之际，还要特别感谢东北财经大学出版社国际合作部主任李季女士、责任编辑吉扬先生。我与他们素未谋面，他们帮我了却心愿，包容我一再后延交稿时间，还给了我莫大的褒扬，并以谦恭、事敬、专业，展现了出版人低调为人、专心为事、精进为学的职业素养，体现了科学追求与人文关怀的完美统一。人生之幸，莫过于此。

谨此，感谢为书稿翻译、出版而忘身不懈的倾力奉献者，兼做译者后记。

王年咏

2013 年 12 月